中国艺术研究院基本科研业务费项目资助
立项号：2018-1-5

论社区文化治理与公共政策

ON COMMUNITY CULTURAL GOVERNANCE
AND PUBLIC POLICY

王列生 · 著

文化艺术出版社
Culture and Art Publishing House

图书在版编目（CIP）数据

论社区文化治理与公共政策 / 王列生著. -- 北京：
文化艺术出版社，2021.10
ISBN 978-7-5039-6450-3

Ⅰ.①论… Ⅱ.①王… Ⅲ.①社区文化—文化管理—
研究—中国 Ⅳ.①G127

中国版本图书馆CIP数据核字（2021）第092533号

论社区文化治理与公共政策

著　　者	王列生
责任编辑	刘锐桢
责任校对	董　斌
书籍设计	姚雪媛
出版发行	文化藝術出版社
地　　址	北京市东城区东四八条52号（100700）
网　　址	www.caaph.com
电子邮箱	s@caaph.com
电　　话	（010）84057666（总编室）　84057667（办公室） 　　　　　84057696—84057699（发行部）
传　　真	（010）84057660（总编室）　84057670（办公室） 　　　　　84057690（发行部）
经　　销	新华书店
印　　刷	国英印务有限公司
版　　次	2021年10月第1版
印　　次	2021年10月第1次印刷
开　　本	710毫米×1000毫米　1/16
印　　张	23
字　　数	312千字
书　　号	ISBN 978-7-5039-6450-3
定　　价	88.00元

版权所有，侵权必究。如有印装错误，随时调换。

习作献给养育并坚决送我走出山村的九旬慈母

目 录

命题取向 ························· 1
文化民意作为决定性要素 ··············· 15
设施配置计量参照 ··················· 28
激活"体制末梢" ··················· 46
自治向度 ························ 63
公平性原则 ······················· 91
满意度原则 ······················ 112
社会合力 ······················· 134
个案:"社区舞蹈"分析 ··············· 163
文化政策何为? ···················· 177
公共文化政策研究的知识脉络 ············ 202
后工业社会及其丹麦文化政策趋势 ·········· 219
日本文化政策和项目的背景 ············· 230
艺术的税收政策与私人捐助 ············· 280
多元动机、多种体验与文化参与多样性 ······· 293
文化研究及其文献跨国合作 ············· 304
后记 ·························· 339

命题取向

社区文化治理的命题缘起，无疑以社区治理的制度命题凸显为其合法性前提。在中国特色社会主义条件下，基于"以人民为中心"的本体性社会转型，使得政策功能实现终端价值目标的制度末梢，日益占据社会治理制度框架结构中心化的地位。这既与发达国家先行社区治理实践潮流保持全球化时代的中国同步，同时也以全新的中国社区治理方案，为全球潮流的社区治理提供独特的"中国经验"。正是由于既有的实践及其已然产生的各种相关知识链，已经具有社区文化治理的缘起前置条件，所以我们从一开始就选择对前置条件相关知识链的阐释悬置知识路线，从而将诸如"社区""社区治理""社区治理全球发生史"乃至"社区治理异质方案"等作为自明性知识，并直接由社区文化治理问题与"社区文化治理"命题取向，开始我们的学理讨论，而将未必已然自明的入场准入资格获取过程，交由任何意欲涉身这一事态的涉身者，自己去完成必不可少的准入性知识之旅。

一

无论就基本实现社区化的中国城市地区而言，还是就部分实现社区化的相当一部分中国农村地区而言，社区治理都是治理体系与治理能力现代化总体社会价值诉求的最直接现实和极具挑战的前沿领域。

所谓最直接现实，其语旨定位，不仅在于它是治理行为"最后一公里"

落地的效果呈现之所在,还在于中国总量人口社区化比例已经绝对占优条件下(递增速度的动态弹性攀升导致特定节点统计数据稳定性与可靠性难以支撑其具体举证力),不同层级或者不同类型的社会诉求表达,作为"人民对美好生活的需求"体现形式与确证方式,其"最大公约数"的采样基准与合法性依据,很大程度上取决于具体社区抑或总量社区集合作为治理基本单位和治理覆盖对象,所不同的只是技术路线分异的"探索性数据分析"抑或"社会数据普查"。如果离开技术叙事层面,回到定性分析的公共政策研判,其"直接现实"的事态呈现,不过就是一切制度中枢抑或制度框架,其"功能实现"以及"政策预期"能否获得社会激活后果,直接依赖于制度末梢活性,直接依赖于其活性程度对"功能实现"转换能力与"政策预期"转换能力的实际支撑。社会治理过程中社区化程度愈高,其治理体制与治理方式就愈需顾及政策工具与平台工具,能否在制度末梢最大限度降低"贴现率"地保持传导效能,而这也就意味着从顶层设计的逻辑起点开始,在社区化社会治理时代,就必须将社区作为逻辑起点的现实要素加以考量,否则极容易治理失灵或者治理失效。

所谓极具挑战的前沿领域,一方面是指相较于社区治理先行国家而言,我们在自然时间尺度已经落后了几十年,而且在社会时间尺度,我们实际上至今只有时值意识,但并无时间轨迹的历史起点。政治动员文体文本只是社区治理的前奏,离制度安排和政策实施的时间表及其标志性时间节点还存在时间落差。与此同时,先行社区治理国家有起有落,经验与教训几乎处于均量状态,面对后现代与全球化双重背景影响甚至某种程度的挤压,世界各国都在根据不同国情,进行多种价值向度的理论与实践探索。就这些探索的一般价值状态而言,形而上观念层面的同质性更多,而形而下的实际操作方案则往往大相径庭。因此对我们这些后发社区治理国家而言,可借鉴之处固然有,但实际存量依然较少。由此也就导致先发与后发之间,常常处在同等迷茫的认知维度,即哪怕在纯粹技术方案层面,呈现给我们的已然治理经验并不多,所以也就至少在某些方面,会几乎同步性地站在社区治理的前沿领域。

而极具挑战性之处则在于，我们已经处在中国特色社会主义的"新时代"，这一历史转换的价值支撑之一，就是从站起来、富起来正在走向强起来的苏醒了的"东方睡狮"，以骐骥腾跃之势从世界舞台边缘雄踞世界舞台中心。如果说类似描述还不过停留在修辞学意义的世界格局变化光鲜状态的话，那么在社会本体论层面，就会以存在性确证的世界追问，来倒逼中国治理经验的探索性、引领性、典范性和异域可参照性。也就是说，我们必须以后发超越的社区治理经验，作为"中国方案"的一种，既普惠于正在全面社区化生存栖居的亿万中国人民，又裨益于作同样探索的世界各国政府及同样具有良性社区生存意愿的世界各国人民。从这个意义上说，极具挑战性将会贯穿于社区治理的全部探索过程之中。

二

无论最直接现实，还是极具挑战的前沿领域，当由一般意义上的社区治理具体到特殊意义上的社区文化治理，严峻的事态判断就变得更加严峻。原因在于，如果说社区治理在先行社区治理国家已经有相对完整的理论反思和相当时间长度的实践探索的话，那么即使在已经先行治理的地方，也并未将社区文化治理纳入社区治理的制度功能与义项编序之内，尤其在实践过程中，将社区居民的文化生存排斥在"民生"的基本权利保障范围之外。只是到了20世纪末，才有一部分机构或者文化学者个体，以艺术进社区抑或干预社区生活方式的探索，在某些国家的局部地区予以非常有限的延展，由此不断在这些实践延展基础上，有了相关的问题意识、命题建构和知识积淀。然而，总体而论，还没有任何一个先行社区治理国家，以法律授权的制度形态，进行国家边际的社区文化治理。著名的公共政策专家或者文化政策专家，已经为我们撰写出知识谱系完整、命题知识充分、研究对象与研究方法清晰、知识工具创新配置成果凸显的经典化文本，就仿佛社会学知识域抑或公共管理知识域关于社区治理名著迭出的知识景观那样，尽管零星而有学理穿透力的关联性研究以及实证性田野研究的文本，在文化社会学家、公共文化政策专家或者艺术管理研究者的笔下，不时可见其碎片化呈现。

这种尴尬局面之所以形成，最初的学理根源之一，也许在于学科视野与知识范式对涉身者的对象定位限制。即按照学科分置的一般逻辑，除非愿意冒跨域知识作业的风险，通常都会把社区生存界面的文化问题，留待文化人类学来予以阐释，诸如对社区居民性别、种族、代际、宗教信仰、受教育状况等常见要素的田野作业，或者价值分析维度对诸如"参与率""认同感""满意度""多样性""影响面"以及"凝聚力"等进行田野作业基础上的理论探讨。就知识界的实际状况而言，这类田野作业与理论探讨，其文本形态的学术成果，甚至影像志视觉叙事形态的认知收获，不仅丰富，而且多有知识呈现的魅力与活力。但问题是，在它们以文化人类学抑或城市人类学的知识身份出场之际，并不与以社会治理、制度设计、工具匹配、行为干预、平台运行保障等为兴趣点的公共管理学者或文化政策研究专家进行问题互约与命题统辖。也就是说，它们只是在事态进展过程中具有后者入场时背景性的知识参照意义，而不是彼此间问题共同遭遇与命题一致邀约的直接逻辑换算关系。其结果是，概念、语符及陈述辞令表层显现，何其相似乃尔，但深层知识框架与命题价值指向，却处于本体分异存在状态。因为社区文化治理实质上是间接关联而非直接处置，所以说学科分置及其知识处置后果导致对象定位分异，是尴尬局面的成因之一。

成因之二则在于，在学理性之外，长期以来经济实力支撑不足，导致社区治理制度安排对居民基本公共服务的保障性政策工具配置中，没有将社区居民的文化生活保障纳入基本公共服务的合法性义项编序之中，也就是还不能像社区治安保障、社区环境保障、社区监管保障、社区养老保障、社区就业保障等一系列保障内容一样，成为民生基本保障意义上的政策工具实施对象。在此前的经济实力支撑不足状态下，社区文化民生保障缺位的直接制约在于，物质需求的供需严重失衡，决定了社区治理只能在马斯洛需求结构的第一层次，努力实现社会保障效能的最大化，因而也就不得不限制民生概念的意义边际，并由此使基本公共服务的政府责任在能力受限的无奈中，只能推进满足生存刚需的极为有限政策，倾斜于保障范围收缩。正是在这样的保障能力受限条件下，社区治理不得不将非刚需生存诉求的更深层次的文化需求，排除在民生义项编序与社区居民基本公共服务的制度功能之外，因而社区文化治理也就从未作为民生问题或基本公共服务的制度命题，纳入政府社区治理的责任清单。即或国家公共文化服务体系以及其他类似的文化建设项目，其功能延伸在不同地区，或以不同形式进入社区生活并产生程度不同的文化活动效应，也都不足以作为普在并且具有普惠功能的特定制度末梢，使这些文化活动效应始终处在一系列相关文化制度安排的常态化与可持续性的刚性支撑状态。所以，谈不上自觉而且制度安排性的社区文化治理，当然也就更加谈不上公共文化政策研究知识领域的社区文化治理政策命题。

尴尬局面解困的现实驱动力量在于，四十多年改革开放的经济社会发展成果，正在由量变向质变飞跃的过程中，使基本公共服务的支撑面和保障力有了革命性时代进展。在习近平新时代中国特色社会主义思想中，我国社会主要矛盾已经转化为人民日益增长的美好生活需要和不平衡不充分的发展之间的矛盾。处在新时代的社会治理背景，无论是社区治理命题扩大基本公共服务义项并延展至公共文化服务的社区保障，还是制度安排过程中基于"文化例外"原则予以结构形态叠加的单列社区居民基本文化权益保障，并由此确立不同制度和安排方式下文化民生的社区存在形态和社区治理过程中的合法性地位，其结果必然一致性地呈现为，社区文化治理命题的应运而生。尽管到目前为止，在关联性的中国问题背景下，官方政策文本和学者知识讨论文本中，这一命题尚未完全取得明确主张的政策命题身份与知识命题身份，而且尽管先行社区文化治理背景中，有人表述为"社区文化治理"，而另一些人则乐于称其为"社区文化发展"。但有一点可以肯定，命题的合法性以及这一命题表述差异后面隐存价值取向的一致性，都是不容怀疑的必然事态。至少就命题合法而言，其必然事态的最大依据就在于，社区生存和社会治理社区化以后，决定文化治理能够契合公平性原则的"最大公约数"社会生成依据，扩张趋势最终依赖于总量社区集合。与此同时，决定文化治理实现效率性目标"最大普惠"社会评价依据，亦取决于逼近社区生存全覆盖过程中极大比重的社区居民是否有文化获得感。当新时代社会矛盾发生根本性转移以后，这种转移落实到文化生存领域，也就更加具体地体现为人民对美好文化生活的需要与文化发展的不平衡不充分，而这种不平衡不充分的最大实证场域，在社区化社会生存结构变迁过程中，显然就最大存量比重地存在于社区文化生活现场。由此不难看出，中国特色社会主义新时代社会矛盾的根本变化，正在以其强大的社会本体驱动力，助推社区文化治理命题的理论思考与实践探索。

如果我们做更加细致的追问，就不难发现，其实这种社会本体驱动力对社区文化治理命题的助推，还与文化供给侧改革，有边际线虽短但关联度很强的问题叠合空间。文化供给侧是全面深化文化体制改革以适应新时代新发展理念的一个重要方面，只是由于就学术逻辑而言，属于另外的学理性议题，所以此处存而不论。但在其所叠合的空间里，文化供给侧改革是文化生产关系与文化体制结构形态的重大转型方式，也就是制度功能在扁平社会结构中，能够有效地实现制度末梢在"最后一公里"的存在活力和植入张力，包括文化资源与文化治理工具（政策工具与平台工具）尽可能实现重心下移与社会效能的基层拓值、大众拓值与无缝隙无死角拓值。要想诸如此类的文化体制改革供给侧存在方式转型目标真正得以实现，在社区化社会全覆盖的历史进程中，从前不起眼的社区文化治理问题与命题，就会日渐凸显价值，甚至会凸显为一定程度上影响文化体制改革深化推进能否成功的命运影响要素。

三

讨论至此，议题重心就顺理成章地由社区文化治理命题是否具有必然性与合法性，移位至正面清晰阐释究竟何为社区文化治理。这种移位，在中国问题背景和中国知识方案中，乃是社区文化治理命题理论探讨与实践探索的标志性起点。

处在定性研究知识范式，该命题可功能嵌位于两个上位命题或者更宏大的社会治理框架。

其一就是现行的功能嵌位方式。即把社区文化治理处置为现代公共文化服务体系的一个部分，是现代公共文化服务体系作为国家文化治理基本制度安排的制度末梢功能形态。庞杂、琐细、日常化、反应敏捷，而且位置分存中异质性程度很高，但同时所有这些末梢又与整个社会的人民生活日常体验密切牵系，而且在每一个社区，又与人民集合概念的每一个个体体现及其文化生活状况紧紧相连。在"旧常态"中，我们通常习惯于从社会结构的高端位置、中端位置来观察和评估社会进程中的文化发展状况，所以那些精英文化个体，或者这些个体所进行的小众文化活动，及其显形的所谓标志性文化成果形态，就成为政府、社会公共文化政策研究者乃至一般知识精英的基本关注对象和价值评估的主要参照。但是在"以人民为中心"的文化治理"新时代"，既然我们必须把"人民满意不满意"作为文化治理成败的最终评价系，既然我们努力将文化治理过程中人民群众"参与率""获得感"和"满意度"等作为现代公共文化服务体系制度功能实现的重要价值标杆，那么就必然要求相关各方和文化治理涉身者，将价值审视的目光更多地聚焦于末端，聚焦于社区文化治理效果，聚焦于社会集合意义的大众。这实际上也就意味着，在更有效地调动中高端精英文化人才及其文化创造积极性的同时，社区文化治理将以强大的倒逼力量，助推现代公共文化服务体系，作为基本文化制度，现实激活最大社会体量人民大众的文化参与热情、文化创造信心、文化获得感受与文化发展预期。无论对于文化治理观念，还是对于现代公共文化服务体系这一基本文化制度的价值诉求，抑或对于文化发展预期与文化发展价值评估的参照系和关联度，社区文化治理的这一命题嵌位，无疑具有革命性进展和转型的意义与价值。

其二则是未来可预期的功能嵌位方式。即当公民基本文化权利保障成为制度安排的民生义项编序，同时各层级政府财年预算编制中，将文化预算清单纳入社会治理支出基本公共服务保障科目，而这也就意味着现代公共文化服务体系作为国家文化治理的一种基本制度安排，已经在治理体系与治理能力大踏步进展过程中，与国家基本公共服务制度框架处在功能完全叠合的状态，成为子系统与母系统的关系。当这一事态在未来可预期的某个时间节点，成为非争议性的自明事实，则具体到社区治理末端现场，社区文化治理当然也就同步性地在制度末梢结构形态中，成为社区治理与社区基本公共服务的一个功能环节或者一种标杆定位。站在今天的预期位置，很容易产生某种歧义的未来事态误判，就是以为诸如此类的嵌位，会直接导致社区文化治理命题的自然消亡。而实际情况恰恰是，不仅不意味着该命题的自然消亡，反而更意味着该命题的保障刚性、存在可持续性乃至问题解决方案更具技术有效性。因为独立系统以子系统身份嵌位更大的母系统，并非该系统的消失，而是在更具协同功能效应基础上存在形态的结构变化与功能强化，这在系统论知识域几乎就是自明性极强的常识。所以，即使在社区文化治理制度末梢系统并轨的未来可预期趋势下，社会文化治理命题，也依然是真值率充盈的真实命题，对公共文化政策研究者的挑战不过在于，任何命题知识的建构、延展和对象性学理穿越，都将更加复杂、有更多价值纠缠以及更具技术操作难度。一个典型的阐述例证就是，对系统并轨后的社区公共文化治理而言，编制标准序列下的正面保障清单与负面规避清单，将比我们现在单一存在方式的社区文化治理阶段要困难得多。

与此不同，更具社区文化治理问题揭弊与命题建构的，是定量研究知识范式。即将问题与命题的知识研究进程都严格限制在社区文化生存的边际内，由此寻求不同目标、不同方式、不同切入点以及不同文化行为类型的技术化知识方案，以达到社区文化治理的预期积极结果。这些技术化知识方案主要包括：制度末梢研究，政策工具研究，平台工具研究，治理方式研究。由于所有这些研究都程度不同地与特定社区或社区集合的相关基础数据之间，具有知识换算的合法性支撑作用，而且有时候针对社区文化生存现场情况，常常要借助社会统计学、博弈论、探索性数据分析及管理科学的经验建模等量化测值手段,来强化某一知识方案的精密性与准确度,所以尽管任何一种治理方案研究过程并非全部在定量维度进行知识操作,但我们依然在定量功能链接及其与完全定性研究差异明显这两个前置条件下,将其称为定量研究知识范式,其实不过是需要定量测值介入的知识作业过程。

至少在中国公共文化政策研究知识域,因为动辄将文化治理问题不加条件限制地高论至"顶层制度设计",所以才常常有大词叙事气势之后治理仍然无效的惊愕。事实是,并非顶层制度设计不处在至关重要的知识建构位置,而是必须有畅通无阻的中端制度设计与反应迅捷敏感的末端制度设计,作为其治理有效的价值前提,否则无论是中端的所谓"梗阻",还是末端的所谓"麻木瘫痪",都足以致任何文化治理顶层制度设计优选方案失灵、失效、失真。于是我们由此也就应该清醒地意识到,目前普遍受到冷遇的文化治理制度末梢问题,在特定边际条件内同样具有须臾不可或缺的知识学价值,甚至当前置已然自明之际,它会演绎为决定文化治理有效与否的后置核心要素。这一点,美国新制度主义学者奥斯特罗姆获得诺贝尔经济学奖就是间接证明,因为奥氏毕生主要成就,就在于聚焦制度末梢功能框架的技术方案,以及如何使这类方案实现效率最大化的制度预期。所以中国现场事态在此就重心转移为,在社区文化治理过程中,作为功能末端的"制度末梢"究竟意味着什么,抑或对我们的学理研究又体现为何种结构状态的核心问题、基本问题以及关联性问题。其核心问题之要,当然是围绕社区边际内制度末梢的功能结构形态作为基本安排与作为特殊安排的设计研究。这些研究既包括必然性,亦包括或然性;既呈现为上位链接功能接口,亦呈现为同位覆盖功能植入细节;既探讨边际治理技术路线,亦探讨效能评价测值监管。诸如此类。其基本问题之序,一在于制度末梢支撑下,如何确保社区文化"最大公约数"与"特殊少数",在优先性附加兼容性状态下,始终具有博弈均衡中的稳定性公正;二在于制度末梢功能运行过程中,如何确保任何一个具体植入细节或任何一种人性化的植入方式,共性存在特征中始终具有对社区文化生存激活能量的拓值性效率;三在于所有这些成为自明前置条件时,如何确保个体文化诉求变化与集合文化意愿升级，对制度末梢结构重拟与功能转换的合法化倒逼，并因这种倒逼而使社区文化治理制度末梢，在有效性减值的预判中能够不断获得对"缺陷"和"老化"的随机性修复。依此前推。其关联性问题之广，因涉身者知识背景的不同、观察位置的不同、介入方式的不同、凸显焦点的不同等，几乎可以使任何核心问题或基本问题，由这些不同出发而作问题维度与知识向度的现场延伸，依此预期。

要想制度末梢切实获得对社区文化治理的预期效能，并事态乐观地始终保持对社区文化生活激活的势能，就必须在这一微观层面因时而异，并因地施策地找到型制多样且功能齐备的政策工具。这些政策工具，既与所有宏观文化治理政策工具的价值一致性与功能同质性联系在一起，又与这些宏观文化治理政策工具之间，存在基于"端际落差"的使用价值非一致性与功能异质性。就中国现场事态而言，恰恰就是由于忽视诸如社区文化治理实际或制度末梢，以及在末端文化治理过程中的特殊制度诉求及其微观政策工具匹配，所以走上了一条习以为然的粗放式文化治理而非精准化文化治理的数字绩效歧途，也就是一条政绩曲线清晰而人民获得感曲线模糊，甚至极限案例会完全消失的"体制空转"旧时不归路。在"以人民为中心"而非"以数字政绩为中心"的"新时代"背景下，社区文化治理命题有效的重要支撑条件，就在于有多大能力并在多大功能匹配有效范围内，最大限度地研究性呈现并实践层面给定符合社区微观治理的具体政策工具，由此则可以在新理念、新思路、新举措中，开创文化治理"最后一公里"畅通，从而让人民因"获得"而"满意"的勃勃生机新局面。譬如社区文化治理现场中财政资助政策与支付监管政策，就需要有依法授权工具创新的末梢功能匹配，而非仅仅顶端制度设计的那些原则或中端制度运行的那些规则，否则不论是资助覆盖面还是支出科目，都会将社区文化治理的大部分现场活动排除在制度性资助预期与资助目的之外，当然也就会在制度末梢"麻木瘫痪"中，迫使社区文化参与各方及其活动进程被迫离场，无法激活，甚至失去信心与信任。类似这样的细节个案，对文化制度设计及公共文化政策研究专家而言，也许很容易从宏大视野中隐存化问题流失，因为可繁杂编序的细节问题，有时候小到毗邻的两个同质性社区之间隐存的异质性功能诉求，几乎就琐屑微小到稍有距离就一定会视而不见。但对社区文化治理命题和社区文化生存现场而言，它可能就是问题的全部，就是社区边际对人民的文化主体性建构、参与性获得、可持续激活以及满意地给予积极效果评价等，进行价值减量甚至阻碍准入的决定性因素。

但是对于社区文化治理现场事态而言，除了一系列功能恰配的微观政策工具外，还需同步匹配立足于助推和支撑社区文化活动的平台工具，而且这些平台工具能在微观效能最大化中确保社区文化治理有效，因为它们以物化形态与非物化形态的合力，现实而且日常地进行社区文化生活场域建构与张力延伸。人们看得见的平台工具，当然是指社区居民开展不同形式文化活动的场地、设施和设备硬件，并且这些硬件伴随着外部社会技术进步的递进升级与内部文化活动需求水平的持续抬高，会呈现为动态均衡博弈的配置变化。所以也就不难看出，长期以来我们学理给定与政策操作的"线性规范化""表面均等化"以及"简单标准化"，无视社区存在形态异质性、社区人口规模巨大落差、社区地缘文化背景所决定的文化活动实际特征，以及不同社区居民构成状况所引起的文化多样性预期程度等，结构就一定只能在粗放式文化治理方式中走向"平台工具一盘棋"，由此也就有平台工具大面积失灵或者大范围低效的消极配置后果。从这个意义上说，场地、设施、设备等作为平台工具的配置，将涉及不同维度的复杂配置方式，而且还存在一系列必须量化测算的参照性技术方案，其中包括不同换算关系的经验建模与系数计算。只有平台工具配置充分按照诸如"纳什均衡"等技术原则来决定精细化的具体配置方案，而不是行政意志抑或学者口号所决定的粗放式硬性配置，这些平台工具在社区文化治理中才能实现其效能最大化。当然，人们看不见的平台工具，情况比这些硬件平台还要复杂，其有效搭建、分类搭建、因地搭建以及跨域搭建等，在社区文化治理过程中会面临更多的挑战。而我们现在之所以少见这样的挑战性疑惑，是因为我们的社区文化治理，无论理论层面还是实践层面，都还处在难以觅其踪迹的距离之外，即我们实际上并没有入场，也就无所谓在场性遭遇。但是入场的速度显然正在加快，很快我们就不得不理论解读并且实践操作，诸如如何搭建并且运行社区边际内的非法人文化活动组织、法人文化组织、文化志愿活动、跨域或跨文化交流活动，以及新民间节庆仪典文化按时序开展等看不见的平台工具，都将会有扑面而来的挑战热浪。社区居民对美好文化生活的需求，不是依我们所想并由我们来定的，社区治理的全社会覆盖，必然伴之以社区文化治理超越我们现在所一厢情愿的层级文化行政治理延伸的所谓"网格化""点餐制"等"被文化活动"僵滞格局，边际内不同形态的文化活动自治与人民文化主体性自为，将呈现"百花齐放"的繁荣景观与弹性活力。正因为如此，对于积极作为并且努力实现良性社区文化治理后果担当型政府来说，就必须有能力先行设计多样而且"管用"的非物化形态平台工具，以最大限度满足社区文化活动参与者对可选择与可依赖组织平台抑或机会平台的需求。总之，无论"硬件"平台工具，还是"软件"平台工具，在社区文化治理命题指涉内，其可关注的问题隐存与应阐释的学理空间都不可低估。

此外，运行方式研究，除了存量问题隐存依然有待涉身者进一步深度揭弊外，面对"全面依法治国"战略选择背景下"契约时代"中国特色现场，至少就社区文化治理命题及社区文化治理实践而言，增量问题与增量学理空间，正呈现出加速递进之势，据此，也就一定会很快出现大规模的关联性知识行动与社会行动。运行方式的公平问题与效率问题，我们实际上还停留在虚词叙事的诸如罗尔斯系列概念可关联性义项梳理阶段，抑或诸如奥斯特罗姆相关方案可中国现场技术操作的消化过程。尽管诸如此类未必做得很好，但现场事态的复杂性以及这种复杂性对深度解读与有效行动的强烈诉求，其知识召唤、知识响应以及实证跟进，远非把这些做好就能知识解困或现实激活。运行方式研究的挑战之处在于，基于中国事态背景的知识场域社区文化治理命题建构，是"后现代""高科技""全球化""契约性"等社会存在特性高度叠加的"当下"知识行为。"当下"的新奇与吊诡，不仅仅在于人们触景激动不已的那些现象表征态"数字文化生活""沉浸式体验""网络社区空间""虚拟参与拟真与仿像""非主体性在场缺席与主体性跨时空在场",以及日新月异变幻无穷的种种令人为之惊愕的技术创新,给社区文化活动平台工具运行方式所带来的景观转型,而更在于中国的社区文化治理此时不得不受制于"迭代社会"与"叠加社会"的合力生成,这种合力生成,既使得社会本体存在结构始终会因非线性法则随机诱发非预期社会行为后果,也使得社会日常生存方式不断或浅或深地影响干预社会文化活动潜在参加者,对不同平台工具及其运行方式的价值信任与依存关系建构,因而这种"合力生成"的社会本体革命性变化,给社区文化活动平台工具运行方式带来的,将是生存升级意义上的价值标杆移位。其实所有这一切,在中国事态现场都必然会被统辖至"新时代"社会治理宏观功能框架,因此也就可以创新我们的思路和方法,以新的积极作为姿态实现社区文化治理命题中平台工具运行方式的知识进展与实践创新。

必须指出,应该义项编序的所议命题知识域,并非至此就可以达到知识谱系学的微观知识域谱系完形预期目标,而是在非穷尽态的择要描述与个案例说过程中,简介说明特定命题的知识取向具有复杂、深刻而且广阔的问题隐存界面与预期知识空间。一句话,涉身者将大有作为,而且必须有更多社会责任担当者为此而义不容辞地涉身作为。

四

当这些形而下社区文化治理命题研究升华至诸如价值研究,同时也就意味着由社会存在对象性问题转换为人类生存主体性问题,由此使社区文化治理在生存价值维度,进一步追问各种价值指向。不同价值实现过程以及可预期与不可预期社会价值后果的意义纠缠等,进而学理空间就在新的知识维度获得极大的空间延展与命题拓值。

就我个人未必成熟的判断而言,无论自福柯以来还是伯明翰学派以来,抑或无论逻辑起点于文化社会学知识背景还是公共管理学知识背景,西方的公共文化政策研究文本以及极为具体命题的社区文化治理研究文本，似乎在这一维度的实际成果以及衍生出的成果文本形态，在已然性的所知知识界面，其所占比重有明显的"超重现象"。这种超重现象转场至中国现场事态过程，就有误读和误判，以为社区文化治理研究只不过在于诸如"身份认同"诉求抑或"文化多样性"诉求等价值目标问题深度揭弊，岂不知如何支撑这些诉求的政策工具研究、平台工具研究和制度末梢功能框架研究等文化治理技术方案研究，乃是更为直接同时更加迫切的系统阐释议题。不是说前者就不重要，而是说不要"超重"，在社区文化治理问题上，必须总体性地呈现出形而上研究与形而下研究的均衡。从这个意义上说，我们将可能而且应该在社区文化治理命题的中国事态研究过程中，以不同知识维度的全方位进展，迎来社区文化治理经得起历史和逻辑检验的"中国方案"与"中国智慧"。

文化民意作为决定性要素

在国家文化治理体系与治理能力现代化的文化发展战略制度诉求过程中，兼之全球化背景下各国文化治理的成果经验启迪与失败教训参照，社区文化治理不期而至地成为中国特色社会主义条件下公共文化服务体系建设的重要内容乃至"最后一公里"。这既与转型中国文化治理价值导向高度契合，同时也与全球文化治理前沿探索处在同步位置，合法性、必要性与可行性都不存在遭受本体否定的风险。但是，这并不意味着其中就没有隐存的问题与危机，无论体制设计还是实际运行，稍不清晰抑或处置得稍加随意，就会形成"差之毫厘，谬以千里"的负面后果。本文即从一个特定命题角度切入，初步展开讨论，以期引起相关各方更广泛同时也更系统化的学理关注。

一

对一个特定社区而言，无论规模大小，所谓"文化民意"[①]由两个互相黏着的部分构成：其一是边际内的"最大公约数"，其二是"特殊少数"。尽

[①] 我们所定义的社区"文化民意"是指社区边际内全体居民的"文化意志"。他们的"文化意志"既包括活动形态决策意志，也包括活动行为参与意志；既包括文化设施建设规划意志，也包括其他文化资源配置意志；既包括多样性意志，也包括特殊性意志；既包括民间习俗草根文化意志，也包括公共社会场域文化意志。至于其无条件合法性，可参见习近平的观点："要解决好'为了谁、依靠谁、我是谁'这个问题，拆除'心'的围墙，不仅要'身人'，更要'心入''情入'。"（《在文艺工作座谈会上的讲话》，人民出版社 2015 年版，第 18 页）

管"最大公约数"绝大多数情况下,内在地统辖着包括"特殊少数"文化参与诉求或者文化行为意志,但这并不意味着在这些诉求和意志之外,就没有"特殊少数"的特殊诉求与特殊意志。于是也就意味着,从社区文化治理的决策过程开始,一方面必须最大限度地使某一具体决策项目的最终形成方案基于"最大公约数"的坚实支撑之上;另一方面还应该在其形成方案中,为"特殊少数"预留文化意志表达通道,同时在社区内所建立的一系列文化活动平台中,预留其必要空间、项目和参与机会,当然也包括资源享有权利。

在社区文化治理过程中,之所以要立足于最终形成方案"最大公约数"的坚实支撑,不仅在于它表征着特定社区的"集合性文化意愿"或者"聚焦化文化诉求",还因为它能充分体现"文化民主"作为社会主义核心价值原则充分实现的现实诉求,并切实有效地解决文化民主研究专家们通常所描述的诸如"正义的原则、民主的原则,以及公民身份等极其五花八门、争议不断,而配置问题却只有一个正确的答案"[1],抑或"社区参与乃是一个总体目标。我们并不想仅仅让一部分人进入其地盘而另一部分人离开"[2]。如果治理事态进展至此,则我们长期在层级文化行政资源配置、平台运转以及活动参与等诸多方面的公平不足与效率障碍,就都能在社区文化治理边际范围内,找到基于新理念有效性的文化普惠方案,并且使诸如"均等化""参与率"和"满意度"等绩效标杆,演绎为去修辞化的日常绩效现实。恰恰是这样一种有效文化治理后果的真切现实,将会自下而上地重建整个社会对公共服务体系的功能预期与体制信心。

之所以强调在"最大公约数"之外,还必须于治理方案中为"特殊少数"预留必要的文化诉求渠道与文化参与机会,是因为中国特色社会主义的文化民主体系,至少从理论出发点而言,具有较任何既有其他社会形态下的民主体系,更具先进性同时更具充分性的价值取向本体特征。正是这一价值本体

---

[1] Denise Meredyths and Jeffrey Minson (eds.), *Citizenship and Cultural Policy*, London: Sage Publications, 2000.
[2] David Karraker and Diane Grams, "Partnering with Purpose", in Diane Grams and Betty Farrell (eds.), *Entering Cultural Communities: Diversity and Change in the Nonprofit Arts*, New Brunswick: Rutgers University Press, 2008, p.100.

特征的内在制约，决定了社区文化治理过程中的社会主义文化民主，将在制度安排层面更能体现制度形态的文化普惠优越性。这种制度安排在绝大多数情况下呈现为补充安排，但终究是以一种体制功能的和解姿态，为所在社区第一次选择失去邀约机会的数量很小的居民，提供了保障性的二次选择机会，并因选择的机会满足针对性而获得有效文化参与的特殊权利。恰恰就是这样一种特殊文化诉求的权利保障，不仅使得边际内的特殊文化诉求个体，能够实现其在场获得感诸如"对他们而言，艺术能与其日常生活更密切相关，而不使其从所珍视的特殊机会中被排除，由此而使他们称道和欢庆"[1]，而且这种在场获得感将会凝聚社区身份信心，并在这种信心建构中促进"特殊少数"与"所在社区的充分合作"[2]。毫无疑问，这样一种制度安排及其功能实现，将使任何机构形态抑或规模大小的中国城乡社区，都能最大限度地规避社区文化裂痕乃至冲突的风险，从而为和谐社区与和谐日常生活方式建构，奠定基于公共文化服务体系的预期制度保障。

很显然，一种融合"最大公约数"与"特殊少数"的社区文化民意，在社区文化治理实践中具有全覆盖意义，因而也就一定能为后续文化治理进程提供有效的充分必要条件，而我们的严峻现实通常是失去而且漠视这个前提。

二

漠视的根源，在于社区文化民意从来就未实质性地纳入文化治理的决策编序，至多不过相关决策程序中给予某些或形式化或游戏性的参照。而功能主导力量也就只能是对称意义上的"文化官意"。

从我们所应坚守的意识形态理性出发，"文化官意"在特定条件下获得

---

[1] Steven J. Tepper, "The Next Great Transformation: Leveraging Policy and Research to Advance Cultural Vitality", in Steven J. Tepper and Bill Ivey (eds.), *Engaging Art: The Next Great Transformation of America's Cultural Life*, New York: Routledge, 2008, p.364.

[2] Dorteskot-Hansen, "Local Culture and Local Identity", in Jorn Langsted, *Strategies*, Esbijerg: Aarhus University Press, 1990, p.31.

"主导"配置的决定性力量,本来应该具有无可置疑的合法性乃至逻辑合理性。其依据在于,"特定条件"中包括一项根本性前置存在条件,那就是"文化官意"在与"文化民意"的语义边界绝对叠合状态下,所谓"官意"与"民意"的对应生成关系甚至对立紧张关系就会社会化,同时也语境态自然消亡[1]。也就是说,人民的文化意愿本来就应该是我们从事公共文化服务的行为逻辑起点。但我们所常常遭遇的现实紧张关系却恰恰在于,不仅在现实的文化治理过程中很难见到理想价值标杆所指涉的这类高度叠合,而且还更多地与各种形态的非叠合状态照面。其尴尬之最,就是某些文化行政官员以一己意志为权力运作的功能杠杆,以"会议热情"或"红头文件权威意识"代替基层文化诉求的深入调研,剃头挑子一头热地"打造文化""送文化""服务文化"直至"审批文化",并由此而年复一年地忙碌于"文化形象工程""文化政绩工程""文化任务工程"和"文化示范工程",结果是社会文化治理过程中形形色色的"越位""缺位""虚位"乃至"体制空转的治理者娱乐本位"。这不仅不能使"社区"在文化治理作用下获得"文化社区"的生存建构,就仿佛美国华人"飞地"的圣·路易斯社区,经过四十多年的文化治理而全面实现其"文化社区"融合性生存建构,从而"大相径庭于全美各地的许多其他美华社区,不是圣·路易斯物质边界差异,而是文化社区发展的变化"[2],而且更谈不上将特定社区激活为"创意社区",使社区在非被动性接受文化资源配置与文化参与机会共享的同时,能够以一种激活后的主动姿态去进行自我整合、自我进化发展以及自我文化再创造与再生产,从而在公共文化服务体系的功能助推下,升级转型为具有社区文化生存主体性与社区文化活动自治性的增量社会单元。这类"创意社区"积极治理成果,来源于"所有的全部努力工作,如今都集合为一种驱动性的规划,而这个规划就是使其社区转型升级。治理者对此十分清楚,而且

---

[1] 关于这种消亡的合法性与逻辑合理性,参见习近平同志所说的:"党的干部必须做人民公仆,忠诚于人民,以人民忧乐为忧乐,以人民甘苦为甘苦,全心全意为人民服务。"(《习近平谈治国理政》,外文出版社2014年版,第413页)

[2] Huping Ling, *Chinese ST. Louis: From Enclave to Cultural Community*, Philadephia: Temple University Press, 2004, p.169.

也很具体,那就是进一步的治理项目人们能够测值评估"①,而且也来源于社区文化治理者,如何将公共资源、地方文化资源乃至社区自身的潜在资源,进行富有想象力的功能整合与能力再造。很显然,被"官僚主义"牵系着的一些"文化官意",从一开始就放弃了类似治理的逻辑起点和价值原点,当然也就很容易滑向"权力意志"无条件支配方式的文化治理无效化歧途。

由如上分析不难看出,在社区文化治理过程中,并非我们在理论上缺乏"文化官意"与"文化民意"意志叠合的可能性,而是在制度安排及其实践操作层面,无法使这样的理论可能性真实落地为实践可行性,包括文化治理在内的一切社会治理,只要理论可能性不能现实地转换为实践可行性,那么所有的合法性价值命题与逻辑合理性方案预设,就都只能是毫无意义的"虚拟修辞",而我们长期所热衷的,恰恰就是一系列文化行政行为过程中,各层级汇报材料的此类"虚拟修辞"唱和之声。正因为如此,与其失腔走调地为"文化官意"的可能性寻找合法理论命题与逻辑结构,不如在社区文化治理实践中,旗帜鲜明地以"文化民意"置换"文化官意",使公共文化服务体系作为一项基本制度能与形式主义和官僚主义作壮士断腕式的告别,让"文化民意"成为社区文化资源配置、社区文化活动参与方式、社区文化平台搭建以及社区文化身份构建等一系列相关文化生存与文化发展内容的定位标杆,让"文化民意"充当诸多影响要素中的决定性配置要素,让"文化民意"成为特定社区文化治理的支配主体。

在这一置换中,有两个容易引起语义淆乱的敏感关联命题,需要先行予以事态澄清并给予歧义引起的风险清晰规避。其一,要在坚持社会主义核心价值引领的前置条件下,充分体现"文化价值分层"的文化规律,从而在社区文化治理过程中按分层价值目标来给予功能清晰的末梢制度安排,从而能够规避粗暴混存处置中以"大词"作为人民群众切身文化利益不能有效保障的托词。诸如将广场舞参与率也绳之以"文化安全"的价值评估尺度,不仅

---

① Tom Borrup, *The Creature Community Builder's Handbook: How to Transform Communities Using Local Assets, Art, and Culture*, Saint Paul: Fieldstone Alliance, 2006, p.207.

不能确立国家意识形态安全的战略定位，而且也会给社区文化治理的真实命题内涵带来理论与实践层面的巨大障碍。其二，把"政府主导"狭隘地理解为而且操作为具体社区文化平台运作、文化资源配置的层级行政权力持有，这种"持有"一旦成为社区文化治理的末梢制度支撑点甚至权力非有效监管下的特定官员行政任性，就极容易事与愿违地演绎为韦伯在《支配社会学》中所描述的"支配权力，通常是基于经济与社会差异之（至少）相对的齐平化"[①]，由此会导致我们几十年来一以贯之"办文化"的坚守。哪怕是那些修辞性创新的诸如"点餐制""网格化服务""供需均衡"，某种程度上仍然不过是"文化官意"决定性要素配置的末梢功能修复之举，甚至可能是口号而非命题的"满足人民群众日益增长的文化需求"的翻新版或简约陈述句式。问题的实质在于，总是忧虑"政府主导"失灵，总是焦躁于"办文化"权力失去后，文化行政部门或文化平台运营团队将会一无所有。

我们必须深刻地意识到，一方面，意识形态安全是更高价值层面的社会本体问题，因而也就需要一套完整的意识形态安全保障制度和治理方案来予以更强有力的支撑，从而使包括社区文化治理在内的公共文化治理，得以脱离混存的价值分析纠缠而获得更加系统、清晰、完整和有问题针对性的治理理性与治理体制；另一方面则是在"放管服"大潮的簇拥之下，所谓文化治理的"政府主导"，正在匹配性地同步迈向宏观性、总体性、顶层性乃至监管性，各层级文化行政的价值导向，由此从"文化提供者"向"文化服务者"和"文化治理者"身份转型。所议的两个方面，皆非学理推演的理想状态，而是转型中的中国正在宏大绘制的"中国方案"所已经给定的文化治理前置条件。这些前置条件一旦以合力作用方式落地到每一个社区的社区文化治理现场，就会诉诸制度末梢的弹性和张力，考验其是否能够一切以时间、地点和条件为转移地形成大批差异性有效方案，尤其要考验这样的方案，何以能在社区文化治理模式的本体性变化中获得我们期盼已久的可持续有效性，从而使社区文化生存状态呈现

---

① ［德］马克斯·韦伯:《韦伯作品集Ⅲ·支配社会学》，康乐、简惠美译，广西师范大学出版社 2004 年版，第 58 页。

为"不断地从社会言说走向社区言说。这种言说常常在政府权力部门与市场的非道德化任意交换之间，与自主权利担当个体的自由之间，确立起一片生存领地。这种社区空间俨然一种自然的、政治之外的人际关系地带。不仅仅是本体性的主张，意味着事实就是如此，也意味着一种积极的评价"[①]。

由此不难看出，不是社区文化治理失灵的事态本身终极无解，亦非政府文化建设的价值主张以及公共文化服务体系制度安排指向偏离，而是我们不能在全面改革的时代大背景下转换文化治理观念，重新审视政府角色定位，改变运作模式并且对所有配置要素二次编序甚至二阶影响系数定位，使一切文化行政行为遵循客观文化规律而非延续已久的权力意志。一句话，充分实现文化治理"新常态"运行方式与价值目标，则效率、有效性、公平正义以及亿万参与者的热烈响应等，就都不会成为其为长期无解的死结。

三

至此，问题就不是要不要将文化民意作为社区文化治理决定性配置要素，而是转场至如何确立其决定性配置要素的社区文化当前语境，以及处在这一语境之中，所谓决定性配置要素的语旨重心。必须先行言明的是，确立"文化民意"在社区文化治理中的决定性配置要素地位，以此置换积习已久的"文化官意"，丝毫不意味着基于精准角色定位的政府及其层级决策机构和运行平台的退场，丝毫不意味着其他相关配置要素在社区文化治理中的要素合成基本功能，丝毫不意味着由此可以删除、削弱以及低估公共文化服务体系中各级文化决策者、文化活动组织者、文化绩效评估者、文化供给服务者甚至文化响应志愿者等诸多行为主体的积极性、主动性和创新性。在诸如此类都作自明性悬置的知识处置方式下，所要重点讨论的"决定性配置要素"何以得到保障的技术方案，在我们看来突出地表现在：

[①] Nikolas Rose, "Community, Citizenship and the Third Way", in Denise Meredyth and Jeffrey Minson (eds.), *Citizenship and Cultural Policy*, London: Sage Publications, 2000, p.6.

（1）必须在文化治理基本理念上确立"文化民意"的概念合法性和存在本体性。

（2）必须有一套落地生根、行之有效的社区文化治理末梢性文化制度安排，并且这一安排既能够以"文化民意"为逻辑起点，又能够以"文化民意"为价值归宿。

（3）与此相匹配，形成末梢性文化制度安排的调节弹性机制与缝隙修复机制，最大限度减少能量内耗的同时，不断获取增量和升级的内存驱动力。

中华民族在其绵亘久远的历史长河中，创造出辉煌而且充满智慧的优秀文化传统，这个传统作为东方血缘纽带为重要特征的内在维系和崇高精神家园，这些当然是无条件值得褒称、弘扬和传承的民族血脉之所在，所以习近平站在 21 世纪全球化高潮迭起的时间位置，仍然坚信着"中华优秀传统文化是中华民族的精神命脉，是涵养社会主义核心价值观的重要源泉，也是我们在世界文化激荡中站稳脚跟的坚实根基"[①]。但站在辩证法和历史唯物主义方法论角度看问题，一个同样必须无条件批判、剔除、颠覆并坚决与之保持价值分异态度的思想史事实是，以"官本位"和"愚民思想"等为特征的封建文化沉渣，几千年来一直像一座大山一样压迫着代代因沿的亿万万人民大众，使他们失去最起码的社会尊严与最小几率的知识机遇，这也就是鲁迅"吃人"命题的合法性所在。在《老子》所谓"常使民无知无欲"，《商君书·弱民》所谓"民弱，国强；民强，国弱"，《论语·泰伯》所谓"民可使由之，不可使知之"，《鹖子》所谓"民者，积愚也"，《孟子·滕文公章句上》所谓"劳心者治人，劳力者治于人"等这一类同质性极强的叙事内容里，愚民对人民的社会本体存在的主体建构机会的剥夺，在某种程度上的伤害并不逊于每一次血淋淋"吃人"的历史个案现场。而问题的不寒而栗之处在于，被遮蔽的封建文化糟粕，不断地在跟进性呐喊优秀传统文化的口号过程中沉渣泛起，腐蚀和异化着我们的马克思主义政党及其经受过现代性洗礼的"权力绑架者"与"知识特权者"，走向文化返祖和身份蜕变，重回官僚权贵或封建士大夫愚弄并且压迫人民大众的历史老

---

① 习近平：《在文艺工作座谈会上的讲话》，人民出版社 2015 年版，第 25 页。

路。正因为如此，在现代公共文化服务体系的制度建构过程中，尤其是在社区文化治理的现实操作实践中，要想"文化民意"成为决定性配置因素，要使人民的主体性建构真正得以实现，观念问题和思想解放问题依然是社区文化治理模式创新与思路转换的拦路虎。只要思想观念拦路虎不被迫让路，甚或彻底消除，一切后续的制度安排与技术方案设计，就都无从谈起。至少就社区文化治理的中国进展现状而言，这是迫在眉睫的消障之首，而且也是消障的复杂性之首。

观念转型的事实后果能否在无数社区真正成为价值预期后果，完全取决于我们能否在中国特色社会主义体制条件下，在完善现代公共文化服务体系制度建构过程中，尤其是在末梢性制度张力可操作性安排中，获得功能化有效支撑。制度末梢作为制度框架的有机组成部分，是打通"最后一公里"的关键所在，因而具有不可低估的复杂微观系统性与复杂可持续循环性，单是匹配设施的硬件规划，制度设计者就被迫充分考虑社区居民大面积参与，并采取诸如"倾向驱动的方式""机会驱动的方式""问题驱动的方式""目标驱动的方式""远景驱动的方式"以及"混合方式"等相关技术手段。[1]既然如此，我们也就要追问，在社区文化治理中，究竟什么样的制度末梢形态，才能确保"文化民意"成为决定性配置要素？就目前的研究进展而言，我们还只能开列出粗糙而且不完善的清单，即：

（1）聚集性文化民意充分表达机制。也就是说，必须有匹配性末梢制度安排，确保特定社区的全体居民能够随机或定期获得文化诉求面向制度充分表达的机会，并且能在这种表达中精准捕获"最大公约数"和"特殊少数"，就仿佛细节技术方式的"特定研讨会召开时开始的社交场合，通常都向受邀的利益相关者以及其他感兴趣的人们，呈现出广泛的开放"[2]。而制度安排的优

---

[1] 参见［美］埃里克·达米安·凯利、［美］芭芭拉·贝克尔《社区规划——综合规划导论》，叶齐茂、吴宇江译，中国建筑工业出版社2009年版，第99—102页。

[2] Patrick M. Condon, *Design Charrettes for Sustainable Communities*, Washington, D.C.: Island Press, 2008, p.36.

势恰恰在于，诸如此类的技术细节和方式，对有效的社区文化治理而言，都内存于可持续而且具有运行刚性的制度末梢之中。

（2）定位性文化民意决策参与机制。也就是说，必须有匹配性末梢制度安排，让社区内居民获得所有文化事务参与决策的权利和机会。这种参与，无疑是较文化民意表达参与更加深刻同时也更加具有决定意义的深度参与。这种参与实际上意味着，并非居民身份分化中所产生的卡里斯玛型"特殊居民"，由此获得非官方性自治决策者身份，甚至也并不意味着基层文化单位体制内公共文化服务工作者的缺席或离场，而是他们在社区文化事务中最大限度地邀约社区居民决策参与，从而确保所有社区文化项目开展的最终决策都是基于"最大公约数"和"特殊少数"决策参与过程中所形成的目标定位，而且这种定位，吻合"托马斯随机均衡法则"，"就是要发现公民参与方式选择随环境变化而变化的优势所在"。[①]

（3）绩效性文化民意监督评价机制。也就是说，必须有匹配性末梢制度安排，始终使社区文化治理的事态进展状况与绩效标杆成果，处于所在社区全体居民监督之下与评估之中。无论是相关文化行政部门基于工作程序的绩效自测，还是第三方专业评估机构基于授权委托的绩效他测，通常所谓"参与率""满意度""达标指数"以及"共享公平状况"等测值内容，最终都取决于社区居民自发抑或自觉的监督行为与评估作为。这意味着，"文化民意"是社区文化治理绩效的根本监督力量与评估意志之所在。所有测评介入者使用的名目繁多的工具，无论"效率指数模型"诸如"$C(y, w) = \min_{x} \{wx: x \in L(y)\}$"[②]，还是"定型策略分析"，如"促进平台管理事务"[③]，都只有在

[①] ［美］约翰·克莱顿·托马斯：《公共决策中的公民参与》，孙柏瑛等译，中国人民大学出版社2010年版，第28页。

[②] Rolf Färe, Shawna Grosskopf, and Valentin Zelenyuk, "Finding Common Ground: Efficiency Indices", in Rolf Färe, Shawna Grosskopf, Daniel Primont (eds.), *Aggregation Efficiency and Measurement*, New York: Springer, 2007, p.85.

[③] Tom Borrup, *The Creative Community Builder's Handbook: How to Transform Communities Using Local Assets, Arts and Culture*, Saint Paul: Fieldstone Alliance, 2006, p.121.

"文化民意"的支配下才能操作有效。

问题的复杂性在于，无论观念如何转变，抑或与之相适应地将社区文化治理的末梢制度建构推进至相对完善的功能框架状态，一个不容忽视的最大变量在于，如果所在社区内的全体居民，其文化主体性得不到他们自身的热情彰显，或者换句话说，末梢制度运行过程不能不断获取内生动力的功能驱动，而仅仅依赖于自上而下的制度设计给定能量以及输血性外在强推，那么毫无疑问，公共文化服务体系制度末梢的功能失效，只不过是或迟或早的必然被动事态，至少就一些现场可见的景象而言，由这种被动所导致的"体制空转"或"体制自娱自乐"是存在的事实。如果我们对这一被动性的扭转问题，给予较为细化的施策切分，那么它实际上要求至少做出三个方面的体制运行努力，即：

（1）努力使制度末梢具有调节弹性机制与缝隙修复机制。就前者而言，制度末梢作为具有制度本体属性的具体安排，是更大制度框架的有机构成与有效延伸，因而当公共服务体系的更大框架甚至总体框架出现标杆换位或者任务转型之际，制度末梢必须随之体制响应和功能反应，并在响应和反应的末梢活力中，将更高的制度意志与社区文化治理实际事务加以有效链接，同时在链接过程中，能够及时地把作为更高制度意志功能体现的特定政策工具实际效果，基于正负不同测值作逆向信息反馈。就后者而言，社区作为社会本体的现实单元，任何时候都将随社会的宏观变化而变化，并且由此也就会在社区边际内不断出现生存方式、生存结构和生存价值取向等方面的动态转型。转型的结果，必然导致原有制度末梢的其他功能失灵与文化治理缝隙，所以只有使其保持与动态转型相一致的缝隙修复机制，制度末梢以及社区文化治理才能因这种修复能力而延续其与社区全体居民及其文化生存诉求得到满足之间的协调性。

（2）努力减少制度末梢在社区文化治理过程中，参与治理相关各方动机与行为博弈中的能量内耗，最大限度地形成治理合力，并在服务社区文化治理这一逻辑起点与价值原点上保持与社区文化诉求目标的高度一致，而这也只有"文化民意"的前置条件作用才有可能实现。究其根源，在于社区文化治理乃是社会化而且有较大自治性的场域，公共文化服务体系制度末梢，固然在其中具有基础性功能，但诸如第三方非营利社会公益组织、志愿者团队与志愿者个体，以及其他有限介入社区公共文化治理场域的社会文化资源等，都同样是不可或缺且往往具有极强实效性的配置要素，是社区公共文化治理的积极辅助力量。然而由于介入方式、介入程度、介入动机乃至介入身份等彼此之间差异甚大，所以就必然会程度不同地导致现场事态的能量内耗。既有它们彼此之间的内耗，亦有其与公共文化服务体系制度末梢之间的内耗。无论是哪一种内耗，都将给社区文化治理带来不必要的负面影响，都有违社区文化治理的各方初衷，都应该尽可能予以规避。在我们看来，要使这样的规避长期有效，从而使各种入场的文化资源和文化介入身份得以整合，唯一具有无条件维系作用的就是"文化民意"，因为只要它们都在"文化民意"制约下积极施为，就一定不会发生社区场域外在介入资源配置与服务投入的关联各方能量内耗事态。

（3）努力获取社区文化治理增量升级内存驱动力，改变长期以来将公共文化服务对象单纯看作受动承接客体的文化关系误判，确立社区居民文化活动的主体地位与条件性自治合法性，从而激发隐存于社区场域内部以及社区居民自身的文化参与热情、文化活动能力和更高文化追求的强烈愿望。一旦这样的能动格局得以形成，社区就会在合力作用的服务性帮助下，逐渐演变为文化治理后果诉求的"文化社区"，社区自身文化潜力得以激活和爆发的能动性自为文化空间，而且会是不断自我转型升级的边际社会身躯，就会有文化自衍效果，诸如"与韩国儿童一样，这些印度移民社区的舞者们，在传统价值和美国文化之间体验某种情调和旋律，以此追求他们的社区成员身份。与索马里人社区和库尔德人社区的儿童迥异之处在于，这些移民群体相对而言已高度与当地语境实现了整合，这一语境对他们的文化传统也非常友善，也许就使社区内的原有紧张，在这样的激励下消解并走向融合"[1]。社区文化治理达到这一步，就已不仅是社区居民参与文化活动那么表层化，也不是丰富日常文化生活那么简单，而在于上升到了社区文化精神家园建构的高度。所以事态很明显，当"文化民意"维系下的社区文化治理能够促进社区居民自觉成为社区文化生存和发展的主人，则什么样的积极响应后果都在情理之中。

四

文化治理体系与治理能力现代化，是现代公共文化服务体系制度建构的价值取向。毋庸讳言，社区文化治理作为末梢端制度功能延伸的前沿场域，"最后一公里"能否打通还面临着诸多障碍和困难。我们只有在"以人民为中心"的基本价值标杆下确立"人民群众满意不满意"作为社区公共文化服务是否有效的决定性评价尺度，才有可能克服这些障碍和困难。无论障碍和困难有多大，在人民利益至上的"新常态"下，我们必须寻找到能够现实解困的现代方案，并在方案的实践过程中切实获得社区文化治理的惠民积极成果。在我们看来，确立"文化民意"作为社区文化治理的决定性配置要素，乃是现代方案的解困必要构件之一。

---

[1] Jennifer C. Lena and Daniel B. Cornfield, "Immigrant Arts Participation: A Pilot Study of Nashville Artists", in Steven J. Tepper, Bill Ivey (eds.), *Engaging Art: The Next Great Transformation of America's Cultural Life*, New York: Routledge, 2008, p.157.

设施配置计量参照

在国家层面以专门法形式确立公共文化服务保障刚性并跟进性地使其法律效力生成之后，文化治理体系与治理能力现代化的递进性变化获得了社会合力条件给定的内驱动力。这一内驱动力的价值维度之一不仅要求现代公共文化服务体系的制度建构过程、政策工具匹配方式以及平台工具运行效率等传统取向，在"新常态"的绩效目标牵引下，积极进行更加富有社会诉求针对性、问题解困有效性和文化治理创新性的全方位转型努力，而且要求在公平正义和让最大规模人民群众有其"文化获得感"的价值诉求基础上，超越公共文化资源，尤其是设施集中配置和标志性符号配置的既有路线与观念定势，在"简政放权"和"民生优先"的总体原则下，迅速将文化资源配置重心尤其是公共文化设施配置重心向基层转移，向人民群众日常生活领域转移，向城市社区和新型农村社区转移。

正是在这样的文化治理转型背景下，公共文化治理的社区文化治理命题跃然成为所议知识谱系的前沿性诱导空间。这一"跃身"不仅与世界各国文化治理的当代有效探索保持高度一致，而且还在中国特色社会主义框架下，逐渐形成其别有洞天的"中国经验"与"中国方案"。

同样也恰恰因其所处文化治理"中国经验"与"中国方案"位置，社区文化治理过程行政刚性所支撑着的技术方案设计、逻辑后果衍生出一系列迫切需要理论思考与实践求证的公共文化政策问题导向与学理空间，所以本文也就在诸如此类的合法性前提下，将社区公共文化设施配置的计量参照这一具体技术路线的公共文化政策议题作为讨论的焦点与重心。

一

这种讨论，从一开始就必须绕开常规叙事那些似乎已经实现"概念自明"或"指令定位"的形式主义思路，绕开那些课题化语词诸如"均等化""标准化""计量化"等。之所以如此，不是现代公共文化服务体系与诸如此类的概念、价值指向构成紧张对立关系，而是这些简单化处置的概念和指令，于表层光鲜之下隐藏着预设价值偏离的危机，并且其危机扩大事态还在于，愈是这些概念和指令向社会延展面扩容，就愈将显现其简单、肤浅、僵硬、形式化，以及与中国特色社会主义条件下文化民主、文化资源共享、文化制度安排、社会正义等一系列重要价值标杆间的背离。

毫无疑问，致力于概念和指令命名建构的绝大多数常规叙事者，其叙事动机都是满怀一腔热情地投身于文化建设事业，甚至在这样的投身中，最大限度地兼顾人民群众获得文化实惠，文化官员获得文化政绩，文化政策研究者获得文化研究知识成果等相关各方的利益诉求。因其如是，所以即使技术方案已经滞后过时，还会以一种社会统计学的姿态进行基于诸如人均图书占有比例的特定文化资源社会均量配置，而且还因存在对均量配置复杂性的恐惧心态，千方百计地从某些技术细节进行方案修补或操作调节，如考虑到经济和社会发展的区域非均衡性，几乎所有的方案设计者们都会以中央财政转移支付变量或其他功能杠杆来予以供给能力调节，以为由此就足以使文化资源均等配置技术方案得以落地并且具有较为完善的方案形态。

事实上，在网络时代和视觉生活方式全面来临之前，很多发达国家甚至包括联合国教科文组织，都将国际图书馆协会联合会的有关统计分析模型，视为有其权威指涉力的特定文化杠杆功能分析范式。也就是说，传统的图书资源配置方式在此前毫无疑问是非常重要的文化权利保障参照坐标之一，即使在今天，这种参照意义也并未完全丧失。但即使如此，我们必须清醒地意识到，其指涉功能和参照意义已经大打折扣，这意味着我们将不得不在新的文化社会学价值结构位置，重新定位其存在方式以及这种方式所带来的社会布局后果。从这个意义说，任何"过时论"或者"功能否定论"的思维方式，都不过是非理性的猎奇情绪产物，其后果与因循守旧的均量图书占有简单计量的传统型制一样，都会影响我们这个时代应该具有的知识制度建构和文化制度安排。

如果说这一事态尚处于可控性体制局面的话，那么对于在均量图书占有数量标杆给定之外的其他测值标准，诸如年均电影观赏次数、年均舞台艺术刚性机会指标、年均送艺下乡频率、年均拨款增长幅度、年均戏剧进课堂覆盖面……虽然都以某种量化均值来体现"均等化"或"标准化"的公共文化服务制度预设目标，但这种简单均等化与强制标准化制度设计本身不仅因文化生态复杂性、差异性、互约性乃至自衍性而实际上根本无法根植生长于一国之广袤大地，而且也会因缺乏"最大公约数"与"文化民生社会意志"的坚实支撑而演绎为自娱自乐程度极高的"体制空转"后果。诚然，那些修补性的创新功能运转方式或者缝隙填充的平台工具增量能够在所谓"点餐制""需求订单制""网格覆盖制"等技术方案改进层面有所收获，但这些收获较之作为大前提的体制条件先天不足，其结果就只能是杯水车薪和微乎其微。

于是我们也就被迫重新回到现代公共文化体系作为一项制度安排的逻辑起点和价值原点，按照"人民意愿"而不是"权力意志"来精心策划和设计，使其成为公平价值与效率价值高度叠合的功能框架，从而为"中国方案"下文化治理的草根大地呵护以及精神家园建构提供制度条件。而要升华到如此价值高度反思我们正在遭遇的现实文化问题，简单均等化抑或形式标准化显然与文化治理体系与治理能力现代化相去殊远，当然也就更谈不上在非战略思维惯性下战略性地创造出13亿人民共建共享的基本文化制度。由此也就要求我们从制度建构的功能编序出发，合乎社会发展规律与文化存在逻辑地开列出清晰而完善的制度命题清单与功能框架合力模式，从某种意义上说，立法生成的《中华人民共和国公共文化服务保障法》本身就是战略性文化制度建构的重要组成部分或者是迈出的关键一步。但这还远不是文化制度方案的全部，而且它还不足以使我们的现代文化治理及现实的公共文化服务问题得以全方位解困。对此，相关各方都必须从新的逻辑起点和价值原点出发，去寻求文化治理的升级版"中国方案"。

虽然现在已有不少责任担当者正在为此付出艰辛努力，而且某些努力也已经有其值得首肯的知识成果，但与制定完整的制度命题清单功能框架合力模式的中国方案目标相比，无疑还有不短的距离。但这并不意味着我们可以有理由静待完善方案的"天上掉馅饼"，或者并不意味着我们不能在不同命题层面或具体功能环节做出我们必须累积的知识努力或实践求证。社区文化治理作为特定编序位置制度命题拟置，其合法性就在于此，而这一命题拟置下的社区公共文化设施配置参照，作为一种更加细节性的制度张力技术方案，其合法性亦同样在此。

那么，所谓配置参照，在这一细节性技术方案中又包括哪些内容呢？这同样需要相关各方更长时间的共同努力，才能获得谱系完型的规范知识答案，而本文的着力点恰恰就在于为类似答案的规范入场先行择要出如下义项：人口规模配置参照，社会结构配置参照，绩效标杆配置参照。

二

社区公共文化设施无论在发达国家还是在发展中国家，其首要配置参照无疑都是以人口规模勘定的测算基数。基于中国这样一个人口大国的特定国情，充分考虑社区人口规模对基础文化设施配置的决定性前置条件的意义就显得尤为重要。就其理论依据而言，这一配置参照指向，既符合广义马尔萨斯人口原理，亦符合现代罗尔斯正义原则。

在人口密度相对均衡条件下，社区人口规模总量接近或许是边际内社区存在的常态。例如北京市的东城区和西城区，其行政统治下的非行政社区规模彼此间落差往往较小。但在人口密度绝对多数处于非均衡条件下，社区人口规模落差就会从加法效应走向乘法效应，即使在同一城市空间边际之内也会如此，所以北京望京社区与西北旺社区的人口总量呈现出极为明显的乘法倍数落差换算关系。而对地域辽阔而且地区人口密度极不均衡的偌大中国而言，无论是城乡之间，还是东中西之间，其社区人口规模的存量方差乃至变量非均衡性，较之列举的北京社区之间的人口换算关系要复杂得多，因为我们不能按人口规模的近似性可控来筹建数以万计的城乡社区，不仅人口分布状况不允许有这样的幻想，而且空间形态也决定了类似幻想完全不可能成为现实。

历史地看问题，过去的文化治理线性依赖于行政层级文化资源配置和公共文化设施配置，于是在"把持"而非"落地优先"框架下，"权力操控"直接制约着诸如此类配置的实际命运，所以人口规模就不足以构成一切配置的决定性前置条件。在极限情况下甚至会出现形形色色暗箱操作的文化权力寻租，所以也就有诸如"人情配置""权力配置""关系配置""回扣配置"等发生在文化领域的配置腐败现象，而且即使在极限情况的腐败现象之外，也会因种种行政权力互动博弈，容易出现诸如随意性配置、配置不足与配置过度相互矛盾，以及供需非对位效应的供给侧缺陷等配置失灵治理后果。这种状况的一般表现在博·罗斯坦"腐败变现"与马克斯·韦伯"权力部门化"等相关理论模型拟置中都有精确的定性分析。

在社区文化治理命题合法化与体制功能激活以后，层级行政文化设施配置的旧常态操作程序就会转折性地陡现体制失灵或功能失效，于是我们也就必须迅速而有效地设计出基于人口规模参照换算的配置方案。其复杂性在于，并不是设施配置的一系列相关参数都与人口规模构成正向度关系，即人口规模与设施规模之间正比例同步指向，那些人头费均值计算以及总量年度投入的任何一种已经见诸学术文本抑或政策文本的技术方案，都是无视事态复杂性的"拍脑袋"权且之为，其结果是形式公平正义对实质公平正义的简约置换。人口规模作为重要配置参照，在每一具体社会结构现场，不仅自身有其内在的结构分异，以及这种分异所导致的文化需求体量与文化需求形态取向等诸多不同，而且这些不同是与设施规模大小有其各自换算关系的。与此相仿，人口规模还与外部结构形态的其他配置参照构成动态化要素合成关系，因而不同的要素合成关系中，人口规模所处的要素地位及其配置影响因子参数值都会在事态变化中随机增值抑或随机减值。用这两种或者更多种复杂的人口规模要素来配置定位的案例，既体现出同等人口规模北京"望京社区"与东莞"清溪社区"的设施配置参数绝对不能划一（后者的配置参数实际上应高于前者，而现实状况却是两种根本不在同一当量等级，后者远低于前者，尽管后者的经济体量前者不能望其项背，这当然只是社区构成形态的差异所致），亦可体现为落差人口规模如深圳"皇岗社区"与新疆"红其拉甫社区"的逆向参数差（尽管两者都是边疆社区，前者社区人口规模数百倍于后者，但公共文化服务体系国家设施配置政策的参数倾斜应该明确指向人口规模极小的后者。至于前者因地方财政实力而实际文化诉求抬高至大体量或高等级的文化设施投入，那是本文议题之外的其他关联性所议空间。由于这些关联性都存在于现代公共文化活动边际域内，所以人们常常会在逻辑遮蔽的非自觉状态将其混为一谈）。

至此，相关事态的递进分析就有待某些计量模型来给予具体换算。例如，在预算级差的衡量条件下（中央财政转移支付预算比例通常以政策杠杆的级差作为前置条件，国家级贫困县的大额财政补贴以此为合法性承接保障），其文化设施在均量城市社区或者农村社区之间，就可以线性矢量地直接导入简约换算的数学模型如"$E[e^{(a)}]=E[e^{(2)}]=0$"[1]，在 x、y 作为变量因子的情况下，二阶随机占优条件成立，则效用函数计算方法对文化设施投入决策者而言，将在经验建模的后续过程中获得更高的预期效用。当然我们也可以间接参照按市场投入效率的人口规模因子占比来给予量化计算，既考虑人口规模临界状态"$N=\dfrac{\lambda}{2(1-\lambda)}$"的人口红利资源配置模式[2]，也考虑低于临界值人口规模的社会激励方案，即所谓"需要支付补贴的资金由负数 b 资助，即固定的人头税

---

[1] ［英］克莱夫·W.J.格兰杰：《经济学中的经验建模：设定与评价》，洪福海译，赵坚毅校，中国人民大学出版社 2013 年版，第 61 页。

[2] ［英］J. E. 米德：《自由、公平和效率》，崔之元、王文玉译，东方出版社 2013 年版，第 243 页。

（a fixed poll-tax）或社区费（community change）。这种人头税结合补贴产出价格为牺牲闲暇换取更大数量产品的消费提供了激励……每个人所享受的闲暇量将降至由一部分的 ē 所限定的更低的极限，等于 $\frac{\lambda}{2-\lambda}$"[1]。此外还可以基于逻辑因果关系链接至社会文化参与量，乃至有效指数与人口规模因子进行关联性量化分析，由此从技术方案层面借鉴诸如"效率指数"（efficiency index）标杆下投入成本算法的"$(y, w) = min_x\{\omega x : \in L(y)\}$"[2]。

严谨、成熟而且系统化的具指计量模型当然有待专业的文化预算与投入计量经济学家来予以创建，我们所做的这些模型介入的知识提示，不过在于给定基于人口规模设施配置参照量化分析的可能性与必要性，唯此我们才能走出行政意志统治的粗放型社区文化治理无效的既往困境。

三

无论处在何种社会发展阶段抑或处在何种意识形态背景之下，特定社区的复杂社会结构都是影响社区公共文化设施配置的关键要素。道理很简单，社区公共文化设施配置的逆向价值诉求在于追求社区作为社会构成单位与社会层级形态的最大文化激活，并且这种激活方式与其他激活方式一起，形成所在边际社会的支撑力量和基本运行保障条件，为诸如"参与量""满意度""幸福感"等基于文化维度的有效社会存在方式提供平台条件。之所以社区文化治理者们往往犹疑和彷徨于"我认为我不能够说清楚人们所想要的与人们所需要的之间的差别……他们是复杂的，为此我对调研者的研究成果耗费了太多时间进行阅读，而且进行调研"[3]，就是因为社会结构的内在分置复杂

---

[1] ［英］J. E. 米德：《自由、公平和效率》，崔之元、王文玉译，东方出版社2013年版，第245页。

[2] William Schworm, "Measuring Inefficiency With Endogenous Innovation", in Rolf Fare, Shawan Grosskopf and Daniel Primont (eds.), *Aggravation, Efficiency and Measurement*, New York: Springer, 2007, p.85.

[3] Nina Simon, *The Art of Relevance*, California: Museum2.0 Santa Cruz, 2016, p.93.

性，决定了社区作为小型层级社会其成员之间因宗教信仰、文化背景、教育程度、代际分层、性别比例等方面的差异，直接影响到他们的日常生活方式行为取向，进而也就影响到一般文化价值取向与具体文化参与诉求。文化人类学家在形成其阐释方案时，对此往往有编序清晰的知识关注，由此很容易随机性地阅读到诸如"过去30年里，人类学家工作于农民社区，在农民生活领域的许多方面建立起了详细的社会关系文本留存，并揭示其经济过程、宗教过程以及政治过程"[1]，而且还会对诸如"身份"（status）、"家庭"（family）、"性别"（gender）、"年龄"（age）等分析参照点给予深度具议，从而在"特定分布的相关要素部分的集合中形成社会结构"[2]的整体把握。

以此为知识背景，20世纪末兴起的新公共服务热潮与政府转型态势之下，专业从事社区治理的社会工作者以及积极响应的社区志愿者，在他们的对象定位和服务内容量化分解过程中，通常就是遵循诸如此类的操作方案来展开其社区行动方案。很显然，对每一个具体社区而言，必须在同质性行动之间开展更具对象诉求精准定位的异质性行动，否则他们所提供的社区服务就会失灵、失效、失信。无论同质行动抑或异质行动，每一次实施方案必然存在与之相一致的项目编序与工作量计量付出，并且这种工作量计量付出一定会呈现为动态变化过程，因为其所定位的对象不是固化的静态社会躯体，而是因社会张力变化而产生结构弹性导致生存变异的社群。涉身社区的社会工作者与志愿者，恰恰是在实践中摸索出了社区内的社群存在常态与变态基本规律，因而才有基于社区边际层级社会治理的全球普遍响应，才有所谓的典型案例，诸如："雷斯顿也是一个目的性社区……西蒙的使命包含几个目标：①广泛的娱乐休闲和文化服务；②居民家庭在雷斯顿范围内提高居住质量的能力，雷斯顿拥有各种风格和价格的房屋，提供一个多样化的社区；

---

[1] Roger M.Keesing and Andrew J.Strathern, *Cultural Anthropology: A Contemporary Perspective*, Florida: Harcourt Brace & Company, 1998, p.401.

[2] Raymond Scupin, *Cultural Anthropology:A Global Perspective*, New Jersey: Prentice-Hall, 2000, p.145.

③把个人居住作为规划工作的重点，优先于大批量概念；④在雷斯顿生活和工作；⑤当第一批居民落户时，应具备非居民的物品和服务，包括商业、文化和休闲娱乐等方面；⑥美好生活所必需的建筑和自然美景；⑦雷斯顿在财政上应该是成功的。"①

尽管布坎南的"可分性谱系"知识命题并非为社区治理专门设计，但其"总消费量"和"个人可得消费量"计算模型的"$X=X_1+X_2+\cdots+X_n$"以及"$X=X_1=X_2=\cdots=X_n$"②，也就是总供给公共产品之和与个体可消费量具有逻辑均衡性与现实可操作性的可分性谱系拟置规则，是可以具体指涉特定社区的边际限制事态的。事实上，就这种治理平台的可持续发展而言，微观社区与宏观社会都属于边际限制事态，所不同的只是治理边际的大小而已，因而也就同样具有体量非一致性的运行平台与政策工具，并且同样具有可分性谱系的参照物序列。基于此，所谓"'可持续社会参照要素检验清单'在选择参照要素并用于这一目标时要逐一评估，这非常重要"③，就顺理成章地落地于可持续社区建构，而且唯有在下垂落地于社区治理平台以后，政策工具选择的适应性挑战与有效性价值显现才在这样的创新中："一系列具有潜力的政策工具，以及每一个所拥有的多种设计选择，使得找到适合几乎各种情境并且在该过程中将众多社会行动者带入解决公众需求的事业当中的工具成为可能。"④

如果我们承认诸如此类的规则可以实施有效操作，那么，就社会结构配置参照而言，我们在社区文化治理设施配置的计量参照政策拟置过程中，迫切需要深度反思的议题就一定会突出地表现为：在异质性社会结构形态中，如何基于异质形态特征确立指向分异的社区文化设施配置原则；在同质结构

---

① [美]弗雷德·E.弗尔德瓦里：《公共物品与私人社区——社会服务的市场供给》，郑秉文译，经济管理出版社 2007 年版，第 223 页。

② [美]詹姆斯·M.布坎南：《公共物品的需求与供给》，马珺译，上海人民出版社 2009 年版，第 159 页。

③ Michael E.Kraft and Scott R.Furlong, *Public Policy: Politics,Analysis and Alternatives*, Washington, D.C.: CQ Press, 2007, p.127.

④ [美]莱斯特·M.萨拉蒙：《政府工具：新治理指南》，肖娜等译，北京大学出版社 2016 年版，第 526 页。

形态但要素构成比重不同的前置条件下，如何基于要素构成的影响因子动态博弈变化具体测算特定社区文化设施配置的有效技术方案。

中国这样一个多民族而且地区发展极其不平衡的国家，又处在社会深层次迭代、经济高速发展、文化影响多样化以及在场事态全球化的复杂转型时期，同质社会可识别的背后隐藏着诸多不可识别的异质社会特征，由此也就必然会产生程度不同的可边界化异质性社会结构形态。尽管这些异质性社会结构形态，在国家治理的行政结构框架内可以被单一原则或统一标准予以定义、切分、管控乃至层级行政归属，但这并不能从文化价值维度完全消解异质性社会结构形态的本体构成。对社会学家而言，这种以社区为构成单元的边际社会，其异质性社会结构形态已在诸如"前台区域"与"后台区域"复合构成中，微观到只能经验性地从"在场可得性的程度"去予以事态分析并形成针对性资源配置方案，因为"'在场可得性'这个概念是共同在场概念不可或缺的附属部分。共同在场中的所谓'在一起'，要求行动者借助一些手段从而能够'来到一起'"[①]，而且其动态博弈还在诸如中国式大面积季节性迁徙、高科技所带来的网络虚拟社会的"直接离场"与"间接在场"，以及城镇化浪潮与新农村建设运动同步推进等非确定性中，难以完成资源配置的经验性建模，因为"有人把这种重复性的社会互动比作迷宫，每走新的一步，围墙都会自我重整一层，而且，为了能够适应迷宫围墙位置的变化，行走者必须跟随这种变化而采用一套新的走法"[②]。当这类非确定性理论分析落实到中国问题现场，几乎只要比较呈现一对案例，就足以让偶然涉身者悟其大概。一方面我们面对的是发达地区农村社区社会内在结构演进事态的诸如"城镇化率从1978年的17.9%提高到1989年的26.2%……有学者对当时萧山农村、津郊静海农村地区等的研究发现，当地从事非农劳动时、收入构成、恩格尔系数、

---

① ［英］安东尼·吉登斯：《社会的构成》，李康等译，生活·读书·新知三联书店1998年版，第211页。

② ［英］约翰·厄里：《全球复杂性》，李冠福译，北京师范大学出版社2009年版，第58页。

家庭总支出中购买性支出所占份额等都已经与城镇地区接近"[①]；另一方面面对的则是滞后地区农村社区社会结构形态，诸如："排齐村是由住宅、寮房、仓房组成的，在村寨东南角有一座小学校，此外还有牛栏、猪舍杂处其间……村内没有广场，但学校有一个操场，四边以河光石垒起来。不过，也有几个小广场，其中有一处是在村主任家门前边，场地略大，来往人多，小孩子总在这里玩耍，如玩打柴舞，老人也喜欢在这里看热闹。"[②] 而在这一比较田野作业成果描述之外，一个极其值得注意的普遍性事态是，每年有三亿多以中青年为绝对主体的"打工族"季节性迁移至东南沿海发达地区和一二线中心城市，其社会畸变后果是，一方面造就迅速崛起"亚飞地"式的数以万计"挤压扩张社区"，另一方面则是大范围陷落"空心化"的数以万计"留守残存社区"。更何况单纯从文化社会学角度而言，追求自然生态热情日常生活方式的维吾尔族社区，往往偏爱载歌载舞的仪式，这是其独特的文化诉求，而这与客家人社区把生命时间更多投入农耕劳作的生活方式及其相应的文化诉求是完全不同的。正是从诸如此类的社会结构形态异质性视角看问题，我们才可以清晰地意识到，他们的社会栖居方式及文化诉求不具有线性换算关系，对社区居民文化参与有效性和满意度的政策评价同样不能做简单的"标准化"量化设计，因而我们在社区文化设施配置的起点就应该立足于特定社区与其基本文化诉求相匹配的贯彻其功能保障的配置原则，而不是简单"一刀切"地对设施配置有效性的粗暴放弃。

较之异质性社会结构形态更加纠缠而且更加具体的隐存问题是，即使在同质结构社会形态条件下，社区之间也会出现要素构成的比重不同，而这些不同作为动态博弈的影响因子，其直接后果就是文化诉求指向与文化参与方式的大相径庭，这也就要求我们在对社区进行文化设施配置时，必须以此为重要的参照物之一，否则就极容易导致配置失效，甚至在长期失效以后导致

[①] 易善策：《产业结构演进与城镇化》，社会科学文献出版社 2013 年版，第 189 页。
[②] 李露露：《热带雨林的开拓者——海南黎寨调查纪实》，云南人民出版社 2003 年版，第 14 页。

公共文化服务体系某些政策工具的失信。要想逃离这种事与愿违的失效和失信，就至少应该在如下三个方面提供精准发力的配置技术方案。第一，在同质社会结构形态下真实编序特定社区的要素常量。之所以在美国社区文化治理实践中，文化多样性原则尤其受到重视，就在于其根据要素常量的具体社区编序状况来决定文化供给的不同配置方案，其中包括诸如供给内容、供给规模、供给方式、供给设施乃至供给主体等技术参数。当社区居民民族身份构成复杂性的编序位置超过代际身份构成复杂性时，前者就必须优先后者，在供给内容中认真对待"民族身份受众希望通过亲自参与那些展示项目来强调他们的存在"[1]，并且与之匹配的供给设施也就必须更加充分地从单一功能平台走向复合功能平台。第二，在同质社会结构形态下动态编序特定社区的要素变量。就中国社区布局的总体状况而言，要素常量远远超过要素变量，这就是传统农业社会血缘文化稳固性的现代残存后果，同时也是计划经济背景下现代城市社区户籍僵化的体制遗存。但问题是，无论是城市社区还是农业社区，这种状况都处在速度、规模、结构地位等多个维度呈现转型的中国社区变迁中，在未来指向方面尤其值得我们思考的是，要素变量的社区变迁将导致很多农村社区抑或城市社区的文化诉求跨越式转换，从而也就迫使这些社区的文化设施配置必须与社区变化保持同步，否则就很容易陷入设施配置的功能失位乃至"僵化设施"现象。譬如对中关村这样的"中国硅谷"而言，其周边社区的居民聚集，就因硅谷存在状态变化而更多处于社区变量要素拓值状态，所以也就更加会将思考重心放在诸如"边界定位的社区缺乏文化基础设施肯定与其缺乏经济基础设施相一致。恰如经济发展瞄准社区内资本和商品的流动性刺激，社区文化发展则着力于激活文化信息与文化资源能够活起来"[2]，而思考和谋划的难点又恰恰在于，文化设施如何配置才能在这样的社

---

[1] Morris Fred and Betty Farrell, "Diversifying the Arts Bringin Race and Ethnic Perspectives", in Diane Grams and Betty Farrell (ed.), *Entering Cultural Communities: Diversity and Change in the Nonprofit Arts*, New Brunswick: Rutgers University, 2008, p.144.

[2] Arlene Goldbard, *New Creative Community: The Art of Cultural Development*, Oakland: New Village Press, 2006, p.73.

区产生文化激活后果，也就是追求对满意度最大值的获取，从而也就完全不能接受要素量居于主导地位的趋稳社区的方式、标准、类型、功能诉求等方面的标准来给予勘定。第三，在同质社会结构形态下，即使要素常量与要素变量因政策工具调节而可以悬置于自明性体制条件给定，也依然还有一个社区文化治理与社区社会结构的关系纽带，需要纳入社区文化设施配置参照的技术方案视野之内。就像一段时间以来，社区规划学家始终关注诸如"意图与对象、规划原则、数据要求，以及靶向呈现"[1]，并为此而焦虑。文化政策专家面临社区文化治理之际，尤其在更加具体的文化设施配置方案过程中，同样要在这些方面基于文化问题立场殚精竭虑。一个非常重要的原因在于，无论是要素常量居于支配地位的传统社区，还是要素变量更加凸显的新型社区，都随着经济、社会和文化自身的高速发展和变化而存在文化需求升级、文化活动升级、文化交往升级和文化设施升级等，而诸如此类的升级内驱力又都来自社区自身的社会结构转型和社会生活方式变化。之所以绝大多数"文化大篷车"与"文化放映设备"几乎处于闲置状态，就在于类似的设施设备与社区文化升级版之间存在着距离越来越大的供需级差，而决策者仅仅为了政绩工程抑或急政动机的行政任性，仍然大而无当地年复一年劳民伤财和游戏狂欢。一旦社区文化治理及其具体的社区文化设施配置进入治理体系和治理能力现代化的真实发展阶段，基于社区社会发展变化配置文化设施升级可持续性，就成为有效治理的一个重要方面。

四

绩效配置参照显然属于外在激励文化设施配置影响因子，因为社区文化设施运行在缺乏权力干预并且参与主体自治运行选择公共意志条件下，政府的直接杠杆调节功能将主要取决于设施投入、设施维护、设施升级和设施运

---

[1] Patrick M. Condon, *Design Charrettes for Sustainable Communities*, Washington, D.C.: Island Press, 2008, p.36.

行的预算和执行方案，于是绩效评估就成为我们对社区文化设施实施方案制度支撑中必不可少的环节，某些时候甚至是最重要的环节。

这一影响因子存在于按要素常量和要素变量配置基点上，文化设施扩容或文化设施升级的二次配置的配置标杆应该与平台工具运行绩效状况和政策工具使用绩效状况保持同步关系和平行可换算关系。无论选择何种财政预算以及预算执行方案，都必须立足于该方案的社会利益基点或者命题逻辑起点，那就是如何形成财政支撑杠杆的调节功能并形成相应的激励机制，激活社区居民的文化参与热情，提高参与率和满意度，确保社区文化设施的运行效率，规避其政绩工程风险而扩大其惠民工程价值增量。

处在不同发展阶段的国家或者不同文化类型的专家，在面对社区文化治理之际，都意欲通过激活手段来最大限度地提升"参与率"和"满意度"，而对那些致力于艺术进社区或者艺术促使社区文化变迁的文化政策专家而言，他们所考虑的就是在实现社区居民的艺术参与最大化中，确保"文化参与的手段人人都能利用，通过匹配性的公共责任，以支撑参与的可能性"[1]，乃至进一步地功能效果追求"此后的更大转型，在杠杆政策作用下……促进文化活力：能力、选择、批评以及鉴赏身份"[2]。即使中国这样的后发社区文化治理国家，尽管现代公共文化服务体系还停留于项目打包水平，因而缺乏制度建构实质性进展，社会文化资源在层级行政权力操控下，往往难以打通文化惠民的"最后一公里"，在"文化民意"对文化资源决定性配置作用的渐进过程中，形成现代公共文化服务体系制度架构下社区文化治理的"中国方案"，其中理所当然包括文化设施配置方案。

于是所议就在前置条件已经自明的语境下，转换为如何进行科学的绩效

---

[1] Arlene Goldbard, "Making Beauty, Making Meaning, Making Community", in Max O.Stephenson Jr. and A.Scott Tate (eds.), *Arts and Community Change:Exploring Cultural Development Policies Practice and Dilemmas*, New York: Routledge, 2015, p.19.

[2] Steven J. Tepper, "The Next Great Transformation: Leveraging Policy and Research to Advance Cultural Vitality", Steven J. Tepper and Bill Ivey (eds.), *Engaging Art: The Next Great Transformation of America's Cultural Life*, NewYork: Routledge, 2008, p.375.

评估方式，以及在此基础上，如何按绩效评估来决定社区文化设施配置方案。换言之，也就是社区文化设施配置绩效参照究竟意味着什么。对此，我们可以将议题切分为两条意义线索：第一，如何以及由谁来评估社区文化设施的配置方案与运行效率；第二，怎样在客观评估结果基础上建构配置增量与效率激励的规范性操作制度与监管制度。

就第一方面而言，社区文化设施配置至少涉及预算编制主体、预算执行主体、预算接受主体以及预算和执行的监管主体，这实际上也就会牵涉基层公共文化行政部门，基层公共财政管理部门，社区自治居民组织，特定社区居民文化参与群体，某些第三方公共文化服务法人治理评估机构，非法人治理居民分类文化活动组织，内部成员与外部成员叠加的社区文化活动专业志愿者，设施配置以及运行方案效率诉求的咨询专家，拥有法权责任的公共资源监管、审计和裁决等相关基层涉事法制部门，承担社会舆论绩效评估的官方媒体和民间自媒体等。而就配置程序而言，政府相关部门在承担预算编制主体的刚性职责过程中，其职责定位在于确立政府社区文化治理的边界定义、投入规模定义、设施功能定义及监管方式定义。当这些定义以一般规则形态脱离个体权力意志操控并有效规避权力寻租风险之后，作为承接方的各参与要素，既包括社区自治要素亦包括其他社会介入要素，无论机构形态抑或社会互助形态，就都以不同的契约约定形式确保文化设施运行质量和运行效率，并且这种"确保"只能分解为特定社区能够接受的"服务方式"。正是在这样的契约服务关系得以常态建构之后，社区居民才能确立其文化参与主体、文化价值实现主体、公共文化服务接受主体的自由主体身份，这种身份与社区文化设施功能链接的广度、深度和频度，直接决定着社区公共文化活动的预期绩效标杆，因而也就决定着社区公共文化设施拓展再投入或升级再投入的激励换算方式。

很显然，在这个叙事逻辑进程里，"谁"的问题是被纳入问题分解的。每一要素介入方都在给定身份位置对先行定义的一般规则进行功能嵌位、失位、缺位或者越位，都会使社区公共文化治理的公共秩序与效率指数大打折扣，甚至基本失效。与此一致，"如何"的问题就完全隶属于基层公共文化制度设计的预设程序，涉事各方在身份嵌入过程中，精准定位于制度功能框架某一设定性能动位置，并在"契约""授权""标杆化""激励机制"等合法性结构关系中，形成文化活动的"共同在场"。作为物质条件支撑的文化设施，同样也就同步地在"谁"的问题和"如何"的问题的预设方案中，确立自身的基本价值原则和特定价值指向。正因为如此，人们在谋划社区文化设施配置方案时，既外在性地考虑怎样建更好的文化设施，也就是使新设施更加活力四射的创新观念，"以终结原初普遍具有的热情正在居民中出现的诸多气馁"[1]，同时也内在性考虑怎样使所建文化设施功能充分实现，以确保其"实现这些'新'的目标，以及可持续发展的目标"[2]。当然，在"谁"和"如何"的原则定义并作为社区文化设施配置逻辑前提问题上，任何"一刀切"的定义方式都是导致政策工具失灵的重要原因，而现代公共文化服务体系作为一种影响深远的文化治理"中国方案"的制度建构模式，这种"一刀切"在某些权力操控者那里仍然被理解为同时也被操作为体制运行常态，尽管他们常常会以"数据获得感"或"摆拍获得感"来掩盖其失效真相。

就第二个方面而言，如果我们设定第一个方面已经具有肯定性压倒优势而得以制度建构的现实确立，或者我们以一种悬置姿态将其拟定于类似的确立位置，那么我们就必须跟进性地解决"配置增量"与"效率激励"的问题，确保原则定义向量化绩效标杆、预算增量与减量测值算法、约责激励与追诉执行技术方案的操作性转换，不能实现这类转换的空心化原则定义方案，所得到的只能是社区居民不可能有获得感的政绩工程后果，而匹配投入的社区文化设施也就一定会是这种后果的标志性政绩符号或占地伤财的僵尸设施。

正因为如此，我们就必须将问题解困的重点放到操作性技术转换的思路

---

[1] Joanna Woronkowicz, D.Carroll Jaynes and Norman M.Bradburn (eds.), *Building Better Arts Facilities:Lessons from a U.S. National Study*, New York: Routledge, 2015, p.24.

[2] ［美］埃里克·达米安·凯利、［美］芭芭拉·贝克尔：《社区规划——综合规划导论》，叶齐茂、吴宇江译，中国建筑工业出版社 2009 年版，第 321 页。

上来。之所以陈述为解困思路而不直言解困方案,就在于有效的解困方案还有待全社会的长期探索,而且既包括理论探索亦包括实践探索。必须说明的是,即使是如下所列举性叙事的解困思路,其可信赖的价值也仅止于某个特定精英知识分子理论灵感或至多学理突围而已。思路一:在年度绩效标杆定位中,可以基于社区构成确立边际效益的函数值精细算法,将通常所定性叙事的诸如参与度、满意度、活动频谱、设施利用率和折旧率等,通过模糊数学、黑箱矩阵等数学处理手段,将其转换为定量可测算函数值或函数单位,为随后的预算政策工具匹配建立基准和参照物。这不仅意味着新绩效预算理念中国现场事态的"希望在预算和绩效之间建立直接联系,从而使资金配置给绩效合理乃至突出的地方"[1]具有指向性,而且还在于使这样的指向性科学建模为量化配置效果测值模型的诸如"$y = L^{1-\alpha} x$"[2],虽然这仅仅是特定边际总量效益的计算模型。思路二:在同质社区或者异质社区,就要素常量抑或要素变量,基于设施绩效预算(efficiency-based budget)而非运转零基预算(zero-based budget)地进行文化设施配置的预算建模。这种建模既可以采用非线性技术处理路线的诸如"向量是独立同分布随机变量,系统非线性MA模型具有如下形式:$y_t = f(e_t - j, j \geq 1) + e_t$"[3],也可以按探索性数据分析的技术路线,就某些凸显性的文化设施配置要素进行经验建模,以促使在特定社区计量测准基础上配置重心的针对性和实效性,进而也就可以导入诸如"有限样本的方差和效率"及其所谓"如果尺度是唯一的未知参数(例如,因为位置参数是0或某个已知值),那么基于函数 X 的尺度估计量 W_n 由下列方

---

[1] O.Key, "The Lack of Budgetary Theory", in *American Politcal Science Review*,1952(34), p.1137.
[2] William Schworm, "Measuring Inefficiency with Endogenous Innovation", in Rolf Fare, Shawan Grosskopf and Daniel Primont (eds.), *Aggravation, Efficiency and Measurement*, New York: Springer, 2007, p.131.
[3] 克莱夫·W.J.格兰杰、蒂莫·泰雷斯维尔塔:《非线性经济的建模》,朱保华等译,上海财经大学出版社2006年版,第38页。

程确定：" $\sum_{i=1}^{n} x = (\frac{x_2}{w_n}) = 0$ "[1]。

虽然我在这里只是案例叙事地举证两个小的可操作性和精准性转换技术思路，而且这样的思路本身也未必就一定具有社区文化设施配置参照的经验建模意义，但是，其叙事指向的真实性显然是毋庸置疑的。愈是经济社会高速发展而且社会治理去权力意志地高度理性化、精准化和公平效率叠合化，这些思路所导向的社区文化治理科学方案就愈具有必然性。就文化预算发达国家而言，如果我们抛开意识形态话题，单纯从文化预算执行的技术角度看问题，我们就必须承认这样一个基本事实，那就是这些国家至少在文化预算及其社区文化治理的技术层面与我们当前所处的中国事态现场之间存在着一定的发展落差，而我们要创新文化治理尤其是社区文化治理的"中国方案"，消除这种落差显然是弯道超越所必须迈出的第一步。例如在美国，"文化预算策略的影响问题"不仅是知识界热烈讨论的文化治理议题[2]，而且也是美国联邦及各州政府文化治理的有效工具，当然这种工具的功能效果也就广泛作用于各种存在形态的社区，其中也包括华裔社区。圣·路易斯社区就是在这样的社区文化治理背景下，在政府预算激励、社会捐助和社区居民努力之下，取得了文化设施配置、文化资源共享、文化活动有效参与及文化传统异国传承等方面的巨大进展，因而对社区文化身份认同与构建、社区文化和谐与文化价值凝聚、社区文化参与机会与参与后果的精神家园支撑等，也同样具有更深层次的社会生成意义。在一系列极为复杂的前置条件影响因子中，我们必须充分估计到所有技术方案在社区文化治理中的精密工具功能，因此才有所谓"圣·路易斯社区华人协会，如今在所有的重要社会活动中是一种必不可少的存在"[3]。

---

[1] [美] David C.Hoaglin 等·《探索性数据分析》，陈忠琏、郭德媛译，中国统计出版社1998年版，第435页。

[2] Steven G.Koven, *Public Budgetary in the United State:The Cultural and Ideological Setting*, Washington, D.C.: Georgetoion University Press, 1999, p.137.

[3] Huping Ling, *Chinese ST.Lows: From Enclave to Cultural Community*, Philadelphia: Temple University Press, 2004, p.208.

激活"体制末梢"

尽管社区文化活动增量并非社区文化治理最终价值目标,但常量状况与正负向度变量状况,却是实现价值目标的重要评价参照,由此而有诸多涉事公共文化政策专家,会围绕这一参照倾注极大田野作业热情,并以关联数据采样分析后果来阐证某一精细化价值目标义项。当罗伯特·D.普特纳姆考察美国社区兴衰及其社区文化治理之际,就附件编制出一系列数据采样变化比照表格,例如比照1988—1993年社区休闲文化活动参与百分比12个方面的变化[1],来确证其社区文化兴衰与变量状况正比例关系。问题是,社区文化活动量值变化频谱,取决于作为前置条件的诸多社区内部状态与外部影响要素,因而层进学理追问,就指向自明性得以呈现的后续知识行动。所以,本文拟从增量后果的社区文化治理因果关系结构出发,讨论"体制末梢"激活就能够助推增量后果得以实现,尽管这种讨论在于悬置那些内驱动力与外驱动力混存纠缠,也就是首肯菲利普·安德森(Philip Anderson)批评丹尼特(Dennett)"贪婪还原"(greedy reductionism)归纳时所说的:"'还原论假说'并不意味着'解释论'假说。"[2]

---

[1] Putnam R.D., *Bowling Alone: The Collapse and Revival of American Community*, New York: Touchstone, 2000, p.423.

[2] [美]约翰·H.米勒、[美]斯科特·E.佩奇:《复杂适应系统——社会生活计算模型导论》,隆云滔译,上海世纪出版集团2012年版,第48页。

一

讨论的逻辑起点在于，无论政府还是社会，都坦然正视文化治理失效的诸如"最先一公里""最后一公里"以及"中梗阻"，只有某些层级文化行政官员及其利益合谋文化政策研究专家，还熟视无睹地表现出官僚身份抵抗姿态的那种"惟恰于官位"[1]。"最先一公里"的真实症结在于，在"以人民为中心"社会本体论建构还未获得"顶层设计"支配地位状态下，"顶层设计空心化"的必然社会后果，只能是程度不同的腔调化"文化建设"，及其所隐性衍生的"体制空转"与"自娱自乐"[2]。与此不同，"最后一公里"则针对政策工具能否在落地操作环节功能恰配与操作有效，戴伊从前所追问的"政府实际了解其所为吗？一般而言，不完全如此……这些项目对社会而言究竟有何效益影响？效能延续是长是短？消极抑或积极？"[3] 如果问题移位至中国事态现场，具体至方兴未艾的社区文化治理，则有效性只能让涉事各方为之沮丧。尽管社区文化活动不同程度的自治有效，就其现实性而言，更取决于自治要素配置以及社区边际社会静力学后果。

于是就事态解困而言，必须从社会动力学的驱动要素功能发挥出发，在理论分析与实践操作不同层面和不同维度，寻找社区文化治理体制支撑、体制文化资源输入乃至体制政策工具末梢能量传动的端口嵌位方式与效能最大化。这实际上也就意味着，至少就学理判断立场而言，我们一方面极其不满公共文化治理在社区文化治理现场，制度形态的现代公共文化服务体系，就其体制末梢存在状态来说，因其麻木僵滞而没有显示其对社区文化治理的功能传导作用，即不能实现"在地政府如今有责任创设和执行精准施及所辖不

---

[1] Weber, M. Bureaucracy, Shafritz J.M., Hyde A.C. (eds.), *Public Classics of Administration*, Florida: Harcourt Brace & Company, 1982, p.42.

[2] 王列生：《文化建设警惕"体制空转"》，载《困学居思想文化札记三编》，中国文联出版社2018年版，第33页。

[3] Dye T.R., *Understanding Public Policy*, New York: Pearson Education Inc., 1984, p.132.

同社区的文化艺术促进政策"①。另一方面，我们又肯定性断言，只要现代公共文化服务体系麻木僵滞的"体制末梢"得以激活，能够对社区文化治理常态化有效实施功能传导，就一定能以文化体制的驱动能量，助推社区文化活动增量这一预设治理后果，并使其后果能嵌位于实证主义政策评估方案，嵌位于诸如"（1）决策者根据经验确定问题的存在；（2）确定赖以导出最优方法的目标和目的；（3）考虑各种可能解决办法的相关结果和概率；（4）为每个结果制定一个价值量，即一定数目的费用或效益；（5）把关于结果、概率以及费用和效益的信息放在一起，得出效果最好、效率最高的解决办法"②。

这种肯定性断言，无论中国问题现场还是当下言说语境，因其异域存在差异性而凸显出价值优先性，所以也就更有理由在对命题合法性无条件超越中寻找优化知识方案。就内驱动力与外驱动合力结构而论，中国社区文化活动增量的政府影响权重与更加具体的体制功能动力作用，除"北欧模式"（Nordic model）之外，无疑全球占比最高。因为我们的社区文化治理模式，预设路线与实际形态，都还不是社区文化自治最大化与非保障性，既不会出现"边际公约数"聚焦困难的诸如"排他性"，譬如"俱乐部成员可能因为某种性别、年龄、民族、宗教、国籍、种族特点、意识形态、生活方式或兴趣的原因，而对某些人抱有成见或敌意"③，也不会出现"时域可持续"支撑乏力的所为"保障缺失"，譬如"几乎可以肯定，某些治理政策所得到的后果，是消除了社会资金介入……已有的社区纽带难以为继"④。从某种意义上说，体制保障与体制功能传导，既是中国社区文化治理的特色，也是社区文化自治的文化制度优势，只是这一优势尚未在事态现场充分体现。

---

① Kobayashi M., *The Paradigm Shift in Local Cultural Policy in Japan*, *Cultural Policies in East Asia*, New York: Palgrave Macmillan, 2014, p.141.
② ［美］弗兰克·费希尔：《公共政策评估》，吴爱明等译，中国人民大学出版社 2003 年版，第 10 页。
③ ［美］弗雷德·E. 弗尔德瓦里：《公共物品与私人社区：社会服务的市场供给》，郑秉文译，经济管理出版社 2007 年版，第 106 页。
④ Putnam R.D., *Bowling Alone: The Collapse and Revival of American Community*, New York: Touchstone, 2000, p.281.

因其如此，进一步讨论便可在边际自明拟定状态下直接展开，即可以编序化正面阐释：为了达到助推社区文化活动增量的目的，究竟需要从哪些方面激活麻木僵滞的体制末梢？

二

首当其冲在于，作为"最后一公里"公共文化服务制度形态的"体制末梢"，面对社区文化治理自治机体，必须呈现为"有机植入"细密化而且覆盖性"功能耗散"状态。因其"有机植入"而使文化制度能量与文化自治能量，具有能量融汇的活性接入端口及其自由流注通道。因其"功能耗散"而使制度保障功能与自治文化选择，获得恰配互驱动力与互约激励热情。在美国的社区文化治理动力结构中，我们所拥有的"体制末梢"及其驱动能量，往往替代性地由非体制性社会激励政策安排，或者某些公益社会身份动机性文化慈善，按照社会动力学一般规律来予以可比性功能置换，因而可以看作异质形态的"有机植入"与"功能耗散。"

处在异质形态"有机植入"与"功能耗散"状态下，社区文化治理效果明显，所以就有一般性经验陈述的诸如"文化社区模块，连同其所有当地变体，都将持续性地在美国得以建立，所有的种族社区，都在更大社会范围内实现经济整合而保留文化差异"[1]，当然，还可以举证所谓"阿帕拉契亚的路边剧场活动……吸引社区成员公平分享和聆听他们所选择的节目"[2]。虽然就宏大叙事而言，欧美诸种文化治理模式，均有其所在发展阶段不可逃脱的困境遭遇，一些困境甚至被丹尼尔·贝尔者辈解读为难以逾越的结构性矛盾，解读为"一方面强调功能理性，专家决策，奖勤罚懒；另一方面强调情绪和反理

---

[1] Linghu P., *Chinese St. Louis: From Enclave to Cultural Community*, Philadelphia: Temple University Press, 2004, p.239.
[2] Goldbard A., "Making Beauty, Making Meaning, Making Community", in Jr. M.O.S., Tate S., Saegert S.(eds.), *Arts and Community Change*, New York: Routledge, 2015, p.20.

性行为方式。正是这种脱节现象构成了西方所有资产阶级社会的历史性文化危机。这种文化矛盾将作为关系到社会存亡的最重大分歧长期存在下去"[①],但这丝毫也不意味着,他们在微观实践层面,甚至在与内在结构性矛盾应战博弈中,不断获取某些推进性文化治理成果与参照性文化治理经验。尤其在先行社区文化治理维度,这样的成果和经验更加丰富,其中当然包括他们异质形态的"有机植入"和"功能耗散"。

于是迫使我们自省追问,何以不能在政治制度确证占优背景下,文化制度安排跟进性效能占优,而且凸显性地在文化制度末梢实现"有机植入"和"功能耗散"中国占优普遍化?对于设问中的具体事态,当然不能作现场全称否定,亦如层级文化行政官员习惯于涉事则无条件全称肯定一样。因为口号主张及其部分实施跟进的诸如"网格化服务""点餐制服务"或者型制各异的"送文化服务",在政绩利益或形象打造之外,还程度不同地存在着社区边际、文化体制功能链接及其功能链接后的微弱文化效应和偶在文化活动增量。所以设问的问题实质,更在于如何在文化体制末梢功能传导与社区文化自治功能链接响应中,由微弱文化效应转换为强大文化效应,由偶在文化活动增量转换为持续文化活动增量。即便如社区文化治理较为成熟的美国,同样会有类似基于边际效率以及社会效益帕累托最优的质疑,会夹杂质疑地陈述为"活跃的业余参与也会带来社会效益。在当前体制下,极少的公共或者私人支持,恰配于给个体以活跃艺术体验的机会"[②]。

那些末梢位置的现行文化治理基层行政安排与基础服务保障,之所以离文化治理体系现代化制度诉求意义上的"有机植入",还存在根本价值分异,在于这些文化行政安排与服务保障,就其作为整个文化治理体制所涉事权覆盖面最广的制度环节而言,不仅不能以末梢制度功能方式,对基层社会和广大社区连续实施能量传导,而且还在于始终坚守其层级文化行政权力运转落

---

① [美]丹尼尔·贝尔:《资本主义文化矛盾》,赵一凡等译,生活·读书·新知三联书店 1989 年版,第 132 页。

② Cornwell T.L., *Democracy and the Arts: The Role of Participation*, New York: Praeger, 1990, p.146.

差分享模式的终端凸显身份,也就是在文化绩效"唯上"与文化资源"托底"的终端权力行政位置,将其"运转有效"定位于自上而下的文化意志层级落差响应,或者文化行动权力最后层级自在分享。这种"运转有效"只是体制空转,往往与社区文化活动实际有效或助推增量无涉,所以也就是文化体制形态的"末端"而非"末梢"。末端与末梢的存在性分异,在于"末端"只是某个封闭态功能运转结构具体环节,与这一运转结构其他端之间,有"端差"而无"端异"。而"末梢"则是开放态功能运转结构的能量出口,既有"端差"亦有"端异",与前者的最大功能分异,在于其"非逆向绩效还原"地使得文化能量以体制保障稳态传导方式,最大限度地注入庞大社会身躯及其无数具体承载形式的社区器官,从而实现体制助推后的诸如"使文化覆盖一个共享生活群体的认知、情绪、心理、物质以及其他感性生存方面"[①]。

类似后果离文化治理制度诉求目标当然尚存较大距离,而问题在于,即便如此,作为层级文化行政权力末端,却几乎在绝大部分情况下,均难以抵达自上而下功能支配与自下而上价值诉求之间基本平衡,由此也就有文化供需矛盾,因紧张和错位而陷落政策工具功能失灵困境,并呈现为田野作业结论的所谓"就整体情况而言处于'去功能化'或者至少是工具功能远远低于设计标杆的实际运行状态"[②]。于是除非我们放弃社区文化有效治理,以及这种治理的体制能量有效输入,否则就必须从文化制度建构意义上,对体制末梢存在形态与功能运行方式,激活效果显著地进行末梢功能修复,或者创新设计完全功能置换的替代方案。恰恰处此两难博弈情势之下,"有机植入"被存在界面的普遍实证及此在事态的具体实证,证实为社区文化治理有效性解困方案的重要义项。而在证实一旦可以成为自明性知识之后,进一步的知识解读与实践行动,就可以从何为有机植入或怎样有机植入的治理起点开始,而

---

① Cohen-Cruz J., "One New York Rising Together?", in Jr.M.O.S., Tate S., Saegert S.(eds.), *Arts and Community Change*. New York: Routledge, 2015, p.55.
② 王列生:《论"功能配置"与"公众期待"的对位效应及其满足条件——基于现代公共文化服务体系建设中工具激活的向度》,载《困学居思想文化札记二编》,北京时代华文书局2016年版,第153页。

把自明性认同填充，留给那些不得不诉求于知识文本与田野作业成果的暂蔽涉事者[①]。

总之，只要"有机植入"的开放性文化体制末梢，能够一定程度上置换"权力结构"封闭式文化制度末端，其能量传导就一定呈现为"功能耗散"而非"意志线性"。物理学意义的"耗散"[②]作为象征性叙事，在此可部分通约生物学意义微观状态如"细胞呼吸"（cell respiration），抑或宏观状态如"生态系统"（ecosystem），因为那些从事"生物启发计算"（bio-inspired computing）的生物学家，在研究"复杂适应系统"（complex adaptive system）乃至更具体"群搜索优化算法"（group search optimizer）这类边际议题时，无论那些"聚集""非线性""流""多样性""标识""积木"，还是那些"发现者""追随者""游荡者"，都有耗散原理从混沌到有序的知识路线与功能测值方式存匿其中。进一步衍生事态在于，自然科学与社会科学越来越拓展其通约空间与跨域作业可能，亦如自然存在与社会存在相似性乃至一致性，越来越被我们所把握到一样。因而"功能耗散"在社区文化治理现场，将其用来指涉体制能量向自治社区文化活动输入过程中的从混沌到有序，就既代表着能量传导的普泛性、随机性、跟进性与非预设性，同时也反映出能量传导后果的恰配性、靶向性、驱动性以及社区普惠性。正因为如此，"有机植入"及其"功能耗散"能量传导方式，就使得社区文化活动在体制能量与自治能量合力助推下，以自治杠杆支撑起社区居民文化行为主体性、文化利益普惠性、文化参与积极性以及文化方式可选择性。尤其令人期待的是，这种"功能耗散"中的末梢有机植入，将极大程度上置换"权利线性"中体制末端所固化、僵滞、

[①] 讨论社区文化治理的专家，通常都会在讨论诸如"末梢的资金保障功能""末梢的公共政策覆盖功能"这类话题之际，一揽子给予事态呈现，参见 Borrup T., *The Creative Community Builder's Handbook: How to Transform Communities Using Local Assets, Art, and Culture*, Saint Pul, M.N.: Fieldstone Alliance, 2006, pp.210-223.

[②] 参见保罗·戴维斯："宇宙的均匀膨胀也可能这样解释：宇宙起始时具有高度非均匀的运动，但不知何故，宇宙把这种非均匀的运动耗散掉了。"（[英]保罗·戴维斯：《上帝与新物理学》，徐培译，湖南科学技术出版社 1996 年版，第 198 页）

逆向绩效指向等必然依恋难舍的文化官僚主义、文化形式主义以及文化分离主义,失灵抑或失效之困,迎刃而解。

三

其次则在于,作为"最后一公里"公共文化服务制度形态的"体制末梢",面对社区文化治理自治机体,必须呈现为"随机反应"常态化而且变量跟进中的"对位效应"状态。因其"随机反应"而使文化制度末梢具有本能反应能力,这种本能反应随时随地与深度有机植入后的社区文化活动现场,保持生命与共的筋络、血脉、骨肉等一体化经验感受,从而对社区文化活动的任何变量诉求抑或其他内生变化,以信息反馈、能量回诉及其功能倒逼的自然反应状态,逆向引导文化服务体制,顺向提供体制能量及其有效传导方式。其实际张力,完全可以超过业绩昭彰的欧式"文化气象站"(cultural observatory),更加功能优异于诸如"总的来说,这些机构的出现承担起了中介的责任,使得该领域能够关注到政策相关的数据和信息"[1]。因其"对位效应"事态义项的诸如"文化背景对位效应""代际结构对位效应"以及"供需取向对位效应"等,得以在动态博弈过程中,可以连续形成文化体制功能取向,与社区文化活动现场诉求之间的均衡结构关系,而只要连续均衡始终存在于社区文化治理现场,则积弊已久的"服务失位""工具失灵"和"治理失效",就将在社区文化治理"新时代"和"新境界"中,得以实质性解困与某种程度体制突围。

对于文化治理制度,或者更具体的现代公共文化服务体系来说,体制末梢是否具有极为敏感和迅捷的反应能力,从根本上制约着特定文化机体的生

---

[1] [美]J.马克·舒斯特:《文化政策信息基础建设:基于不同国家的案例分析》,李妍等译,清华大学出版社 2016 年版,第 2 页。在法国,功能表现不俗的有:"格勒诺布尔的政治文化观测站""欧洲斯特拉斯堡的视听天文台""巴黎音乐界的音乐观察站""普罗旺斯的'普罗旺斯—阿尔卑斯—蔚兰海岸'""法国巴黎文化和传播部"。

命力状态与生存活动有效性程度。无论量子学说研究者从生命动力切入，揭示"有机体正是以负熵为生的。或者不那么悖谬地说，新陈代谢的本质是使有机体成功消除它活着时不得不产生的所有熵"①，还是生物学机体衰老专家着眼于功能退化，描述"氧化应激能够造成 DNA 损伤，通常在数天内即可诱导早衰，并且不伴随明显的端粒缩短"②，都可以看作对神经科学的关联知识支持，甚至可关联至 21 世纪神经科学最新进展中的"在短短的 10 年里用斑片箍技术阐明了多种离子通道的动力学特性，对神经信号转导的过程进行了深入的研究……对神经递质释放的机制和有关的分子也进行了许多研究"③。所有这些研究进展，都蕴含着末梢活性对神经系统活性、生命机体活性以及生存功能活性的前置条件意义，而作为逻辑后果，也就意味着在何种程度上失去此类活性，也就在何种程度上陷于麻木、僵化、衰变直至功能丧失。问题是，自然存在界面的这一机体，居然可以学理移位于社会存在层面，移位于社会文化界面和社区文化治理现场。正是这种学理移位，使我们能够陈述为，公共文化服务体系作为完整文化体制形态，其体制末梢亦如人体生物机能的神经末梢，具有神经系统承载躯体机能活性的全面实现张力，而且这种张力，最大限度地体现为"随机反应"能力的大小、强弱、快慢、顺逆等存在性差异。每一种细微差异，都预示着任意被体制末梢有机植入的社区文化治理现场，出现完全难以精准测控的量值增减与质值高低等文化活动后果。极限状况，则是文化体制末梢随机反应能力基本丧失，由此出现社区文化治理"两张皮"，或者公共文化服务过程中的"在场性分离"，一端不得不"体制空转"，而另一端则只能"自娱自乐"。

问题由此就演绎为，如何在末梢麻木解困过程中，实现体制功能激活，

---

① ［奥］埃尔温·薛定谔：《生命是什么？——活细胞的物理观》，张卜天译，商务印书馆 2014 年版，第 75 页。
② ［美］托尔夫波·T.O. 等：《生物衰老：研究方法与实验方案》，王钊等译，科学出版社 2012 年版，第 138 页。
③ 吴建屏：《神经科学》，载李喜先主编《21 世纪初科学发展趋势》，科学出版社 1996 年版，第 293 页。

并促使体制末梢因这种激活而获得敏感迅速的随机反应能力。体制末梢随机反应能力之所以如此重要，一方面在于它是社区文化活动增量的必要前置条件，另一方面则更在于就宏观文化治理和整体性现代公共文化服务体系制度框架而言，它实际上既是"晴雨表"，也是"传感器"，既顺向传导体制能量，也逆向倒逼体制自我调节，无处不显现其"指尖虽细，刺骨连心"须臾不可小觑的功能状态。微观随机反应在社区文化活动中，正向度所能衍生的增量效果和提质效果，在先行社区文化治理国家的"亚体制"现场事态中，已有大量可资举证的田野作业案例。诸如"我们将自身看作社区的一个部分，倾听，邀约，走出自己的家门。我们寻找视觉化栖居场所。不是为一个社区提供服务，不得不看似无处不在"[1]，或者"通过社区舞蹈活力建立沟通桥梁的'船坞项目'"[2]，都是这类案例的描述性后果。

但就中国事态现场而言，更加值得关注的问题乃是第二个方面。原因在于，我们的文化体制功能框架，基本上处于层级权力分置结构状态，既包括文化治理政策工具选择权力分置，亦包括公共文化服务文化资源配送权力分置。所有的权力分置，均尚未达到文化治理体系与治理能力现代化的价值诉求和公平效率得兼的制度完善程度，因而也就很难完全聚焦于新时代"以人民为中心"的普惠化文化权益担当，由此也就仍然只能依赖行政任性的那些"基地""项目"，或其他层级文化行政可控性"预设抓手"，抑或行政随意性的那些可简化操作的"标准""规范"或虚构性"绩效文化标杆"。在制度进化的渐变过程中，我们不得不较长时间依赖这样的功能框架，来支撑文化治理现代化，来推进人民普惠的文化建设主体性和文化利益主体性制度保障有效实现。而要最大限度发挥既有功能框架运行效率，可期待的积极微调效果措施之一，就在于体制末梢能够先行局部激活，使之具有较强而且较为敏感

---

[1] Grans D., "Building Arts Participation through Transactions, Relationships or Both", in Joynes D.C., Karraker D., Fred M. (eds.), *Entering Cultural Communities: Diversity and Change in the Nonprofit Arts*, N.J.: Rutgers University Press, 2008, p.26.

[2] Putnam R.D., Feldstein L., *Better Together: Restoring the American Community*, New York: Simon and Schuster, 2003, p.55.

的迅捷随机反应能力，从不同社区，逆向反馈文化活动诉求信息与实施绩效信息，以倒逼力量的同时也以信息反馈功能，促使层级文化行政在政策工具权力分置和资源配置权力分置中，能够适应复杂而且动态的文化变化，从可适度弹性地进行政策工具功能调节和资源配置利益调节。无论调节幅度大小，有一点可以充分肯定，在社会治理日益社区化的宏大背景下，每一点正向度调节，都可以给社区文化活动增量带来更多体制能量，因而也就理所当然地给整个社会文化治理带来更积极的后果，"通过艺术和文化实践，努力促进社区、公民和社会的正能量变化"[①]。

尽管严格意义上的"对位效应"，无论边际条件还是绩效标杆，在公共文化服务实施中都有其极为严格的限制，但只要如上两个方面，某种程度共同体现出具有"随机反应"能力的体制末梢的刺激后果，也就一定能在恰配位置实现社区文化治理供需双方的动机与效果"对位效应"。或者反过来说，能够在动机与效果"对位效应"中，实现体制能量传导与自治文化活动支撑诉求间的关系恰配，所不同的，只不过在于实时恰配效度与信度大小变动不居。要想这种变动不居始终处在社区文化治理可控范围之内，就体制末梢的"随机反应"而言，切要处在于重新对体制末梢实施价值目标转向与功能运行转换。转向后的价值目标向度，将不再是层级文化行政垂直结构状态下逆向事权责任唯上，而是随机反应最大化中，面向社区文化活动开放性融入，其融入广度、深度和契合度将直接成为价值目标向度本身，体现为诸如"其目标在于更好地把握，究竟艺术和文化活动是如何对许多社区生存界面产生影响的"[②]。转换后的功能运行方式，在于文化体制末梢必须重构与社区文化治理的关系，不能继续显形为体制自稳与运行自拟作为存在特征的层级文化权力终端，体制定位只能按照体制身份赋权，去传令执行计划而非传导体制能量，

[①] Keeney K.P. and Korza P., "Assessing Arts – Based Social Change Endeavors, Controversies and Complexities", in Max O.Stephenson Jr. and Tate A.S.(eds.), *Arts and Community Change Exploring Cultural Development Policies, Practices and Dilemmas*, New York: Routledge, 2015, p.186.

[②] Borrup T., *The Creative Community Builder's Handbook: How to Transform Communities Using Local Assets, Art, and Culture*, M.N.: Fieldstone Alliance Center, 2006, p.11.

即不过是官僚制的"行政等级与层级权力的规则,也就是一种上下级之间坚不可破的强制体制。在这一体制中,下级行政唯其听命于上级行政"[1]。所以关系重构后的体制末梢,就会成为权力让渡后社区文化活动服务者与社区文化治理实施者双重角色身份。一旦体制末梢功能,转型为诸如"他们会把相关知识和由此产生的决策权力,让渡给那些将受到这种决策影响的人们"[2],体制功能诉求与社区文化治理诉求之间,就不会存在不可逾越的"最后一公里",所谓"对位效应"亦将由此成为常态。

四

再次则在于,中国特色社会主义制度条件下的公共文化治理,及其现代公共文化服务体系制度建构,一个鲜明特征或者说突出优势,就是基于充分资源条件所拥有的充分体制能量传导,这种传导甚至以保障法支撑形式予以契约限制,从而可以很大程度上规避某一层级政府或层级文化行政部门,因缺乏足够的文化担当而丧失能量传导可持续性。从这个意义上说,作为社区文化治理最大影响因素的"体制末梢",面对社区文化治理自治机体,必须呈现为"择机传导"功能弹性及其这种传导的"靶向定位",否则就会因无的放矢而致能量传导出现过程流失。

因其"择机传导",就会根据时间、地点、条件和社区复杂变量状况,决定如何实施具体社区公共文化服务平台搭建、公共文化服务项目设计、公共文化服务经费预算以及公共文化服务绩效评估等,而这对于受动状态的社区居民而言,将直接决定究竟在何种程度上得以参与主动性积极转换,进而影响到社区公共文化活动增量后果与提质效果。尽管每个社区文化治理现场,一般而

---

[1] Weber M., "Bureaucracy", in Shafritz J.M., Hyde A.C.(eds.), *Public Classics of Administration*, Florida: Harcourt Brace & Company, 1982, p.37.
[2] [美]理查德·C.博克斯:《公民治理:引领21世纪的美国社区》,孙柏瑛等译,中国人民大学出版社2005年版,第121页。

言,"从制定规划到实施执行,社区规划进程都应包括基于艺术兴趣的更多参与"[①],但社区文化活动频谱、规模和支持力诉求始终呈现为函数坐标系中的变量曲线,所以"体制末梢"的能量注入,也就必须相应地呈现为"随机传导",以体制支撑的功能弹性来提高传导有效性与时机恰配度。而功能弹性体现在体制末梢的能量传导过程中,必须坚决摒弃作为"旧常态"顶层设计空心化后果的简单划一行政指令支配模式,从而根据社区文化活动能量诉求的具体变化,选择末梢能量传导的最佳时机、最佳配置、最佳节奏和最佳方式。

因其"靶向定位",择机传导才能既有的放矢又传导有效,由此也就可以充分实证而非先验预设地确定体制末梢运行标杆,而且也就可以面对不同社区文化治理现场,允许末梢环节体制多样性原则支配下,其能量传导更关注针对性,功能结构更强调恰配性,合力聚焦更尊重协商性,以及行政助推更捕捉时机性,如此等等。就体制末梢助推社区文化活动增量这一当下议题而言,靶向定位的要义其实不过在于以下几点。其一,在承认"文化漂移"非稳性及其特定社区异质性前提下,精准捕获社区居民文化活动竞争性参与和合作的测算模型,从而有效把握作为互动对象的特色社区文化治理基本义项,并且让这些义项参数化计量,呈现出诸如"这些参数包括文化特征的数目、每个特征的特性、每个内部点邻居的数目和版图的规模"[②],或许可以理解为一种计量模型精准目标捕获。其二,在承认"文化生存"多样性及其边际社区居民身份多维性前提下,介入性田野作业中精确捕获社区文化活动"最大公约数"意愿,与特殊人群个性化主张的场域博弈趋势,以此作为真实确立体制能量传导必然选择项目与或然选择项目,并且让这些选择,能够衍生出社区文化自治后果的"非营利文化艺术组织的快速增长"[③],以及与此类快速增长效果同步的"在熟悉的公共空间组织活动和比赛,从而引导人们认识到,有

---

① Cornwell T. L., *Democracy and the Arts: The Role of Participation*, New York: Praeger,1990, p.178.
② [美]罗伯特·阿克塞尔罗德:《合作的复杂性:基于参与者竞争与合作的模型》,梁捷等译,上海人民出版社 2008 年版,第 182 页。
③ Cwi D., "Merit Good or Market Failure: Justifying and Analyzing Public Support for the Arts", in Fox D.M., Mulcahy K.V. and Swaim C.R., *Public Policy and the Arts*, Colorado: Westview Press, 1982, p.66.

着差异性文化的人们可到这些空间来建立联系"[1]，对此，或许可以理解为一种基于扎根理论的质性研究精准目标捕获[2]。其三，在承认"文化活动"频谱差异性，及其具体社区活动方式、规模和节奏自洽性前提下，在激励机制中精准捕获能量传导常量预算额度与变量增减幅度，由此不仅使社区公共文化服务外在预算告别"甩手行动定额"，而且使社区文化自治，因体制预算影响因子而激活文化参与增量内生动力。一旦获得微量激励预算政策工具功能匹配，也就能够真正实现以末梢激活助推社区文化活动增量，其中一定包括社区文化治理过程中"有助于刺激新的文化艺术活动组织类型诞生，从个性化的文化组织到所在地区的新媒介艺术中心，从乡土艺术组织到视觉文化与视觉艺术机构，甚至延及小规模的文学出版印刷"[3]，对此或许可以理解为一种以"零基预算"前提下具体调节杠杆所支撑起的精准目标捕获。[4]

很显然，无论"择机传导"还是"靶向定位"，所议焦点都在于精准。在社区文化治理现场，政府在体制末梢位置所进行的一切能量传导行为，哪怕这些行为刚性限制为保障性法定责任，只要失去科学而客观的精准治理行为属性，就一定不会产生体制预期的文化治理价值后果。长期以来，在更广阔的文化治理界面，粗放治理而非精准治理，一直是公共文化治理很大程度失效的制约因素之所在，从不同环节形成大规模公共文化服务政策工具抑或平台工具功能失灵的被动局面。联系到现场案例，则无锡文本个案所肯定的所谓"图书馆坚持'图书馆服务与社区服务相结合'，与各街道社区的文化站、

---

[1] Borrup T., *The Creative Community Builder's Handbook: How to Transform Communities Using Local Assets, Art and Culture*, M.N.: Fieldstone Alliance Center, 2006, p.123.

[2] 关于质性研究方法，参见："在 1960 年代，格拉泽和施特劳斯开始反抗实证主义量化研究的主导地位……扎根理论方法的灵活性和合法性继续吸引着有着不同理论和实质兴趣的质性研究者。"（[美]凯西·卡麦兹：《建构扎根理论：质性研究实践指南》，边国英译，重庆大学出版社 2009 年版，第 55 页）

[3] Wyszomirski M.J., Mulcahy K.V., "The Organization of Public Support for the Arts", in Mulcahy K.V., Wyszomirski M.J.(eds.), *America's Commitment to Culture: Government and the Arts*, Boulder: Westview Press, 1995, p.137.

[4] Pyhrr P.A., *Zero-Base Budgeting: A Practical Management Tool for Evaluating Expenses*, New York: John Wiley & Sons, 1973, pp.100–114.

图书馆一起开展公共文化进社区服务,为新建各社区图书馆统一建设图书馆自动化系统,将数字资源免费推送到社区内"[1],抑或北京文本个案所质疑的诸如"目前北京社区图书馆平均藏书量仅有1000—2000册,而且更新不及时,新书数量不多"[2],都无不与公共文化治理精准程度或者粗放程度有直接或间接的因果关联。其延伸事态还在于,愈是到体制末梢和社区文化活动现场,关联程度及其诱发性后果的关联向度就愈加凸显。

跟进的突围努力方向之一则较大程度上在于,要使所拟体制运行方式及其运行绩效形态,成为功能修复或者工具替代的中国语境现实,必须改变包括"体制末梢"在内的整个现代公共文化服务体系制度设计理念,即在充分兼顾功能框架社会静力学要素配置的同时,还应该以创新姿态,更多谋划这一功能框架社会动力学能量传导形态。在我们拟定社区文化治理学理方案,并且具议社区文化活动增量之际,无论自变量激活还是他变量助推,社会动力学价值观念与思考模式,都将对文化体制有效性抑或社会文化自治有效性,产生完全不同的理论命题知识与实践操作后果,堪称成败牵系一念之间。对社区文化治理而言,静力学制度末梢定位观念,自困于绩效常设、结构常态和传导常量,因而也就难以形成驱动社区文化活动有效增量的外在动力,而且尤其难以与边际内社区文化自治内驱力在行为博弈中形成合力,所以体制末梢也就因张力缺失而出现麻木、僵滞与功能弱化。正因为如此,制度功能框架的动力学设计理念,在面对社区文化治理之际,就是体制末梢功能激活的效度保障模式,既可获得"择机传导"文化体制功能选择主动权,亦可获得"靶向定位"社区文化活动自治主张能量传导精准性。事态至此,则体制末梢动能活性必然得以倍量扩张。

但事态延滞的主要症结又恰恰在于,由于公共文化治理存在顶层设计空

---

[1] 李建秋:《无锡新区公共文化服务社会化的实践报告》,载刘新成、张永新、张旭主编《中国公共文化服务发展报告(2014—2015)》,社会科学文献出版社2015年版,第279页。

[2] 郑以然:《2017年北京全民阅读与阅读空间发展状况》,载李建盛主编《北京文化发展报告(2017—2018)》,社会科学文献出版社2018年版,第145页。

心化的弊端，导致公共文化服务体系制度功能框架形式化，垂直结构运转形态，资源配置与能量传导权力意志支配模式，以及一系列的僵硬定量指标，也就使得自稳运行体制框架在面对社区文化治理现场时，只有"末端"预设位置功能固化的体制自在，而无"末梢"有机植入后能量传导活性的社会共在与社区自为。中央政府倡导"放管服"体制转型价值导向以来，本来使公共文化治理现代化和有效性，有"鲁道荡荡"大好拓展的机会。但不可否认的现状是，落后价值观念的诸如"只有按有关规定或接到上级部门明确指示，官员们才能行使他们的权力……只要职能部门对业务部门的行政活动实行单向控制，管理部门就能确保整个政府行政的诚实、高效"[①]，或者机械工具功能的所谓"只要把文化感受的障碍挪位，那么艺术家和文化人就能在任意单一向度使社会进步"[②]，使得人们热衷于追求层级效果的文化行政任务，与完成这些任务的单向度分项安排，哪怕这些分项被行政依附专家们拆解为种种量值指标。此类热衷追求的后果，至少在社区文化治理现场，直接导致体制末梢失去活性与张力。失去体制面对能量传导现象之际，所应有的体制能动性与功能目标精准定位灵活性，通俗而言，乃是一种宁愿放空枪也不愿瞄准目标的盲目规定性动作，与针对性、有效性和可选择性无涉。

面对不同时期以及不同表现形态的类似困局，无论先行还是后发社区文化治理国家，其最简单同时也最直接的解困手段，就是文化体制改革意义上的权力下放、资源下拨、功能下配以及服务与监管双向下沉。其中，以权力下放为切实解困之最，因为行政权力下放（administrative devolution）既包括地盘权力下放（territorial devolution），也包括功能权力下放（functional devolution），由此不仅使得体制末梢具有"自上而下与自下而上的驱动力以及横向政策链接功能"[③]，而且还将获得基于时空条件及社区构成所聚集文化活动诉

---

① [美]麦克尔·巴泽雷：《突破官僚制：政府管理的新愿景》，孔宪遂等译，中国人民大学出版社 2002 年版，第 5 页。
② Wachtel B.D., *Cultural Policy and Socialist France*, London: Greenwood Press, 1987, p.18.
③ D. Angelo M., Vespérini P., *Cultural Policies in Europe: Regions and Cultural Decentralisation*, Strasbourg: Council of Europe, 2000, p.41.

求的能力传导支配权、传导时机评估权、传导量值与传导方式选择权等,从而使得体制末梢对社区文化活动的助推过程,常常具有文化治理创新元素或者创新意义,譬如可以由此实现扩大社区居民知情范围这一"旧常态"无法顾及的新途径,从而使得"这样的努力,能够调动更具代表性的愿景群体,一道致力于基本发展,扩大参与者名录,吸引合作捐助者与出版合伙人,继而推进到更加广泛的社区文化参与"[1]。总之,只有从制度安排层面,确保文化体制末梢在社区文化治理现场,获得"择机传导"与"靶向定位"的合法性授权与功能匹配,所谓"激活"才有可能成为现实,所谓"助推"才有可能获得预期效果。

五

功能预设的所谓"有机植入""随机反应""择机传导",或者效果预期的"功能耗散""对位效应""靶向定位",对于激活文化体制末梢进而助推社区文化活动增量而言,都是不可或缺前置条件,而且还是功能递进关系的末梢配置要素。作为前置条件或是作为配置要素,在中国特色社会主义社区文化治理现场,其存在必要性抑或现场解困有效性,意义与价值都远远超过其他任何现行社区文化治理国家。所议的当下性遭遇还在于,无论文化治理体系与治理能力现代化宏大价值诉求,还是现代公共文化服务体系基本制度建构,在社会治理急速社区化和社区文化治理命题凸显与生存拓值的今天,除了现实解困与未来创新,所有涉事各方均到了无路可退的文化治理底线。从这个意义上说,"三机"解困方案为我们全面系统研究社区文化治理问题,提供了某种后续研究或许可以悬置的知识自明条件,亦如或许提供了之前此问题留存部分疏解的参照知识路线。

---

[1] Goldbard A., *New Creative Community: The Art of Cultural Development*, Ockland: New Village Press, 2006, p.220.

自治向度

基于空间定位、地方意指和场域建构的社区生存取向,社区文化治理中一个重要价值维度就是社区文化建构。就特定社区作为质性把握抑或量化测值的边际条件小型社会而言,这一建构既是命运共同体的必要前提,也是边际内任意生存个体的必然后果。而在社区文化治理语境下,普遍的经验事实或者普遍合法化的运作过程,是个体主体性以及群体主体间性能够充分实现的文化自治,而且是功能嵌位于"文化自衍律"的自在意义给定与自我价值肯定。问题的绽出形式由此也就呈现为,所谓社区文化治理的自治向度究竟何在?换句话说,我们在社区文化治理过程中究竟需要选择哪些最基本的行为取向,才能确保社区文化自治与社区文化建构目标之间的行为逻辑一致性与价值预期可能性?如果将自治向度命题转换为定义原则的关键词语义表征的话,那么最主要的言说兴奋点不过就是"选择自由""需求自觉""出场自律"。

一

"选择自由"强调对社区居民社会生存主体性的必要尊重。这一尊重可直接延伸至社区生活情境中公民基本文化权利的有效维护,因为就宏大社会背景而言,中国特色社会主义条件下制度安排的现代公共文化服务体系,其体制诉求之一就是学理叙事的所谓"文化方式选择权是人类自由权利的文化延伸，至少包括个体的文化活动自愿参与原则、文化意识自律主体性、文化风格与文化多样性、自我价值指向等"①。无论对外签约承诺还是对内安排保障，这都是文化选择自由中国合法性的法约肯定形式。

隐存于这一肯定形式之内，是一系列具体诉求内容或者命题指涉义项。虽然开列这样的义项清单并非此议所应有的文本努力，但有一点可以明确，那就是社区文化治理中，诸如"文化民主"价值诉求以及所谓"居民有其足够的工具以参与可以组织他们文化活动的决策之中。换句话说，民主化的居民必须拥有不可或缺的空间，由此实现他们的文化意愿"②，或者"文化身份"价值诉求以及所谓"期待少数人摆脱他们此前的执念从而融入社区居民"③，抑或"文化多样性"价值诉求以及所谓"在文化发展的名义下，充斥于政策设计及政策执行，将多元化贯彻到充分的实践中去"④，都可纳入选择自由的统辖范围。至于处在"新时代"中国体制条件与中国文化时代背景下，这一统辖范围的内在可拟性和外在可延性，究竟规约于何种合法性限度，那当然是更宏大同时也更深刻的挑战性议题，但这并不意味着获取全部涉事各方可通约答案之前，不可以在社区文化治理理论与实践层面，具体讨论和实施选择自由的义项内容。

其实问题的关键在于，观念误解导致行为失措，进而导致现场事态出现

---

① 王列生等：《国家公共文化服务体系论》，文化艺术出版社2009年版，第97页。参见中国已经签约的《保护和促进文化表现形式多样性公约》所强调的"重申思想、表达和信息自由以及传媒多样性使各种文化表现形式得以在社会中繁荣发展"（《联合国教科文组织保护世界文化公约选编》，法律出版社2006年版，第2页），以及《世界文化多样性宣言》所强调的"文化多样性增加了每个人的选择机会，它是发展的源泉之一，不仅是促进经济增长的因素，而且还是向令人满意的智力、情感、道德精神生活的手段"（《联合国教科文组织保护世界文化公约选编》，法律出版社2006年版，第50页）。

② Kevin R. den Dulk, "A Matter of Trust? Law and Democracy as Literary Performance", in Lambert Zuidervaart and Henry Luttikhuizen (eds.), *The Arts, Community and Cultural Democracy*, London: Macmillan Press Ltd., 2000, p.182.

③ Toby Miller, *Cultural Citizenship: Cosmopolitanism, Consumerism and Television in a Neoliberal Age*, Philadelphia: Temple University Press, 2007, p.72.

④ Jim McGuigan, *Rethinking Cultural Policy*, Berkshire: Open University Press, 2004, p.104.

治理手段缺位或者失灵。误解之处在于,把无条件绝对自由与有条件相对自由粗暴地混为一谈,对形而上学自由观与科学自由观不作精细的意义甄别,甚至看不到马克思主义自由命题与各种非马克思主义自由命题之间的同质与异质。一句话,对人类社会自由概念的知识谱系缺乏系统而完备的把握,于是就在谈自由色变的概而论之处置方式下,放弃人类社会基本存在维度之一的自由价值追求,当然也就在社区文化治理中顺延与之相一致的消极回避姿态。之所以说这样的放弃本质上是一种消极回避,就理论层面而言,既与中国特色社会主义核心价值观的自由价值范畴格格不入,同样与原典马克思主义人类自由规律相去殊远;而在实践层面,则既容易导致社区文化治理的自治环节中居民个体的主体性建构失去机会,更容易导致这一环节居民个体的有效参与失去权利。如当机会和权利都不复存在,则社区居民和积极文化参与也将不复存在,而作为社区文化治理行为构成要素的自治有效当然就会更加不复存在。从这个意义上说,逆向性的倒逼思考就只能在于,不是要不要将选择自由原则贯彻到社区文化治理现场的问题,而是如何以中国社会主义核心价值观尤其是自由价值范畴为基本尺度,使选择自由原则在社区文化治理现场得到切实贯彻并产生普遍有效的积极能动后果。

很显然,在这一转折性叙事中,由于采取肯定态度地将中国特色社会主义核心价值观及其自由范畴,作为进一步讨论的自明性逻辑起点,那么实际上也就意味着将该逻辑起点的学理合法性,悬置给上位主题知识域以及熟谙其知识地图乃至知识换算关系的专业知识分子或所议门类知识专家。而在前摄悬置的逻辑起点上,当致力于社区文化治理的公共文化政策专家细心审视"就社区而论,无论社区居民还是促进其互动接触的文化建设者,都坚持从参与构成和出场过程的清晰理解中获益"[1],或者当他们技术理性地刻意分析"广

---

[1] James Bau Graves, *Cultural Democracy:The Arts, Community and the Public Purpose*, Chicago: University of Illinois Press, 2005, p.63.

泛复杂的可持续性指标：休斯敦可持续性指标项目"①，抑或着力策划诸如"促使社区领导人和那些社区文化组织负责人，积极施策、引领文化建设项目能够善始善终"②，诸如此类，我们都可以而且应该视作对自明性认定后的能动行为，尽管这类能动行为移置中国事态现场后，价值异质会迫使行为人及行为过程，必须在理解价值指向和贯彻价值尺度之际，把握更加清晰而且实施更加精准。基于此，当我们转场至中国语境，就有必要立足中国事态地建立可以效度预期的相关公共文化政策解决方案，从而为社区文化治理自治向度的选择自由提供明晰的义项编序，并以清晰的义项编序准确斟定文化政策方案的行为取向与效度测值标杆。

　　按照这一叙事线索，我们所正面遭遇的问题求解，在于以辩证姿态处置好"去自由价值"与"极端自由价值"思想冲动的基础上，以马克思主义自由观为内在学理尺度，去吸纳一切自由价值知识范畴的科学建构与合理所指，进而拟定中国特色社会主义制度背景下社区文化治理自治向度的选择自由义项，并且在负面清单自明悬置的知识处置方式下，将选择自由的基本给定内容义项编序为活动内容选择自由、活动方式选择自由、活动空间选择自由、活动时间选择自由。虽然这一编序未必是穷尽性方案，而且义项指涉在异质社区条件下会出现随机功能变异，但就总体状况和一般事态而言，这一方案在中国社区文化治理现场具有普遍意义和基本价值。

　　边际条件下的活动内容选择自由，不仅因负面清单的依法规约而使一切"极端化"或者"异端化"价值骚乱得以有效规避，而且因正能量自由价值弘扬而使社区文化现场呈现无限生机。问题的现实症结恰恰在于，即使"极端化"或"异端化"被自明性规避，但绝大多数社区文化治理中国现场，公共文化政策制定者、执行者乃至研究者，仍然以"计划模式""统一口径""规范

---

① Lester O. King, "Comprehensive Sustainability Indicators: The Houston Sustainability Indicators Program", in Meg Holden, Rhonda Phillips and Chantal Steven (eds.), *Community Quality-of-Life Indicators: Best Cases VII*, Cham: Springer, 2017, p.167.

② Joanna Woronkowicz, D.CarrollJoynes and Norman M.Bradburn (eds.), *Building Better Arts Facilities: Lessons from a U.S. National Study*, New York: Routledge, 2015, p.21.

动作"以及"权力调控"等一系列内容给定方式,挤压甚至扼杀社区居民参与文化活动的内容选择机会,由此导致居民文化参与积极性随时会被秒杀,进而也就导致社区文化自治长期因内容选择自由机会和权利的丧失而大面积荒芜。某些文化行政部门声称在"创新"的高度推出诸如"点餐制""网格化""送文化"等工具手段,岂不知这些工具的功能效度之所以很低,恰恰是因为这样的工具配置理念本身,挤压甚至扼杀了社区居民参与和组织文化活动的"自为机会"与"自在权利"。因为没有内容选择自由就等于"自在"和"自为"存在性放逐,当然也就等于公共文化政策在社区文化治理现场对"自治"承诺的实际违约。处在这样的违约社区文化治理现场,爱辣的居民可能得到的是甜品,渴得嗓子干裂却还要吸几口旱烟,亦如酷羡街舞的少年被非物质文化遗产限宥而不得不面对某种戏曲折子戏。一切类似说法都是义正词严,一切类似做法都是理直气壮,因为一切都呈现为价值维度没有"错"的痕迹。但是一当追问至治理效度,则大多在"误"的不可自拔中,背离于预期治理原则和起码的文化生存规律。毫无疑问,在中国社区文化治理过程中,活动内容选择自由是确保积极自治效果的关键所在,同时也是当前治理失效的顽症所在,因为形形色色的文化官僚主义和文化形式主义,正在种种似是而非的自拟性"挡箭牌"下,坐观社区文化现场因缺乏自治活力而枝枯叶萎。欧洲文化政策史上,类似问题的解困途径是配置使"文化民主"价值嵌位的某些治理工具,即所谓"现实迫使其采用名为'文化民主'的新的策略"[1],由此而过程性地通过平台工具功能运行,使社区居民具有可参与性的更大选择空间,诸如使社区的年轻居民"在积极参与中实现社区建构,涉及任意维度的有效创意活动,涉及观念亲近感和主体间性基础上的观念播撒影响。如同成年人一样,那是年轻人的天性之家,他们在不同的表达内容中追求他们的

---

[1] Jorn Langsted, "Strategies in Cultural Policy", in Jorn Langsted, *Strategies: Studies in Modern Cultural Policy*, Esbjerg: Aarhus University Press, 1990, p.17.

自由体验"[1]。正因为如此，社区文化活动自治向度，倡导边际条件下活动内容选择，最大限度地保障社区居民的自在价值与自为权利。

活动方式选择自由，更多地体现了"文化多样性"存在原则。这既表明社区群体可以在这一原则下随机多样性活动互约，亦表明社区个体能够因这一原则而具有随机多样活动参与可能；既可指涉互约方式的多样性，亦可指涉参与方式的多样性；既存在于单一社区边界，亦存在于多元差异社区之间。"文化多样性"价值原则，此在语境重心，已然移位于行为价值肯定而非通常意义上的主旨价值肯定，即不是重在主旨价值多元语用中，语义展现为宏大叙事的如"多元文化主义（multiculturalism）是一个常见的理念，用于描述不同的种族和谐地共同生活在一起。它认为文化多样性是身份认同的多元化，而且是'人类存在的条件'"[2]；恰恰相反，它在每一个具在社区文化活动现场，体现为细节陈述的多样互约与多样参与，因而一方面是社区居民社会关系生存链接的自由，另一方面也是特定居民自由选择可链接社会关系的机会允诺，同时也正是这些操作层面生存链接与允诺自由的存在，决定了一种社区现场的文化活动选择方式自由，成为自由向度下选择义项的重要维度。当然，这种现场文化多样性行为价值维度，能否在社区文化治理中得以确立，取决于特定社区法人治理文化社团、非法人治理文化组织以及自组织状态文化活动随机邀约等群体化文化活动参与者，能否自治程序公正地产生不同级阶文化活动得以有效组织起来的能力匹配组织者，这类组织者在一些大中城市相对成熟的社区，往往被称作"文化能人"或者"文化活动狂热分子"，居民之间毫无贬义的社区昵称。对于英国学者尼科拉斯·罗斯而言，此类状态在微观意义上归置于通常宏观讨论的所谓"第三条道路"（the third way），也就是在布莱尔主义或者社群主义微观化中，兼容性地具议社区文化，可以更多生机

---

[1] Betty Farrell, "Building Youth Participation", in Diane Grams and Betty Farrell (eds.), *Entering Cultural Communities: Diversity and Change in the Nonprofit Arts*, New Brunswick: Rutgers University Press, 2008, p.127.

[2] ［美］齐亚乌丁·萨达尔：《文化研究》，苏静静译，当代中国出版社2014年版，第121页。

显现方式地存在于"与更多的福利技术谋划"[①]的密切相关之中。中国国情不同,其社区文化治理现场与治理事态当然与此更加不同,因而在治理的技术路线设计环节,除了同样可以功能嵌位地引入第三方的诸如专业文化机构、各类文化市场主体以及大量文化志愿者的慈善性介入助力之外,还应该立足国情地着力于社区文化人才的内涵式发展与荣典化激励。原因在于,绝大部分中国社区的社会构成较之西方而言,更具单一化、认同化乃至地缘化特征。从另一个角度来说,配置政府公共资源的公共文化服务体系作为一种制度安排,以及这种安排"最后一公里"功能环节的"体制末梢",就会对社区文化自治的直接干预的可能性更大,而且现实地呈现为积极干预与消极干预并存。所以要想获取社区文化治理的良性自治向度乃至自治效果,反过来就对文化活动选择方式自由提出了严峻挑战,即考验文化政策制定者与执行者,能否最大限度地扩大积极干预,减少消极干预,从而使活动互约和活动参与的选择自由,以行为价值肯定方式落地于社区文化活动的每一次现场体验之中。

活动空间选择自由,作为简单议题与作为复杂议题,问题指涉以及这种指涉对公共文化政策所指出的解困诉求和彼此之间的逻辑因果关系,不仅差异较大,而且在反思缺位状态下往往导致差异被不同程度遮蔽。这一后果的知识根源不过在于,一方面自古希腊以来,空间的形而上思考与形而下阐证始终处于知识分野状态,另一方面人类对空间与社会生存关系的存在论知识进展,呈现出极为清晰的矢量线性,此外这两种知识事态,几乎在任意社会切面都会显形为彼此纠缠的网状知识结构。如果说巴门尼德到亚里士多德的空间存在经典之思,还主要表现为空间存在的本体形而上学追问和物理空间的自然科学描述的话,那么20世纪以来的各种空间思考方式,诸如海德格尔式的哲学切入、布尔迪厄式的社会学切入、霍金式的天体物理学切入,甚至延伸至埃里克·达米安·凯利的社区规划科学切入,则要么重在空间与存在宏大价值关系的本体知识建构,要么重在空间与生存微观意义发生的存在知

[①] Nikolas Rose, "Community, Citizenship, and the Third Way", in Denise Meredyth and Jeffrey Mison (eds.), *Citizenship Cultural Policy*, London: Sage Publication, 2001, p.9.

识拓值，总之超越物理空间的意义与价值生存揭弊，乃是一个多世纪以来形而上学与常规科学的共同知识聚焦，而且呈现出知识线索越来越细密复杂且问题触点越来越丰富具体的聚焦进展态势。以诸如此类的粗线条勾勒为递进性问题解读知识背景，则社区文化活动的物理空间议题几乎就处在常识范围之内，而其社会空间构成的结构生成与场域建构，就成为非常识性能及而且亟待给予存在性解读的意义与价值纠缠议题。所有的纠缠给公共文化政策带来的存在性紧张和冲突之处在于，在社区作为一个物理空间同时更作为一个社会空间的现场事态里，社区居民如何以各自不同的理念和方式，去实现基于"最大公约数"的文化场域建构，从而在空间向场域的文化意义与社会价值转换生成中，将他们肉身依附的社区通过文化活动建构为栖居场所与精神家园。就社区文化的意义与价值诉求来说，对社区文化活动空间的这种日常建构，某种意义上是在社区空间作为"神话空间"日常生存方式基础上得以完成的，也就是"它是世界观的空间部分，即人们在从事实际活动中形成的地方化的价值观"①。当然在更广泛意义上，所议事态实际上可以由此类比于城市社会学家象征叙事的所谓"硬城市"与"软城市"，象征引申地拟置"硬空间"与"软空间"，而对于社区文化治理自治向度的活动空间选择自由，其所指语义重心就在于最大限度地实现"软空间"选择自由，但现实状况的悖论之处恰恰就在于，人们总是极其简单和表象化地在硬空间的大而无当的功能配置方案中，将社区文化活动的空间存在真谛，以及空间场域化的意义生成与价值实现的复杂性遮蔽得无影无踪，从而也就剥夺掉社区居民在社区文化活动中的空间选择自由，其负面效应，无疑是那些空间网格化、设施标准化乃至场地均量化一厢情愿中意想不到的事与愿违的后果。

至于活动时间选择自由，当然最直接的经验事实集中呈现为，无论面对自然时间还是面对社会时间，选择者本能地"照面"乃至进一步"沉沦"于那些我们日常遭遇的诸如时长、时序、时域或者时点等自然时间。这样的时

---

① ［美］段义孚（Yi-Fu Tuan）：《空间与地方：经验的视角》，王志标译，中国人民大学出版社2017年版，第70页。

间存在关系，至多只不过是以客观受限为参照的线性过程，以及所谓"在任何特定的口袋宇宙中，局部时间之箭会从低熵流向高熵"[1]，而当这个"局部时间"从宏观时间无限客观受限，转场至微观时间有限客观受限的现场经历，例如缩微至社区生存的日常局部时间以及居民个体的生存时间体验或者活动时间选择，个体所承受的时间绑缚就只能是诸如"准时约束""在时确证"以及"超时恐惧"等时间关系之困。对于公共文化政策研究者、决策者和执行者而言，如果还只能在时间线性的自然时间维度来考虑社区文化治理的时间资源安排或者时间权利分配，例如向社区"送文化"的"随时"或所谓"种文化"的"定时"，就一定会失去活动时间选择自由，导致静态自然时间向强制权力时间简单粗暴置换，进而也就有可能使活动时间因这样的置换而丧失时间活性和时间张力，当然也就是僵死固化的文化活动时间，使得价值预期的社区文化生机窒息殆尽。对绝大多数社区文化治理现场而言，五花八门的名之"创新性"的"文化活动时间表"，之所以在社区日常时间经验过程中失灵、失效和失意，就在于所有这些政策化的文化活动时间以及技术化的创新时间表，都仅仅以自然时间及其他的权力化形态作为功能维系。与此完全不同的是，在社区文化治理自治向度下，不仅在如上所述的自然时间选择自由中，寻求时间规划效果以及活动日程对现场聚集的有效性，而且还更在于能从社会时间选择自由中，寻找到更为有效的解困方案，并因这种解困而使活动时间成为激活社区文化活动的倒逼力量。

更为有效之处在于：

（1）在时间正义中激励时间尊严。马克思曾经说："工人必须有时间满足精神需要和社会需要，这些需要的范围和数量由一般的文化状况决定。因此，工作日是在身体界限和社会界限之内变动的。但是这两个界限都有极大的弹性，有极大的变动余地。"[2] 这其中所涉及的时间常量与时间变量及其两者之间

---

[1] ［美］亚当·弗兰克：《关于时间：大爆炸暮光中的宇宙学和文化》，谢懿译，科学出版社 2015 年版，第 295 页。

[2] 《资本论》，载《马克思恩格斯选集》第 2 卷，人民出版社 2012 年版，第 190 页。

的关系，是社会时间存在域内时间权利与时间权力博弈过程的呈现形式，因而也就在这一形式中隐存着社会本体的正义问题和个体生存的时间尊严问题。就既往的历史进程而言，虽然对奴隶进行无条件时间权利剥夺的统治权力形态乃是极端事态和阶级性事实，但程度不同的时间权利剥夺（合法性剥夺虽然属于另议话题），却或显或隐地存在于一切表现方式的权力任性之中，所以时间正义就成为社会时间域内建构者与解构者的冲突焦点，既表现为理论冲突，更表现为现实冲突。而这一焦点在于个体生存中的表现，就是特定个体能否或者在何种程度上享有自身的时间尊严，以及特定社会能否或者在何种程度上对个体的时间尊严给予维护和保障。从某种意义上说，这两种指涉的意义互阐与价值互驱，能在一个具体维度对社会进步指数进行定量测值。至于所议具体到社区文化治理现场，则当时间正义能在自治向度得以充分价值实现，社区居民能在自我建构的生存场域获得文化参与过程中的时间尊严，意即时间自由意志与时间正义价值使其得以主体性时间自为而非客体性时间他为，社区居民就会排除种种因时间焦虑而产生的逆反心理，最大限度地以主动姿态分享时间正义的同时积极拥抱时间尊严。无论如何，仅就社区文化活动现场及其自治向度来说，这既是社会静力学意义上的本体要素静力拓值最大化，也是社会动力学意义上要素驱动本体的动力激活最大化，而在这两个最大化中，都会产生社区居民主动享有文化时间的激励力量，并且这种力量会在时间尊严的连续驱动下，实现社区文化参与最大化的预期价值后果。

（2）在时机敞开中激励时机把握。时机是时间与机会的叠合生成，群体活动时机要想成为最佳时机，就必须在群体边际内面向所有个体时机敞开，因为时机一旦处于闭合状态，就不仅意味着时间和机会难以获得叠合生成的动态嵌位节点，而且意味着任意个体难以获得融入群体活动的随机入场契机。一般意义上的时机机理落实到社区文化治理实际，则在于社区文化活动时机敞开的强度、幅度和透明度，从而因这种时机敞开形成对所有社区居民把握时机的激励力量，使其更有把握文化活动时机的时间感受力、时间危机感和时间分享热情。正因为如此，成功的社区文化活动实践，就会呈现为诸如

"不同的人参加各种不同类型的文化活动是因为不同的理由"[1]，就会基于地缘文化风俗地开展民节仪俗文化活动，亦如基于季节气候条件开展节令民俗文化活动，此时文化活动时机在与时令叠合恰配中产生节点时间效应，而其效应的最大社区边际效果，就是作为个体的每一个所在社区居民，会在这样的时机激励下，更大热情同时也更具文化理性地把握来之不易的每一次文化活动时机。至此，非时机敞开的那些时间固化日程表或活动时间强制性给定所带来的社区居民时间逆反或时间失配，将因"把握"的动机驱动而得以结构性矛盾而有较大程度的效果缓释。

（3）在闲暇去时化中激励闲暇与境性。此议所谓"去时化"，并非意味着闲暇不在时间之内或者脱离具体时域，而是强调闲暇以及满足闲暇诉求的社区文化活动，能够获得彻底的"时限"解困，从而在去时间限制的自由时间选择中，随机拥有弹性特征的文化活动时域。闲暇的存在必然性与生存重要性，不仅凡勃伦、西美尔和鲍德里亚辈基于各自立场获得了某种肯定知识和解，而且恩格斯也正面叙事"他们有余暇到自己的园子或田地里做些有益于健康的工作……他们还能够参与邻居的娱乐和游戏"[2]，亦如马克思揭弊"剩余劳动"时隐存性价值肯定的"不仅突破了工作日的道德极限，而且突破了工作日的纯粹身体的极限。它侵占了人体的成长、发育和维持健康所需要的时间"[3]，足见其理论合法性已然获得普遍互约，而就现实生存的普在确证而言，则几乎一切个体都能程度不同地以经验自觉来确证其普在。但现场事态的悖论之处恰恰在于，在文化行政意志"拟定"甚至"创新"出来的各种"文化活动日程表"的时间规划与时机指令中，闲暇价值诉求的社区文化活动异化为非闲暇性"时限"调控的附加"忙活"，所以就有尴尬无处不在的社区文化活动后果，因为社区居民紧抓"附加"行为属性不松手，并因此掌握拒绝参

---

[1] Francie Ostrower, "Multiple Motives, Multiple Experiences: The Diversity of Cultural Participation", in Steven J. Tepper and Bill Ivey (eds.), *Engaging Art: The Next Great Transformation of America's Cultural Life*, Lodon: Routledge, 2008, p.89.

[2] 《英国工人阶级状况》，载《马克思恩格斯选集》第1卷，人民出版社2012年版，第88页。

[3] 《资本论》，载《马克思恩格斯选集》第2卷，人民出版社2012年版，第191页。

与的时机选择权,从"附加忙活"中挣脱后选择非社区文化活动的个体闲暇生活,并在自我闲暇满足中获得活动时间选择自由或者说文化参与的时间自由意志。由此不难看出,现场解困的有效途径之一,就是去时限后还生存闲暇以时间自由意志,从而实现社区文化活动的闲暇与境性,也就是让个体文化参与时机始终呈现为"自由时间"状态,呈现为主体融入活动现场的"时机"可把握与"时域"可恰配,呈现为"所有的居民对自由时间公正分享得以保证,在这样的时间里,他们能够自由地献身始终"①。解困一旦至此,社区居民的闲暇与境必然具有时间前提,被激励的闲暇与境在自由时间选择中不断确证闲暇之为闲暇,并进而在去时化的社区文化活动时间选择自由中,确证其自治向度以及基于这一向度的治理有效。

二

"需求自觉"强调社区居民充分文化参与的文化身份建构以及这种建构的必然价值取向。之所以文化身份建构以及必然价值取向,对社区文化自治向度命题展开,具有不可或缺的意义张力,不仅因为居民个体的文化身份建构并非自然衍生过程,而且还因为价值取向分异直接决定文化身份主体性能否走向人格自在自为或者人性求真向善爱美,否则就会沉沦于异己的对象化存在或者异化的"他不是'自由的当事人'"②。规避这一负面后果并顺利实现正面建构的逆向逻辑线索于是就在于,要想社区居民能够在社区文化活动中成为"自由的当事人",就必须首先使其具备入场参与主体性以及社会表征的文化身份,就必须因"选择自由"能力诉求和"参与自由"意志诉求而使身份价值得以现场凸显,就必须以居民个体在社区边际的文化需求作为原驱动力和发生诱因。

这一线索的任何一个逻辑环节,其学理合法性不仅被古典经济学的供需学派所间接支撑,而且更被现代社会学的马斯洛学说直接确证无疑,所以社区文

---

① Julie L.Rose, *Free Time*, New Jersey: Princeton University Press, 2016, p.127.
② 《资本论》,载《马克思恩格斯选集》第 2 卷,人民出版社 2012 年版,第 195 页。

化活动一般意义上的需求驱动阐释有足够的理由，乃至极限案例甚至有惊艳世界的芝加哥社区文化设施，其成功源于需求驱动的"一旦他们拥有成为芝加哥前卫剧场的动力，成为美国最前卫剧场之一的动力，甚至成为世界级艺术机构的动力，那么他们就不得不建设一座崭新的设施"[1]。但诸如此类的供需关系在不同知识域间的线性挪移，在文化社会学以及公共文化政策知识域显然会导致学理解读失准，而在社区文化治理现场就更容易因粗放方式对精准方式的不经意置换，导致治理后果往往出现极其严重的事与愿违的后果。所以事态解困的症结，并非简单存在于社区文化活动是否以居民的文化需求为驱动，而更在于是否以居民的文化需求自觉为一切治理行为的逻辑起点，因为只有文化需求自觉的社区居民个体才具有文化主体性，才能基于文化身份诉求在"自组织"或"它组织"活动中充分而且真实地表达文化需求，才会在表达的同时以积极主动的姿态入场参与那些"表达"集合的社区文化活动。于是跟进问题就是，对所议社区居民和社区文化活动现场而言，文化指涉的"需求自觉"究竟意味着什么？在我们看来，以如下两大义项为最：第一，一定的目标自觉意识决定文化的意义取向；第二，一定的动机自觉意识助推文化参与激情。

社区文化活动更大程度上乃是大众参与而非精英参与，与此相一致，活动的价值取向更大程度上聚焦于日常生活审美化而非终极安慰本真诗性求索，所以即使艺术本体此刻也会置身于诸如"能够激发积极参与的第二种艺术亚范畴是公共艺术——与空间整合着的艺术向公众敞开"[2]，更何况那些非艺术类社区文化活动，必然与本真诗性更加无涉地呈现为诸如旅游资源丰富的社区"狂欢化"氛围，以及这种氛围下临时居民所沉浸的"较大规模夜生活聚集吸引着许许多多来自外地的游客"[3]。但本真诗性无涉并不意味着意义无涉，并不意味着满足闲暇诉求的日常文化形态以及具体的社区文化活动，对社区居民

---

[1] Joanna Woronkowicz, D.Carroll Joynes and Norman M.Bradburn, *Building Better Arts Facilities: Lessons from a U.S. National Study*, New York: Routledge, 2015, p.13.

[2] Terri Lym Cornwell, *Democracy and the Arts: The Role of Participation*, New York: Prgeger Publishers, 1990, p.66.

[3] Silvia Rief, *Club Cultures: Boundaries, Identities and Otherness*, New York: Routledge, 2009, p.36.

和社区生活而言就没有意义建构。恰恰相反，意义诉求与意义建构，贯穿于社区生活的全部过程和所有环节，所不同的只是这些意义并非存在于终极关怀或者本体价值，而更在于现实关怀或者生存价值，在于社区居民日常性地使自身的社区生活，成为当下活性的有意义的生活，虽简约却韵味十足："凡生活皆有目标，有其内在的意旨，日常生活总有成千上万的琐事让你分心。"[1] 也就是说，尽管社区居民的文化参与行为，在终极意义上隶辖于本体的"存在合目的性"[2]，或者生存优先的本质力量预设为"懂得按照任何一个种的尺度来进行生产，并且懂得处处都把固有的尺度运用于对象"[3]，但这些终极隶辖与本质优先，会在社区文化活动现场，以现实而且鲜活的感性化意义目标呈现出来，即在"终极目的"的"现场目标"绽出中实现生活的意义与价值，对此，专注感性经验的现象学家梅洛－庞蒂指出，"只有靠着在时间中占据一个境遇，而且靠着通过这境遇的地平线去把握时间的整体，人才能有所理解"[4]，这或许可以看作类似事态的逆向陈述。

既然"目的论"以形而下"目标意识"绽出形态，在社区文化活动现场落地没有学理障碍，那么接下来急待知识处置的事态就在于，如何理解居民的文化参与行为就是带有目标意识的文化行为，以及何以这样的文化行为能够决定主体性文化个体在文化参与中的意义取向。于前者，由于作为社区居民的个体生活于情景和场景之中，不同个体的日常生活结构，因情景嵌入和场景嵌入而隐含着诸多异质性结构张力，而正是这些张力所产生的内在驱动，使得每一个体会在共同的情境和场景中产生同异兼具的文化入场冲动，并且其同异还往往受到那些普遍性生存界限（如性别、代际和种族等）与特殊性

---

[1] Tiki Kustenmacher, *How to Simplify Your Life: Seven Practical Steps to Letting Go of Your Burdens and Living a Happier Life*, New York: McGraw-Hill, 2004, p.208.
[2] ［古希腊］苏格拉底：《论事物为目的而形成以及神统治世界》，载北京大学哲学系外国哲学史教研室编译《古希腊罗马哲学》，商务印书馆1961年版，第16页。
[3] 《1844年经济学哲学手稿》，载《马克思恩格斯选集》第1卷，人民出版社2012年版，第57页。
[4] ［法］梅洛－庞蒂：《知觉现象学》，载［英］艾耶尔《二十世纪哲学》，李步楼等译，上海译文出版社1987年版，第254页。

生存要素（如知识状况、文化背景状况和家庭生活状况等）的复合制约。在诸如此类的前置条件下，通过某些治理机制促使社区居民最大限度地实现目标意识驱动的文化参与，无疑是确立文化行为之为文化行为的要义所在。这种持论的依据在于，目标意识缺位的文化活动参与者，往往会沉沦于活动中的"木偶"，也就是令人同情和担忧的"在场缺席者"。正因为如此，在社区文化活动过程中，目标意识的个体分异并不影响参与可能性和参与有效性，目标意识不充分甚至完全缺位，则是社区文化自治能否基于目标互约或目标集合而得以动态生成的症结所在。所以那些介入社区文化自治的第三方公益文化机构，在介入过程中始终强调"介入目标意识"与"参与目标意识"的高度契合，就仿佛新奥尔良的某个机构"从投入文化艺术项目入手来支撑健康与人道服务的核心目标"[1]，因为该机构所面对的那个阿拉伯社区，其居民表现出了强烈的"寓教于乐"文化参与诉求。尽管居民个体所乐各异，但就总体状态而言，唯此契合才有成功实施的可能。而于后者，当居民个体获得主体性自持的文化身份，就会在目标意识的参与冲动中自觉拟定入场的效果预期，并会按照这样的效果预期来调节自我的参与对象、参与程度和参与方式等，由此也就在行为发生过程中牢牢把握着自身所诉求的意义取向，哪怕这些意义及其取向绝大多数情况下都在日常文化意义边界之内。自我效果预期，就在社区文化活动现场而言，乃是区分积极主动参与和消极被动参与两种行为属性的内在意识尺度。具有自我效果预期的社区文化参与者，既能够有效选择文化活动对象、文化活动机会甚至文化活动平台，亦能够对参与中的自我有效实施随机非适应性行为矫正，从而最大限度以个体的参与有效性助推群体的参与有效性，反之，则会因为"选择缺失"和"校正缺失"而被抛于"身在曹营心在汉"，并且会伴随激情递减曲线滑落负值而身也不在抑或不愿在。所以凡对此议持责任担当态度的知识身份、运作身份直至决策身份，皆

---

[1] David Karraker and Diane Grams, "Partnering with Purpose", in Diane Grams and Betty Farrell (eds.), *Entering Cultural Communities: Diversity and Change in the Nonprofit Arts*, New Brunswick: Rutgers University Press, 2008, p.106.

意识到这一内在尺度对社区文化活动有效性的普遍制约，由此实现学理解困和现场解困，并确立个体在社区文化参与过程中的意义可能性。只要没有意义，社区文化活动效度、价值乃至真实性等一定无从谈起。

相异于如上所议"目标自觉意识"意义指向，"动机自觉意识"更在于激情指向，也就是说，驱动社区居民文化参与现场的动机自觉意识，具有驱动参与激情、驱动参与最大化和参与可持续性的前置动因地位。社会心理学家介入激情研究，通常会在存在论知识界面穷究激情在个体社会行为中的杠杆功能，尽管认同这种功能乃是思考现场问题的前置知识条件，但公共文化政策专家面对社区文化活动现场，更会从生存论知识界面定位激情的现场驱动张力，包括时间张力、空间张力乃至行为方式张力，当然更包括那些一般张力效果的诸如"事态的心理设定，在表演者、观众和所有参与者的心中，决定其所发生的何种表演内容"[①]，或者更具现场细节描述特征的"每个居民赛若神仙，尽情歌唱，宣泄于自己的宠爱腔调……一整天持续狂欢，一直延续至深夜"[②]。无论何种知识介入，都不拒斥某种内在逻辑关系，那就是社区居民的文化行为动机，对其文化参与的激情强烈程度和可持续性，有其直接因果制约作用。其学理依据在于，从动机心理学角度审视此议事态，不仅隐性动机逆向诱导间接倒逼激励机制以催生文化活动激情，倒逼涉事各方在涉事过程中必须清醒意识到"激励机制确实会影响结果……设计出合理的、正确的激励机制，并细心调整细节，让这些激励机制和人们的隐性动机相匹配是非常重要的"[③]，而且显性动机顺向适应直接助推自"平衡状态"（homeostasis）可持续，并由此保障社区文化活动相对边际饱和的动态可持续，从而有效构建基于社区文化纽带的"邻里生态系统"（neighborhood ecosystems），也就是所谓的

[①] James Bau Graves, *Cultural Democracy: The Arts, Community and the Public Purpose*, Urbana: University of Illinois Press, 2005, p.67.

[②] Huping Ling, *Chinese St. Louis: From Enclave to Cultural Community*, Philadephia: Temple University Press 2004, p.94.

[③] ［美］尤里·格尼茨、［美］约翰·李斯特：《隐性动机：日常生活中的经济学和人类行为背后的动机》，鲁冬旭译，中信出版社 2015 年版，第 14 页。

"人们生活在优先进程从不停步的地方"①。但问题的关键实际上应该在于，不是把握这样的逻辑因果关系有困难，而是在千万个社区让千千万万社区居民实际具有动机自觉意识困难。

困难纽结点，可以依次陈述为以下几点。第一，在于如何让居民作为需求主体具有对需求内容的自觉意识。也就是说，在社区边际内，从个体意愿走向群体意愿的表达集合，既是需求主体在场的确证过程，更是这种确证对社区文化活动内容的选择支配过程，由此就会在确证过程中形成不同靶向的需求内容现场标杆，而社区文化活动的有效性任何时候都必须以定位于这些现场标杆才有可能通过努力得以实现。无论活动内容自组织还是它组织，只要不以需求内容现场标杆作为活动的逻辑起点和价值取向，就必然会在供求非恰配中程度不同地失效，并因此程度不同地解构社区文化治理的真实性与信任度。第二，在于如何让居民作为参与主体具有对参与方式的自觉意识。也就是说，在社区边际内，个体参与文化活动的方式应该最大限度地受控于主体行为，受控于参与者自觉意识到的方式，所以明显具有行为主动性而非被动性，而主动性与被动性在行为方式后果中的不同之处在于，前者依照参与者的方式需求获得可能性方式恰配，后者则无视需求和可能性硬性塞入某种活动方式，参与者在塞入方式中成为文化活动参与待宰的羔羊。当参与者可能获得主体身份自觉意识到其所需要的参与方式和可能性方式恰配，事实上的参与有效性缺失就有其逻辑必然性，而现场事态却往往呈现为，很多社区居民恰恰没有对方式需求可能性恰配的清晰判断，因而也就在这一环节显示出方式自觉意识淡漠，甘当抑或无奈充当待宰的羔羊，而急待改变的，当然是让更多的社区文化活动参与者，更加自觉地意识到他们自己能以何种方式并且愿以何种方式参与社区文化活动，否则就谈不上普遍价值追求的所谓

---

① Jan Cohen-Cruz, "One New York Rising Together? Arts and Culture in Neighborhood Ecosystems", in Max D. Stephenson Jr. and A.Scott Tate (eds.), *Arts and Community Change: Exploring Cultural Development Polices, Practices and Dilemmas*, New York: Routledge, 2015, p.60.

"审美与共的'更好的'娱乐"[1]。第三，在于如何让居民作为接受主体具有对接受能力的自觉意识。也就是说，在社区边际内，个体会以接受主体的身份参与接受性的文化活动中去，因为社区文化活动的其他动力要素，会不断地以公共文化服务方式为社区提供文化能量输入，提供更为丰富而且更加优质的公共文化品，从而能够尽可能地助力改善社区居民的现实文化生活状况。但问题是，至少在当前的中国事态现场，那些助力出现的艺术家、策展人或者其他类型文化活动组织者，进入社区后往往遭遇响应者稀少的场面尴尬，而且直接原因之一，居然在于居民文化自信心不足，即他们不相信自己有能力接受这些在他们看来阳春白雪式的动人文化活动和光鲜公共文化产品。解决这一困境的思路，在于实现居民作为文化接受者的接受主体身份建构。一方面能够在自身意念力激发中寻找到文化参与的"能量源泉"，亦即面对所谓"R. 谢尔德雷克的'形态发生场'概念，或者称之为 M 场。就像能量模板一样……潜藏在思维模式和形象之后的一些与 M 场类似的东西，也存在于意识的能量场中：这种现象被称为'形成原因'"[2]，参与者能最大限度地敢于而且善于确证自身成为要素态形成；另一方面能够在潜能释放中获得文化参与的"意志自由"[3]，这种"意志自由"的价值低端，可以实现个体在社区生活中的"自我减压"，因为特定个体因为文化参与而有限性地"自我解困，自我意识自身是谁并且丢掉烦恼"[4]，而就价值高端而言，则更在于以社区文化生活方式为平台，快乐地抵达个体在日常生活状态中的充分"自我呈现"，因为社区文

---

[1] Carole Rosenstain, *Understanding Cultural Policy*, New York: Routledge, 2018, p.58.

[2] ［美］大卫·R. 霍金斯：《意念力：激发你的潜在力量》，李楠译，光明日报出版社 2014 年版，第 77 页。

[3] 参见："在许多场合下，我们并没有完全说出自己本来打算表达的东西。"（［美］菲力浦·劳顿、［美］玛丽－路易斯·毕肖普：《生存的哲学》，胡建华等译，湖南人民出版社 1988 年版，第 183 页）

[4] Hans Selye, *The Stress of Life*, New York: McGraw-Hill Book Company, Inc, 1950, p.260. 参见："George Kelly（1955）"是心理学中"个人建构"研究领域奠基人，她曾预言行为上的改变可以带来思维上的改变……人们可以获得平时没有意识到的自我察觉，对事物产生新的理解。（［美］威廉·克瑞斯：《这样活，不抑郁：抑郁情绪的自我调节指南》，丁欣放译，电子工业出版社 2015 年版，第 46 页）

化活动以一种"剧班共谋"的生存托举方式,让这些表演化的参与者,能够诗意地进入情景,体验那些价值自证的"他们互相承认,他们所维持的真诚的表演,是他们正式设计角色的呈现"①。所有这一切,都在于接受主体身份建构促使个体自觉意识到他有能力参与以及有何种能力参与。

社区文化治理中对需求自觉的激活,无论目标自觉意识还是动机自觉意识,抑或此处未及讨论的其他自觉意识,都在于社区文化自治向度所价值诱导的"主动需求"而非"被动需求"。这一悖论的内在症结在于,对千千万万个正在成长和建设中的中国社区来说,其社区文化活动的"需求清单"究竟是"权力清单"还是"权利清单",因为这两种清单的所谓顶层设计分类编制或者随机给定具项操作,都会由于"代拟"与"自拟"的本体价值分异而导致社会后果大相径庭,尽管分异点往往被某些形式相似性和现象混存态所遮蔽。至少从学理维度审视事态,如果在社区文化治理现场不能消除"权力代拟"及其拟制后果的社区文化活动"权力清单",不在社区这一微观社会现场,去除早已声名狼藉的"上级权力指派的单纯官僚化官员型制"②的权力意志施为,那么所谓"需求自觉"及其更进一步的自治向度,都将沦为游戏化叙事泡影。

三

"出场自律"强调社区居民有序参与公共文化活动并且确保良好场域效应的基本前置条件。此议之所以成为社区文化治理现场的真问题,是因为"自治向度"的行为价值目标,要求其行为人必须以"自律行为"匹配其所意欲

---

① [美]欧文·戈夫曼:《日常生活中的自我呈现》,冯钢译,北京大学出版社2008年版,第151页。参见:"存在爱者能够在所爱的人身上感知到他人看不到的实在,也就是说,他具有更敏锐、更深刻的感知力。"([美]马斯洛:《自我实现的人》,许金声等译,生活·读书·新知三联书店1987年版,第276页)

② Max Weber, "Bureaucracy", in Jay M. Shafritz and Albert C.Hyde (ed.), *Classics of Public Administration*, New York: Harcourt Brace & Company, 1997, p.40.

参与的社会活动，此时也就是具体的社区文化活动，否则要么耗散结构要么呈冲突状态地阻止或者解构基于社区边际的集合性公共文化活动。

如果我们在广义形态场理论维度，将社区公共文化活动的每一次现场事态看作场域事件，那么很显然，这一事件的可能性和有效性，取决于多种合力生成的要素构成，而个体作为参与主体的边际涉身行为，不仅意味着它是场域生成后果的最大变量因子，更意味着它是获得合法准入当事人，无论作为变量因子还是作为当事人，都必须以限制性的身份条件和集合原则作为能动主体的支撑底线。一旦个体或者集体出现底线支撑危机，就会丧失一般意义上吉登斯所讨论过的社会构成条件，也就是无法形成微型社会状态下的社区公共生活状态，而且对更加日常生活现场化的具体文化活动而言，将彻底丧失文化场域事件的动力源、黏合剂和安全阀，事态至此，生成的将一定不会是勃勃生机的文化场域的狂欢或者沉浸，反而极有可能酿就亚文化甚至反文化的聚众抑或宣泄。处在这一悖论性的生成向度，固然各种他律力量同样会在事件进程中发挥秩序维持功能、价值校正功能、行为制约功能乃至意义激活功能，但影响向度效果的最大变量要素，却在于自律力量，在于社区边际内每一参与个体能以何种姿态自律性地参与到自我选择并满足自身文化需求的每一个文化活动现场。就社区文化先行治理国家而论，那些致力于介入理论和介入实践的人们，之所以有进展却极其滞缓，就在于过度着眼于他律维度而淡化了自律维度，没有将每一个社区居民放在内生动力的文化主体位置给予动力源要素定位，并因这种定位倒逼其身份自律与行为自律，否则就无所谓以社区文化驱动社区社会变迁与社区生活改善，所以也就无奈地陷落"对于'谁入场谁出场'问题，使得施策者热衷于运用的策略，只能寄希望于可亲近性与可包容性"[①]，而解困的关键，惟在准入机制设定中个体作为自律主体的一般原则要求与现场通行规则。

[①] Jon Catherwood-Ginn and Robert H.Leonard, "Rivers and Brides: Theater in Regional Planning", in Max O. Stephenson Jr. and A.Scott Tate (eds.), *Arts and Community Change: Exploring Cultural Development Polices, Practices and Dilemmas*, New York: Routledge, 2015, p.29.

无论从何种意义上说，社区文化活动作为在场性场域建构事件，不仅不是简单的集合状态，而且更深刻地体现为边际合力生成，因而具有文化交往行为旨趣的参与者，就应该成为场域合力生成结构的建构力量而非解构力量，置身于意义发生的向心力维度而非离心力维度，追求价值后果的正能量而非负能量，总之所有这一切，就社区文化治理现场事态而言，在外部他律条件讨论悬置条件下，社区居民的个体出场自律，就成为场域性文化交往行为能否有效的决定性要素，而且更是社区文化自治向度合法性和可持续性之根本所在。其事态机理，不在于那些"利他主义"社会分析所能统辖，例如玛格丽特·利瓦伊"暂时同意"（contingent consent）模型对比就没有解释张力，因为此刻的场域支撑力点，就其深层社会心理动力而言，并不在于利瓦伊模型所看重的"'暂时的同意，需要每个人不仅相信他被迫服从，而且相信其他人也是或应该是被迫服从'（Levi, 1997:2005），像其他的理性行动理论家一样，利瓦伊把她的解释集中在认知过程上"[1]。要想分析得当并且可将结果转换落地于社区现场，就得从个体作为主体的多维社会行为解读入手，从而在文化社会学界面把握入场者所应秉持的出场自律基本义项，也就是从最大文化场域变量要素限制性入手来寻求场域条件知识方案，因为事态原委在于"社区或真实参与这一过程的人，他们既需要保持控制，又需要对结果负责"[2]。

由此学理切入，实际上我们至少可以从如下具体义项理解出场自律对社区文化参与者的自律诉求，那就是：人格自律，行为自律，权利自律。就这些义项的意义关系而言，不仅互为关联，而且还会有某种程度的功能叠合，当然，这样的义项编序未必就是穷尽性抑或全称性的所指覆盖。

虽然社区边际限定很窄狭，社会性的意义容量与价值容量，都因这种窄狭而出现日常状态的微量特征或者弱值外观，但究其根本，其意义根性和价

---

[1] ［美］查尔斯·蒂利：《身份、边界与社会联系》，谢岳译，上海人民出版社 2008 年版，第 56 页。
[2] ［美］理查德·C. 博克斯：《公民治理：引领 21 世纪的美国社区》，孙柏瑛等译，中国人民大学出版社 2005 年版，第 102 页。

值本性，在日常生活外景之下始终与宏观社会界域存在同步甚至本体同一。从这个意义上说，社区居民人格自律与一般社会价值诉求的人格自律，乃是同一价值命题在不同语境的具议方式，其所拟议的核心在于，文化是个体的人格原因，同时文化塑形的人格又转换为个体文化行为的原因，这意味着社区生活与社区居民文化生存与人格塑造时刻密切相关，同时更意味着社区文化活动不过是以文化自觉为起点的"文化→人格"建构行为抑或"人格→文化"驱动过程。虽然我们的现场讨论，未必要将生存论界面学理呈现拔高至别尔嘉耶夫者辈的终极追问高度，但人格主义哲学思潮以及其中的一系列具体知识命题，却能够以强大的解困背景力量，支撑我们有效把握文化参与的社区居民个体的人格前置状况和后果绩效与社区文化活动间的复杂逻辑换算关系。仅从此议切入问题，至少人格心理学家兰迪·拉森与戴维·巴斯技术知识持论的"人格并非被动地存在于个体内部，人格会影响每一个人的社会环境，这种影响通过三种方式实现：选择、唤起和操控"[1]，会给问题揭蔽带来极为直接的敞开通道，那就是社区文化活动参与个体的存在状况，诸如消极与积极、分裂与完整、低俗与高尚、依附与独立等，必然会以人格支配力量制约其参与行为和参与对象，进而也就因这种制约从动力源位置产生非可控反制力量，反制社区文化治理的强度预期、频度预期、幅度预期和效度预期。正因为如此，在社区文化治理现场，将"人格自律"作为"出场自律"的意义要素和行为原则来强调，从根本上说，不仅关涉个体文化参与的效果，而且更关涉集体文化场域的交往质量和成败命运。很显然，如果"人格自律"状况在能量坐标系内呈正能量函数曲线，那么意味着社区文化场域就能在主体集合状态下实现选择定向或者意志聚焦，于是在定向和聚焦的基础上，如果其他要素条件相对满足，那么也就一定能顺理成章地获取公共文化政策专家意欲获取的价值后果，譬如关于这种价值后果肯定性现象描述的"位于芝加哥的派森墨西哥人美国社区……艺术博物馆作为黏合力量，为该社区

---

[1] ［美］兰迪·拉森、［美］戴维·巴斯：《文化与人格》，郭永玉、马一波译，人民邮电出版社2013年版，第69页。

一百三十多万人提供了个体社会融入的机会，促使其与芝加哥地区的其他文化人群更加联系紧密"[1]。反之，如果"人格自律"状况在能量坐标系内呈负能量函数曲线，那么除了正能量状况正常文化后果将不复存在外，还有可能导致极限状况的文化撕裂、文化冲突、文化麻木直至文化暴力。因为一旦某些文化参与者以变态人格、病态人格乃至非人格姿态涉身文化场域，就既有可能动机性破坏亦有可能效果性破坏文化场域建构、文化场域秩序以及文化场域参与者的交往有效性，这样的负能量人格支配案例，在社区文化生活的许多亚文化活动中很容易找到，譬如可案例择拣所谓"刻意将'同性恋夜总会'与'普通夜总会'的标识物相混淆，导致在开门和歇业的模糊过程中，部分引起同性恋者将其看作是'他们的'空间的一种'异性恋征服'"[2]，或者全面沦落为勒庞"乌合之众"贬斥的那些细节性事件，尤其处于受攻位置的对于"文化身份"的麻木与暧昧，即作为社区居民甘愿放弃理应诉求的诸如"基于人格选择的自主个体"[3]。当然，无论正能量指向还是负能量指向，人格自律之议都涉及诸多层面、诸多维度、诸多问题的义项化叙议内容，这将有待更加细密的讨论来予以较为完整的学理呈现。

与人格自律对参与个体的出场主体性内在呈现不同，行为自律于此议语境，所议重点更在于个体面对群体所应采取的理性场域姿态，意即要求所有参与社区文化活动的居民，不仅是宪法公民还是日常邻里，不仅要满足自我呈现还要满足集合规则，不仅追求文化形式的解放还要恪守文化内容的道德底线，不仅勇于入场还要善于入场。诸如此类，都是对社区文化参与者的行为约束，这种约束实际上也意味着公共文化场域中的个体有别于私人文化空间的纯粹自我呈现。个体在公共文化活动的自我呈现，不仅是集合状态下自我与他者的互约，而且是社会化价值敞开的公共行为，由此也就必然受到

---

[1] Morris Fred and Betty Farrell, "Diversifying the Arts Bringing in the Race and Ethnic Perspectives", in Diane Grams and Betty Farrell (eds.), *Entering Cultural Communities: Diversity and Change in the Nonprofit Arts*, New Brunswick: Rutges University Press, 2008, p.153.

[2] Silvia Rief, *Club Cultures: Boundaries, Identities and Otherness*, New York: Routledge, 2009, p.183.

[3] Toby Miller, *Cultural Citizenship*, Philadephia: Temple University Press, 2007, p.72.

"他律"和"共律"的不同程度外在规制。从这个意义上说，行为自律无疑是个体积极面对"他律"和"共律"并且有效博弈的良性后果，处在这种后果状态中的社区文化参与者，才能显形为公共文化政策专家场景凝视的行为自洽，才能自洽性穿越"很多文化呈现活动，刚开始的时候，总是出现个体与公共参与集体之间的心理隔阂"①。而这一事态的逻辑前提，实际上在于文化参与对象的社区文化活动，虽然日常形貌往往体现为邻里生活的极简交往形式或者草根态随机集合，但隐存于这些交往和集合的文化行为之中，则是与大型正典文化活动抑或精英专业文化活动根性同源并且实质一致的文化出场、文化在场和文化建场，并且所有这一切也都同样体现出公共空间、公共交往和公共价值的存在属性。既然是公共文化活动，就得有维系公共文化活动的信任基础、协同意识、行为规则以及合作方式等，否则所谓集合及进一步的聚焦就没有现实生成与未来可持续的驱动能量与保障力量。在地成为公共空间并且建构为文化场域，是社区公共文化活动的困难和紧张所在，即使在先行社区治理的美国，也一定程度上尴尬于"大多数美国人亦不再在社区组织上花费太多的时间……美国人已经在远离人群，不仅远离的是政治生活，而更普遍的是有组织的社区生活"②。其社区文化生活减量和降质的表现，则跟进性地存在于美国教育协会（NEA）对艺术进社区专项支持的影响力陡跌曲线，而这样或许也是新一届美国政府中止这一重大文化政策的理由之一。事态移位至中国社区文化生活现场，类似尴尬不仅同样存在，而且还充斥着大量公共文化政策专家始料未及的"中国特色"，单是文化个体的"强者通吃"或者特定文化人群的"我行我素"，就已经使得刚刚起步的中国社区文化治理举步维艰。于是，几乎整个世界都围绕社区文化参与者如何在有效合作中建构社区公共空间和文化场域费尽心机、想尽办法，这些心机和办法既包括哈贝马

---

① James Bau Graves, *Cultural Democracy: The Arts, Community and the Public Purpose*, Chicago: University of Illinois Press, 2005, p.64.
② ［美］罗伯特·帕特南：《独自打保龄：美国社区的衰落与复兴》，刘波等译，北京大学出版社 2011 年版，第 59 页。

斯交往行为解决方案中诸如"沟通充当的是协调行为的机制，但这仅仅表现在，运动参与者通过他们所要求的有效性，即他们相互提出并相互认可的有效性要求达成一致"[①]，也包括约瑟夫·拉兹公共伦理解决方案中所谓"在一个共同体里，能以一种无冲突、非排斥也非排他的方式"[②]来展开公共生活，更具工具理性和操作功能的解困方案，则是那些离开价值功能思辨而在实用功能设计界面着力的技术知识形态功能实证。面对合作的复杂性，尤其面对包括社区边界在内的文化区域内文化参与的合作复杂性，公共政策专家罗伯特·阿克塞尔罗德就设计出"基于参与者模型"及其技术知识支撑的"重复囚徒困境的策略演化"路线，以建模的方式解释性呈现"把合作或背叛的几率指定为目前为止互动历史的函数"[③]。这使我们对社区文化参与者的合作性文化场域共建的理解与把握，有了质性研究范式之外更加精细的问题切入点和解困切入方式。诸如此类的知识方案给我们正在努力推进的社区文化治理的启示是，无论社区定位不同导致治理方案异质性多么不同，其无法回避的一个同质性基本事实就是，参与者的广义行为自律既是个体文化参与合法性的前置条件，也是社区文化活动公共场域创建的基本要素。在这个问题上，中国社区文化治理方案，必须坚决走出美国社区文化治理从费舍尔到韦尔曼和雷顿的所谓"社区解放"主张，即"个人可以自由地同时参与多种社会关系，一些人可能将自己的社会关系主要局限在邻里之间，但更多的人则应与居住地之外的各种关系保持社会交往"[④]，因为就我们的议题而言，这种外部动能导向，会使社区文化治理和社区公共文化场域建构命题真值完全丧失，当然也就意味着社区文化活动及其参与者个体意义减量和价值降准。

---

① ［德］尤尔根·哈贝马斯：《交往行为理论·第一卷·行为合理性与社会合理性》，曹卫东译，上海人民出版社2004年版，第99页。
② ［英］约瑟夫·拉兹：《公共领域中的伦理学》，葛四友等译，江苏人民出版社2013年版，第61页。
③ ［美］罗伯特·阿克塞尔罗德：《合作的复杂性：基于参与者竞争与合作的模型》，梁捷等译，上海人民出版社2008年版，第16页。
④ 夏建中：《美国社区的理论与实践研究》，中国社会出版社2009年版，第23页。

如果我们较大范围地对事态现场进行严谨的质性研究或者客观的量化分析，就会不难发现，在出场自律对文化参与个体的准入性诉求中，以权利自律最容易被涉事各方忽视甚至遗弃。对社区文化活动参与个体而言，无论其以何种身份选择参与何种文化活动或者意欲于特定文化活动方式中获得日常所需的场域文化效应，都是与自律性的权利意识和自律性的权利诉求密切联系在一起的。处此叙议语境，权利自律的命题指涉集中体现在如下三个方面。第一，文化参与个体作为社区文化活动积极参与者，自始至终保持权利主体的生存姿态，并由此确立自身文化诉求的正当地位与必然逻辑。这一地位与逻辑甚至是《世界人权宣言》对所有签约国的一般文化授权产物，而功能覆盖范围内的社区居民，权利自律也就意味着勇于而且善于自我文化维权，维护诸如"每个人都有自由参与社区文化生活的权利"[1]。但是，从另外一个角度看问题，所要维护的文化权利乃是有限权利而非无限权利，因为当社区文化活动的每一个参与者都以文化权利主体进入公共文化活动现场时，文化场域建构必然发生在权利诉求的互约与共约基础上，这意味着权利主体之间不得不因互约或共约形成在场性权利契约关系，并且这种关系本质上不过是社区社会结构形态的"每个结合者及其自身的一切权利全部都转让给整个的集体"[2]，所以个体的权利自律此时也就不过是对自身文化诉求的理性把持和出场之际的主动规约。而在社区文化活动现场，这样的权利自律还常常沦陷于老年人、未成年人或者其他弱势身份的程度不同缺失，政府文化部门、某些文化慈善机构以及那些满腔热情的文化志愿者，就会以各种方式给予必要的帮助，以期因这种帮助使弱者成为具有权利自律性的文化权利主体，从而也就"呈现为个体性的建构"[3]，建构为文化权利主体。第二，文化参与个体作为社区文化活动积极参与者，自始至终保持权利诉求的定位意识，并由此理性

---

[1] Carole Rosenstein, *Understanding Cultural Policy*, New York: Routledge, 2018, p.49.
[2] ［法］卢梭：《社会契约论》，何兆武译，商务印书馆1980年版，第23页。
[3] Anna Yeatman, "Who is the Subject of Human Rights?", in Denise Meredyth and Jeffery Minson (eds.), *Citizenship and Cultural Policy*, London: Sage, 2000, p.104.

决定自身文化诉求的合理内容与可能范围。就社区文化治理现场而言，居民个体的文化参与至少可以切分为诸如专业参与和业余参与、经常参与和偶然参与、消费性参与和公益性参与、主动参与和被动参与、仪典性参与和日常性参与等，而在这些参与方式中，实际上只有极少的文化参与方式涉及文化参与个体的权利自律之议。从这个意义上说，发生于社区公共空间的自治性公共文化活动，在其文化场域建构中与参与个体的所谓权利自律最具关联性，因为个体对社区公共文化活动的权利诉求始终都存在定位精准问题，换句话说，这种定位任何时候都应本着精准和确指原则。很多学者在讨论到这一细节性问题时，总是容易犯"以其昏昏"的纠缠性错误，譬如达夫·奥布瑞恩议及"工作和文化参与所面临的挑战，来自文化和创意产业的研究"[1]，便可以视作逻辑不畅的叙事案例。所以在中国事态现场，基于权利自律的合理内容与可能范围定位，应该清晰地动议于已经较具自明性的"公民基本文化权益"，即社区居民的文化参与诉求，此时应在社区生活边际，实现所谓"文化权益 = 文化权利（H）+ 文化利益（I）= 文化生活参与权 + 文化成果拥有权 + 文化方式选择权 + 文化利益分配权"[2]的场景化变现。至于变现具身行为随机恰配、当时预期和后果测值，则完全可以在常量因子和变量因子互驱影响的种种博弈模型设计中，获得更加精准因而也更具事态客观性的帕累托式分析，并且因这种分析的效果反哺，促使社区文化参与者在权利自律中最大限度规避文化权利越位与缺失。第三，文化参与个体作为社区文化活动积极参与者，自始至终保持权利与义务对等，自由与必然互约，文化个体性与文化社会性统一，直至核心文化价值与多元文化主义共赢。诸如此类在场均衡关系所着重强调之处在于，文化权利主体在此承担着日常化却又复杂的公共文化空间共建共享的文化主体身份使命和自然法人法约责任，这意味着所有自治与互

---

[1] Dave O.Brien, *Cultural Policy: Management, Value and Modernity in the Creative Industries*, New York: Routledge, 2014, p.50.
[2] 王列生、郭全中、肖庆：《国家公共文化服务体系论》，文化艺术出版社2009年版，第93页。

洽的在场公共参与，都必须呈现为一切类似均衡关系中以利他为前提的利己行为，而非仅仅以文化利己作为参与行为的立足点和出发点。之所以自 20 世纪 90 年代始，社区文化治理背景下的社区变迁议题日益具有肯定性知识效应，就在于人们普遍承认一个自明性前提，那就是社区文化参与者作为主体性行为人，既是自我救赎的责任主体也是社区发展的责任主体，甚至参与过程中的各种义务直接就是文化参与权利的有机组成部分。正是在这个意义上，相关各方都把对社区公民素质的培养列入不同的治理进程乃至不同的具体治理项目，目的在于"社区文化变化的实现，引导社区居民群体归属，通过文化参与的关系链接，共享于社会建构"[①]。也正是基于这样的出场自律条件，社区公共文化空间的场域建构才具有内生动力，社区公共文化治理自治向度才具有可持续保障，社区文化自治向度的积极社会文化后果才具有极大的价值预期。

---

① Kate Preston Keeney and Pam Korza, "Assessing Arts-Based Social Change Endeavors: Controversies and Complexities", in Max O.Stephenson Jr. and Scott Tate (ed.), *Arts and Community Change: Exploring Cultural Development Policies, Practices, and Dilemmas*, New York: Routledge 2015, p.189.

公平性原则

既然社区文化治理是"治理学派"所强调的持续互动过程而非刚性制度文化行政行为,那么"全球治理委员会"创新见解的"治理是众多公共或私人的个体或机构,对公共事务协调发展的各种方式的总和"[1],就在中国社区文化治理现场落地过程中,从一开始就毫不犹豫确立"公平性原则"为其逻辑起点。这意味着边际内任何社会分层后果的"文化特权"都将不复存在其合法性,因为作为人类社会最小"命运共同体"的社区,扁平社会结构形态完全替代了垂直社会结构。处在这样的生存情境,不仅任何居民个体都不再享有被误读了的布尔迪厄所谓的"文化资本"(culture capital)所带来的利益优先与利益可换算,而且也不再能通过叔本华式"权力意志"行使对邻居居民的文化支配或者无条件拥有特定个体的文化霸凌。由此我们也就必须以建构性姿态,于此议之际,最大限度地对社区文化治理公平性原则给予所指澄明及其实证方案规划,并集中精力先行讨论如下焦点问题:

(1)一般公平性价值原则的基本知识史;

(2)社区文化公平性原则的主要价值指涉;

(3)文化公平性社区建构行动方案。

---

[1] Commission on Global Governance, *Our Global Neighborhood: The Report of the Commission on Global Governance*, Oxford: Oxford University Press 1995, p.2.

一

虽然议题切入针对的是边际范围很小的社区治理问题,但是由于社区文化治理公平性原则的背景建构力量,来自一般公正原则的内在维系,所以小问题的澄明不得不学理导入大问题的揭蔽。究其根本,在于公平性问题或者更加整体表述的正义问题,既是人类历史演进过程中始终动态博弈的价值目标,同时又呈现为对博弈过程因观念和方法或同或异而渐进复杂化的知识生成轨迹,而这就迫使我们以一种知识谱系学姿态,对一般公平性原则的基本知识史作极简式梳理。

20世纪20年代初,伦纳德·霍布豪斯在反思社会正义要素问题时,已经意识到"自由主义"片面追求个体自然权利学说的某些学理缺陷,并将其批评为"在这里,文明统治下的国民,一跃成了毫无社会关系的孤立的个人。进行了这样的演绎之后,个人就被赋予了权利,权利被认为是超然于共同善之上而不是用来维护共同善的,权利甚至与义务相分离,因为义务暗含着社会关系"[①]。在他之后,罗尔斯撰写现代经典代表作《正义论》,除了较为清晰系统地对正义知识命题进行谱系学意义澄明外,更在此基础上归纳出具有现代制高点知识属性的"正义的两个原则",那就是"第一个原则:每个人对与其他人所拥有的最广泛的基本体系相容的类似自由体系都应有一种平等的权利。第二个原则:社会的和经济的不平等应这样安排,使它们被合理地期望适合于每一个人的利益;并且依系于地位和职务向所有人开放"[②]。这种归纳不仅在学理层面有效回答了所谓"卢梭之问"的"个人的利益总是和公众的利益相矛盾的,在这种情况下,该怎么办呢?……我们把该说的话是拿到独一无二的公众利益的天平上去衡量,还是拿到公平分配的天平上去衡量?"[③]而且

---

① [英]伦纳德·霍布豪斯:《社会正义要素》,孔兆政译,吉林人民出版社2006年版,第19页。
② [美]约翰·罗尔斯:《正义论》,何怀宏等译,中国社会科学出版社1988年版,第61页。
③ [法]卢梭:《一个孤独的散步者的梦》,李平沤译,商务印书馆2012年版,第47页。

也在知识谱系代际转换中实现了对古典功利主义公平正义诸种学说的价值超越，例如大卫·休谟的"我们生来易于偏袒自己和自己的友好，但仍然能够认识到较为公正行事的好处……公正对于公众变得有益，这是它的价值和道义约束产生的唯一根源"①。或者穆勒的"从长远来看，事实上正义从未脱离了功利（这也是得到普遍承认的）"②。正是从这个意义上说，我们可以将罗尔斯的社会正义思路看作现代以前社会正义的思想集成，而且这一集成本身还给我们呈现一个基本的意义线索，那就是尽管在不同历史时代人们会内在受困于自身利益立场而对公平性社会问题有过极为冗杂的解困方案，但就线性轨迹而言仍然具有渐近渐进的知识进化价值向度，并且这给人类生存解困和社会进化带来更加坚定的希望预期，一定程度上可以减少现实状态表现各异的不平等所带来的失望甚至绝望。

之所以能上升到失望甚至绝望的严重程度来看待这一议题，是因为不平等的历史及其所在时空位置情绪紧张造成的社会冲突后果，几乎与人类意识史的实际过程保持同步关系，当然也与社会发展史保持同步关系，由此才有特定存在性维度马克思主义经典命题及其阐述的"至今一切社会的历史都是阶级斗争的历史……在过去的各个历史时代，我们几乎到处都可以看到社会完全划分为各个不同的等级，看到社会地位分成多种多样的层次。在古罗马，有贵族、骑士、平民、奴隶，在中世纪，有封建主、臣仆、行会师傅、帮工、农奴，而且几乎在每一个阶级内部又有一些特殊的阶层"③，才会让我们更加深刻地理解垂直社会结构形态的存在真相。

对中国先秦时代那批惊世绝俗的智者而言，尽管他们不可能像马克思主义始祖那样，自觉站在无产阶级利益立场揭蔽这一真相的非社会正义本质，却在统治利益附属位置也能看到相关事态的社会严重性，所以就有诸如孔子

---

① ［英］休谟：《休谟政治论文选》，张若衡译，商务印书馆 2010 年版，第 179 页。
② ［英］约翰·斯图亚特·穆勒：《功利主义》，叶建新译，九州出版社 2007 年版，第 97 页。
③ 《德意志意识形态》，载《马克思恩格斯选集》第 1 卷，人民出版社 2012 年版，第 400 页。

的"丘也闻有国有家者，不患贫而患不均"①的社会正义中国言说方式，而且这种言说方式此后凡数千年之久，一直以"均贫富"的社会价值理想形态成为封建社会结构矛盾冲突的最大内驱力变量。之所以成为最大变量，是因为代表"君权"利益和由此衍生而来的"官本位"利益，从周的"分封"作为整个封建社会的逻辑起点与历史起点以来，"礼制"作为中国社会治理的基本制度的价值核心，因其由智者自身思想矛盾引起的"唯上知与下愚不移"②和"礼不下庶人，刑不上大夫"③统一基础之上的本体固化，使得"等级正义"成为"制度正义"处于绝对社会支配地位。这种思想悖论与制度安排观念紧张，并非董仲舒"罢黜百家，独尊儒术"以后宰制中国封建社会历史主导力量的儒家所都有，诸子百家的其他智者同样如此。先孔子之时让齐国成为春秋五霸之首的管仲，虽有中国行政治理率先发动者的智者地位，但却一方面正向度命题建构"政之所兴，在顺民心；政之所废，在逆民心"④，另一方面又负向度治理主张"民者，服于威杀然后从，见利然后用，被治然后正"⑤，其行政治理的行为紧张，由此也就不可能获得哪怕最起码的社会正义价值后果。此外商子之所谓"明书年、月、日、时所问法令之名，以告吏民"⑥，或者孟子所谓"离娄之明，公输子之巧，不以规矩，不能成方圆。师旷之聪，不以六律，不能正五音。尧舜之道，不以仁政，不能平治天下"⑦，抑或荀子所谓"上公正则下易直矣"⑧，也都无不从特定切入点古典知识姿态地直逼社会正义问题，而且也都未曾捕获任何基于边界条件的标准答案或者同质性语义陈述。

所以中外知识史其实已为我们表明一个基本事实，那就是正义本体不仅是人类社会的核心支撑力点之一，而且是与时俱进的生存性动态力点而非静

---

① 《论语·季氏》。
② 《论语·阳货》。
③ 《礼记·曲礼》。
④ 《管子·牧民》。
⑤ 《管子·正世》。
⑥ 《商君书·定分》。
⑦ 《孟子·离娄上》。
⑧ 《荀子·正论》。

态杠杆，甚至还充分体现为社会延展过程中的存在性同质互约与异质互往。正因为如此，作为其外在表现形态之一的公平性问题，就成为不同层级、不同类型或者不同范围社会治理的重要价值维度，并且是必须紧随社会变迁而在理论和实践层面都必须传承与转换同步跟进的力点所在。保罗·利科对此看得很明白，故而一方面对罗尔斯作为公平的正义命题及其知识主张给予充分肯定，另一方面又清醒地意识到还存在"罗尔斯的《正义论》之后"的问题递进态势，并且由此反思诸如"它的实现丝毫不是得益于善的特征，而是完全得益于程序的经过审慎的商议。如果公正服从于善，那么它就必须被发现；如果公正由程序方法所产生的话，它就是被建构的。在被建构出来之前，公正是未知的"[①]。这种正义处在不断建构过程之中的反思，无论反思的理论价值与实践操作可能性空间究竟有多大，至少是对事态复杂性及其知识纠缠性的独特揭蔽。按照这个思路，联系中国特色社会主义社区治理现场的当前诉求与未来遭遇，公平性原则就不仅是一个单一化的价值原则问题，也绝不可能由某些人为拟定的量化指标抑或质性定位就可以实证解困，而更在于清晰澄明社区文化治理公平性原则究竟具有哪些最为基本的义项所指，尽管这样的所指对极为复杂的公平性原则而言无疑是非穷尽性的。

二

就中国特色社会主义社区文化治理的公平性价值原则而言，当然在于扁平社会结构对垂直社会结构的有效置换之后，社区居民能够平等地置身于日常文化生存完全平等的共建共享，着力点在于"以实际行动维护社会公平正义，让人民群众切实感受到公平正义就在身边"[②]。而此刻我们的跟进知识使命，就在于对一般性的价值原则给予较为精准的学理性分解，以期使不同涉

---

① ［法］保罗·利科：《论公正》，程春明译，法律出版社2007年版，第71页。
② 习近平：《促进社会公平正义，保障人民安居乐业》，载《习近平谈治国理政》，外文出版社2014年版，第148页。

身者能够通过精准式目标治理替代粗放式权力意志行为,实现社区文化治理靶向效应最大化,而我们长期以来极为严重的"体制空转"与"自娱自乐"顽疾无解,原因之一就在于粗放式权力意志行为在文化建设中的无条件支配地位,当然也就包括社区文化治理不过是某些文化政绩口号的游戏化及实验性的微观场域。

对于社区文化治理而言,公平性原则的第一要义在于身份平等。垂直社会结构本体性价值解体并不意味着层级状态绝对去存,况且自然差异与社会生存差异的复杂状态在任何一个生存现场都会有诸多具体呈现,所以只要社会还存在各种类型或维度的分工,那么身份差异或者身份间性就一定具有客观性和必然性。即使那些追求身份认同的社区文化治理研究者,例如所谓"居民个体广泛表达不同的观点,这些表达关注的是,采取哪些步骤能够使得他们的社区更加宜居"[①],也仅仅只是指涉一种"社区身份"所在的单向度标识意义,而非对身份差异的社会化趋同。所以对决策者、研究者、参与者以及其他涉身事态者而言,通常所谓价值维度的社区文化身份认同,也就与身份意义的同质性抑或异质性无涉,其指涉要义恰恰在于对身份间的意义异质或者说社会身份差异的彼此包容和相互尊重,唯其包容和尊重才有可能基于必然差异身份去建构起公共交往或然场域,而这实际上就是"身份认同一旦获得,就不会湮没差异"[②]的判断合法性所在。议题延伸至此,已不是可标识性问题而是平等问题,也就是说,社区身份的文化可标识性至此不过是社区生存的外部世界状况,有意义但却不大,起决定作用或者内在制约功能的是社区居民间的平等意识,所需要社区文化建构的是身份平等。而且问题的复杂性还在于,不仅几乎所有的社区都不同程度地呈现为"格差社区",在市场条件下人们不得不置身于经济格差的诸如"从80年代到现在,不平等程度是呈

---

① Jon Catherwood-Ginn and Robert H., "Leonard Rivers and Bridges: Theater in Regional Planning", in Max O. Stephenson Jr. and A. Soctt Tate (eds.), *Arts and Community Change: Exploring Cultural Development Policies, Practices and Dilemmas*, New York: Routledge, 2015, p.51.
② [英]斯图亚特·霍尔:《异言:是谁需要"身份"?》,载斯图亚特·霍尔和[英]保罗·杜盖伊编著《文化身份问题研究》,庞璃译,河南大学出版社2010年版,第3页。

上升趋势的，以长时期的标准来观察，仍然可以看到收入分配是在不断地不平等化"①，而且还在于几乎每个社区在经济格差之外，还存在更多繁杂且关系纠缠的其他结构性差异常量及博弈态差异变量，所有差异常量与变量都有可能成为制约身份平等的社会缧绁。

正因为如此，社区文化治理中的身份平等要想成为足以实现其场域建构的前置条件事实（显然是相对事实而非绝对事实），就必须剪断这些缧绁后才有所谓"认同"，才能于彼此包容和相互尊重条件下将社区公共空间转换为某种文化场域。其实现的条件，至少包括如下所述生存界面身份穿越。第一，对经济状况的身份穿越。也就是说，生活在同一社区的居民，经济状况必然贫富不均，因而其条件性经济差异的某些优越感或自卑感，被无限放大至"嫌贫意识"甚至"仇富情绪"，那么就会在社区生存界面形成作茧自缚的多重互斥界线，每一种"界线"都将直接构成对日常生活基本结构的解构力量，进而导致社区文化生活场域建构目标往往难以实现。如果社区生活充分具身化为"心理的'需求'取代了生理的'需求'……向前迈进的力量却是一种基于个人欲望和无穷无尽的享受之上的追求奢侈的观念"②，那么社区公共文化生活解体的现实困境就是所有条件性经济身份的边际困境宿命，而在这一维度上，解困的唯一途径就是所在社区的居民共同致力于对经济状况的身份穿越。第二，对政治地位的身份穿越。就中国封建社会的既有历史状况而言，"礼制"的核心就是政治等级制，当所谓"非礼勿视，非礼勿听，非礼勿言，非礼勿动"③作为一种极端价值理想对整个社会具有绝对支配力量，我们就完全可以想象政治地位问题就成为封建中国的基本存在问题，其严重限制了不同社会等级生存群体之间非互约性。这种非互约性，不仅体现为二元对立结构后果的"官本位"意识形态及其以升官谋取发财的无条件合法性，而

---

① ［日］橘木俊诏:《格差社会》，丁曼译，新星出版社2019年版，第9页。
② ［美］丹尼尔·贝尔:《资本主义文化矛盾》，赵一凡等译，生活·读书·新知三联书店1989年版，第280页。
③ 《论语·颜渊》。

且更导致"常使民无知无欲"[①]和"民可使由之，不可使知之"[②]统治观念下，数千年中国民众难以获得启蒙的机会及其命运可以转机的社会地位相对平等。现代社会局面虽然有所改观，但"官本位"的政治地位身份优越感，仍然对健全的日常社会生活构成强大的非平等性生存张力，从这个意义上说，新时代背景条件下的中国社区文化治理进程，必须全面实现对政治地位的身份穿越，否则就极容易陷落支配结构的社区文化治理被动局面，当然更无从谈起"体制所提供的当代均衡状态"[③]。第三，对文化背景的身份穿越。几乎在所有生存个体差异中，文化背景不同乃是最为广泛同时最为复杂的差异所在，而且一定在社区居民的日常生活经验中体现得尤其充分，因为所有的文化背景差异都会在事态细节化和日常化中被令人意想不到地放大。绝大多数文化身份研究专家，其审视视点与靶向拟设大都定位于宏大背景，譬如托比·米勒（Toby Miller）追问什么是文化身份之际，就着力回答"为什么所涉及的一般概念在于一种特定受压以及权利形式的聚焦"[④]，而类似回答的学理有效性一定只能存在于宏大存在界面。对于社区文化治理现场来说，每一个居民的文化生存主体间性都是极其具体而细微的，并具这些具体细微的文化生存间性，日常化地构成他们参与社区文化活动的背景条件。诸如受教育状况、职业状况、家庭状况、信仰状况、代际状况、兴趣状况以及生理心理状况等，都将成为以何种姿态投身于社区文化场域建构常量要素与变量要素，而所有这些要素配置及其动态激活，恰恰就是驱动社区居民参与社区文化活动的前置条件与内生动力。所以，尽管居民间有文化生存差异，但从根本上要求社区文化治理必须实现对文化背景的身份穿越。

公平性原则的第二要义在于资源平等。普惠性的公共文化服务体系作为

[①] 《老子·三章》。

[②] 《论语·泰伯》。

[③] Terri Lynn Cornwell, *Democracy and the Arts: The Role of Participation*, New York: Praeger, 1990, p.147.

[④] Toby Miller, *Cultural Citizenship: Cosmopolitanism, Consumerism and Television in a Neoliberal Age*, Philadelphia: Temple University Press, 2007, p.27.

国家文化治理的一项基本制度安排，在新时代背景下必须功能嵌位于治理体系与治理能力现代化，并且其中的重要功能目标之一就在于追求公民基本文化权益有效保障的最大值，而基本文化权益可以简洁归纳为"文化权益 = 文化权利（H）+ 文化利益（I）= 文化生活参加权 + 文化成果拥有权 + 文化方式选择权 + 文化利益分配权"[①]。归纳中的文化利益分配权因其与形而下的关联物密切联系在一起，因而也就变得更加具体可感和更为直接的反应，且当所议落地于社区文化治理微观现场，宏观界面文化利益的资源分配较大权重，就转换为边界事态的社区居民能否共享物化文化资源的矛盾纽结点。由于这一纽结点的直接性与直观状态，于是文化资源分享或配置过程中能否体现价值均衡和利益均量，其瞬间后果将是积极反应与消极反应两种完全不同的能量裂变，即要么是正能量聚焦从而助推社区文化生活更加勃勃生机，要么则是负能量消解从而促使社区文化生活很快走向软弱涣散。当公共文化政策专家杜德利·科克（Dudley Cocke）讨论"社区文化发展作为快乐、争执和转换的一种现场"[②]时，无疑是涵括了文化资源分享与配置的矛盾可能性与转换必要性的。这也就告诉我们，处于中国特色社会主义社区文化治理条件下，因其所秉持的是"以人民为中心"的核心价值观，所以精准、完善和全面处理好类似矛盾关系，就显得尤为重要，而较长时期以来我们的公共文化政策往往重心倾斜于精英文化圈而难以沉落广阔的大地，显然是连这样的矛盾隐存意识也已不复存在，所以占整个社会人口绝大多数的人民大众无法享有文化获得感，就有其必然的文化体制逻辑及其政策工具功能局限。进入新时代以来，这样的被动局面在社会本体革命驱动下，体制价值重心下移导致扁平化基层社会文化生存凸显，从而使得社区文化治理日渐成为普遍现实，并且文化利益社会化配置乃至全民共享明显具有文化公平的正义特征，于是文化资

[①] 王列生、郭全中、肖庆：《国家公共文化服务体系论》，文化艺术出版社 2009 年版，第 93 页。

[②] Dudley Cocke, "Community Cultural Development as a Site of Joy, Struggle and Transformation", in Max O. Stephenson Jr. and A. Scott Tate (ed.), *Arts and Community Change: Exploring Cultural Development Policies, Practice, and Dilemmas*, New York: Routledge, 2015, p.136.

源配置与分享的问题就在揭蔽之后成为不得不面对的日常问题，尤其是社区文化生存的直接现实问题，尽管一些层级文化行政官员及其很多依附性公共文化政策专家，依然还不能站立于新时代思维制高点虑及诸如此类的文化生存进步取向。

但事态同样严峻的是，即使那些愿意虑及并且能够虑及者，在谋划以文化资源配置与分享作为文化利益公平性日常凸显所在的社区文化治理现场，这样的公平性虽然也可以给定大词陈述的诸如"我们一切始于人人平等的拟投"[①]，但这种给定对社区文化利益配置与分享而言仅有知识背景意义，而现场的迫切解困诉求只不过在于，就如同前面所议的身份参与平等所指意义切分一样，此议所要回答的则是资源分享平等的所指意义清晰化。基于此，我们就择要先行分拣出以下几点：

（1）文化资金公平分享。社区资金支出远非文化活动支出，但用于文化活动支出的资金可称之为文化资金。社区文化资金一方面来源于政府预算支出，并通过文化体制末梢输入功能实现社区文化活动的专项财务保障目的，而在中国财政体制与文化体制国家功能强势条件下，此类保障性资金来源无疑是社区文化治理的资金结构绝对权重所在，其"权重比"远非美国治理的个案诸如"此外，很大程度上由于市长的介入，所在城市利用增值税财政资金为其提供了1800万美金的补贴附加"[②]所能望其项背，因为只有关联性的"中国方案"才因制度安排而能够使文化资金保障可持续，尽管保障能力与资金供给量还有极大的提升空间。社区文化资金另一方面也来源于诸如社会赞助、遗产捐赠以及具有创新功能的市场间接置换方式等，但所有这些资金形态在中国社区文化治理中还没有成为普遍现象，权重比极小甚至可忽略不计，只是在个案事态中有时会显示其较大影响力甚至支配地位，例如田野作业成果就曾呈现山西大同某些社区文化资金中市场资金来源的无条件占优。但无

---

① Belinda Carpenter and Matthew Ball, *Justice in Society*, Sydney: The Federation Press, 2012, p.19.
② Joanna Woronkcwica, D. Carroll Joynes and Norman M. Bradburn, *Building Better Arts Facilities: Lessons from a U. S. National Study*, New York: Routledge, 2015, p.14.

论资金结构与资金量的具体状况究竟呈现何种复杂显形状态，有一点可以肯定，就全国范围而言，都将遭遇的同质性问题就是，如何确保社区文化资金能在社区边际获得平等分享效果，而不是社区权力配置、市场化随意性配置甚至非激励性均摊配置等花样繁多的无效支出混乱局面，在这个问题上，引入新制度主义者奥斯特罗姆的"第二层变量"及其所谓"我们需要超越第一层变量，发展直接的术语，进行第二层变量的研究"[1]，至少是一条可选择的有效路径，只不过在引入过程中，需要进行文化资源要素变量耦合性恰配而非固化态给定的现场动态转换，而当前的普遍治理失灵恰恰就在于，实质性且内在均衡的文化资源分享平等，往往被表层化的公平口号所置换，因而也就意味着社区文化治理进程中文化资金平等分享的路还很遥远。

（2）文化设施公平分享。虽然文化设施较之文化资金而言，其现实状况更具文化资源短板特征，但就既有的社区文化设施利用率与均享度而言，居民实际分享的非公平性仍然成为问题，尤其在中心城市和沿海发达地区，在社区文化设施条件较好的情况下，非公平性问题就更在矛盾放大过程中演绎为影响文化参与热情的负面要素。因不同原因滋生的"权利优先者"甚至"设施支配者"，往往程度不同地以强势碾压弱势，软暴力碾压抑或文化能力碾压，由此导致那些本来就缺乏参与热情和参与能力的居民更加望而却步。这一事态的有效解困机制在于，以体制的政策工具与自治的制约机制双重给定方式，确保有限的社区文化设施利用率最大化的同时，更具设施功能的分享公平性。而在所谓"视听文化时代"或者"数字文化时代"，传统的文化设施形态往往被新的高技术设施文化活动平台所功能超越，"超越"本身会在任何一个参差不齐的社区形成文化参与能力落差，如果不能发挥体制助力或者自治过程中强能帮弱互助模式给予积极干预，则所有高技术文化设施都会因这种落差带来更大的分享非公平性。正因为如此，先行社区文化治理国家的一些问题触感敏锐的公共文化政策专家，不仅意识到了这一点，而且努力寻

---

[1] 埃莉诺·奥斯特罗姆：《公共资源的未来：超越市场失灵和政府管制》，郭冠清译，中国人民大学出版社2015年版，第37页。

求新的理论与实践解困方案。在《阿巴拉契亚的数字化故事表达：聚集和分享社区意愿与价值》一文中，作者 H. 莱斯科和森木枝·桑德瑞拉简所强调："数字故事能够为评估社区需求以及涵盖共同的愿景与战略构想，提供强有力而且极为重要的内容，但唯有这一切呈现其生活经验以及创造这些经验的所有个体的共享地方知识。"[①] 这其中隐存着两个必要前提，一是社区拥有数字生活设施平台，二是能让社区居民都有能力进入并且有效分享这些新技术设施平台的资源功能。毫无疑问，随着"智能时代"的全面而且深度来临，智能社区及其所关联的智能社区文化生活方式将会大大逾越我们于此在位置的想象力所及，而跟进事态必然会出现社区智能文化设施的分享公平，这至少在某个维度吻合于人们对新技术成果的猜想："随着普适计算的日渐普及，虚拟和现实空间的相互融合会让城市生活焕发出新的活力，新的市民社会也将由此诞生。"[②]

（3）文化服务公平分享。文化服务成为社区文化治理的重要资源，不仅是现代社会服务型政府职能置换的一般性后果，而且更是中国特色公共文化服务体系制度安排的必然产物。就前者而言，这种资源的存在特征，在于文化体制末梢对社区公共文化活动提供诸如平台运转、政策工具匹配、活动资金结算以及组织化引领等政府赋能的文化服务，所有这些服务无疑都是国家文化制度顶层设计在打通"最后一公里"基础上的资源落地，而这种政策预设效果甚至受到《中华人民共和国公共文化服务保障法》的合法性庇护。就后者而言，我们则应该将作为社区资源的文化服务看作来自社会的驱动力，而且尤其是那些具有较强专业服务能力的志愿个体抑或辅助机构，他们所提供的服务资源使得社区文化治理中的一切自治行为都将获得更具活力的行为动能，理查德·C.博克斯将其描述为："由专业的公共服务职业担任的职务，

---

① "Digital Storytelling in Appalachia: Gathering and Sharing Community Voices and Values", in Max O. Stephenson Jr. and A. Scott Tate (eds.), Arts and Community Change: Exploring Cultural Development Policies, Practices and Dilemmas, New York: Routledge, 2015, p.102.

② ［美］卡洛·拉蒂、［美］马修·克劳德尔：《智能城市》，赵磊译，中信出版集团 2019 年版，第 164 页。

是由早期公民志愿者基于社区公益工作发展而来的。全职地、训练有素地奉献于公共服务是社区活动的一种模式，这种模式是经过了长达一个多世纪的艰难、反复试错的过程而缓慢发展起来的。"[1] 无论何种文化服务资源，就其形态而言，要么是普惠服务，要么是靶向服务，而这两种服务的现场实施过程中，则公平性诉求一方面要求普惠能够达到社区居民均等化目标，另一方面是要求靶向能够切实做到定位精准，唯其如此，才能确保因公平分享而强化其行为驱动能量，而非当前事态所往往呈现出的文化形式主义非有效性特征。

公平性原则的第三要义在于机会平等。按照沃尔特·沙伊德尔对社会不平等的历时性描述，其一般状况呈现为"收入和财富分配的差异并不是具有社会或历史意义的唯一不平等类型……教育、健康、政治发言权和机遇的不平等也是如此"[2]，而这里顺便所提及的机会不平等，对任何格差现象特征明显的边际社会而言，或许是不平等的主要表现形式乃至社会正义的内在制约力量，至少在罗尔斯看来，机会平等的肯定性价值在于"公平机会原则的作用是要保证合作体系作为一种纯粹的程序正义。除非它被满足，分配的正义就无从谈起，即使在一有限的范围内"[3]。所议议题移位至社区文化治理现场，则我们很容易看到一种极具悖论性的尴尬局面，那就是一方面似乎我们为社区居民提供了一系列公共文化活动参与机会，另一方面又奇特地表现为一些社区居民无奈于找不到他们意欲参与的机会，而深度解析其中究竟，除了机会分析的供需非对位效应动作后果之外，由程序正义缺位所导致的文化参与机会流失，乃是造成非机会平等的根本原因与主要结果。根本原因在于程序主义缺位所内存的逻辑起点之误，即社区居民文化诉求的"最大公约数"及其所代表的社区文化服务，并没有成为服务决策的支配力量或者内在驱动力量，不同身份"他者"由此使文化服务对象被动接受诸如服务内容、服务方

---

[1] [美]理查德·C.博克斯：《公民治理：引领21世纪的美国社区》，孙柏瑛等译，中国人民大学出版社2005年版，第105页。

[2] [美]沃尔特·沙伊德尔：《不平等社会：从石器时代到21世纪，人类如何应对不平等》，颜鹏飞等译，中信出版集团2019年版，第6页。

[3] [美]约翰·罗尔斯：《正义论》，何怀宏等译，中国社会科学出版社1988年版，第88页。

式、服务过程等,"被服务"因而成为所谓社区公共文化服务活动的基本存在形态。主要结果则是功能错配与逆反心理,导致精准性与恰配性缺失后社区居民参与热情丧失,于是社区文化活动现场也就难以建构其文化场域,而没有场域特征的文化服务者自娱自乐就成为几乎随处可见的社区公共文化形式化游戏。

游戏本身所隐存的结构性矛盾,一方面毫无疑问是服务主体支配服务对象的非平等结构关系,实际上就是社区文化活动参与主体机会选择权利的丧失,亦即意欲选择种种文化参与机会与外在给定机会之间,因机会决策过程中的不平等性而难以实现机会能是机会的社区公共文化服务的必然性和可能性;另一方面则是非"最大公约数"给定机会及其所延展而来的社区公共文化服务,难以实现其服务普惠的拟定价值目标,因为任何给定的服务都有可能使大量文化个体身份的社区居民,公平分享那些给定性的社区文化服务,其内在根由在于后者对一些居民来说是机会,但对另一些人来说却并不是机会,社区居民间公共文化服务的机会分享非公平性由此演绎为普遍事态而非个别事态。处于这样的事态下,社会正义持论者所拟定的一般价值方案,诸如"其预设的公正性社会道路,所谓能够不断地从非正义走向正义、非文明实践走向文明实践、从愚昧地对待他者的方式走向开明地对待他者的线性进程"[1],就都只能成为一纸空文。而且还必须附加语义甄别的是,这里所说的公共文化服务行政"游戏化",并非历史社会学知识史上的"游戏"关键词意义指涉,实质上不过就是一种文化形式主义的非效度文化行政行为,而后者所关联的诸如赫伊津哈的"文化乃是以游戏的形式展现出来,从一开始它就处在游戏当中……游戏形态赋予社会生活以超越于生物本能的形式,这一点强调出游戏的价值。正是通过游戏,人类社会表达出它对生命和世界的阐释"[2],与所议完全不在同一语域,当然也就更无涉于席勒更具严格语旨确定性的所

---

[1] Belinda Carpenter and Matthew Ball, *Justice in Society*, New South Wales: The Federation Press, 2012, p.23.

[2] [荷兰]约翰·赫伊津哈:《游戏的人》,多人译,中国美术学院出版社1996年版,第49页。

谓"游戏冲动在这两者之中又扬弃了偶然性,把形式送入物质之中,把实在送入形式之中"①。

于是我们又不得不重回理性、秩序乃至合法化的现场解困之途,因为唯其如此,才有可能在社区文化治理现场,建立起满足社区居民文化分享或文化参与机会平等的功能机制抑或有效方案。仅就这一点而言,机会的提供者及其机会的选择者之间,在任何条件下都应该处在价值平等地位,而非前者对后者具有支配权力抑或价值优先权。问题的复杂性只不过在于,处在垂直社会结构形态的文化存在状况,文化机会就其总体态势而言,通常表现为自上而下机会专持者的权力任性分发,既呈现为社会本体内在一般规定的"支配着物质生产资料的阶级,同时也支配着精神生产资料,因此,那些没有精神生产资料的人的思想,一般是隶属于这个阶级的"②,亦呈现为社会生存外部形态特征的"被认为是从较高的层级向较低的层次文化滴渗"③。无论社会本体内在一般规定还是社会生存外部形态特征,其机会垂直向度乃是不言而喻的共性事实。但这一共性事实,显然与建构性后现代扁平社会结构形态的普遍事态不相吻合,而且与具有自治向度的共建共享社区文化现场几乎背道而驰,因为后者对"滴渗"现象全面置换之所在,则是"协商"和"互约"起根本作用的文化行为驱动方式。处在这样的驱动方式之中,即便所谓"在运用艺术和文化以建立社会联系的良好实践"④,甚至这种实践项目机会来自层级政府文化行政机构或其他社会公益机构,也依然要受到社区居民生存共同体的"机会"选择最大公约数来决定其实施合法性与有效性,否则就不可能使其效度至于"在较大的文化场域实现认同,扩大居民的参与范围,使其所有后果

---

① [德]弗里德里希·席勒:《审美教育书简》,冯至、范大灿译,上海出版社2003年版,第115页。

② 《德意志意识形态》,载《马克思恩格斯选集》第1卷,人民出版社2012年版,第178页。

③ Yuniya Kawamura, *Fashionology: An Introduction to Fashion Study*, New York: Bery, 2005, p.19.

④ Tom Borrup, *The Creative Community Builder's Handbook: How to Transform Communities Using Local Assets, Art and Culture*, Saint Paul: Fieldstone Alliance Publishing Center, 2006, p.121.

都是差异性导向下与其目标成功相遇"①。而现行公共文化政策的功能性悖论恰恰就在于，其功能指向主要针对垂直社会结构而非扁平社会结构，于是事态一旦边际定位于扁平特征极为突出的社区文化治理现场，既有的工具功能失灵就具有存在必然性与生存冲突尖锐特征，由此而致居民的文化参与机会在一次次非公平性面对中被迫流失。

正因为如此，我们就又必须回到对"机会平等"作为局部核心概义给予直陈其事的语义澄明，由此也就有如下澄明后果的择要义项：

（1）参与机会平等。这一义项不仅是特定语域几乎已经陈旧的话题，而且也是现代文化治理以来"参与率"价值追求目标的自明前提。由于这两方面语义张力的延展后果，所以就有不同言说场域异质性参与指涉的诸如"消费性参与"的"集体参与正在面对上升中的研究性挑战，涉及文化和创意产业的研究"②，或者"公益性参与"的"通过他们参与而得以定位和配置的许多同步性的地方，而使得这些地方出现社会化绑缚，也就是社会化地协商、不断改变以及未可预期之所在"③，甚至还常常体现为这两种形式杂糅的所谓"混合性参与"。但无论何种参与形式，对社区文化治理而言，确立任何一种参与形式居民的社会敞开就是公平价值体现，否则就会出现或隐或显的种种非公平性，而对于居民个体而言，选择何种参与方式抑或参与程度，则纯属个体所拥有的自决权利。

（2）决策程序平等。尽管很多公共文化政策专家，习惯于将这一事态纳入"决策参与"话题给予讨论，但在我看来，此议当有其可讨论的语域异质性，这不仅因为程序介入及其介入过程的公平性问题，远非参与之议所能意

---

① Diane Grams, "Achieving Success", in Diane Grams and Betty, Farrell (ed.), *Entering Cultural Communities: Diversity and Change in the Nonprofit Arts*, New Jersey: The Ruters University Press, 2008, p.222.

② Dave O. Brien, *Cultural Policy: Management, Value and Modernity in the Creative Industries*, New York: Routledge, 2014, p.50.

③ Kathe Newman and Edward Goetz, "Reclaiming Neighborhood form the Inside Out: Regionalism, Globalization and Critical Community Development", in Ronald van Kempen, Gideon Bolt and Maarten van Ham (ed.), *Neighborhood Decline*, New York: Routledge, 2018, p.34.

义涵括，而且更因为程序正义在微型社会框架和底层社会基础的社区现场，被忽略乃至被践踏的概率更大。虽然人们在理论上并不否认"文化民意"在社区文化决策中的支配性存在地位，但在既有乃至将在的社区文化治理决策现场，不仅会出现"文化官意"独大独强的泛卡里斯玛社会畸形力量对这类社区文化决策的"硬性"控制，而且还会出现程序置换抑或僭越而导致"文化民意"的被假定性与被给定性，无论前者还是后者，都将导致微观程序正义缺失后社区文化治理决策有效性丧失，或者换句话说，由此产生的任何文化决策后果都不可能是"最大公约数"的社区文化民意聚焦。之所以长期以来我们时时陷落治理失灵或者失效的尴尬境地，其中重要的原因之一，就在于所在社区文化民意的"最大公约数"没有成为治理杠杆，更在于没有依靠决策程序平等去确保社区文化民意"最大公约数"的现实生成。

三

在公平性原则的意义内存与价值主张基本清晰之后，无论对于社区文化治理理论还是实践，其问题重心都将移位至何以或者怎样制定一套切实可行且功能完备的行动方案，以确保该原则的意义和价值能够在社区文化治理现场得以贯彻落实，否则类似的所有关联性讨论都将不过是一纸空文。

如果按照汤姆·波拉普的说法，就是接下来的事情不过是"聚焦于怎样达到你要达到的目标，好的结果则莫过于能够来自你何以能够克服你要克服的阻力"[①]，但问题是，他把所有"接下来的问题"仅仅看作诸如筹款、对决定者的一般诉求以及要求媒介的覆盖性助力等方面，既不在同一个逻辑维度，也不能实现对事态解困的有效覆盖。劳特利奇出版社于2018年选编了一本《社区发展劳特利奇手册》，收集具有全球视野的36篇社区发展代表性文章，其中不乏对社区文化治理有真知灼见的关联文献，并且这些文献都将叙议重

---

① Tom Borrup, *The Creative Community Builder's Handbook: How to Transform Communities Using Local Assets, Art and Culture*, Saint Paul: Fieldstone Alliance Publishing Center, 2006, p.230.

心放在对政策行动方案的关注点上。格尔斯·诺兰德-费尔曼的《公共政策会毁了社区发展吗?》可谓剑气袭人,直指问题本质与核心,其所描述的田野知识作业案件以及由此引申出的所谓"社区团体和社区积极分子,也能够自身采取行动,以此为社区发展激活出更好的环境"[1],是对宏观文化政策行动方案不完善条件下的微观填充而已。我们思考问题的出发点还在于,这些异域知识主张终究只具有行为类比意义或者知识参照意义,而我们必须立足社区文化治理中国事态现场和中国问题空间,去思考我们的解困行动方案,否则就只能有隔靴搔痒的无效后果。

从此为此议的问题原点,则我们基于中国特色社会主义条件的行动方案,重心之首当在于将社区党建与社区文化治理密切联系在一起,充分调动社区党组织和广大社区党员在社区文化治理中的积极性、主动性和先进性,从而为公平性原则在社区文化治理现场有效实现提供强大的制度保障优势与政治驱动能量。在新时代背景下,既然现实社会的基本存在逻辑充分体现为"中国共产党的领导是中国特色社会主义最本质的特征……坚持中国共产党这一坚强领导核心,是中华民族的命运所系"[2],那么无疑也就是社会动力学意义上的最大动力机制,进而也就意味着社区文化治理只有与这一动力机制密切联系,才有可能获取最大限度的社会驱动能量。其机制优势在于,不仅具有党员身份的社区居民可以而且应该成为社区文化治理的积极参与者,而且特定社区的文化民意会以倒逼形式使得社区党建将文化建设纳入其日常运行程序,由此获得更加强大的政治保障条件与体制支撑力。从某种意义上说,这将成为中国特色社会主义条件下社区文化治理的制度优势,既可以更有效激活体制末梢的能量输入,亦可以增强边际条件的凝聚力与爆发力,并且彼此能够产生较为明显的互驱效应,从而实现社区党建与社区文化治理的协同效果最

---

[1] Garth Now land-Forman, "Did Public Policy Kill Community Development", in Sue Kenny, Brian McGrath and Rhonda Phillips (eds.), *The Routledge Handbook of Community Development: Perspectives from around the Globe*, New York: Routledge, 2018, p.66.

[2] 习近平:《中国共产党的领导是中国特色社会主义最本质的特征》,载《习近平谈治国理政》第 2 卷,外文出版社 2017 年版,第 18 页。

大化。当然，这一互驱结构的存在有效性，不能以牺牲社区文化治理自治向度与社会合力为代价。

其次在于将社区文化治理与其他社会治理内容密切联系到一起，实现政策工具功能可匹配的同时，治理绩效目标能够兼容和统一。至少就后者而言，最终必须无条件地统一到民生指向。这种民生指向一旦在治理分类抑或分工过程中，落实到社区文化治理过程与义项清单，则无论治理纵深还是治理范围，都会共性地呈现为居民社区生存现场的"安身"与"安生"。所谓"安身"当然是身体社会学的视觉后果，在此甚至可以更加精细化为关于居民身体的文化社会学生存景观。因为当居民个体处在具身位置，也就意味着每一具身及其每刻都必然受约于"作为肉体的主体，才能够生存"[1]，而这也就迫使我们不得不在现场的实践环节，在其他功能保障的同时还能够同步给予文化功能保障，否则就会难以"安身"，而且尤其难以达到海德格尔给定的起码的安身生命意义底线，即所谓"常人是一种生存论环节并作为原始现象而属于此在之积极状态。常人本身又有不同的可能以此在的方式进行具体化"[2]。所谓"安生"，在此处当然是指安身妥帖之后对"诗意地栖居"的不断追求，并试图在日常生活进展过程中尽可能规避"漂泊感"，并求得"日常快乐"与"精神依偎"，某种意义上可以表达为社区居民日常生活幸福诉求的相对文化满足。日常生活议题在20世纪的知识凸显，除了知识进展规律作用之外，更在于人类生存进展的大势所趋。而这对社区文化治理而言，将不仅关乎"生活方式"的所谓"他们将因此不会面对一系列生活方式选择中的两难尴尬，尤其对其职业和身份而言更是如此"[3]（社区生活现场具有某些个体性社会背景

---

[1] 《1844年经济学哲学手稿》，载《马克思恩格斯选集》第1卷，人民出版社2012年版，第52页。

[2] ［德］海德格尔：《存在与时间》，陈嘉映、王庆节译，生活·读书·新知三联书店1987年版，第158页。

[3] Tanya Castleman and Rosslyn Reed, "Fortunate Lives: Professional Careers, Social Position and Life Choices", in Paul Blyton, Betsy Blunsdon, Ken Reed, and Ali Dastmalchian (eds.), *Ways of Living: Work, Community and Lifestyle Choise*, New York:Palgrave Macmillan,2010, p.99.

的屏蔽功能，而这种功能有赖于社区文化的居民公平参与），更关乎"生活质量"的所谓"何以在主观幸福感受与客观幸福后果之间存在矛盾？……怎样有效予以协调？"[①] 正因为如此，无论"安身"还是"安生"，社区文化治理绩效必然与社区居民的生存可能性和幸福可能性构成彼此之间的直接对应关系，而这又不得不与其他民生保障的社区治理进程保持同步协调关系与功能嵌位关系，否则就会在惯常的治理脱节中因游离而失去民生诉求刚性，直至演变成"贴文化膏药"。

其三在于将治理行为可持续与参与意愿可持续密切联系在一起，外驱能量与内生动力由此形成社区文化治理合力，并且每一个社区居民都能感觉到自身处于这一合力结构的力点位置所在及其能量释放的可能。当外驱能量充分凝聚政府、社会和市场等可利用能量要素时，就可以显示其凝聚态动能的外驱方式，推动特定社区治理行为的可持续性，进而也就因这种可持续性的基本保障作用，使诸如决策程序公平、参与机会公平抑或资源分享公平等社区文化活动成为现实，当然也才有所有这一切具身于社区居民个体及其日常生活场景的真实性与理想态可言，所以公共文化政策专家们，才会前置性地强调"政府、慈善和企业的支持"[②] 对社区文化治理的条件作用。但这并不能成为所议命题行为的逻辑起点乃至实际进程起点，因为只要社区居民的"参与意愿"不能以"内生动力"的能量形态驱动社区文化治理，则一切与此相关的讨论就都不过是自恋状态的狂欢，即使所谓"政策机器"较强威力的诸如"分区提高一般性资助并刺激低廉住房供给的基础建设"[③]，也未必与弱势社区居民文化参与意愿提升构成某种必然逻辑关系。所以从根本上来说，只要

---

① Martijn Hendriks, "Happiness Insights into Migration Policy and Choice Behavior of Immigrants", in Patsy Kraeger, Scott Cloutier and Craig Talmage (eds.), *New Dimensions in Community Well-Being*, Switzerland: Springer 2017, p.164.

② Tom Borrup, *The Creative Community Builder's Handbook: How to Transform Communities Using Local Assets, Art and Culture*, Saint Paul: Fieldstone Alliance, 2006, p.13.

③ Cornelia Butler Flora and Jan L. Flora, "Governance", in Sue Kenny, Brian McGrath and Rhonda Phillips (eds.), *The Routledge Handbook of Community Development: Perspectives from around the Globe*, New York: Routledge, 2018, p.10.

特定社区居民不能在异质心理动机驱使下共同参与社区文化活动，只要形式各异的社区文化活动不是积极自主的后果而是被动应对的产物，那么社区文化的勃勃生机也就没有任何可能，而其进一步后果，当然就是公平性原则于"皮之不存，毛将焉附"中从一开始就处于缺席状态。与此相反，如当多数居民展示出社区文化积极参与意愿，那么社区文化活动就一定能既具增量效果，亦具拓值效果，而这甚至可以理解为内在逻辑关系制约的公平性生存驱动使然，因为这样的结构关系隐存着古老而朴素的"民不患贫，患不均"的价值观念。隐存的现代澄明，则是超越古老朴素均等观念的现代正义入场，这种入场一旦放到社会心理学阐释语境，也就意味"集体意识"抑或"集体无意识"形态的所拟驱动力，而且恰恰也就是场域激活的内驱动力之所在。

　　三个"密切联系"对于社区文化治理而言，当然不可能是行动方案的完整义项清单，但却是根据不同社区实际情况制定其清单的要素配置可行性价值向度，只要按照这些向度编制时间表、路线图、运行方式以及动员与响应功能框架，就不仅能确保公平性原则在社区文化生活中得以贯彻落实，并因此而以强大的激励效应逆向助推社区文化生活增量与拓值，而且能确保因公平性原则在场而使社区文化治理具有场域可操作性与时域可持续性，即"原则在场"无论在何种意义上都是社区文化存在丰富性与治理有效性的支撑性杠杆。从这个意义上说，公平性原则对任何形态抑或任何方式的社区文化治理，都具有不可或缺的必然条件属性。

满意度原则

当代社会转型至"以人民为中心"的价值形态以后,扁平社会结构条件下治理效果无论主观性把握还是客观性分析,宏观界面还是微观界面,满意度都会以基于个体获得感的集体统计参量形式,成为计量社会学抑或公共管理学不可或缺的技术功能知识工具。正因为如此,对于边际缩微的社区文化治理而言,其效度测值或者对绩效标杆预期的后果评价,也就与此相一致地演绎为"满意度原则",一种与"公平性原则""效率化原则"价值地位同步而功能指向相异的基本原则。所谓"一系列具有潜力的政策工具,以及每一个所拥有的多种设计选择,使得找到适合几乎各种情境并且在该过程中将众多社会行动者带入解决公众需求的事业当中的工具成为可能"[1],是否已经获得现实生活本身的必然确证,或者更具细节知识意味地在社区文化治理现场,有效消解诸如"尽管有关于怎样评估非营利机构及其以基本艺术活动的卓越文献,但这一知识的主体部分,依然因对社区、公民及其他们所做出努力进行测值缺乏理解张力以及隐存着的障碍而受到制约"[2],也就是效果客观性及其这种客观性的社会价值认同,始终是社区文化治理的肯定形式乃至价值尺度。

---

[1] [美]莱斯特·M.萨拉蒙:《政策工具视角与新治理:结论与启示》,载莱斯特·M.萨拉蒙主编《政府工具:新治理指南》,肖娜等译,北京大学出版社 2016 年版,第 526 页。
[2] Kate Preston Keeney and Pam Korza, "Assessing Arts – Based Social Chang Endeavors: Controversies and Complexities", in Max O. Stephenson Jr. and A. Scott Tate (ed.), *Arts and Community Change: Exploring Cultural Development Policies, Practices, and Dilemmas*, New York: Routledge, 2015, p.197.

一

　　但这一价值尺度通常会有两种外在相似而实则内存分异的知识显现方式，一种被处置为宣传性（propaganda）的政策主张，另一种则体现为学理化（scholarism）的治理诉求，而在我们日常感知的绝大多数文本经验事态中，人们虽未于表达和接受的意义发生链放弃后者的义项隐存，却往往会在隐存的模糊状态中使得概念空心化或者命题真值率递减。也就是说，至少在概念陈述的语用现场，所谓"满意度"的知识工具分析已被宣传辞令简单化功能置换，并且因这种简单功能置换而常常不经意间陷落于"被满意度"，即成为相关层级文化行政官员抑或部分公共文化政策专家的"虚拟标杆"，而非社区文化治理后果的"实际效度"。

　　其中被简单化或者模糊化的义差在于，学理界面的文化获得感不仅具有主观性价值存在特征，尤其表现为个体感受的主观集合状态，而且更是基于计量社会学测值研究或者精神分析社会学质性研究的行为后果合成产物；不仅包括社会动力学基于常量与变量时空条件的在地现场转换，而且包括社会静力学基于要素配置规则和要素配置方式的国家框架公平与效率一般标准全覆盖。更何况在全球化碾压与未来性诱引日益呈现其加速度态势的今天，社区文化治理中的获得感生成过程、方式及其结果形态变得更加复杂纠缠，而这显然与宣传口径的文化获得感语义差异甚远，因为作为政策文本或者其他口号化非学理性亚学术文本，其模糊语义与虚拟标杆不过是某种文化存在意愿，或者被陈述为主观臆想中这种意愿的或然状态抑或必然状态，且已经排除某些文本以追求社会利益名义谋求自身利益的动机不纯可能性，尽管这种可能性至少在韦伯看来难以排除，因为在他看来"此种利害关系构成了保持卡理斯玛要素——在支配结构里，以即事化的形式存在的卡理斯玛要素——的最强烈动机"[①]。

[①] ［德］马克斯·韦伯：《韦伯作品集Ⅲ·支配社会学》，康乐、简惠美译，广西师范大学出版社2004年版，第329页。

于是我们所面临的知识事态，就是如何在社区边际集合性主观感受得以产生的客观条件学理分析中，确立满意度作为一种价值尺度在社区文化治理中的支配性功能地位，并因这种支配功能对现场治理行为的有效支撑而使宣传性预设目标充分得以实现。作为感受产生条件与感受发生后果的主客观存在性分析，一旦与它者化主观虚拟融汇和统一，两种知识处置方式间的隐存裂痕就能在事态现场实际得以弥合，而这也就意味着，只要我们对满意度原则的学理分析于任意此存性问题焦点实现充分穿越，就一定能同步性地规避此议的当代知识域实际隐存着的种种紊乱和紧张，当然也就无须担心面对任何文化治理现场可能出现的所谓"作为暴力的解释学……幻觉乃是充满风险的"[①]。之所以要对此先行加以强调，是因为涉事各方误以为满意度命题具有精准确证过程可以省略的自明性知识构建，所以就粗放式地通过诸如问卷调查来获取命题真值，甚至连这样的简单获取也在权力任性的印象式"拍脑袋"中给予价值肯定。最为凸显的代表性个案，当推农村社区的"农家书屋"，多少年来让亿万农民在"被满意度"极高的政绩肯定判断中，屈抑其满意度极低乃至根本就不满意的日常体验，及其真实文化感受的正当表达权利和充分表达机会，进而也就在绝大多数体验主体的失语态感受缺位状态下，其他关联者完全他者化地在给定性满意度中得到较为充分的不同利益满足，其结果是满意度沦落为理论界面的伪命题与生存界面的虚拟呈现。

诸如此类的虚拟满意度，显然与社区文化治理价值本体的效度诉求极其相悖，尤其在"以人民为中心"的社会本体革命新时代，更相悖于执政意志和执政理念孜孜以求的"把以人民为中心的发展思想体现在经济社会发展各个环节，做到老百姓关心什么、期盼什么，改革就要抓住什么、推进什么，通过改革给人民群众带来更多获得感"[②]，以及基于这种诉求确立唯一价值肯定

---

① James H.Olthuis, "Otherwise than Violence: Toward a Hermeneutics of Connection", in Lambert Zuidervaart and Henry Luttikhuizen (ed.), *The Arts, Community and Cultural Democracy*, London: Macmillan Press Ltd., 2000, p.139.

② 习近平：《让人民群众有更多获得感》，载《习近平谈治国理政》第 2 卷，外文出版社 2017 年版，第 103 页。

形式的"我们党的执政水平和执政成效都不是自己说了算,必须而且只能由人民来评判。人民是我们党的工作的最高裁决者和最终评判者"①。所以,如果要想从顶层制度设计环节开始便目的性地规避这些悖论,就必须存在论分析姿态地对现场关联事态给予深层敞开,并且努力在敞开过程中,运用功能恰配的计量研究和质性研究知识工具,撬开诸多作为原因以及作为结果的社区居民文化满意度生成要素、生成机理和生成方案,同时还要使所有这些知识行为,自觉定位于社会本体转型后的社区生存背景系统化运作,否则就会因所议的时差性靶向错位而丧失学理介入的准入合法性,从而只能在自言自语的言说兴奋中自得其乐,与对象事态的知识解困抑或现实建构完全价值无涉。毫无疑问,涉事各方经历了太多这样的无涉,并且由此导致了社区文化治理现场那些作为当事人的社区居民的失望与信任危机。

  正因为如此,对社区文化治理满意度原则进行存在论意义上的学理分析,或者说澄明满意度原则在社区文化治理中作为价值尺度的基本地位,就成为此议的逻辑起点与命题向度。依此线性递进,涉身者首先照面的学理议题,当然会是满意度原则的命题所指,否则就极难做到"以其昭昭使人昭昭",而易于陷落"以其昏昏使人昭昭"这一古训的现代逻辑隐存,其实就是命题真值率将会很低,甚至在极限情况下会低至零值抑或负值,于是本来具有理论和实践价值的真命题,因语义清晰性缺失而成为语用过程中某种意义上的伪命题。社区文化治理中的满意度原则,是指将满意度作为治理效果的价值目标,而核心概念的关键词"满意度",不仅仅可以从字面意义给予社区居民满意程度的直观把握,而且更应该深度揭蔽其所指的意义隐存。在此,我们不妨以雅克·拉康的"症候说"角度切入议题,从三个方面澄明这一关键概念内在意义的外在表征,那就是:集体心理反应、日常行为显现、普遍表态状况。也就是说,只有以质性研究抑或量化研究知识工具从这些方面获取的认知后果,才能较为充分地体现特定社区文化治理的居民满意度真实状况,从

---

① 习近平:《坚持和运用好毛泽东思想活的灵魂》,载《习近平谈治国理政》,外文出版社2014年版,第28页。

而逆向追问，某种社区文化治理过程是否充分并且有效贯彻满意度治理原则，这是一个问题的两个解释向度。

二

集体心理反应必须通过精细而且深度田野实验作业，才能使特定边际的居民群体积极反应或消极反应程度，在心理学系列知识工具功能支撑下被精准认知。心理反应包括集体显意识与集体潜意识，或者精神分析学家基于形而上思辨追问的所谓"知觉现象学"之议，及其具议的所谓"既然现象场已充分地被界定，那么就让我们进入这个模棱两可的领域，让我们和心理学家一起向这个领域跨出第一步，期待心理学家的自我批判能通过第二级反省把我们引向现象的现象，坚决地把现象场转变成先验场"[①]。两者均可在具体社区及其居民群体生存聚集，并能通过反应强度、反应时长甚至反应方式的分析甄别，来获得心理反应后果，进而推演出与之相匹配的满意度观察成果。当心理反应研究从常量观察系进入事态之际，他们更多从量化测值的精准研究入手，以求满意度观察能够更加真实与准确，所以就可以用如"布朗运动"这样的实验工具来进行知识操作，并于某一意义维度甚或意义焦点，嵌位诸如"只要我们增加 s/t 商数里的分子 s，或者减少分母 t，都可以达到增加客观的断续速度 v 的目的。这是因为，通过 s/t，v 得到了界说……它不仅仅用速度的变化来对这些变化做出反应"[②]，或者更具社会靶向地嵌位于那些"拓扑问题""向量问题""维度问题""诱导域"以及"张力"等，从而在各种数学计量化的各种向量解困中，抵达"有可能确定这些区域的拓扑学。一个非现实性层面的拓扑结构有时类似于现实性层面。然而，在某些情况下，尤其当现实性层面内的情境令个体十分讨厌时，非现实性层面的结构一般不同于现实

[①] ［法］莫里斯·梅洛－庞蒂：《知觉现象学》，姜志辉译，商务印书馆2001年版，第95页。

[②] ［美］库尔特·考夫卡：《格式塔心理学原理》，李维译，北京大学出版社2010年版，第242页。

性层面的结构"①。在诸如此类的计量功能嵌位中,无论广义"格式塔心理研究"还是引申义"拓扑心理研究",无论针对"行为环境"还是针对"心理环境",无论切入场的"整体"还是切入场的"组分",凡此种种,都能在个体心理反应之上接续出集体心理反应,进而在常量变化的计算分析中求取可意义换算的反应值与反应差,而在社区文化治理现场,人们则可以从这些反应值与反应差中,换算出客观性意义有效度和主观性效果满意度。

如果心理反应研究调节从变量观察系出发,在社区文化治理过程中遭遇往往不可避免的诸如"分裂""障碍""逆反""妄想""痴迷""狂热""抑郁""从众"和"焦虑"等变态心理倾向或心理场,则侧重质性研究的"变态心理学"就更加具有解困张力或分析效力。例如针对老年居民占比度高的社区,心理障碍的焦虑、抑郁、失眠、血管性痴呆乃至阿尔茨海默症引起的健忘等,选择何种文化介入方式才能在参与性解困中达到心理缓释的文化效果,就成为变态心理学嵌位社区文化治理的重大而且迫切的课题。反过来,当社会追问其文化治理效果的满意度时,它又具有社会评价的质性方式通道功能与参照属性,正因如此,深度田野作业所获取结果的诸如"意识到每一天都可能是他们最后的一段美好时光"②,就成为变态心理学有效获取文化满意度的关键症候之一,唯此才能揭蔽集体变态心理反应。当然,我们也可以在知识操作层面将"精神分析方法"与"心理学方法"打捆到一起,协同解读社区文化治理效果满意度发生机理与作为症候的集体心理反应,但问题是,在这样的打捆工具协同作业中,必须时时注意甚至牢记两者之间的知识边界,否则就会在功能紊乱中,因丧失靶向定位与功能分异而导致无效作业的盲区

---

① [德]库尔特·勒温:《拓扑心理学原理》,竺培梁译,北京大学出版社2011年版,第199页。在此,似应参见《拓扑心理学原理》的第10页:"如果人们用 β 表示行为或任何类型的心理事件,用 s 表示包括个体的整个情况,那么 β 可以被看做 s 的函数: $\beta = f(s)$。在这个等式中,函数 f,或更准确一点,它的一般形式就表示人们通常所称的规律。如果人们以个案的特征常数取代这个公式中的变量,那么人们就可应用于具体情境。"

② [美]Teffrey S.,[美]Nevid Spencer A.,[美]Rathus Beverly Greene:《变态心理学:变化世界中的视角》(下册),吉峰等译,华东师范大学出版社2009年版,第728页。

或者歧途，因为精神分析方法的诸如弗洛伊德式触点，"症候大都不依赖对象，因此与外界的现实失去接触……因此，我们不容易在症候中看出力比多的满足，就不足为怪了，虽然我们常可证实这个满足的存在"[①]，抑或梅洛·庞蒂与雅克·拉康纠缠化诡辩的"镜像问题"与"凝视问题"，除了与如上所述的"变态心理学"每有多维叠合之外，其叙议重心则分离于作为实验科学的普通心理学何止于一两个知识谱系区域，后者更应纳入思辨理论范式之中。也正是由于存在对象叠合与认知范式分异同步在场，才使得知识工具打捆分析的必要性与操作谨慎同样不可低估，由此就会使得集体心理反应形而下生存分析结果能与形而上思辨结果形成知识合力，求证社区文化治理状况及其对这种治理的实际感受，而且还可以延展至已然性感受、或然性感受乃至必然性感受，所以能在兼顾"常态"与"变态"的心理反应基础上为社区文化治理者有效方案聚焦提供前置支撑。这种支撑无疑显形为真实社会表征，并在"基耦"的观念中——"这种基耦是指共同接受的知识或基本观点，它是作为适应过程所指向目标的根源而存在的"[②]——充分实现社区自驱力，驱动治理方案更迅速且更有效地转化为积极治理成果。

至此我们就可以将所议的问题靶向，在集体心理效果形成机理分析知识性悬置之后，定位于集体心理反应的社会呈现形式，或者更精准化的生存场日常症候，并且从直观感受所能及的呈现形式抑或日常症候中，判断出基于集体心理反应维度的文化治理效果，由此推进其再决策进程。就这样的判断本身而言，决策者、实施者乃至研究者，甚至可以离开复杂纠缠的心理学知识分析工具，从如下两种日常心理反应事态中，获得我们意欲获得的观察结果。第一，从社区居民的"顺应心态"中判断特定文化治理行为有效与可持续。生存界面现象描述而非存在性分析的"顺应心态"，是指特定社区文化治理过程中，人们对文化活动内容、文化活动方式、文化活动机会或者文化活

[①] ［奥地利］弗洛伊德：《精神分析引论》，高觉敷译，商务印书馆1984年版，第293页。
[②] ［法］塞尔日·莫斯科维奇：《社会表征》，管健等译，中国人民大学出版社2011年版，第176页。

动平台所表现出来的可接受性集体意愿呈现形态，是诸多心理分析工具都可以功能性切入的集合心理完整心理事实，是适应、认同乃至趋随的主体在场价值肯定态度，因而处在这样的心态浸透与支配下，文化治理过程中治理主体与参与主体间意志叠合或意愿一致，就是顺理成章的必然结果，而这种结果所现场发生的诸如"通过创建实践机会与参与空间，在青年、有色人种和低收入家庭之间牵引联系的纽带"[1]，就会更顺理成章地嵌位于治理预期的诸如"为不同的邻里之间的生存敞开与交往接触提供机会"[2]。问题的关键在于，这种"顺理成章"的线性事态逻辑，是社区文化治理现场所有场域事态得以发生的前置条件，而且是具有集体心理支撑功能的不可或缺的条件。因为社区居民顺应心态的存在程度，与社区公共文化生活效度与居民日常文化生活质量之间，构成正比例线性发生关系。第二，从社区居民的"逆反心态"中判断特定文化治理行为无效与不可持续。生存界面现象描述而非存在性分析的"逆反心态"，是指特定文化治理过程中，社区文化活动与居民心理预期出现向量悖论，从而导致悖论结构中社区居民对现场文化事态的集体心理逆反，非意愿情绪由此使得绝大多数社区文化参与主体，表现出冷漠、厌倦、拒斥乃至价值无涉等一系列消极反应态度，即使被迫参与也只不过是没有任何文化心理支撑的"被动形式"，并且这样的"被动形式"存在越多，失去社区文化信任的逆反心态就积累得越多，并且功能拒斥得更强烈，最终导致场域失效或者去意义化的事与愿违的后果。我们当然可以选择"送文化"抑或"种文化"的不同文化模式，甚至也可以先行给予功能预设抑或价值预设，但问题的关键在于，如果正面遭遇社区居民的逆反心态，则任何一种文化发生模式或者任何理想化的预设行为，都将在对象去存与合作失败中演绎为失灵、失效抑或失真的事态假象，而这样的假象事态不可能具有行为可持续性。至

---

[1] Diane Grams, "Achiving Success", in Diane Grams and Betty Farrell (eds.), *Entering Cultural Communities: Diversity and Change in the Nonproft Arts*, New Jersey: Rutgess University Press, 2008, p.224.

[2] Tom Borrup, *The Creative Community Builder's Handbook: How to Transform Communities Using Local Assets, Art, and Culture*, Saint Paul: Fieldstone Alliance, 2006, p.75.

于逆反心态的产生与加剧，尽管内在结构有其十分复杂的因果纠缠，但文化治理行为失真与居民意愿位格失重，显然是较为凸显的两大影响因子。究其要点，不仅文化治理行为失真背离于日常生存质量诉求的诸如"就观念层面而言，个体和社区同样希望良性生存，意欲使其社区体系改造成为这些体系的最佳可能迭代状态"[①]，而且居民意愿位格失重后的参与主体性缺失，将会形成强度不同的反向冲击力，抵抗介入性文化治理动机的诸如"设定目标……这些目标具有全方位可持续性，而且具有社区及其项目的价值"[②]。正因为如此，良性社区文化治理行为，就必然发生于非逆反心态社区文化生存现场，而这也就意味着治理主体任何时候都必须清晰把握现场事态与社区居民心态，并基于这种把握努力寻求真实与适应的行为自律，否则就只有介入与抵抗直接遭遇后的零和甚至负向量后果。

三

日常行为显现虽然或多或少与集体心理反应有内在联系，但在生存论维度具有此在递进意义，因为它是我们审视事态之际更为直接可感受的外部世界状况。之所以将其处置为此议的递进义项，是因为愈是"直接可感受"，愈是容易成为人们视而不见的知识盲区，至少对绝大多数的中国语境参与社区文化治理的类型学者与层级文化行政官员来说，这样的认知盲区不仅带有普遍性，而且还应将其视为文化形式主义导致社区文化生活减值的重要缘由，由此也就使得深度关联讨论变得十分必要。

从纯粹学理的角度审视知识背景，递进义项的此在处置方式有其先在

[①] Craig Talmage and Richard C. Knopf, "Rethinking Diversity, Inclusion, and Inclusiveness: The Quest to Better Understand Indicators of Community Enrichment and Well-Being", in Patsy Kraeger, Scott Cloutier and Craig Talmage (eds.), *New Diensions in Community Well-Being*, Cham: Springer, 2017, p.8.

[②] Tom Borrup, *The Creative Community Builder's Handbook: How to Transform Communities Using Local Assets, Arts, and Culture*, Saint Paul: Fieldstone Alliance, 2006, p.197.

经验，典型个案如20世纪法国学者梅洛-庞蒂。他认为"行为"及其结构就是基于症候式心理分析且推进到不止于这种分析来完成其"结构"组装，并由此而归纳总结："如果这些评述是有根据的，就一定可能而且必须不再像我们通常所做的那样，把行为分类为简单的和复杂的行为，而是根据这些行为的结构是被淹没在内容中，还是相反地为了最终成为活动的特有主体而从内容中涌现来进行分类。"[①]同时，他在进一步具议"混沌形式"（forme syncrelique）、"可变动形式"（forme amovible）和"象征形式"（forme symbolique）之后，建构出具有知识延伸价值的结论："行为不是一个事物，但它更不是一个观念，它并不是某一纯粹意识的外壳。作为对某种行为的见证，我并不就是一种纯粹意识。这正是我们说行为是一种形式时所要表达的东西。"[②]

不过这样的先在经验，仅仅局限于心理学与精神分析理论倏然崛起之后，而在更加廓大的知识背景上，无论此前还是此后，行为研究的知识谱系都在诸多知识域广为延伸，并且是在悬置心理发生前置事态的知识运作过程中，直接截取"人的行为"作为问题切入与命题建构的逻辑起点，由此寻求不同生存场域或者存在界面的各种知识解困方案，甚至不乏形而上学意义的本体价值追问。最容易受到关注的是法学，因为法律理论、立法规约与司法实践等，都无不以"行为"作为对象实在、判断依据以及追诉标杆，否则也就没有客观性以及价值诉求的公正性可言。由此不仅可以更容易自明于《民法典》的诸如"因故意或过失的违法的行为或不作为给他人造成损失的人，应承担赔偿责任"[③]，而且可以深度理解何以在《摩奴法典》中的古代印度，就将国王和武士的权利合法性规约于"种姓的行为"[④]，这就是古今中外都将"犯罪"定

---

① ［法］莫里斯·梅洛-庞蒂：《行为的结构》，杨大春等译，商务印书馆2010年版，第158页。
② ［法］莫里斯·梅洛-庞蒂：《行为的结构》，杨大春等译，商务印书馆2010年版，第195页。
③ ［德］马克西米利安·福克斯：《侵权行为法》，齐晓琨译，法律出版社2006年版，第3页。
④ ［法］迭朗善译：《摩奴法典》，马香雪转译，商务印书馆1982年版，第135页。

位于"犯罪行为"实际实施的存在论逻辑。因为只有特定行为真实存在,才可延推至诸如"动机"和"后果"等关联性实在,"行为"在法学理论与司法实践中的核心地位当然也就不言而喻。与此不同,行为关注对社会学知识域而言乃是极为滞后的知识事态,当然这种局面首先是由社会学作为学科知识域边际清晰同样很迟的根本制约,从韦伯将"行为的责任归属、代理关系"[①]拟定为社会学的基本议题,到哈贝马斯"交往行为理论"将具体行为作为交往显示性和有效性的杠杆条件,从而使其问题指向"反抗是针对抽象的,即迫使生活世界接受的抽象,就是说,它们必须在生活世界之内加以研究,虽然它们进入了感性上集中,空间上、社会上和时间上远远区别的生活世界的复合性界限"[②],再到那些组织社会学家将"行为"纳入"系统"进行组织分析,例如在"行动系统不是自然既定之物,而是偶然构建的存在"[③]的命题建构中阐证社会组织过程,皆无不着力于行为在社会构成中的驱动力地位及其功能复杂性给予知识澄明,而且是愈来愈细节化、深层化乃至清晰化的澄明,总之表现为社会行为制约社会生成并维系社会存在的全方位知识进展事态。如果以这种态势作为参照物,就不难发现,对更多的社会科学知识域而言,行为的关键词地位与行为研究的建构性知识凸显,几乎成为带有普遍性的延展与拓值议题,而这也就给公共文化政策研究及其更加具议的社区文化治理研究,形成势不可挡的倒逼力量,迫使我们不得不从文化的日常行为显现视角,去深化诸多公共文化问题研究和社区文化治理研究,否则我们就会始终滞陷于盲动状态和浅表层面,其结果必然是理论与实践的双重一筹莫展。

　　正是从这个意义上说,公共文化政策研究专家及其对策处置的层级文化行政官员,现场聚焦于社区文化治理的"日常行为显现",无论认知维度还

---

① [德]马克斯·韦伯:《社会学的基本概念》,胡景北译,上海人民出版社2000年版,第72页。
② [德]于·哈贝马斯:《交往行动理论·第二卷——论功能主义理性批判》,洪佩郁、蔺青译,重庆出版社1994年版,第504页。
③ [法]米歇尔·克罗齐耶、[法]埃哈尔·费埃德伯格:《行动者与系统——集体行动的政治学》,张月等译,上海人民出版社2007年版,第270页。

是实证维度,都不过是从"心理捕捉物"向"行为捕捉物"的方法转换,而其转换本身,绝不是非此即彼的对立结构抑或舍此取彼的置换过程。既然是一个方法转换事件,那么很显然,此前捕捉集体心理反应时所集中使用的一系列量化测值心理学知识工具或精神分析工具,就会较大程度上被捕捉日常行为显现的各种质性研究知识工具替代,尽管这些替代并不具有全称覆盖意义,但在方法论意义上无疑是大概率知识工具替代。之所以是"大概率"而非"全称覆盖",是因为一方面处在"数据时代"背景下,包括社区日常生活在内的整体社会行为,常常会在界面定位精准基础上获取普遍行为的数据呈现方式、分析方式和处置方式,由此使得计算社会学的诸如"生态瞬时评估法",及其所谓"生态瞬时评估法主要有4个特征:(1)在现实环境中搜集数据;(2)评估的是个体当前或最近的状态或行为;(3)评估可能是基于事件的或随机引发的(取决于研究问题);(4)随着时间的推移需进行多次评估"①,具有不可替代的精准性诉求与规模化诉求。而另一方面,差异化社区的文化行为丰富性与同质化社区的文化行为多样性,或者会以稳定结构抑或秩序化状态的"社会表征"形态显现,亦即连续行为的社会表征,一定程度上"将对象、个人和我们所经历的时间习俗化。它们给予这些事件一个明确的格式,并将这些事件定位于一个既定的种类中,并逐渐建立起一套属于它们的固定类型的模式,且将该模式在所属群体中与大家分享"②,又或者会以非稳结构抑或非秩序化状态的"功能后果"与"意外后果"互渗形态出现,亦即边际群体行为的"功能—意外"后果,总体而言可以动态性地存身于递进解释的所谓"功能主义学者的工作在社会研究中具有十分重要的意义,这恰恰是因为它促使我们关注到,在行动者有意为之的事情和他们所作所为实际导致

---

① [美]马修·萨尔加尼克:《计算社会学:数据时代的社会研究》,赵红梅、赵婷译,中信出版集团2019年版,第104页。
② [法]塞尔日·莫斯科维奇:《社会表征》,管健等译,中国人民大学出版社2011年版,第24页。

的结果之间，的确是存在差距的"①，总之是任何计量知识工具所无法统辖的社区文化行为现场事态。基于此，一个不争的对象事实直接知识诉求就是，要想后续精准施策成为现实，还必须较大程度上依赖于质性研究方法及其工具功能匹配，从而能最大限度地"在自然情境下采用多种资料收集方法对社会现象进行整体性探究，使用归纳法分析资料和形成理论，通过与研究对象互动对其行为和意义建构获得解释性理解"②。进而在此议之际，问题的递进延伸就在于，我们以何种质性研究姿态，委身于社区文化治理现象，通过对居民文化行为的归纳性深度把握中获取文化治理意欲获取的对象行为事实，或者换句话说，行为归纳的重要现场究竟何在？在我看来，至少有以下几点我们必须面对：主动行为状态呈现，被动行为状态呈现，触动行为状态呈现。当然肯定会有其他义项的状态呈现，而且更会有其他行为状态精准把握的切入点或切入方式，但此议的必要性在于，它使日常行为呈现成为社区文化治理的递进事实与增持标杆。

任意具在社区的文化活动行为，无论个体还是集体，置顶位格无疑是主动行为的状态呈现，即社区居民作为文化行为者，此时具有自发抑或自觉的文化自组织身份，进而其行为也就一定具有文化主体性或者文化主体间性。田野事态呈现的诸如"我尤其想要讨论两部落印第安人，因为曾参加过他们组织的部分节庆聚集活动。在存世的局部，单个的人很少会进行一对一的对话。我发现，作为圣诞节化装群体的领头人，当他致力于从事自封的活动者时，即使相距较远的其他人也停止私下谈话。所有的人都想说，他看到称之为领头人的那个人，是如何在化装活动中训练年轻的表演者展示他们自己，是如何安排乐师，以及是如何进行种种维度享受快乐的组织活动的"③，至少个案性地表明，不仅节庆仪俗活动"狂欢化"或者"沉浸化"是自发热

---

① ［英］安东尼·吉登斯：《社会的构成》，李康、李猛译，生活·读书·新知三联书店1998年版，第426页。
② 陈向明：《质的研究方法与社会科学研究》，教育科学出版社2000年版，第12页。
③ Roger D., Abrahams, *Everyday Life: A Poetics of Vernacular Practices*, Philadephia: University of Pennsylvania Press, 2005, p.153.

情与自觉理性内驱使然,而且这种内驱动力直接打脸组织社会学家们笃信的所谓"人们几乎不会仅仅只是为了玩乐而从事集体活动,集体行动始终相当于一种反抗自然的联合行动,这一联合由面对诸种实际问题的人们构成,这些人如若彼此之间不进行合作,就无法解决自己面对的问题"①,甚至还现场建构20世纪以来焦虑尤甚的场域权利关系,诸如福柯"生命政治"所面对的那种"治安科学"及其所谓"太多的地方没有掌控和监督;没有充分的秩序和管理。总之,管得太少"②,抑或别尔嘉耶夫"个体人格"所遭遇的"这样的社会即'我们'的客体化。它已不具有任何真实性和任何生存意义,而'我'与'我们'和'我'与'你'的关系也嬗变为外在的关系"③,总之是程度不同地解构掉社区自治境遇中,一切有可能形成文化权力支配关系之际个体主体性消亡的垂直生存结构和"中心—边缘"生活方式。即使只有所述三个功能义项,实际上我们也完全有把握地获得文化活动效度组织行为或自组织行为的肯定性结论,那就是社区居民文化活动只要呈现为主动行为,呈现为个体主体性隐在支撑其行为进程的"沉浸""忘我"乃至"狂欢化",就一定存在效度在场化与可持续性。传统节庆、习俗仪典、时尚聚集、广场活动等社区文化行为,之所以能在自发行为过程中不期然而至活跃、群欢甚或沸点状态,无论主客观因素是多是少,最核心的影响所在,都必推个体文化权利的充分实现以及作为其逻辑前提的主体性身份抑或主体间性价值肯定,由此而有社区文化活动的主动行为状态。所以,只要呈现为这样的状态,则与之关联的文化活动效度及其更进一步的社区文化生存质量,就一定能顺理成章地嵌位于社区文化治理预设价值标杆。

问题在于,虽然如上所述乃是社区文化治理的理想存在方式,但就更多

---

① [法]埃哈尔·费埃德伯格:《权力与规则:组织行动的动力》,张月等译,格致出版社、上海人民出版社2008年版,第287页。
② [法]米歇尔·福柯:《生命政治的诞生》,汪民安译,载汪民安编《福柯文选》第2卷,北京大学出版社2016年版,第238页。
③ [俄]尼古拉·别尔嘉耶夫:《人的奴役与自由——人格主义哲学的体认》,徐黎明译,贵州人民出版社1994年版,第85页。

的现实状况而言，往往能见到的却是这种存在方式的异化形态，或者说否定性现场后果，也就是被动行为状态呈现。社区文化活动中被动行为的田野症候，可以归纳陈述为理论命题的"在场缺席"，即所谓在场者只是空间意义上的"在此"，而非存在意义上的"此在"，也就是在此的在场者并未真实参与文化活动的场域建构和交往分享，所以最终沦落为场域文化活动的缺席者。这种理论陈述方案的"在场缺席"，可以个案化还原为某个具在而且日常的通俗样式，仿佛市级公共文化示范区内特定社区的居民，按照文化行政末梢的组织意志，从事一场场面热闹的读书交流活动或者书画展示活动，在迎接更高层级文化行政官员视察或验收之际，不知其然从而更不知其所以然地屈身于事态和现场，进而也就以假性参与来对冲"权力他者"强制给定的"被迫"和"无奈"，所以就会出现个体居民一方面参加了该次文化活动，而另一方面并没有真实参加这样的行为悖论。① 导致"假性参与"置换"真实参与"的负能量源，一是社区文化治理顶层设计的权力傲慢，二是文化体制末梢消极响应中的政绩利益驱使，三是居民自组织本身因博弈方差所导致的亚卡里斯马强势。这些负能量源虽然维度有异，但却属性相同，皆可归属于社区文化治理过程中异化滋生的"任性他者"，而"任性他者"与"一般他者"的意义分异不过在于，彼此存在对谁是社区文化活动主体的认知和定位不同，由此也就决定其在社区文化治理过程中自身角色定位的天壤之别。处此可选择情势之下，一旦其中任意一种他者力量充当了社区文化治理的支配力量而非助推力量，其直接后果就是社区居民在社区文化治理中的对象化，对象化演绎非主体性，非主体性决定参与者被动行为状态。没有主体性或主体间性的被动文化行为，不仅无缘于文化活动可持续驱动的所谓"作为行动组织化普遍特

---

① 2019年12月26日，我在安徽马鞍山市（国家级公共文化服务示范区）作了一次田野调查，3小时内在该市城区10个点位随机问询陌生市民，这些市民均不知所在城市为国家公共文化服务示范市，且尤为令人惊愕之处是，市图书馆借阅处三位工作人员在随后的问询中亦同样不知，但该馆展览厅有大量示范文化活动现场，尤以层级文化行动官员活动参与存照居多。

征的合作累积……通过他者提供的转换资源再利用来建构新的行为"[1]，而且更容易导致他者权力支配的文化活动与社区居民的日常生活分离，这种分离使人们完全无法通过这样的文化行为来充分实现"时间连续体取决于我们日常生活的连续性"[2]，当然也就无法日常化地于所在文化活动现场，最大限度地致力于日常价值生存诉求的"自己的时间自己做主"[3]。正因为如此，介入社区文化治理的任何他者身份，无论其助推力强至何种程度，都不能与社区居民构成支配结构，否则就必然会在功能转换与身份异化中迫使入场居民以及文化参与行为呈现出组织失效的被动行为状态，而这也就逆向提示我们，只要明显测度到类似的状态呈现，也就意味着介入治理的任何先验意志抑或行政预设皆已失灵，从而能在组织方式纠偏中重拟社区文化治理行动方案，并且以驱除被动文化行为作为新方案的逻辑起点。

由于主动状态与被动状态就社区文化行为方式而言，无疑具有定位指涉的极化意义，而现场事态常常表现为两种极化方式的博弈、互渗、兼容乃至间隙时间转换与异地空间转换，所以也就存在过程性叠合的行为存在方式，那就是过去未曾引起足够重视的触动行为状态。触动行为不是合力驱动的结果，也不是对连续行为的一般陈述，而是所在时空当下性而且瞬间性的行为状态，是他者作为外在力量于此在的有效驱动发力过程中，因受力方某一触点被击中而激发出二次元行为效应。在社区文化治理现场，由这种二次元效应所联动、衍生和继发的社区居民集合文化行为，都无不可以统辖于触动文化行为，其现场事态呈现有如"沃尔克艺术中心"（Walker Art Center）社区推进的"青少年项目"（Teen Programs），在"调动和支持年轻人与当代艺术和我

---

[1] Charles Goodwin, *Co-Operative Action*, New York: Cambridge University Press, 2018, p.23.
[2] ［美］汉娜·阿伦特：《精神生活·思维》，姜志辉译，江苏教育出版社 2006 年版，第 229 页。
[3] Peter Jones, *How to Do Everything and Be Happy: Your Step-by-Step, Staight-talking Guide to Creating Happiness in Your Life*, London: Harper Collins Publishers, 2011, p.35.

们所在时代艺术家的关系建构与互动影响"[1]过程中，激发起基于青少年代际倾向的社区文化活动，而激发后果本身，则无疑是触点因外力作用所产生的触动效应。问题在于，瞬时性或者即事化的社区文化行为，由此就完成了他者力量驱动向自我力量实现的转化，这一转化本身，导致衍生态自组织社区文化活动中的居民个体，不仅得以完成主体性身份构建，而且能够最大限度地展现其文化参与过程中的主动姿态，甚至还能产生不可预期的社区文化创新能力，所以整个触动链式反应过程，简而言之就是反客为主的行为激活积极后果生成史。但值得涉事各方关注的是，触动链式反应过程并非一劳永逸的动力事件，而是互动博弈的交互发生动力机制，当自组织行为衰变或文化主动性减值出现明显症候之后，机制本身就会呼唤新的外力形式作用于新的触点位置，并激发出新的二次元行为效应，由此而致社区文化自治勃勃生机局面得以不断延展。这一事态描述，其所能够提示顶层文化设计抑或末梢文化赋能的是，就社区文化治理的触动行为机制而言，在积极介入过程中务必做到角色自律，切不可以一种"包打天下"姿态去全能负责乃至完全规置社区文化活动现场，或者以预设"标准化"或行政"规范性"置换社区文化的自组织方式与自建构能力，恰恰相反，更应该不断审视社区文化现场的触动行为呈现状态，并在精准审视中有效确立对触点的捕获方案及作用方式，从而确保不同社区产生其非间断性自洽链式反应，进而最终实现社区文化治理事半功倍的良性后果。

毫无疑问，对如上三种日常行为显现形态的具体分析，虽然未必能做到学理全覆盖，但却能从有限的发生机理澄明中，使我们较为清晰甚至较为充分地定位社区文化活动的日常行为方式和行为功能结构，并获得我们对居民文化参与"满意度"的稳定观察系或者测值标杆。由这一稳定观察系或测值标杆所捕捉的"满意度"质性后果，较大程度上可以确保其真实性而非虚拟性。

---

[1] Betty Farrell, "Building Youth Participation", in Diane Grams and Betty Farrell (ed.), *Entering Cultural Communities: Diversity and Change in the Nonprofit Arts*, New Brunswick: Rutgess University Press, 2008, p.120.

四

普遍表态状况当然是对社区治理"满意度"的最直接肯定形式与最可靠价值定位点，其所强调的是区别于心理反应和行为显现作为治理主体间接效度测值路线的直接效度评价。在所议的问题轨迹上，这种对表态状况的审视无疑是继心理反应和行为显现之后的逻辑递进，其由内而外抑或由间接到直接的递进设问，是满意度原则真相揭蔽绕不过去的必然遭遇，因为直接表态及其所呈现状态，能够在最返璞归真的语境之中获得完整、真实而且有效的社区文化治理需求清单与绩效答案。这种直接效度评价既适用于主动性文化参与，亦适用于被动性抑或触动性文化参与，并且因其活动参与和效度评价的双重身份叠合特殊性，可以较大程度上规避那些间接效度测值路线所容易带来的"不确定性"或者"误差"。

无论主动表态还是被动表态，或者无论就需求表态还是就效果表态，抑或无论批评性表态还是建设性表态，如此等等，无不是社区文化治理过程中直接民主的实现形式，是文化民主在社区文化治理中的充分价值实现路径。从"摩纳哥圆桌会议"开始，世界各国就在社区文化生活的"公共价值"目标上渐趋共识，或者说显示出共识曲线持续抬升的递进过程，因而使得"参与""参与度""参与率"等概念日益成为所议语境系列关键词。这些关键词的核心价值指向，就是文化民主价值在日常生活现场的丰富性体现、多样性体现和普惠性体现，所议也就要求"治理实践理应目标定位于公共价值提升"[1]，而这种定位本身，虽然看似简单直接，实际过程中却极为复杂纠缠，所议公共文化政策专家才会由此提出："实际上，处于完全不同的抽象层级，关于'治理、去治理和再治理'的常见公众争议，使得社会和文化治理理论乃是显而易见地在不同的非确定界面起作用。"[2] 所以无论如何，文化民主促进社区文

---

[1] Dave O'Brien, *Cultural Policy: Management, Value and Modernity in the Creative Industries*, London: Routledge 2014, p.119.

[2] Jim MacGuigan, *Rethinking Cultural Policy*, Berkshire: Open University Press, 2004, p.17.

化参与已然成为合法化命题，而"表态"也就成为"促进"事态进展状况的重要确证方式，并且这一方式还直接与文化治理效果的"满意度"之间构成可换算关系。

之所以特别标示"普遍表态"，是因为在基层自治和社区文化民主条件下，存在着质性研究意义上的三种"表态"方式，即表态的"最大公约数"、相对少数以及另类化个别，或可分述为"普遍表态""部分表态"以及"极个别表态"，彼此有其对等的指涉意义。一般价值目标的社区文化民主，尽管致力于最大限度的居民普遍表态，却并不排斥部分表态和极个别表态，甚至会在民主程序确保不同表态方式存在合法性的同时，为不同表态结果预留充分的权利实现空间，由此而使表态维度的社区文化民主不致陷落勒庞们鄙视和贬损的"乌合之众"或"群氓暴力"之类的社会泥沼。但在具体操作环节，尽管社区文化治理涉事各方在"满意度"功能植入与价值捕获过程中，会从不同的角度并以不同的方法体现其对"相对少数"或者"另类化个别"的尊重与权利保障，但在日常运作机制中占据文化支配性地位的，必然会是"最大公约数"。也就是说，对文化参与效度满意与否的现场反馈动力，一定取决于普遍表态后果的满意度存在水准，而这显然就是社区居民文化参与的"最大公约数"评价形式和效度测准方式。此议的线性延伸还在于，效度测准方式只能存在于对象常量，而对象变量呈现给我们的，更多情况下只能是效度测不准原理所揭示的模糊事态。[①] 测不准原理虽然属于20世纪自然科学领域的前沿成果，但是其知识解困方案完全可以移位至社会科学领域，并在功能转换过程中持续施以援手，而这也就为我们进入社区文化治理现场找到了新的问题切入点及其学理切入方式，因为几乎在任何表态现场，相对于满意度测准常量与测准显性而言，测不准变量与测不准隐形事态对目标捕获更具遮

---

① 参见："不确定原理说$\Delta px \Delta x \geq h/4\pi$，这里 h 是个量，称为普朗克常数，而 $\pi = 3.14159\cdots\cdots$ 是我们熟知的圆周率，即圆周周长和直径的比率……量Δx 不仅仅是测量的不确定度；粒子位置的不确定性是不可消除的。"（[美]斯蒂文·斯科特·古布泽：《弦理论》，季燕江译，重庆大学出版社2015年版，第16页）

蔽力量，更容易导致负面后果的效度值非精准性、非稳定性乃至非真实性。至此我们就可以清晰地意识到，如果不能按照测不准原理的知识逻辑进行有效解困，则实践界面的"假性满意度"及其由此推进的社区文化治理前置方案与后置进程，必然会在所有"假性"负能量释放后演绎为无效治理或者社区居民逆反心态强势反弹。

"假性满意度"当然极大可能是权力意志或直接或间接的消极被动后果，但此议将其处置为自明性事实，且作为这样的知识处置，那些事态涉身者甚或窥望者也都经历过或多或少的社会亲证，所以也就没有必要在自明面前给予更多的真相揭蔽。这样的议题悬置之后，本来处在细节事实存在位置的问题附着就会价值凸显，那些基于技术理性分析所能观察到的满意度获取过程与获取方式，就在公共文化政策专家的关联研究诸多环节，因科学信念缺位抑或技术规范不足而显示出表态真值极端衰减的普遍态势，而问题的严重性还在于，当下的入场专家仍然在野蛮化的无理由自信中漠视所有的表态真值极端衰减。仅就习以为常的问卷调查效度取样方式为例，至少有如下三种漠视会导致"假性满意度"的必然后果。漠视之一在于，效度取样者单向度给定问询义项，导致表态者意欲表态与限定表态之间关系紧张，当这种紧张程度不同地对冲掉受访者的真实表态冲动之后，就会以应付姿态随意对问询义项勾画，极端个案甚至出现表态恶作剧，由此取样推证出的诸如"对移民社区而言，图书馆始终是一种资源，当慈善家安卓·卡耐基投入巨额资金满世界建立起 2500 个社区图书馆，尤其对移民群体而言，自我教育培养及所有居民进步推进就在这一行动中获得了图书馆价值肯定……社会图书馆的贡献乃是'作为大学功能的图书馆'"[1]，显然只能是自拟自证的自圆其说表态后果陈述。漠视之二在于，效度取样者随意性抽样缩水，发放几百份甚至更少的问

---

[1] Michelle Filkins and August John Hoffman, "Evolving and Essential Organizations that Facilitate Stewardship Within the Community: Community Schools and Liberaries", in August Joln Hoffman (ed.), *Creating a Transformational Community: The Fundamentals of Stewardship Activitie*s, Lanham: Lexington Books, 2017, p.98.

卷来置换全称覆盖的居民普遍表态,并由这种随意缩水置换的义项问询统计结果生成其非普约性"最大公约数"。这实际上也就意味着,并非在方法论维度拒斥诸如"多样化时长案例设计对发展轨迹调查以揭示一系列特定数量集群"[1]的操作合法性,取样设计本身或许并无设计缺陷,但问题是只要取样覆盖面不能涵盖整个社区,达不到普遍表态的取样诉求,哪怕群随机选择技术达标底线的所谓"样本中几个元素的样本均值典型地用来估计总体均值 $\bar{y}$,

$$\bar{y} = \frac{y}{n} = \frac{1}{n}\sum_{j}^{n} y_j = \frac{1}{aB}\sum_{\beta}^{a}\sum_{\beta}^{b} y_{\alpha\beta} = \frac{1}{aB}\sum_{a}^{a} y_a = \frac{1}{a}\sum_{a}^{a} \bar{y}_a$$

"[2],那么作为问卷对象的群随机选择就不可能有任何客观有效的表态指涉意义真实性,而我们现在的表态问卷大多处在指涉意义真实性的底线之下。当然,我们所处的大数据时代完全可以规避这样的随意漠视,因为技术型公共文化政策专家们能够毫无障碍地操作其"运用计算化和可视化技术全称实现巨量文化数据集成与流量来确定文化解析学"[3],由此获取普遍表态及其某种表态的"最大公约数",几乎就是信手拈来的知识处置方式,只可惜我们的现场事态还没有社会同步跟进地走到这一本该很容易到达的技术应用位置。漠视之三在于,效度取样者处于自身倾向性目的或者受访者处于非责任主体位置,或恶意或善意或随意对待问卷或者问询结果,由此导致社区居民文化表态的非真实性、非精准性乃至非意愿性,而所有这一切都是在社会统计伦理缺位背景下不期而至的被动后果。在大数据时代,如果我们在社区文化治理现场全面引入大数据知识工具,并且以智能化知识工具来处置社区居民文化表态的数据化实现形态,就势必前所未有地涉及数据伦理问题,因为数据真实性与精确性直

---

[1] Derk Hyra and Jacob S.Rugh, "The US Great Recession: Exploring Its Association with Black Neighborhood Rise, Decline and Recovery", in Ronald Van Kempen, Gideon Bolt and Maerten Van Ham (eds.), *Neighborhood Decline*, New York: Routledge, 2018, p.50.

[2] [美] L.Kish:《抽样调查》,倪加勋主译,孙山泽校译,中国统计出版社1997年版,第166页。

[3] Lev Manovich, "Cultural Analytics, Social Computing and Digital Humanities", in Mirko Tobias Scähper B.Karin Van Es (ed.), *The Datafied Society: Studying Culture through Data*, Amsterdam: Amsterdam University Press, 2017, p. 55.

接涉及它们能否有效指涉"对问题关切的问询、对公众关于民主的意见聚焦、对其公共生活及其政策关联事务的满意度评价"①。因其"被设定为具有意义关联性并且能够客观地给予意义测值"②，所以不仅没有任何道德绑架的意味，而且切实关乎这些问询数据及其关联意义指证是否合乎道德诉求，否则由此产生的治理决策和实际治理行动就极有可能影响到效度或者满意度，当然也就必然会殃及社区居民的公共文化生活质量。

正因为如此，如何尽可能规避假性表态而从真实表态中最大限度捕获真实满意度，就成为满意度原则在社区文化治理进程中能否真正实现的关键所在。当然，这种真实满意度取决于普遍表态状况，因为这种普遍表态状况将能充分体现社区文化治理的正负效度标示，并且这种对象性客观标示往往以"最大公约数"作为其存在支撑。

---

① Julia Bauder, *The Reference Guide to Data Sources*, Chacgo: ALA, 2014, p.136.
② Christine L.Borgman, *Big Data, Little Data, No Data: Scholarship in the Networked World*, Massachasetts: The MIT Press, 2015, p.248.

社会合力

对于社区文化治理而言，既往的经验与教训足以表明，尽管依托体制末梢功能实现的"政府主导"，和立足于社区居民自治向度的"民意聚集"，能在较大程度上解决社区文化治理问题常量与问题变量，尤其会有利于提高满意度与参与率，但就非标准化的无数具体社区而言，或者末梢活力不足与居民构成状况十分复杂的情况下，仅仅凭借这两种赋能维系的有限张力，是难以确保特定社区文化治理完全有效以及效度可持续的。由此带来的直接不良后果，就是人们既心理逆反又习以为常的社区文化活动，"虎头蛇尾"抑或"忽冷忽热"。先行社区文化治理国家的一个重要有益启示在于，既然在扁平社会结构形态下，社区生存是社会存在的最基本生存形式和生存单元，那么引导社会力量介入社区文化治理事态并形成长效机制的社会合力，对于确保社区居民的日常文化信心并维持社区文化参与的身份自觉，力度和效度均不可低估。例如在数字技术时代，公共文化政策专家就认为社会的数字技术资源，是社区数字文化生活成为可能的外驱动力，而且"唯此条件下社区才能成为可以创造各种各样视听声像并且价值得以确证的地方"[1]。正因为如此，我们将基于中国问题背景及中国方案取向，探讨适合中国国情的社区文化治理社会合力所涉及的关键性问题。

---

[1] Lesko H., Soundararajan T., "Digital Storytelling in Appalachia: Gathering and Sharing Community Voices and Values", *Arts and Community Change*, Routledge, 2015, pp.115-123.

一

当恩格斯从"合力论"角度陈述"人们总是通过每一个人追求他自己的自觉预期的目的来创造他们的历史,而这许多按不同方向活动的愿望,及其对外部世界的各种各样作用的合力,就是历史"[①],其着眼点主要还在于合力的历史向度,而在我们的此议之际,所能从中截取到的外部世界作用合力,及其这种截取之于社区文化治理现场的文化场域建构,就由历史时间向度转移到文化空间向度。但这种转移,丝毫不影响我们从社会动力学知识视角,寻找基于社区文化发生的社会合力构成。正是合力论作为社会动力学知识命题的学理合法性,才使得此议知识行为可以悬置一系列条件性讨论地直奔主题。

直奔的最直接"照面"和"遭遇",当然是社会合力的可能性义项编序与功能化力学结构。而最合理的全称诉求,甚至需要我们先行开列出意向清单与完整的功能结构图。其知识行为动因至少体现为以下两点。第一,社区文化生活方式与生存内容趋势,在更大背景宏观形态场牵引与自身微观场域升级的联动状态下,必然会不断产生相关治理主体对趋势预期及其短期、中期乃至长期应对规划的治理诉求,所以也就有我们通常所能见到的年度文化行动规划,国家制度安排匹配性五年文化发展规划,以及更远线性时间位置的长期文化建设规划。之所以人们普遍笃信类似规划变得如此"必然",是因为社区居民如同更大规模的社会公众一样,集合理性或者集体无意识地认为,"未来"将在很大程度上取决于他们力所能及的预测、预设和预期,一种超级社区自信导致文化时间递变的价值向度,由此牢牢地把控于他们的"谋划"和"筹备"之中。从某种意义上说,事态本身俨然与尼采的社会存在观有某种程度的意义叠合或者知识链接,譬如:"为了能在世界上生存下去,为了能够感觉到我们还可以承受生活,我们就提出了本体世界与现象世界的设想。"[②]

[①]《路德维希·费尔巴哈和德国古典哲学的终结》,载《马克思恩格斯选集》第 4 卷,人民出版社 2012 年版,第 254 页。

[②] [德]尼采:《权力意志》,贺骥译,漓江出版社 2000 年版,第 300 页。

也正是在同样的意义上,社区文化治理专家提出诸如"未来的社区在我看来会是:1.较之传统社区更具亲密性与关联性,因为居民将会运用他们的公共空间,更多地投身于其所生活和工作的所在地社区,而且他们的努力能有更大的意义和影响。2.更加自愿和利他,因为人们会紧密联系到一起,不再因沿意识形态或者等级的生存线性,也恰恰因为这个原因促进他们的公共蕴藉"[1],既可以强化生存规划的智性所及,又会因这种智性所及逆向性地对现实社区生活带来潜在影响,所以具有线性时间顺向与线性时间逆向的双重作用后果。第二,生存作为某种边界清晰的形态场之际,人们必须把握一个绝对不可疏忽的基本事实,那就是价值指向的未来史同时也就是生存方式进化史。这意味着具有牵引力功能的任何文化发展预期规划,都将与之同步地诉求规划实施的制度创新匹配、政策工具创新匹配、平台工具创新匹配以及运行方式的创新匹配,所以规划预期中的文化生存未来形态,是与诸如此类"匹配"的创新跟进保持同步关系的,否则一切与此关联的"未来性",只能是观念奢望或者文字游戏的当下幻觉现实。但对社区文化治理当下现场而言,无论介入这种事态的主动参与者还是被动参与者,往往会对此持拒斥态度,而这也就导致面向未来的社区文化双向线性作用后果,始终会与线性功能匹配"召唤"与"应对"的创新进程须臾不可分离,因为只有非分离态的同步跟进才能确保预期未来,不致在某个线性节点衍生出某种纠缠态甚至彻底绠断的终结危机,亦如专家们往往担忧社区秩序状态中人们的双重僵化,即所谓"特定邻居的固化,社区和社会群体出现社会秩序问题"[2],所以就要不断地通过随机"创新"来获得社区文化未来预期的可持续性。就这两个动因的存在属性而论,它还只是社区文化治理面向未来所必须具备的事态进展"牵引力",尽管有其社区文化能够存在的导向力学功能或者价值预期后果,但还不能显

---

[1] Jaime A.Zobel de Ayala II, "Anticipating the Community of the Future", in Hesselbein F., Goldsmith M., Beckhard R.(eds.), *The Community of the Future*, New York: Jossey-Bass Publishers, 1998, p.270.

[2] Somerville P., *Understanding Community: Politics, Policy and Practice*, Bristol: Policy Press, 2016, p.237.

示出义项清单和功能结构图,或者说不过是"社会合力"诉求的纵向前置条件。

一旦这一纵向前置条件获得事态认知的自明性,那么我们就可以顺理成章地导入"社会合力"意向编序及其相关讨论,而这种"时域划定"甚至"时点定位"后的横向支撑条件功能给定,才是本文事态拟题与知识命题的学理重点。因为很显然,任何线性递进的社区生活预期,或者说主体能动性后果的所谓"社区文化发展规划",它在任何具体"时域"乃至更加具体的"时点"位置,其有效此存,都依赖于截面延展的社会支撑能力或者尽可能充分的保障条件,否则线性递进至此就立刻截止。所以从某种意义上说,横向的"社会合力生成"对社区文化生活现场可能性以及规划发展的可预期性,乃是"安泰之于大地"的力量隐喻关系。所以,直到目前为止,除了某些政绩游戏的文化行政官员,或者单纯学术利益的精致利己主义型公共文化政策学者,一般都不会离开"社会的构成"来自我言说其社区文化治理话题,或者以线性思维方式自拟其完全不负后果责任的所谓社区文化发展某一未来时长的规划。恰恰相反,所有严肃而且具有学术道义的相关专家,一定会更多关注诸如"很多社区遭劫于资金流失、外部环境恶化以及对文化重视不够,从而使其为更好地立足于社区的建设计划而努力……努力使文化的长期性及可持续预期后果不受侵扰"[①]。因为这样的关注点直接牵扯着决定社区文化场域建构的所有外部社会条件,而每一个条件其实都关涉一个相应的力学向度。如果说前述"动因"已被表述为社区文化治理的牵引力的话,那么很显然,此议的力学向度之和,当然就是社区文化治理的"支撑力",后者在所指事态的横截位置,以社会赋能的普遍方式确保定时化社区文化场域运行得以成为现实,而且使合力驱动场域运行,能够吻合于特定社区文化治理集体意志的某种"牵引力"向度。

[①] Borrup T., McNulty R. H.,*The Creative Community Builder's Handbook: How to Transform Communities Using Local Assets, Art and Culture*, Saint Paul, Minnesota: Fieldstone Alliance, 2006, p.211.

由于"牵引力"是社区存在自身的内生动力,尽管它与外部社会"支撑力"同样会有诸多合力生成关系,但对本文的所议重心而言,我们所要详加解读的,显然应该受限于"支撑力"的义项构成,因其拟议所涉,完全处在社会合力生成的问题域内。就仿佛公共文化政策专家思考亚文化问题之际,其拟设的"夜总会文化"就严格限定在"夜晚时间"(the night-time)时域边界之内,并以此内置性地分议其权重系数较大的亚文化义项蕴含,或者针对这些义项蕴含所给定的治理方式。典型知识个案如西尔维亚·里夫(Silvia Rief)比较分析伦敦与伊斯坦布尔的夜生活文化治理异同:"与经济考量密切相连的实用主义,以及与当地商业精英讨价还价的需要,也许导致了运用贝格奥鲁的夜生活和娱乐文化差异化策略,以此作为一种奥斯曼世界主义和文化多元主义的确证工具。"[1] 由此我们的叙事基点就不得不立足于,从社区文化治理的外部"支撑力"的力点或要素出发,去探讨究竟哪些社会要素,会演绎为支撑社区文化治理所在场域构成的有效"力点",并且这些具有"力点"功能的有效影响要素,能在场域建构横截位置形成"合生生成"效应,以及这种效应的社区文化驱动后果,情形逼近于宏大社会界面的马克思主义"合力论"命题对社会存在特定基本规律的指涉,诸如所谓"不仅一个民族与其他民族的关系,而且这个民族本身的整个内部结构也取决于自己的生产以及自己内部和外部的交往的发展程度"[2]。从某种意义上说,我们所要讨论或者所要谋划的"支撑力"向度的各影响因子的存在状况,实际上也可以看作"和外部的交往的发展程度"的产物,因为极其广泛的现场事态表明,不同社区的文化治理,仅就这一维度而言,往往是过程与后果都有可能相去疏远,进而也就随机呈现各自不同的治理效果。一个极有说服力的例证就是,乔纳·乌让科维奇(Joanna Woronkcwicz)、D.卡罗尔·乔纳森(D.Carroll Joynes)与诺曼·M.布瑞德班(Norman M.Bradburn)合作撰写《建设更好的艺术设施》时,就在田野作业现场发现社区文化发展的快慢优劣,总是与能否有效吸引

---

[1] Rief S.,*Club Cultures: Boundaries, Identities and Otherness*, New York: Routledge, 2009, p.56.
[2] 《德意志意识形态》,载《马克思恩格斯选集》第1卷,人民出版社2012年版,第147页。

社会支撑力的影响因子构成正比例价值关系，所以就有"许多作为文化设施的现代建筑建设于特定的管涌期，很大程度上与社会的渴求相一致。那些对他们所在城市及所在社区拥有高度未来预期的人们建起了这些设施，亦如对他们自己的机构信心满满"[①]这一类断言。相反，对那些社会合理程度极低甚至归零的社区文化治理现场而言，该书中所呈现的案例后果通常都是社区文化项目失败，抑或社区文化活动被动性且规榉化减量，而这显然与联合国教科文组织世界互约标尺的"参与率"与"满意度"发生预期效果冲突。无论从经验角度还是教训角度的参照性出发，在我们将之移位至中国社会背景下的社区文化治理现场之际，都有必要先行把握"社会合力"的命题所指与价值导向，以及获得中国事态进展过程中汲取经验与规避教训的双重最大化，因为这是后发现代化国家的必然发展诉求。

当然我们必须理性地正视客观现实，即社会合力的力学向度与影响因子，不仅分类丰富而且分层纠缠，并且任意介入过程中的嵌位状况，往往是常量与变量并存，因而任何穷尽清单式功能分析都极不现实，那只能寄希望于未来全面大数据时代。所以，就本文的学理讨论而言，只能围绕起主要作用的共性化常量要素主动性地给予力所能及的讨论，其他则只能被动性地寄希望于未来。

二

其一，值得我们关注的社会支撑力点，当推介入形态各异的志愿方式和身份不同的文化志愿者。对文化体制外的社会支撑力量而言，文化志愿者不仅具有极为凸显的身份存在特征，而且对社区文化治理具有最为强劲同时也最为直接的日常驱动功能。递进性社会变迁愈是提速，社会存在文明延展面与自由主体意识愈是拓值，边际态社区生存方式愈是成为日常栖居的主流，

[①] Woronkowicz J., Joynes D.C., Bradburn N.(eds.), *Building Better Arts Facilities: Lessons from a U.S. National Study*, New York: Routledge, 2015, p.39.

甚至社区文化治理水平愈是现代化乃至未来指向，则文化志愿者的身份功能和角色地位就愈会增强其驱动能量。只不过在较早的公共文化政策研究中，通常将其纳入治理的"第三条道路"（the third way）或者介入治理的第三方（the third sector）来予以附带性陈述，其存身先锋性由此也就蕴含了诸如"此类老生常谈的策略中，更重要的症候得以重现，关涉着公民社会、公共行动主义，强化社区，权利，义务和责任感"①。

导致这样一种知识处置格局的直接原因有两点：一方面在于"文化志愿者"身份及其角色定位，还未能从"志愿者"一般概念中语义分离和语用定位；另一方面则在于其价值功能凸显，即使在西方也是非常晚近的规模扩容事态，更何况中国这样的发展中国家还不可避免地存在社区治理行为滞后的问题。社区文化治理很大程度上还只是拟议中的社会事项，是"治理体系与治理能力现代化"诉求之后的文化建设谋划内容。因其如此，虽然我们在异域文献中可随机阅读诸如"莫斯克和威尔逊（Musick and Wilson）得出一项精彩的研究归纳，确证何以自我评价、自我效能、信任以及其个体差异性与志愿行为相关联"②，但类似阅读后果都呈现为"一般性"志愿行为研究而非"文化性"志愿行为研究。尽管从逻辑关系角度看问题，前者兼容着后者并且是基于存在叠合和本体同质来展开问题揭蔽，即这种兼容必须具有意义覆盖功能，否则就会出现逻辑不周延的归纳丢失，但这种意义归纳行为的悖论之处恰恰就在于，它在寻求可归纳最大化的同时，又会自觉或不自觉地放弃一些可不必完全归纳的意义差异，而文化志愿者较之一般志愿者的身份个体性与身份间性，或者文化志愿服务较之其他志愿服务的特殊功能诉求与意义取向，由此就会事态实证并且学理合法地成为行为对象与知识议题。也正是经过这样的逻辑转折，所议才能顺理成章地直接嵌位文化志愿者

---

① Rose N., "Community, Citizenship and the Third Way", *American Behavioral Scientist*, 2000, 43 (9), pp.1395-1411.

② Stukas A. A., Hoye R., Nicholson M.(eds.), "Motivations to Volunteer and Their Associations with Volunteers' Well-Being", *Nonprofit and Voluntary Sector Quarterly*, 2016, 45 (1), pp.112-132.

及其文化志愿服务方式，对本文的言说脉络而言，则是文化志愿者究竟以何种文化志愿服务方式，构成一种外部驱动力量推进我们所面对的社区文化治理。

要想转折后的学理讨论能够清晰并且有序展开，当然要以"社区文化志愿者"身份定位和"社区文化志愿服务"功能编序为逻辑起点，否则极容易止步于放弃存在性分析的日常现象描述而不自觉。如一篇针对中国城市现场社会资本对志愿行为影响进行实证研究的论文，其实证过程中的取证出现某些逻辑关系混乱后的失序，就使切入点及其切入方式皆不乏亮点的学术文本，因存在性分析内在制约缺位而出现某种程度的日常现象沉沦。[1] 为了此议减少类似的学理偏差，我们也就先行讨论社区文化志愿者的身份定位，并将其语义边界极简式地限定为从事社区文化志愿服务的行为主体。之所以表述为行为主体而非行为个体，是因为参与社区文化志愿服务的既可能是个体的人，也可能是集体团队，甚至还可能是某些特定的机构及其基于数据主义技术手段的远程服务，所以界定为"行为主体"似乎更具包容性及未来趋势，间接在场的虚拟主体在未来社区文化服务中或许更具支撑力。与此同时，"社区文化志愿服务"功能编序，是前述身份定位后的延伸议题，同时也是事态得以深度揭蔽的所议必然延伸，唯此我们才能切实寻找到服务链接的力点位置与切入方式义项编序。基于这样的思路，既可切分为专业性指导服务与非专业性辅助服务，也可切分为直接介入服务与间接介入服务；既可切分为靶向性服务，也可切分为随机性服务；既可切分为表层日常活动服务与深层社区建设服务，也可切分为艺术文化服务与非艺术文化服务，诸如此类。考虑到文化民主会现场涉及诸如"个体文化选择在其生活亲证中具有重要性，而且在社区民生中情形同样如此"[2]，而且每一社区的异质性生存状态决定其接受文化

---

[1] Wu Z., Zhao R., Zhang X.(eds.), "The Impact of Social Capital on Volunteering and Giving: Evidence from Urban China", *Nonprofit and Voluntary Sector Quarterly*, 2018, 47（6）, pp.1201-1222.

[2] Graves J.B.,*Cultural Democracy: The Arts, Community and the Public Purpose*, Illinois: University of Illinois Press, 2010, p.12.

志愿的不同具体诉求，甚至会出现小概率诉求现场的诸如"飞地"社区究竟如何获得在地文化志愿者有效帮助，从而融入在地社区文化，则这样的"切分"无疑具有相对性和叙事策略性，否则就会在寻求社会功能过程中作茧自缚，乃至丧失社会合力现场耦合的机会。

当专业人士以社区文化志愿者身份进入服务现场，往往提供的就是专业性指导，而这种专业性指导服务，不仅可以较大程度提高特定社区类型文化活动的参与率和活动本身的意义蕴涵，而且可以较大规模因"专业性"诱引而增强社区居民的参与激情和活动凝聚力。山东青岛黄岛区所实施的国家文化创新项目"小品进社区"，让一批专业演员志愿性地在社区空间对居民进行小品表演专业指导，其结果是业余小品活动成为社区文化活动增量的意想不到的影响因子。但就全国范围社区文化治理总体状况评估，问题的症结恰恰就在于，只有极少的专业艺术家和专业文化高端人才，愿意并且实际上以文化志愿者身份进入广大中国社区，提供极具吸引力和专业张力的指导性文化志愿服务，更遑论建制性的诸如"家园建设项目"（the building home project），使得艺术家与社区之间产生积极后果的所谓"激活和促进关于居民生活经验的公共对话"[①]。与此相对应，非专业文化志愿身份进入社区文化活动现场并提供辅助性服务，同样是支撑社区文化活动有效开展并保持增量态势的外部驱动力，至少就现场状态下社区空间的文化再造而言，这种外部驱动所产生的支撑力及其功能实现，具有与专业性指导志愿服务同样不可或缺的存在属性。诸如一般性的社区文化活动前期动员，文化活动过程中秩序维护与安全保障，对弱势社区居民有效参与文化活动提供尽可能有利的积极帮助，大型庆典、节仪等种种文化集会各关联环节细节的刚性补充，凡此种种，其功能、效能和非预期潜能往往举足轻重。由此不难看出，对应的身份切分并不足以影响各自文化志愿服务的必要性，恰恰相反，指导性专业服务与辅助性非专业服务，功能互补中更具社区文化活动的支撑合力。

---

① Catherwood-Ginn J., Leonard R.H., "Rivers and Bridges: Theater in Regional Planning", *Arts and Community Change*, New York: Routledge, 2015, p.28.

毫无疑问，两种身份的类似志愿性文化服务，都呈现为直接介入，也就是说，他们都是社区文化活动现场事态涉身者，直接与社区居民一道在文化活动中完成由"空间"到"地方"再到"场域"的全部过程。某种意义上，这样的过程可以理解为行为的有意识"自我沉浸"，并且他们与社区居民在文化空间的集体沉浸中，更真切同时也更有温度地在场域激活中，赢得社区文化治理所极力追求的"现场效果"或者说"狂欢化后果"，情形有如文化政策专家热情渲染的"年轻人聚集在一起，他们热爱这些活动，而且他们仅仅只是热爱……孩子们从来就没想过，他们的这一切都被著名的作家所描述和谈论"[1]。但在所谓"人工智能时代"或"大数据社会"，包括"云平台"在内的一系列技术杠杆，在虚拟世界中支撑力更强同时服务更迅捷地非直接介入文化志愿服务形式，不仅较之传统的非直接介入具有文化志愿服务的革命性转型意义，而且使得文化志愿资源可以超越地缘空间后实现全域整合，从而使得特定社区某一时域发生的主题文化活动，会在线性牵引力的任意时点，及时获得截面"支撑力"随机文化志愿服务的应急条件保障，尤其是稀缺文化资源在志愿者非直接介入状态下的服务保障。对于革命性技术进步及其所带来的社会本体变迁后果，当然也会延及社区文化生存界面，且这种延及会导致非直接介入文化志愿服务，从递进性扩容走向支配性权重地位，那些春江水暖已然先知的公共文化政策专家，早在20世纪晚期其实就已经未雨绸缪，关注新型技术交往对社区生存驱动所带来诸多难以预料的影响。而当议及"虚拟社区"（virtual communities）及其蕴含的种种文化在场，便已然清晰观察到"虚拟社区相较旧时的社区空间与职业，具有诸多有利条件，因为我们可以彼此之间并不相见，所以在理解他们所言说内容之前，不能够对作为他者

---

[1] Karraker K., Grams D., "Partnering with Purpose", *Entering Cultural Communities: Diversity and Change in the Nonprofit Arts*, New Jersey: Rutgers University Press, 2008, p.97.

的其他人形成偏见"[1]，足见当时事态关注的先锋性已经很超前。当数据主义时代全面来临之际，各个界面和各种技术方式的非直接介入文化志愿服务可能性选择当然更为繁富，亦如直接介入的文化志愿涉身，其广度与深度不可同日而语，因而这两种介入都能为社区文化带来前所未有的生机。

无论介入方式的直接性和非直接性未来如何发生支撑力权重变化，可以肯定的是，对于社区文化志愿者来说，其志愿服务不可能达到社区文化治理功能全覆盖或事态全覆盖程度，因而也就只能基于自身能力和条件，选择其所能够提供文化志愿服务的介入时机，而这也就对应性地呈现为靶向性服务与随机性服务。靶向性文化志愿服务的凸显特征在于，它是因志愿者对服务对象定位准确之后的目的性行为，其所强调的是预拟精准的针对性文化志愿服务，因为"目标清单被预拟，就可以使人们有准备地与其正在进行的事情相吻合"[2]，这种吻合至少对中国社区文化治理现场而言，甚至对整个公共文化服务体系实际运行过程的"供需失配"与"对位效应"而言，有着迫切需要靶向价值调整的艰巨任务。问题的另一面在于，对于诸多异质性并且动态变化中的不同社区来说，并非所有文化活动都处在文化志愿者的全面把控中，因而基于行为选择的靶向定位也会相对有限，更多的则是社区文化对文化志愿者助力需求的无限可能性，由此也就使得随机性文化志愿服务诉求，成为常量之外的非预期变量。很显然，无论对于舍身文化志愿服务的机构、团队还是个人，对于这些变量诉求的响应机制和介入能力，就成为问题现场能否

---

[1] Rheingold H., "Virtual Communities", *The Community of the Future*, San Francisco: Jossey-Bass Publishers, 1998, p.117. 就此而论，可参见："许多非营利性艺术组织已通过尽其所能的实验，来进入信息时代。但是令其不可预料的是，他们使用新技术工具促进'参与'的努力，很可能导致其陷入一种需要更多专业知识投入及其功能转换的技术黑洞，或者需要规模更大、变量更高的行动计划来予以保障。"(Norris W.L., Grains D., "High-Tech Transactions and Cyber-Communities", *Entering Cultural Communities: Diversity and Change in the Nonprofit Arts*, Rutgers: Rutgers University Press, 2008, p.171)

[2] Borrup T., McNulty R.H., *The Creative Community Builder's Handbook: How to Transform Communities Using Local Assets, Art and Culture*, Saint Paul, Minnesota: Fieldstone Alliance, 2006, p.197.

解困的关键之所在。这不仅意味着具体服务介入中对个案性变量诉求的随机处置能力,而且意味着随机响应必须具有一般性前置意识,也就是努力具备的前置条件——"我们首先所要努力做到的,是教育我们的机构以及我们的团队,公共价值究竟何在,以及促使居民文化参与何以如此重要"[1],后者是前者得以存在的背景基础。总之作为社区文化的志愿服务社会支撑力,靶向性介入与随机性介入都是必不可少的驱动方式。

即使如上志愿涉身方式都不是问题,从既往的尝试性经验来看,依然存在一个明显的误区,那就是社区文化志愿服务往往流于形式化和表面化。要使类似症结得以实质性解困,就不得不清晰区分表层日常活动服务与深层社区建设服务的界线,并确保文化志愿行为主体能在界线两端同步发力,从而助推社区文化建设既能实现日常性文化活动增量,又能在深化建设过程中获得增量可持续的动能机制,而且后者的支撑价值无疑会更大。社区文化志愿者指导或者辅助日常文化活动,当然体现为看得见摸得着的文化志愿行为,其直接后果,将不仅有利于增强社区居民因有效参与而实现自身的价值"获得感",而且有利于提高他们对文化志愿行为主体从事社区文化志愿活动的"满意度",当然也就会最大限度地规避"缺席动机"与"逆反心理"。文化志愿者只有帮助社区居民最大限度进入情景化文化体验现场,使他们在某些日常文化活动参与中自我创造出乐在其中的沉浸式文化场域,并且呈现为"多元动机和多元体验所形成的文化参与多样性"[2],社区文化活动现场才能成为现实。但被决策者和研究者易于忽视的问题在于,无论由体制末梢通过行政动能组织起来的主题文化活动,还是基于自治向度的社区居民自行组织的随机文化行为,如果没有与之匹配的显性机制抑或隐性机制,内在维系其调节功能和可持续性,则症结解困后的良性社区文化治理就会流于某种宣传辞令。

---

[1] Farrell B., "Changing Culture and Practices inside Organizations", *Entering Cultural Communities: Diversity and Change in the Nonprofit Arts*, NJ: Rutgers University Press, 2008, p.43.

[2] Ostrower F., "Multiple Motives, Multiple Experiences: The Diversity of Cultural Participation", *Engaging Art: The next Great Transformation of America's Cultural Life*, New York: Routledge, 2008, p.85.

虽然这两种力量都会为走出困境做出努力，但受到治理环境、治理结构和治理能力的现实制约，迫切需要具有突出文化志愿服务能力者，深度介入社会文化治理全方位现场与完整治理过程，由此形成社区文化建设的更强大合力，实现"牵引力"与"支撑力"高度叠合的有效功能结构，最终也就会从根本上规避那些制约社区文化建设稳定性和递进性的习见顽疾。从这个意义上说，表层日常活动服务与深层社区建设服务，乃是由浅而深的社区文化志愿服务拓值行为。

其实在中国事态现场和中国言说语境，至少就流行观念论，还有另外一个认识误区，那就是更多关注志愿者社区介入的艺术文化服务，较少甚至根本无视非艺术文化服务。毫无疑问，艺术文化活动在社区生活结构中具有举足轻重的存在地位，因为艺术活动对社区变迁是一个非常有效的影响因子，那些社区文化治理专家所强调的彼此之间的逻辑关系与实证结果，都有足够说服力，所以才会有专家将审视目光聚焦于"在基于艺术社会变迁工作的影响评估中，我们通过六个研究性问题来议论其内在复杂性"[1]，甚至会上升至"文化民主"的价值高度来看待"社区文化也已成为'观察者的大事'"[2]。然而如果只是将社区文化志愿服务局限于艺术行为或者艺术范围，那就与社区文化诉求的广泛性失之交臂。因为就现代社区文化生存结构而言，并非艺术文化就能覆盖日常生活的全部，而且恰恰相反，非艺术文化生活方式可能占有更大的日常生活权重。无论平台参与的诸如社区博物馆、社区图书馆、社区体育馆、社区技艺馆、社区休闲馆乃至形态各异的社区体验馆，还是仪式参与的新春联欢、节令联欢、庆典联欢、祭祀联欢、时尚联欢、习俗联欢乃至聚集方式千变万化的沉浸式场景联欢，总之艺术文化活动之外的所有日常文化活动内容，只要处在亚文化线之上，都将成为社区外社会介入的文化志愿

---

[1] Keeney K.P., Korza P., "Assessing Arts-Based Social Change Endeavors: Controversies and Complexities", *Arts and Community Change*, New York: Routledge, 2015, p.187.

[2] Cornwell T.L., *Democracy and the Arts: The Role of Participation*, New York: Praeter Publishers, 1990, p.118.

者的服务对象。而观念转换和文化政策导向转换的迫切性在于，非艺术文化生活方式正在社区文化生活中，呈加速度增量乃至成为主流形态的存在态势。正因为如此，自西美尔理论开始，延及诸如莱里斯、比格尔、本雅明、詹宁斯、列斐伏尔、德塞尔托、艾伦特等，都将日常文化问题作为自己的文化理论核心所在。也正是在这个意义上，社区日常塑造的所谓"日常使得活生生的文化的特殊性变得无法回避了"①，或者更具有社区文化生活非艺术所具指意义的诸如"在给定体验善意原则与良好方式中，游戏乃是最为意义深远的方面"②，都给文化志愿者在非艺术界面文化服务介入预留了足够的空间，甚至会是文化志愿服务张力愈来愈凸显的生存扩容增长空间。所以，社区文化治理中，作为外在驱动力量的文化志愿服务，总是两者兼顾并因地制宜取其服务重心。

虽然实施切分对应分析或许还有很多，但仅此我们就可以获得合力要素之一的肯定性结论，那就是如果我们能够在全社会范围内调动较大规模的社区文化志愿者，那么社区文化治理就会很快跃上新的发展台阶，因为社区文化志愿服务在任何社区现场，都将是文化生活扩容和拓值介入性外部驱动活力。

三

其二，值得我们关注的社会支撑力点，应推输入形态各异的捐赠方式及其这些捐赠给社区文化治理提供的非体制性社会资金或者其他文化资源。对起主导作用的文化体制而言，其文化制度安排的核心功能之一，当然是在政府权责与辖区范围内，依法提供社会文化生存的托底财务保障与繁荣发展资

---

① ［英］本·海默尔：《日常生活与文化理论导论》，王志宏译，商务印书馆2008年版，第289页。
② Abrahams R.D., *Everyday Life: A Poetics of Vernacular Practices*, Philadelphia: University of Pennsylvania Press, 2005, p.97.

金，其中也就一定包括部分满足特定社区文化治理的经济诉求，而且往往通过"体制末梢"功能植入方式来应对这些诉求。但问题是，"部分满足"往往与社区文化治理实际经济诉求存在较大落差，正是这种落差，迫使我们在社区文化治理过程中需要调动较多的社会力量，形成较为强大而且可与社会经济发展同步可持续的资金输入格局，否则就会导致"支撑力"弱化直接决定"牵引力"弱化，极端处则有社区文化建设时距或长或短的间歇性休克。

尽管中国特色社会主义条件下，政府预算的文化制度安排对落差困境的规避能力，是除"北欧模式"（Nordic model）福利保障制度之外，任何其他国家所无可比拟的，但正负两个向度都具有支撑社区文化增量、拓值和可持续的社会动能正在形成，并且有高强度递增的演进态势。就负向度而论，体现为文化制度与政策及其基于这两者之上的文化预算，还基本上守成于传统的垂直社会结构形态并以此决定其功能实施，总体性两层分级及地方层级的层进制度，使得公共财政的预算规划与预算执行能力，不得不在垂直层级行政贴现中出现难以预期极大能量递减。尽管财政体制改革的步伐始终未曾止步并取得了诸多长足进步，甚至还有效选择了"转移支付制度"作为功能补充，诸如"中央补助地方的形式主要有税收返还、体制补助（或体制上解）、财力性转移支付和专项转移支付。其中，财力性转移支付包括一般性转移支付、民族地区转移支付、调整工作转移支付、农村税费改革转移支付、县乡奖补转移支付等"[①]。但其中显然还在层级能量递减与文化支出科目占比微乎其微之外，存在文化体制末梢僵滞并导致社区文化难以形成有效资金输入效应，而这就迫使致力于不可滞待的社区文化治理现场及其治理涉身者，在体制性文化输入资金严重不足的被动状况下，积极寻求社会资金吸纳的效果最大化，这实际上是来自负面事态能量转换的倒逼动力。就正向度而论，随着中国综

---

① 杨志勇、杨之刚：《中国财政制度改革 30 年》，格致出版社、上海人民出版社 2008 年版，第 174 页。参见："尽管赋权型预算能够确保福利承诺的可能性，但是，随着赋权型预算在总预算中的规模逐步扩大，它所带来的问题也就越来越突出。"（马骏、赵早早：《公共预算：比较研究》，中央编译出版社 2011 年版，第 285 页）

合国力持续走强与世界第二大经济体地位尘埃落定，尤其是个体经济和整个非公有制经济的结构比例逾越半壁江山，以及民间资本、社会资本和跨国资本等愈来愈显示出雄厚实力，加之富裕社会或者脱贫社会地位确立之后公益伦理的突进性变化，使得真实性文化捐赠能力与普遍性文化捐赠意愿成为社区文化治理的又一个支撑力点。与倒逼动力不同的是，这种基于文化捐赠自觉意识的内驱动力，从一开始就显示出对社区文化治理有效支撑的动力强劲性、稳定性与广泛性。两种动力机制的合力生成，导致社区文化社会化资金输入渠道既越来越宽阔也越来越畅通，进而社会对社区文化治理的捐赠输入，呈现出捐赠体量更大、捐赠方式更多，以及捐赠形态更丰富的动力特征。如果我们能像美国的库格尔（Kluger）一样，一个项目就能从社会资本渠道筹集到2300万美金的文化捐赠资金[①]，则这一动力指向将至少给中国广大社区的基础文化设施建设带来井喷式后果，而问题在于如何由理论上的可能转化为普遍现实，至少先行在发达地区成为看得见摸得着的捐赠后果。

捐赠体量当然是指特定社区单位时间内所获文化捐赠的绩效总和，如果与体制性年度预算惯例相匹配，单位时间在此亦可限制为年度时长。但捐赠绩效并非如体制文化预算的单一资金形式，社会捐赠或者以直接货币方式进行，或者捐赠的是图书、器材、场地、免费接入端口，甚至可能是义演、义务宣讲、商业机会以及形态各异的慈善份额，如此等等，最终都得以货币换算的捐赠资金量来统一给定成果呈现，由此获得该社区年度捐赠体量规模。在给定条件下，捐赠体量与社区文化的治理后果成正比例关系。但一旦这个给定条件缺位或者恰配性丧失，则这种正能量向度的正比例关系亦将随之消解。无条件体量增长的隐存危机在于，在社区自治行为缺乏功能全覆盖监管体制与监管政策现实状态下，社区文化活动以及这些活动的自组织过程，有可能导致非法人居民组织乃至自然人作为活动召集人，将捐赠体量无条件无限增长演绎为"社会化敛财"，而这就不仅与社会对社区文化治理枳极捐赠的

[①] Woronkowicz J., Joynes D.C., Bradburn N., *Building Better Arts Facilities: Lessons from a U.S. National Study*, New York: Routledge, 2015, p.19.

本来价值指向相背离，而且也与社区接受社会文化捐赠的行为合法性与道德善意相去殊远。正因为如此，至少应该在学理维度先行确立一个基本原则，那就是在提倡捐赠体量增长的同时所要严守的行为底线，是决不能让文化捐赠成为社区敛财抑或地方经济的"手段"，即绝不能容忍一种极端功利主义逻辑的诸如"多大才是足够大，取决于两个因素：考虑到服务支出的特质及其对此诉求的密度"[①]。好在就当前的中国事态现场而言，面临的问题更大程度上呈现为捐赠体量过小，甚至几乎可以忽略不计，但是作为社区文化治理的发展中问题，非条件性或者非限制性捐赠体量增长却是不得不现在就予以关注的未来隐存危机。

捐赠方式则是指社会对社区文化治理赋能性捐赠的方法和途径，尽管这将可能随着社会存在形态及日常生活型制的未来变化而不断变化。但就先行社区文化治理国家的普遍情况而言，当前的主要方式有社区文化的慈善性捐赠、社区文化的遗产性捐赠、社区文化的彩票份额分成法定性捐赠等。但必须指出的是，尽管这些捐赠的表现形式与其他社会捐赠具有较大的行为同质性，但文化捐赠行为方式还存在诸多自身特征明显的异质性，其详细讨论只能以悬置姿态留给另外的问题。慈善性捐赠对社区作为对象而言，并非将行为动机定位于社区文化，而是社区中的那些弱势群体和残疾居民，例如"针对智力残疾而对残疾人的社区生活起到促进其变化的作用"[②]，并且类似行为的神圣性和必要性，可以在诸如温斯罗普式"直接等值原则"中得到解释，即所谓"若一个肢体受苦，所有的肢体就一同受苦；若一个肢体得荣耀，所有的肢体就一同快乐"[③]。问题转场至中国事态，则慈善行为因体制内外的"界限"非清晰切分，而出现受捐主体、分捐渠道和施捐功能的极大异质性。正是这种异质性，使得体制外

---

① Heilbrun J., Gray C.M., *The Economics of Art and Culture*, New York: Cambridge University Press, 2001, p.336.

② Rimmerman A., *Disability and Community Living Policies*, Cambridge: Cambridge University Press, 2017, p.141.

③ 转引自［美］马秀·S.胡兰德《爱的纽带与美利坚的形成：温斯罗普、杰斐逊和林肯的慈善观念》，褚鎏译，社会科学文献出版社2018年版，第51页。

慈善捐赠能够跨越残疾人与常人的边界，并且能够由生活托底向文化参与功能自由转换，由此也就在社会慈善捐赠中，为慈善性社区文化捐赠预留下或大或小的份额。社区边界内残疾人参与公共文化活动，会无条件获得慈善捐赠受益优先性，而当他们与常人一起进入特定文化活动现场，这种捐赠对社区居民和社区文化的普惠性则显然不言而喻。遗产性捐赠既与社会财富状况直接关联，也与社会文明程度密切相关，意即一些具有较强社会责任感和公共文化拓值倾向性的优秀个体，会将遗产全部或者部分地以程序合法化形式，捐赠给其所意欲捐赠的特定社区，用于社区文化设施建设维修、社区文化活动能动性开展或者可持续进行的功能限制资金支付，抑或文化资源和其他文化活动保障性条件支撑。虽然这种捐赠形式在中国各地尚属小概率事件，而且所捐赠的体量通常也比较小，还不可能出现"史密森捐赠"事件那样的"包括弗里尔艺术陈列馆、肯尼迪表演艺术中心……"[1]，即使吴冠中那样的大额艺术品总值捐赠，也不可能以某一个社区作为捐赠对象，但我们必须充满信心地给予社区文化捐赠大规模涌现未来预期，哪怕单次额度和体量相对较少，然而却能在遗产式捐赠方式中，形成中国社会前所未有的社区文化治理可随机获取的支撑力。彩票份额分成法定性捐赠，是目前欧洲实施很长时期并募集到体量极大社会捐资的有效办法，其有效性在于"乐透"彩票的主体部分依法用于文化专项支出，个案事态的实际社会后果，被欧洲的公共文化政策专家描述为"体制化社会导向"[2]，进一步则体现为其中的部分支出份额，将会因地制宜地转换为社区文化治理所迫切需要的专项文化资金。既然中国有专门性的"体育彩票"，则功能类似的"文化彩票"抑或大型公益彩票也就不会太远，这则意味着其中一部分将有可能专项用于社区文化支出。

捐赠形态将会随着社会财富形态的变化而变化，就传统形态而言，要么是货币形态，要么是实物形态，更复杂的状况也不过是币种和物类的异质性而已。但是就目前的社会财富形态而言，这种所谓钱与物的简单异质性捐赠，

---

[1] 《不列颠简明百科全书》（下），中国大百科全书出版社2005年版，第1490页。

[2] Tim McGuigan, *Rethinking Cultural Policy*, Berkshire: Open University Press, 2004, p.15.

已经很大程度上被复杂异质性捐赠所置换。按目前实际发生案例给予异质性编序,至少可以区分为现金捐赠、股票捐赠、期权捐赠、艺术品捐赠、图书及其他类似文化资源捐赠、设施设备捐赠、场地捐赠、技术捐赠、不同型制文化数据库捐赠等。而且从目前的社会财富存在形态和文化资源形态的迅速递变态势看,诸如此类的异质性编序,将很快被更意想不到的形态丰富性所代替,而且这种代替的一个极其关键之处,还在于所有这些形态变异从根本上又是与社区文化生活方式和社区文化形态的日新月异密切联系在一起。形态置换问题,从本质上来说是不以人的意志为转移的,任何一个对象性影响因子,都有可能成为改变社区文化捐赠形态的决定要素。譬如数字化这样一个原本属于纯粹技术界面的进展或升级后果,在所有技术主体能够掌控一切复杂技术事实之外,却会出现不能掌控的更多同时也更复杂的"技术—社会"关联后果的隐存意义与价值。这意味着技术主体将不止于简单操作"当你选择所有你想要的选项,按动'运行桌面'按钮以产生你的数字桌面"[1],而是复杂遭遇数字桌面与社会界面本体叠合问题的诸如"对从事物到作为证据资源数字客体的转换,需要进行选择性澄清,当然包括数据学问正在如何变化。要澄明怎样、何时以及为什么那些学者选择特定的实体存在作为数据来使用"[2]。于是我们也就可以由这一线索给予更具本体存在价值的所议事态追问,也就意味着技术主体遭遇的本体叠合问题,同样也会发生在财富形态的存在性未来变迁中,而这也就必然牵连社会财富将来究竟以何种形态捐赠给社区,由此最大限度地作为一个社会合力维系,支撑社区文化治理的空间有效与时间可持续。与此不同,形态关联性问题则是捐赠方与受赠方功能互洽与效能嵌位。也就是说,新的捐赠形态由于受作为捐赠财富形态之异,以及自身受数据时代影响所发生的形态变化等方面制约,会大相径庭于传统财物捐赠那种追求体量的成功标志与支撑力大小。互洽和嵌位的精准价值诉求,是对传统

---

[1] Bauder J., *The Reference Guide to Data Sources*, Chicago: American Library Association, 2014, p.160.
[2] Borgman C.L., *Big Data, Little Data: Scholarship in the Networked World*, Cambridge: The MIT Press, 2015, p.164.

捐赠粗放式行为模式的社会治理进步，因为粗放式捐赠似乎满足于某种道德价值实现，而当捐赠行为并未获得社区文化治理需求目标与活动现场的功能效果之际，关键性的负面后果主要不在于受赠方没有"获得感"，而在于捐赠方的道德价值目标并未在行为过程中真正实现，这种事实上的道德价值消解与功能遮蔽，通常会在修辞幻觉的宣传辞令中问题流失。之所以此类问题正朝着精准价值尺度真实回归，既在于捐赠形态存在多元并且转换迅捷，同时也在于社区文化现场文化多样、形态丰富与参与广泛性方式随机，当然更在于捐赠方与受赠方处在社会正义的平等价值地位，而非捐赠方占据着布施意义上的道德制高点。从这个意义上说，未来的任何捐赠形态，无论对捐赠方还是受赠方，都不过是实现其价值互动的杠杆或者合作维系，不过是"相对于资源积累的基质而展开互动合作行为建构"[1]，而对于这样的前卫观念，即使研究"未来社区"的专家——他们曾想象"世界将以飞速而且意想不到的方式持续变化，但是人类会持续不断地建构起激励义务感和责任意识的社区，他们将宁愿选择归属而不是逃离"[2]——也意识不到此议的本体性互动价值建构。

四

其三，值得我们关注的社会支撑力点，则是当前中国语境下往往不以为然的市场力量。究其原因，在于政府相关部门职能切分与政府工作需要形态划分所人为拟置的"文化事业"与"文化产业"二元泾渭结构，不仅遮蔽了"社会主义文化事业"作为广义命题，兼容了不同事态层级的诸如民族文化遗产保护传承，政府日常公共文化事务，精神家园建构社会合力，相关文化作品与文化活动物化生产及产业化过程，公共文化投入与私人文化消费不同维度纠缠起的效率准则作为文化经济学复杂对象事态，以文化消费为逻辑起点

---

[1] Goodwin C., *Co-Operative Action*, Cambridge: Cambridge University Press, 2017, p.37.
[2] Lewanika I.M., "Community in the Third and Fourth World", *The Community of the Future*, San Francisco: Jossey-Bass Publishers, 1998, p.274.

的文化市场及其秩序监管,政府间、民间以及个体主体间文化交往传播与场域建构,诸如此类,而且使得"文化市场"在与"文化产业"跨层存在性混同暧昧中,失去其"市场"重要组成部分特殊地位的同时,也失去"市场规律""市场法则""市场秩序"乃至"市场伦理"等市场存在本性的一般制约,这些都是当初为了言说便利而简单化二元泾渭结构所带来的诸多言说"乱伦"的负面后果。在理清这一前置混杂事态之后,我们就可以清晰地陈述我们此议的知识主张,那就是在中国社区文化治理现场,包括文化市场在内的整个市场力量,可以或直接或间接地以经济杠杆支撑功能,助推社区文化治理更具活力、更显效能。对此,有主见的公共文化政策专家,不仅会基于某种总体观而确信"相互关联性:经济、社会、文化和环境系统不应被视为孤立存在……尤其在经济与文化发展之间"[①],而且会积极运用文化政策功能,通过市场经济力量驱动社会价值建构,其中包括公共现代性建构,由此而能实现"居民们专业知识的彼此之间的张力,在BBC案例中,聚焦于审美、市场和官僚制,都在文化政策中有了很好的表达"[②]。总而言之,具有良策性或者说科学性的公共文化政策体系,是一个价值分层、治理基于逻辑、根据社会取向确立行为取向、顶层设计与层级响应协调一致、制度目标通过政策工具与平台工具功能匹配而得以实现的复杂系统,这是超越二元泾渭结构之后,问题思考得以接续的前置知识条件。

但这种接续如果过于唐突,很容易陷落简单化陷阱,那就是把市场支撑点与社区文化治理的关系,简单看作特定市场中的企业主体和财富个体对公益性社区文化的捐赠,至多不过是企业主体和财富个体的捐赠能力更强抑或捐赠体量更大而已。诚然,无论那些先发社区文化治理国家,还是如中国这样的后发治理国家,都可以找到很多而且很成功的企业捐赠抑或私人捐赠给

[①] Heilbrun J., Gray C.M., *The Economics of Art and Culture*, Cambridge: Cambridge University Press, 2001, p.195.

[②] O'brien D., *Cultural Policy: Management, Value and Modernity in the Creative Industries*, New York: Routledge, 2014, p.140.

特定社区,从事公共文化基本建设或者日常活动的经典案例,随机个案可列举库夫曼家族企业捐赠事件:"1993 年,埃温·库夫曼死于癌症,其后不久,库夫曼夫人也离开人间。但她在逝世之前,告诉她的女儿朱利亚·库夫曼,意欲让堪萨斯城拥有自己的表演艺术中心。于是一项长期支持艺术的慷慨提议应运而生,玛丽·库夫曼对慷慨支持艺术抱有信心,坚信堪萨斯城值得拥有第一流的体验性展示空间。"[1]诸如此类个案,之所以不能纳入市场对社区文化社会支撑力点的存在范畴,在于捐赠行为本身与其他类型的慈善公益行为与本体意义维度具有一致性,所以仍然属于捐赠功能社会力点,而非市场功能社会力点,尽管这种捐赠的行为主体来自市场而不是政府,因而较好的叙事方式应该在公共支持/私人支持这样一种结构性解决方案中得以精准体现。譬如当公共文化政策专家借助这一议题,讨论"美国、澳大利亚、加拿大以及西欧国家对艺术的公共支持或者私人支持"[2]的政策工具和运作程序,显然就是在这个维度叙事展开。与此具有某些相似性的个案,诸如讨论"市场营销"的"商业赞助,不仅存在于艺术活动中,也存在于体育、教育和传媒中,其所引起的所有问题都集中在初始行为与赞助的商业动机之间的关系上。所有的赞助都不是蠢行或者没有利益所在,这样做的目的是广告效应和公共关系"[3],就是在我们所议的市场维度进入问题,只不过进入的不是同一个具议问题,而是在极浅显的现象表层与问题有涉。

  由这样的脉络向我们的问题焦点逼近,绕过陷阱所获得的准确命题指涉故而呈现为,市场力量对社区文化治理的社会性支撑,其实是通过衍生性的复杂市场转换手段或者市场运作工具,既能使社区公共文化基础设施基本建设、公共文化空间内自组织文化活动以及弱势居民文化参与具体保障等公共文化利益,获得可持续的市场支撑力驱动,又能使动力性介入的市场主体潜

---

[1] Woronkowicz J., Joynes D.C., Bradburn N.(eds.), *Building Better Arts Facilities: Lessons from a U.S. National Study*, New York: Routledge, 2015, p.42.

[2] Heilbrun J., Gray C.M., *The Economics of Art and Culture*, Cambridge: Cambridge University Press, 2001, p.250.

[3] McGuigan J., *Rethinking Cultural Policy*, Berkshire: Open University Press, 2004, p.45.

在性地于动力介入过程中,获取其所预设的市场扩容价值目标、品牌拓值价值目标、企业形象建构价值目标以及消费关系无限延伸价值目标等。就公共文化政策知识史而言,过去人们往往只是顺向地观察到艺术或者文化的物化生产以及随之而来的文化产业财富后果,由此很容易将关注点聚焦于"艺术产业在地方经济中的作用"[1]。这当然也很重要,但由此也就极易走向"为文化产业而文化产业",甚至极端处则会有个案性的直接坠入"野蛮文化产业"深渊。也正是这样的"顺向"思考单一性或者说线性化,使得很多人不假思索地接受一种习以为常的观念,那就是公益性的社区文化治理,其支撑力要么来自政府主导的文化体制,要么来自社区自治的居民响应,抑或来自志愿者的无偿服务,一切皆与市场无涉,所以也就可以线性首肯"美国有强大的法律确保公民参与大量的合理行动"[2],或者采用单一性模式的土耳其社区发展案例——"社区发展中地方政府的直接公共参与"[3]。但是后来人们越来越意识到逆向思考所具有的问题有效解困可能性,市场于是凸显其对象可市场化的功能优势,也就是最大限度释放市场的创意活力,并尽可能覆盖到市场手段助推社区公共文化治理现场。情形与"公益信托理论"(public trust theory)的某些观念和机理有价值叠合处,尤其是通过公共服务设计建构公益信托的知识命题,其所策划的"此类行动的合适方式,应该考虑利益相关者的过程参与,以及这种参与被巩固的程度"[4],与我们的市场支撑社区文化治理的知识命题更具一致性,尽管这种一致性不过仅仅体现于某一焦点位置。

市场扩容价值目标的此议指涉,在于表明这样一类关联事实,那就是某

---

[1] Heilbrun J., Gray C.M., *The Economics of Art and Culture*, Cambridge: Cambridge University Press, 2001, p.336.

[2] Flora C.B., Flora J.L., "Governance", *The Routledge Handbook of Community Development: Perspectives from Around the Globe*, London: Routledge, 2018, p.11.

[3] Kocaoglu B.U., Phillips R., "Direct Public Participation in Local Government as Community Development: The Case of Turkey", *The Routledge Handbook of Community Development*, London: Routledge, 2018, p.451.

[4] Jabłoński A., "Public Service Design and Public Trust: Conceptualizing the Sustainability", *Managing Public Trust*, Switzerland: Palgrave Macmillan, 2018, p.157.

些市场主体为了扩大其产品的市场占有份额，不断地公益赞助那些他们认定有消费潜力的社区，免费提供社区公共文化服务所必需的部分主要文化产品抑或次要辅助产品，一方面验证这些产品在实际使用过程中的效度与可接受程度，另一方面则通过公益使用过程的"指引"，逐渐转换为更大范围消费行为的市场化"因蕴"。隐存其中的行为逻辑，就是转折关系结构中，通过有限非市场化通道走向无限市场化广阔消费空间，而转折点则是市场扩容的现实起点。对于任意市场主体而言，其市场扩容的技术路线与运作方式一定很多，而且一定会根据主体与对象两方面动态变化选择最有效的路线与方式，类似状况目前更多地被表述为开拓市场过程中的创新行为，表述为"策略必须适应环境……如果没有持续创新，那么生意将会很快于不知不觉中衰减乃至淘汰"[1]。但问题是，市场主体的扩容创新通道在与社区文化治理的功能转换中，只能有一个链接接口，当然也一定存在一个可功能转换的市场化接口，并且正是这一接口在打破"二元泾渭结构"的界线后得以形成彼此间的互驱动力。这一事态的内在规定性在于，对于"市场社会"（market society）背景定性后的所谓"文化转向"（cultural turn）来说，也就是当人们"寻找到某些市场呈现与市场结构，尤其是经济本身作为一种经济的文化建构功能"[2]之际，社区文化治理的可链接端口，就一定会成为特定市场主体转换性功能链接的营销创新猎物。为了确证市场介入社区的科学性与有效性，"社会经济学"会提供计量算法模型，例如"在图 5.2 里，两个函数只在完全融合的点上相交，但在 Sa=1 时存在着一个完全分隔的均衡。在那个点上，为了和其他的 H 型家庭在一起，H 型家庭比起 L 型家庭愿意花更多的钱"[3]。而我们必须揭蔽的真相只不过在于，如同加里·贝克尔和凯文·墨菲此时讨论的"社区的风格与融合"话题一样，某些市场主体在社区文化治理过程中公益姿态的介入和支持，都

---

[1] Doyle P., "Marketing and Innovation", *Innovation in Marketing*, London: Routledge, 2017, p.4.
[2] Slater D., Tonkiss F., *Market Society*, Malden: Blackwell Publishers Inc., 2001, p.175.
[3] ［美］加里·贝克尔、［美］凯文·墨菲：《社会经济学——社会环境中的市场行为》，陆云航、唐为译，人民出版社 2014 年版，第 63 页。

是市场化精密谋划的扩容进程前奏。无论前奏还是整个事态，对社区文化治理而言都具有积极建构的支撑功能，进而也就是未来将会得到大力提倡的社区文化治理市场化方式之一。

品牌拓值价值目标的语义指涉，在于表明这样一类关联事实，那就是某些市场主体为了扩大其特定品牌的品牌效应，尤其是直接文化产品品牌或者与文化活动有间接关联性的其他品牌，甚至还包括那些尚无品牌效应的文化产品和文化活动关联产品，往往会以无偿使用的方式捐赠给社区文化活动，其公益捐赠属性当然也就确定无疑。品牌企业之所以能够实现自己的端口链接意愿，是因为"科特勒营销思维"的"竞争参照系（competitive frame of reference）在短期利益无涉的姿态下致力于长期利益获取，而对公益化社区而言，除了主体动机的策略性诱引有效外，还在于社区自身始终处在对公益化品牌直接进入的渴求状态。[1] 因为对社区文化治理者而言，其工作有效的"贴士"（tips）之一，就是卓有成效地绑缚住那些直接抑或间接的市场化赞助者的隐存目标，即"审视表面行为下面以发现其所效力的兴趣所在"[2]。这意味着一种恰如其分的二次耦合关系，具有现实建构的坚实基础，或者换句话说，对于这种市场化动机内在驱动的社区文化公益行为，供需双方都有互动进行的内驱动力。对 D. 格拉姆斯而言，事态被概述为"给社区的艺术组织提供了新的机会，以增强文化参与，既合乎规则又超越规则，既包含着市场的社会经济集团利益，又实现了对这些利益的超越"[3]。这应该说对问题的实质有较好的拿捏，而且这种拿捏的最好实证，就是如果我们对市场品牌战略进行大规模的田野作业，一定不难发现，大部分品牌的成功战略方案中，都包括以少量

---

[1] 菲利普·科特勒，凯文·莱恩·凯勒：《科特勒营销思维》，汪涛译，中国人民大学出版社 2015 年版，第 79 页。

[2] Borrup T., McNulty R.H., *The Creative Community Builder's Handbook: How to Transform Communities Using Local Assets, Art, and Culture*, Saint Paul, M.N.: Fieldstone Alliance, 2006, p.213.

[3] Grams D., Joynes D.C., Karraker D (eds.), "Creative Reinvention: From 'One Book' to 'Animals on Parade' How Good Ideas Spread Like Wildfire", *Entering Cultural Communities: Diversity and Change in the Nonprofit Arts*, Rutgers: Rutgers State University Press, 2008, p.194.

公益实验始而以大量市场收益终的行动策略。此拟品牌价值目标的不同之处只是在于,在社区治理成为社会治理基本模式的扁平社会结构背景之下,社区文化治理的行为凸显,就为那些与文化价值密切相关的品牌,找到了一个不得不高度重视的新战略要地或新的突破口,就其本质而言,可以将其视为市场边界的社区延伸,从而也就是跟进事态的市场力量在社区文化治理中的助推延伸。

企业形象建构价值目标的此议指涉,在于表明这样一类关联事实,那就是企业作为市场主体,要想建立有实力的财富形象、有诚信的道德形象、有前途的心理预期形象等,就必须以可检验的企业行为,通过各种社会介质或者消费界面来予以实现,而且过往市场演化史与企业发展史的诸多案例均反复证明,建构企业形象较之任何赢利项目或者资本积累都更为复杂、更加困难。那些发展尚不成熟的企业,在起步阶段还热衷于广告化宣传的形象建构模式,因为相关专家总会告诫其作为交流传播的广告:"过去的30年里,依靠媒介建构形象变得如此复杂化和具有说服力,以至于他们正在左右我们的体验,并且以重要的方式关键性地左右着我们的思考。"[1]后来由于广告逆反心理的社会倒逼,导致各种复杂形态"软广告"的诸如"道德绑缚""知识绑缚"和"意识形态绑缚"大行其道。所有这些媒介工具对企业形象建构的有效性而言,过去有、现在有且将来也一定还会有,唯其如此,麦克卢汉的理论及其所附格言,才会赢得学界言过其实的尊崇。但是,市场进化、消费者进化以及商业文化进化的后果,使得广告式的企业符号建构效度逐渐降低,"口碑"作为"社会公约数"或大或小呈现形式,正以新的企业形象评价方式不同程度地实施建构方式置换,于是一个意想不到的奇迹得以发生,那就是社区文化活动现场,日渐成为某些商品生产关联企业建造"口碑"的坚实"大地"与活力"家园"。关键在于,当企业还未能实现商品的大规模市场投放之前,或者当投放之后,还需寻求更大社会评价公约数之际,社区文化活动现场都是投入产出比最佳配置的神奇场所,而且也是"口碑"最具真实

---

[1] Dyer G., *Advertising as Communication*, New York: Methuen & Co.,Ltd., 1982, p.82.

性因而最具市场影响力的可控界域。其最大影响因子地位还在于，绝大部分市场消费者都可以社会还原为参与社区文化活动的普通居民，所以就有民调结论的"以社区为活动基础的文化参与行为价值很大：在公众态度调查中，70%的受访者认为，是属地社区的文化艺术活动将他们团结到一起"[1]。这个1993年的调查结论在今天已有更大的比例攀升，而比例攀升对效力于企业形象建构的市场主体而言，也将意味着以更大的力度，将关联性文化产品和其他辅助产品，以捐赠的形式进入能够进入的社区文化活动现场，以获取居民在文化参与过程中对这些文化产品和辅助产品的"功能"验证与"口碑"积累，并最终置换为企业形象的有效建构程度或者预期价值目标。

消费关系无限延伸价值目标的此拟指涉，与如上讨论事实上并不在同一界面，或者说已经由生存论事态澄明转向存在论真相揭蔽。这种揭蔽的要点在于，我们所处的所谓"消费社会"，正在以宏大场景力量将存在者不断吸附进显形"消费关系"与隐形"意指关系"，其吸附力较之任何传统消费现场抑或消费事态都没有可比性。就对事态突变的有效把握而言，鲍德里亚的著名文本如《消费社会》《象征交换与死亡》以及《符号政治经济学批判》等，至少到目前为止还处在所议的巅峰知识位置，其中消费关系再生产及其在消费社会深化与延展中核心地位的理论探索，尤其具有精准把脉的极高命题真值率。在鲍德里亚看来，之所以能够可持续进行消费关系再生产，是因为"消费社会也是消费培训，进行面向消费的社会驯化的社会——也就是与新型生产力的出现以及一种生产力高度发达的经济体系的垄断性调整相适应的一种新的特定社会化模式"[2]。正是在这个意义上，市场会千方百计地进入海量生存的社区生存境域，一方面在对居民的直接消费者身份给定中建立显在消费关系，另一方面则在对居民的受益者身份给定中建立隐在消费关系。无论这种关系的显在形态还是隐在形态，对社区生存的文化活动方式而言，客观上都

---

[1] The Arts Council of Great Britain, *A Creative Future: The Way Forward for Arts, Crafts, and Media in England*, HMSD Publications Centre, 1993, p.86.

[2] 让·波德里亚：《消费社会》，刘成富、全志钢译，南京大学出版社2006年版，第63页。

具有市场助力社区文化治理的动能，因而也就都可以理解为非市场状态的市场化支撑方式。社区变迁是无限性过程，社区居民及其现实生存处于无限性代际转换之中，社区文化治理及其社区文化生活乃是永远充满生机的日常现场，因而市场在隐性驯化动机支配下的预期消费关系建构，将一定呈现为无限延伸的价值目标追求过程。从社会生存的长期发展与深层进化角度看问题，这一事态本身，一定存有某些值得引以为警觉的生存价值隐忧，但在当前的社会背景以及可选择的利害比条件下，市场动机及其预期消费关系建构的任何市场化助力之举，对社区文化治理而言，当是应该接受而且鼓励其创新性手段不断出现的社会行为与市场行为本体叠合事态。

虽然我们并未给予穷尽性市场支撑力力点探讨，但涉身社区文化治理的公共文化政策专家，当由此更加主动地放弃仅仅工作需要之便而拟定的"二元泾渭结构"逻辑淆乱主张，在更高的新时代文化治理站位位置，以开放姿态对待社区文化治理市场支撑力，从而在社区文化治理能力现代化中，让更多社区居民享有文化"获得感"。

五

社会合力的支撑力点当然比所议更多，而且随着社会本体结构与社区存在形态在智能科技革命后的颠覆性变化，更多的社会合力支点会在每一个力学点位，呈现出更加复杂的力学向度与支撑方式，所以将有诸多猜想的未来挑战命题，从现在开始就严峻地挑战涉身这一事态的公共文化政策研究者及相关各方，究竟能以怎样的知识想象力，拟定可能存在的诸多层级与类别关联性问题靶向，而且由此开启靶向性问题解困的未来知识征程。

但是在此之前，我们还要立足现实，对社区合力的主要支撑力点寻找助推有效的知识方案，就像先行社区文化治理国家相关专家撰写出的学术文献那样。就所议的中国问题背景而言，尤其是对目前功能较为凸显的三大支撑点而言，在更大范围知识介入以及更接地气的政策落地之前，还必须前置条件地确立有效合力助推的三大基本运行原则，否则就会自动减力，甚至在能量冲撞混乱中效果适得其反。第一是"边际容量原则"，也就是根据不同社区文化治理的需要，确立"边际饱和线"与"边际需求义项权重清单"，从而既规避社会资源浪费，亦规避这些资源进入现场后失效。第二是"功能嵌位原则"，也就是在"社会合力"与"社区文化治理"之间，以及"社会合力"的不同"支撑点"之间，确立起"恰配性关系"，而且是符合纳什博弈机制的动态功能恰配，从而规避能量支配"拍脑袋"以及能量型制供需不匹配。第三是"力学属性归位原则"，也就是理性确立社会合力的功能身份定位，清醒意识到社区文化治理首先发力的是政府主导的文化体制，其次在于内在驱动的社区居民，多大程度上实现文化自觉、积极文化参与乃至凝聚态共谋文化自治，此后才需要强化基于社会动员的"社会合力"助推社区文化发展，从而规避政府治理主体缺位以及社区文化本体弃权的负面后果。只要"社会合力"能够在这些原则作用下持续功能实现，就一定能在方兴未艾的中国特色社会主义社区文化治理进程中，日渐显示出助推社区文化发展的巨大正能量。

个案:"社区舞蹈"分析

"社区舞蹈"并非舞蹈作为艺术的本体特殊存在形态,而是舞蹈活力的空间存在方式。使我们对这一方式备感学理追问兴趣的理由在于,无论发达国家、发展中国家还是欠发达国家,社区舞蹈在社区文化治理现场,都有其十分凸显的社区文化激活特征。因其如此,我们就有必要细节性地洞悉和梳理事态真相,而非以大词语调抑或"闲谈"[①]方式的"去事化"口号叙事方式,从而在"即事化"的揭蔽努力中,寻找基于"中国事态"对这种激活的更坚实支撑,或制度末梢设计思路,使其为社区文化治理更加有效地拓宽通道。

一

问题是由艺术整体(或者从另一角度表述为各门类艺术集合状态)所引起的。就先行推进社区文化治理的国家而言,艺术活动通常被预设为社区文化活动的最基本活动形式,因而艺术也就在理论层面,被推定为社区文化治理乃至社区变迁的支柱性价值杠杆。在 K.P. 肯妮(Kate Preston Keney)与 P. 科尔扎(Pam Korza)看来,其杠杆功能可以通过六个方面的问题探究来予以言明,那就是:

---

① 参见海德格尔:"闲谈的无根基状态并不妨碍它进入公众意见,反倒为它大开方便之门。闲谈就是无须先把事情据为己有就懂得了一切的可能性。闲谈已经保护人们不致遭受在据事情为己有的活动中失败的危险,谁都可以振振闲谈。"([德]海德格尔:《存在与时间》,陈嘉映、王庆节译,生活·读书·新知三联书店 1987 年版,第 205 页)

（1）为什么对其社会影响的理解是重要的？

（2）什么动机使得那些组织运用艺术与文化策略来理解社会影响？

（3）怎样在评估和传递意愿社会变化中确定这样一种制度，将多元的利益相关者卷入特定的有意义的结果？

（4）怎样运用数据有理由证明，运用艺术作为一种社会变化策略，促使整体介入基于艺术和文化的工作？

（5）用怎样的影响方式，使得这些组织完成它们的工作，并进行实施情况的价值评估？

（6）在什么样的方式中使得社会变迁制度安排，从对它们工作的评价中学习和发展。[1]

不管类似问题清单究竟是否具有全称覆盖意义，有一点可以非常确定，那就是艺术活动与促进社区社会变化之间，建立起了一种真实而且具有功能支撑性的基本关系，尽管这一关系仍然只是多元功能关系的一种。

正是由于这种功能关系的社会化普存，使得离精英艺术、专业艺术或者与所谓高水平艺术非常遥远的社区艺术，或者换句话说，朴素的由社区居民担当艺术活动主体的日常艺术（这一现象如今往往被精英知识分子解读为所谓"日常生活审美化"[2]），具有绝对增量优势地演绎为极具正能量称谓的"有吸引力的艺术"（engaging arts），并且在不同国家的不同社区现场，享有其文化普惠形态的日常生活重要建构者角色。J.C.伦娜和 D.B.康菲尔德一起，在田纳西州首府纳什维尔（Nashville）为此专门进行了小规模的试验研究，发现

---

[1] Kate Preston Keeney and Pan Korza, "Assessing Arts – Based Social Change Endeavors: Controversies and Complexities", in Max O.Stephenson Jr. and A.Scott Tate (eds.),*Arts and Community Change: Exploring Culture Development Policies, Practices,and Dilemmas*, New York: Routeledge, 2015, p.187.

[2] Jennifer C. Lera and Daniel B. Cornfield, "Immigrant Arts Participation: A Pilot Study of Nashivelle Artists", in Steven J. Tepper and Bill Ivey (eds.), *Engaging Art: The next Great Transformation of America's Cultural Life*, New York: Routledge, 2008, p.159.

艺术家介入移民社区，从事一些提升社区文化的志愿辅助工作，不仅可以较大幅度提升社区文化"参与率"，而且可以在文化身份融入与文化身份建构方面有其明显进展，并认为"类似语境要素，会影响到长期生存，或者会影响移民艺术与主流艺术的融汇，这既有利于移民的健康生活方式与勃勃生机的社会形态，也有利于引导社区朝这些方面迈进"[1]。这早已失去试验探索意义，并且已成为社区文化治理先行国家的通行做法，无论在理论层面还是实践层面，都可以看作瓜熟蒂落的普在事实。

正因为是普在事实，同时又有一套较为完整而成熟的通行做法，所以在不同的事态现场，人们就在社区文化治理过程中，采取更加精细同时更具针对性的门类艺术活动介入措施，由此而使"社区舞蹈"的社区文化激活，成为眼睛为之一亮的切入点和介入方式。在丽兹·勒曼（Liz Lerman）与J.W.J.扎拉尔（Jawole Willa Jo Zollar）关于如何使"舞台舞蹈"成为社区实践的"社区舞蹈"的讨论过程中，几乎涉及了舞蹈与社区文化治理之间功能链接与意义关联的方方面面。就其自身而言，不仅在从事舞蹈的社会实践过程中，自我校正地意识到了诸如"长期以来，我以为我在工作室里进行舞蹈创作然后将其'引入社区'，但很显然，一段时间以后我才发现，那是另外一回事"[2]，"在社区中的这些工作经历，就是令我兴奋激动之所在"[3]。就社区作为文化治理对象而言，虽然所介入的舞蹈活动形式的艺术价值定位参差不齐，但其所带来的诸如"参与率"大幅度提升，抑或"活动空间"明显拓展等，都会以更深层次的价值增量方式，可持续地以渐变姿态改变着社区的文化形貌，

---

[1] Liz Lerman and Jawole Willa Jo Zollar, "A Dialogue on Dance and Community Practice", in Max O. Stepheson Jr. and A. Scott Tete (eds.), *Arts and Community Change: Exploring Culture Development Policies, Practices, and Dilemmas*, New York: Routeledge, 2015, p.183.

[2] Liz Lerman and Jawole Willa Jo Zollar, "A Dialogue on Dance and Community Practice", in Max O.Stepheson Jr. and A.ScottTete (eds.), *Arts and Community Change: Exploring Culture Development Policies, Practices, and Dilemmas*, New York: Routeledge,2015, p.183.

[3] Liz Lerman and Jawole Willa Jo Zollar, "A Dialogue on Dance and Community Practice", in Max O. Stepheson, Jr. and A.Scott Tete (eds.), *Arts and Community Change: Exploring Culture Development Policies, Practices, and Dilemmas*, New York: Routeledge, 2015, p.184.

乃至社区居民的文化身份建构速度。综而观之，舞蹈活动作为社区文化治理中艺术介入的重要影响因子，以其"社区舞蹈"的居民参与方式，已经成为我们技术方案设计并进一步给予社区文化激活的基本配置要素。

二

无论国际标准参照还是国内标准参照，舞蹈艺术评级甚至技术评级标准、规范和程序等，在各门类艺术中都居于前沿位置，这在很大程度上是包括标准舞在内的某些舞种，能够从精英艺术形态，大规模走向大众艺术形态的内在逻辑依据之所在。但"社区舞蹈"并非指涉舞蹈的艺术形态，因而也就在舞蹈社会学意义上跨越了传统的艺术定位方式，并在将这种定位作为存在性参照的条件下，对其作更现实的针对性功能切分，否则我们就无法有效获取讨论"社区舞蹈"现场事态的准入条件。

不管舞蹈艺术家愿不愿意承认，"社区舞蹈"作为一种舞蹈活动方式，是文化民主条件下人的舞蹈权利与符号诉求的最大解放，这种解放在功能与符号诉求活动中彻底改变着舞蹈与人类社会之间的基本构成关系，并且是在新的意义和价值高度上以新的存在方式，解放着发生学维度的朴素相似关系或本能相同关系。尽管处于这一关系结构中的舞蹈，极为低端地异质于诸如"我按照自己对肖邦精神的理解，不断舞出自我的灵魂"[1]，而且我们也很难将其作为经典案例，来回答艺术理论家急于回答的诸如"关于艺术是什么，乃是我们生活中值得讨论的足够重要的问题"[2]，因而也就只能在"娱乐性舞蹈"的义项下被定义为"业余活动"，也就是所谓"很明显，门外汉对舞蹈无论在技术上还是在心理上，都是完全属于专业圈子之外的。只要它在名义上依然存在于其自身之中，就一定会背着某种低人一等和竭力奋斗的业余爱好等包

---

[1] ［美］伊莎多拉·邓肯：《生命之舞》，蔡海燕、凌喆译，浙江文艺出版社2010年版，第162页。

[2] Kathleen K.Desmond, *Ideas About Art*, Oxford: Wiley-Blackwell, 2011, p.33.

袱而蹒跚前行，而在其自身的世界里，它则变成了某种自由而完满的活动"①。

这里所谓在其自身的世界里，以及所谓变成了某种自由而完满的活动，在其他诸多形而上的逻辑命题知识隐存外，还有一个尤为重要的命题"照面"，那就是"社区舞蹈"这一普在文化现象的逻辑起点。也就是说，在广袤的中国大地上，无数的城市社区与新兴崛起的农村社区，亿万计非身份化而且去专业化的业余舞者，正在以舞蹈艺术符号与舞蹈艺术意味不等的个体日常生活动作行为，以及规模不一的集合表演活动方式，自娱自乐地沉浸于朴素、简单但十分热烈的舞蹈场域氛围中，在身体解放的同时，更体现出文化解放的体验感与获得感。其情绪与情感的真实性，不仅能够正能量向度地确证"没有人是艺术家，也没有人不是艺术家"②，而且能够基于日常生活经验地确证"不管各经验的对象在细节上是如何相互不同，各种各样的经验中存在着共同模式"③。在诸如此类以及更多的"确证"中，实际上理论坚守与现实反抗的焦点在于，包括舞蹈在内的所有可以被纳入传统专业精英艺术中去的作品文本、活动形态或者符号指涉方式，是否就是合法性价值标杆抑或权利准入的分水岭？仅就舞蹈而言，可以引申性追问，专业化身体能力建构的舞蹈符号呈现，在走向普及性同时，非专业化身体权利拥有的舞蹈活动参与过程中，究竟意味着舞蹈在人类社会界面是延展进步还是流俗蜕化？或者进一步而言，这二者之间是否由此必然形成紧张和冲突的本体存在关系？

如果事态现场处在全球化多元文化背景的复杂构成社区，也就是"文化马赛克"（the cultural mosaic）象征叙事的那种"每一个作为唯一的多元文化的个体所拥有的多元社会身份，乃是我们所在多元文化中以居民身份共同居

---

① ［美］约翰·马丁：《舞蹈概论》，欧建平译，文化艺术出版社2005年版，第188页。
② 朱青生：《没有人是艺术家，也没有人不是艺术家》，商务印书馆2000年版，第1页。之所以嵌入"正能量向度"予以叙事限制，是因为这个判断对事实而言非常精准，但对真相而言就容易不经意间仍然坚守"艺术"或"艺术界"是艺术活动正典合法性所在的老路，就会隐在价值认同如以色列学者齐安·亚菲塔所说的："我们这个世纪的艺术世界，在我看来，总的来说，像是一座建筑物崩溃成一片废墟的城市，这城市必须重建不可。"（［以］齐安·亚菲塔：《艺术对非艺术》，王祖哲译，商务印书馆2009年版，第593页）
③ ［美］杜威：《艺术即经验》，高建平译，商务印书馆2005年版，第46页。

住的后果"①，那么类似追问就会成为隐存问题，而在日常生活现场，则可以暂时实现文化矛盾和解方案。这种和解，当然是"最大公约数"与"特殊少数"的诉求和解。就"社区舞蹈"而言，除非所在社区居民主要由专业舞蹈院校师生或专业舞蹈院团演员构成，否则其舞蹈参与强烈诉求就不可能以专业标准作为准入条件。但即使如此，也不排除"特殊少数"居民中有专业舞蹈演员或相关院校师生，而且我们在制度安排过程中，任何时候都不能堵塞这类特殊舞蹈活动参与的通道、平台和机会，否则既直接与社区文化治理的公平性原则冲突，亦会间接与效率性原则相悖，当然也就意味着文化治理失灵或失效，这至少会与中国特色社会主义条件下，现代公共文化服务体系建构的价值指向渐行渐远。

所以很显然，为了确保本文所拟命题真值率更高，就有必要对"社区舞蹈"作跟进性的初步识别。当我们一般性地思考社区文化治理问题时，社区舞蹈作为一个总体性概念，只不过是艺术与社区变迁之间介入关系的一个链接点，然而在背景悬置并将此作为场域交谈的全部内容时，就不难发现，这个总体性概念在语义边际内其实有着更复杂的意义内置。

例如，"社区舞蹈"可以切分为专业艺术舞蹈与非专业文体舞蹈：前者是"特殊少数"的职业诉求，哪怕这种诉求在其所处社区生活境域内往往表达得并不充分，但依然不是制度安排予以缺位的理由。这不仅因为专业舞蹈艺术与其他门类艺术一道，以形而上的价值光芒彰显着"艺术乃是精神生活的必需品，也是精神生活的产物"②，还因为专业舞蹈艺术能以符号魅力，潜移默化中让社区文体舞蹈参与者获得文化牵引力量，最终实现外在牵引与内在驱动的合力作用及其社会动机。因为社区"最大公约数"，能从对这类"特殊少数"舞蹈符号的"审美性凝视"与"本能态模仿"中，更能意识到抑或无意识地感受到苏珊·朗格所论及的"世俗化效果"，即所谓"大众舞蹈在这样

---

① Bernice Lott, *Multiculturalism and Diversity: A Social Psychological Perspective*, Oxford: Wiley-Blackwell, 2010, p.107.

② ［英］克莱夫·贝尔：《艺术》，薛华译，江苏教育出版社2005年版，第40页。

动机推动之下，在浪漫精神的支持下，从现实的重负下逃脱、解放出来"①。可以非常肯定的是，无论社区内居住着这样的"特殊少数"，还是专业性特殊少数，以志愿身份进入舞蹈场域并呈现专业艺术舞蹈的符号诱惑性，都将对"最大公约数"所统辖的社区文体舞蹈活动，提供更广阔的想象空间与更强大的可持续性牵动力。后者作为"最大公约数"的业余诉求，社区舞蹈参与的价值指向则与前者迥然相异。其异质性不仅在于参与者对舞蹈作为"'有意味的形式'这一本体性价值定位基本不感兴趣，即社区居民在社区舞蹈场域内，一定不会致力于追求'有意味的形式'是我们在其背后可以获得某种终极现实感的形式"②。其诉求有以下几个要素。第一，在于生命意识日益自觉基础上，把个体的身体权利与生存质量更加有机地统一在社区舞蹈活动中。这种统一既能满足"西美尔生命均衡"命题的"现实与'应该'同样都是把我们生命的意识置入其间……自己的生命作为一种如此这般的生命是真实的，这就犹如其作为一种这样的或者截然不同的生命，已经成为应该如此的生命一样。其在自己那奔流不息的河流中生产着各种形象的内容"③，亦能满足"诺尔曼·布朗生命抗争"命题的"生存本能要求与他人与世界的结合，但这种结合不是建立在焦虑和攻击性之上，而是建立在自恋和爱欲的充盈上"④，甚至也能满足"生命需要理论"的诸如"有三个关键的变量影响个人自主的水平：一个人对于自我、自己的文化以及在这个文化中作为一个人应该做些什么等问题的理解水平；他为自己做出抉择的心理能力；以及使他能够相应采取行

---

① [美] 苏珊·朗格：《情感与形式》，刘大基等译，中国社会科学出版社 1986 年版，第 232 页。
② [英] 克莱夫·贝尔：《艺术》，薛华译，江苏教育出版社 2005 年版，第 31 页。
③ [德] 格奥尔格·西美尔：《生命直观：先验论四章》，刁承俊译，生活·读书·新知三联书店 2003 年版，第 131 页。
④ [美] 诺尔曼·布朗：《生与死的对抗》，冯川、伍厚恺译，贵州人民出版社 2009 年版，第 327 页。

动的客观机会"①。第二,在于文化民主社会进步明显提速的时代条件下,社区居民文化主体性建构,与文化权利积极拥有的舞蹈参与实现形式。作为这一实现形式的社区舞蹈,不仅于技术层面使任何参与个体相信其自身存在价值就在于朴素符号中的舞者自在自为,亦即音乐节奏中的强烈身体动感,其本体符号属性,内在地趋同于唐宫廷乐舞的诸如"凡棚车上击鼓,非《柘枝》,即《阿辽破》也"②;而且更在于意识形态层面人民本体价值观当代确立的过程中,这些本能舞动的身体,在社区舞蹈场域以身体权利彻底解放的胜利姿态,终于能够冲破所谓"孔子谓季氏:'八佾舞于庭,是可忍也,孰不可忍也'"③的数千年桎梏,并在胜利实现文化突围之后,在社区舞蹈的自组织功能中,建构起由身体符号支撑的现代公共空间,自由自在地共建共享于舞蹈活动的参与民主,而且呈现为"所有个体都有权参与各活动阶段的决策权"④。

当然,除了案例分析的切分方式外,我们还可以进行诸多维度的其他切分事态来给予逐一分析,但所有这些分析就其结论而言都具有彼此间的趋同性,所以也就可以暂时予以悬置。

三

悬置的目的不是去知识化抑或问题规避,而是为了更有效地推进拟置命题的所议进程,以尽快实现对隐存问题的"中国背景"揭蔽。之所以要对

---

① [英]莱恩·多亚尔、[英]伊恩·高夫:《人的需要理论》,汪淳波等译,商务印书馆2008年版,第78页。关于人的需要,马斯洛学说有更全面的知识框架。实际上,所议还可以关联性地涉及现代幸福理论,例如个案延伸幸福情绪讨论的诸如:"这些感受常常组成了我们情绪感受和情绪体验的核心部分,而伴随这些感受的身体上的感受就像电影的配音一样,很多的情绪理论家都将它们当作是对自己演奏的音乐会。"([美]罗伯特·所罗门:《幸福的情绪》,聂晶等译,中国人民大学出版社2011年版,第191页)

② 崔令钦:《教坊记》。

③ 《论语·八佾》。

④ Terri Lynn Cornwell, *Democracy and Arts: The Role of Participation*, New York: Preager Publishers, 1990, p.52.

"中国背景"给予限制性的叙事凸显，是因为中国社区舞蹈作为当代语境现象，与世界其他任何一个国家的关联性语境相比，都存在十分明显的现场状态差异，就仿佛"中国大妈"作为一种极其特殊的社群集合体社会现象，几乎在任何域外空间或异质性族群，都找不到具有严格可比性的家族相似事态一样[①]。

于是提问就不得不转换为，就中国社区存在现状与中国社区文化治理进展现状而言，何以"社区舞蹈"作为一种艺术与非艺术混存事态，或者说作为一种复合功能舞蹈活动方式，能够以一种强大的介入力量，激活社区作为社会性基本文化制度单元的文化活性。换句话说，依靠什么样的功能义项促使社区文化治理更加有效？在我们看来，这实质上是一种非穷尽性答案的提问方式，所以也就只能呈供出我们能够穷尽的最核心驱动能量之所在，以期人们在此后的知识行动中，学理性同时也具有现实针对性地言明更多的功能发生因果关系。在我们看来，最核心的驱动能量，在目前的现场事态中主要集中在如下方面：

第一，规模化驱动。"社区舞蹈"之所以其驱动能量，有别于社区语境其他文化活动内容与专业化舞蹈，并因这种"有别于"而更能激活社区生存和社区文化生存，就在于其能够形成规模化驱动能力与规模化驱动效应。就社区舞蹈选择非专业性文体舞蹈作为舞蹈活动主要形式而言，无疑是"最大公约数"的选择结果，而选择本身，在社会合力论维度代表了社区舞蹈的巨大凝聚力价值，从而能在抵抗"勒庞主义"[②]激进情绪中，让公共社会文化张

[①] 即不能获得维特根斯坦"家族相似理论"所能整体指涉的"以同样方式称呼的东西具有一种间接关系"。（[奥]维特根斯坦：《哲学研究》，李步楼译，商务印书馆1996年版，第48页）也就是说，所谓"中国大妈"，无法与"美国大妈""法国大妈""俄罗斯大妈"之间建立起基于"家族相似原则的间接关系，更不要说直接关系"。参见赵敦华："它要求人们不要用传统形式逻辑中'种+属差'的方法来定义概念的内涵。它强调的是比较概念的外延的重要性。"

[②] 勒庞主义是形形色色否定大众文化权利的精英权贵思想命题之一，其重要思想症候，就是动辄以强行命题的所谓"民粹主义"来攻击"最大公约数"的文化选择合法性，只不过勒庞本人极端地陈述为"乌合之众"而已。

力发挥其社会均衡最大化的积极价值。至少自 20 世纪 60 年代末以来,"参与率"作为社区文化治理的标杆绩效指数,就成为全球范围尤其是"北欧模式"(Nordic model)所努力争取的核心目标之一,因而参与问题由此也就演绎为各国政府公共文化政策的重要策略选项,其中当然包括社区文化治理实践中这种重要策略选项的技术方案跟进。无论 D. 格拉姆斯(Diane Grams)所谓"通过将艺术参与概念化为交易性或者关系性的组织,会拥有一系列显而易见的方式去评估变化"[1],还是尼卡拉斯·罗斯(Nikolas Rose)所谓"社区由此而成为感染人且合乎道德的领域,它使各种要素成为可持续的紧密关系。这样一种情绪化关系的空间,经由微观文化价值和意义,个体身份得以建构"[2],无不是对这类选项的定性首肯。至少就中国目前的现场事态而言,还没有一种艺术活动方式,具有与"社区舞蹈"可以同日而语的社区文化激活功能,而且在对应位置上,反而常常可见失灵或者失效的文化活动平台与文化活动方式。从这个意义上说,"社区舞蹈"的规模化驱动能量,在现行社区文化治理中有其举足轻重的价值地位。

第二,多样化驱动。后现代与全球化叠加,导致许多发展中国家"迭代社会"加剧,其后果是社区构成复杂性与社区文化生活丰富性诉求同样突出。社区边际内因收入非均衡性所造成的社会分层未及迅速遏止态势,新移民浪潮所带来的宗教信仰背景差异与族群文化背景差异,老龄化社会造成的性别比例失调,与后现代疾进所助推引起的代际价值取向非互约性,如此等等,使得社区文化治理所面临的主要现实矛盾,不是诉求的"日益增长",而是诉求的"多种多样"。处此情势之下,多元文化主义或文化多样性等价值尺度,也就自然而然地成为当前社区文化治理的某种承重支撑点。所谓"当集

---

[1] D.Grams, "Building Arts Participation Through Transactions, Relationships, or Both", in D.Grams and Betty Farrell (eds.), *Entering Cultural Communities: Diversity and Change in the Nonprofit Arts*, New Brunswick: Rutgers University Press, 2008, p.37.

[2] Nikolas Rose, "Community, Citizenship, and the Third Way", in Denise Meredyth and Jeffrey Minson (eds.), *Citizenship and Cultural Policy*, London: Sage Publications, 2000, p.7.

体身份感可持续之际,民主的单一民族国家能适应文化多样性吗"①,已经不止国家文化治理层面,更充满挑战地落地于社区文化治理的每一个制度安排环节,每一次问题照面的事发现场,乃至每一位社区居民的即事感受。这些原则落地后,仅就"社区舞蹈"这一单项文化参与平台而言,制度末梢设计,从一开始就必须把所有差异性要素都考虑进去。譬如对社区内热爱街舞、肚皮舞或者其他动感强烈的时尚流行舞蹈活动的青年群体而言,无论如何都无法让他们扯着红绸扭秧歌或者成群成簇走方步,转而要求"狂欢热舞聚会给青年女性提供史无前例的空间,以自由自在地袒露身体的起舞休闲"②。但反过来,对代际年长者而言,则显然应该从另外一个相反的向度思考问题与处置问题。如果将差异性考虑挪移至纯粹精神界面,譬如宗教信仰,则事态显然要更加复杂。对急剧扩容中纯粹的移民社区而言,伊斯兰信徒居民所介入的社区舞蹈活动,有其体态符号;而基督徒居民在同样的介入中,却让身体动感能够表现出"作为整体的精神生活是来自肉体生活的。即使其最终升华为纯粹的、自由的精神,也仍然是从感性之火中升华而来的。而且激发感情也需要某些可感、可触、可见的事物。精神化是伟大的理想的目标;而形体化是必要的手段"③。但如果一部分居民是海南黎族原住民新近迁入,他们既非伊斯兰信徒亦非基督徒,那么其舞蹈活动方式就有可能会是身体与竹竿动作化融汇的"竹竿舞",世俗化地呈现为"跳舞者则利用竹竿之分合,在空档处上跳下踩,紧张而活跃"④。总而言之,至少在文化人类学的内置知识谱系诸多差异性空间,都必须有待多样化驱动及其能量的充分发挥,确立多元文化主义

---

① Gurpreet Mahajan, "Indian Exceptionalism or Indian Model: Negotiating Cultural Diversity and Minority Rights in a Democratic Nation-State", in Will Kymlicka and Baogang He (eds.), *Multiculturalism in Asia*, New York: Oxford University Press, 2005, p.288.

② Angela McRobbie, *In the Culture Society: Art, Fashion and Popular Music*, New York: Routledge, 1999, p.147.

③ [美]保罗·韦斯、[美]冯·O.沃格特:《宗教与艺术》,何其敏、金仲译,四川人民出版社 1999 年版,第 127 页。

④ 李露露:《热带雨林的开拓者——海南黎寨调查纪实》,云南人民出版社 2003 年版,第 345 页。

或文化多样性在社区舞蹈语境的某种支配性地位，才能形成社区文化治理的有效激活力量。

第三，日常化驱动。"社区舞蹈"存在于社区中，存在于社区居民的日常生活中，其以社区居民以及日常生活为逻辑起点和价值归宿，是与专业艺术舞蹈存在形式及介入社区时服务方式的主要区别之一。日常生活价值重心抬升，是社会进步的文化惠民实际成果，尤其是建构性后现代超越精英现代与解构性后现代的积极社会姿态。对于这一社会本体意义上的变化，人们开始同样以积极社会姿态予以回应，并且在回应中努力寻找具有阐释穿透力的审视视角，就仿佛R.D.阿布拉赫姆斯（Roger D. Abrahams）将日常生活，象征性地叙事为"方言实践的诗学"，而且在讨论"节仪聚集"时着力描述"节仪庆典已经成为一种日常事态。每一个居民实体组织他们自己的庆典，常常将当地的一次重要收获，作为庆典活动的主题"[1]。进一步，这种回应甚至会更加细节性地关涉日常生活的身体，因为对任何特定个体而言，身体问题及与之相关联的任何间接性问题，都是生存真实乃至基于生存真实之上一切幸福可能性的直接前提。德巴拉·拉普顿（Debobrah Lupton）在谈及"个体理解、体验并讨论情绪的方式，很大程度上是与他们的身体形象感受相关联的"[2]之际，或者I.伯克蒂（Ian Burkitt）在其专著中大篇幅讨论"社会关系、具身与情绪"[3]之际，这个直接前提其实都隐存于其中。因此，接下来的逻辑延伸就在于，包括身体尊严在内的日常生活化，正在社区生活边际成为文化民主的基本诉求之一，而对于本文的命题指向而言，这种基本诉求也就必然逻辑意味地要求社区舞蹈常态化、可持续化，成为边际内日常生活内容本身，成为

---

[1] Roger D.Abrahams, *Everyday Life: A Peotics of Vernacular Practices*, Philadephia: University of Pennsylvania Press, 2005, p.152.

[2] Debobrah Lupton, "Going with the Flow: Some Central Discourses in Conceptualising and Articulating the Embodiment of Emotional State", in Sarah Nettleton and Jonarthan Watson (eds.), *The Body in Everyday Life*, NewYork: Routledge, 1998, p.86.

[3] Ian Burkitt, *Bodies of Thought: Embodiment, Identity and Modernity*, London: Sage Publications Ltd., 1999, p.110.

阿格妮丝·赫勒所论证过的"有意义的生活是一个以通过持续的新挑战和冲突的发展前景为特征的开放世界中日常生活的'为我们存在'。如果我们能把我们的世界建成'为我们存在',以便这一世界和我们自身都能持续地得到更新,我们是在过着有意义的生活"[①]。问题的复杂性恰恰就在于,社区文化治理的目的是使日常生活获得"为我们存在"的意义和价值,而这样的日常生活又只有"日常化"的能量驱动才可以实现和确保,但"社区舞蹈"能否在社区居民的"在场舞者"而非"身份舞者"的非文本契约限制中成为常态,其所涉及的影响因子及其关联系数,将有待社区文化治理相关各方的长期探索与实践。T.L.科恩维尔（Terri Lynn Conrnwell）所倡导的"参与民主的增强,对个体而言,在于尽可能多地于社会界面创造参与性体验"[②],对本文的命题拟置,甚至对中国问题背景的所有社区舞蹈现场而言,就实实在在地转换为千千万万日复一日的"在场舞者"身体参与,转换为顽强于生命坚守的那些简陋广场上可敬的"中国大妈"举手投足,转换为一群群青年男女激情四射的街舞呈现或迪斯科狂欢。

余论

"社区舞蹈"既在参与现场激活社区生活,反过来,社区生活也以诸多能量驱动方式激活社区舞蹈。其所牵涉的命题拟置,在传统知识域,通常不过是某些精英知识分子冷眼以对的流俗话题。但是,在文化的人民本体论甚至社会的人民本体论"新常态"下,无论是公共文化政策研究还是舞蹈社会学

[①] ［匈牙利］阿格妮丝·赫勒:《日常生活》,衣俊卿译,黑龙江大学出版社2010年版,第257页。此议的深化理解,当参见欧文·戈夫曼论及"剧班"命题时所指出的:"同一剧班的每个成员都必须依赖同伴们的恰当举动和行为……因此,必然存在着一种相互依赖契约。"（［美］欧文·戈夫曼:《日常生活中的自我呈现》,冯钢译,北京大学出版社2008年版,第72页）

[②] Terri Lynn Cornwell, *Democracy and the Arts: The Role of Participation*, New York: Preger Publishers, 1990, p.49.

研究，都应该以热情的学术姿态，去面对这些真切而且普遍的社会现实与事态现场。而且关键还在于，在知识行动的学理研究之后，还应该更具操作性地获取命题价值实现的政策工具及其保障技术方案，从而使社区舞蹈与社区生活的互动激活，在社区文化治理进程中真正转换为文化惠民实际成果，而非纯粹修辞性叙事狂欢，对此，只能由接续文章来补充和讨论。

文化政策何为？[*]

各国政府介入文化为时不短，办展览馆与图书馆，委托创作艺术作品与纪念碑，修建文化活动场所，保护文化遗址，开发和引进具有特色的文化品，支持或强化赞助制度与语言制度，等等。无论如何，能使这些形态各异的政府文化行为结合到一起成为集合概念，并被认定为具有连贯性的政策场域，仅仅到 20 世纪 60 年代后期才发展起来。对文化造成影响的政府行为各不相同，多种政府机构参与其中。某些关联性机构，诸如教育部以及最早作为皇家收藏机构的博物馆与图书馆，显然与文化联系密切。而另一些机构，如信息部乃至从事外交的团队，这种维系则要少得多。遍及世界的政府文化机构序列，总体上起步于战后时期，开始诉求机构化和比较而论的完整构架。我们要理解和把握的，是作为"文化政策"的政府行为，涉及面广且处于扩张状态，因而也就意味着理解和把握框架依靠什么搭建，也就是要理解"准则"是资助政策的基础，要把握"挑战"的核心在于处置身份认同，要阐释应对挑战所提出的解困基本原理，并且要陈述最初拟定的政策"目标"。

一、准则

准则是共享的理解与期待。在权威处于非确定的状态下，或者处于模糊

---

[*] 本文原作者为卡罗尔·罗森斯汀。[美] 卡罗尔·罗森斯汀，美国齐治梅森大学教授，主要研究文化政策。

和质疑的地方时，那些准则有助于建立一种权力基础。准则的发展与传播，乃是全球治理和国际体制的基本任务。由于这些依赖条约和国家主权限制管辖范围所建立起的体制，功能覆盖的准则聚焦由此获得至高无上的权力。第一个此类正式组织是"国际联盟"，1920年建立于日内瓦，它在第一次世界大战后迅即应运而生。"国际联盟"是一个政府间联系的组织，专心致志于国际合作与谈判，从而促进和平。从某种意义上说，被倡导的新的国际秩序使得"强国"在战后更有话语权，从而更有效地扩大了其影响力。总而言之，伴随着"国际联盟"组织的成立，由于主权国家对原则的认定，这些原则使其能够均衡各国自身的近期利益，同时能够保卫和平及创造和平的全球公共利益，因此它被视作国际关系的一个重要组织。

"国际联盟"在确保和平的承诺中失败了。1945年，第二次世界大战结束后不久，它就被联合国超越。联合国承担着促进和保卫和平，以及维护国际安全的使命。这一组织持续聚焦于和平与安全，也包括其他全球关注的诸如人权、饥荒、难民和发展，还包括它自身的工作，即联合国拥有一批"特设机构"，它们是依附于联合国的独立组织，诸如国际货币基金组织、世界银行、世界卫生组织、国际电信联盟、世界旅游组织。联合国在协调全球机构和组织中，扮演着重要角色。例如，联合国召集联合项目的负责人，召集各联合国特设机构，以及其他如世界贸易组织这样的关键性全球机构。它的总部在纽约，另外在日内瓦、维也纳和内罗毕等地设有办事处。

最早的联合国行动之一，是1948年发表《世界人权宣言》，其中含有某些确定的一般性文化权利，在《世界人权宣言》的第27条中，列举了人权的文化方面内容：

（1）在社会文化生活中，人人享有自由参与的权利、自由热爱艺术，以及共享科技进步及其利益的权利。

（2）人人享有保护在一切科学、文学、艺术作品中体现作者精神与物质利益的权利。

这些声明，详尽阐述了基本人权的自由、财富和发展怎样沿着文化维度得以彰显。1946年10月，与联合国自身创立相协调的"联合国教科文组织"（UNESCO）成立，并获得20个签约国的批准认可。该组织产生于欧盟国家教育领导人的战时合作，这些人正在筹划他们国内教育体系的战后重新发展。在联合国教科文组织早期有影响的行动中，以1948年的《支持普适义务教育的建议》和1952年的《世界版权公约》为最。联合国教科文组织总部在巴黎。它由来自195个成员国代表组成的"最高会议"领导，选出58名成员为执行委员，一个秘书处负责处理该机构的日常事务。最高会议每两年召开一次，确立机构的优选方案、项目和预算。基于人的价值共享理念，联合国教科文组织的文化项目围绕着价值建构，开展识别并且保护面向整个人类的世界遗产的工作。如同其他全球组织一样，联合国教科文组织以独立国家的政府和享有主权的地区政府为基本单位，治理工具则基本上为自愿。该机构小心谨慎地制定全球文化政策[1]，更大意义上，它所涉及的是围绕全球文化政策准则来发展和建构国际合作，而这些准则所代表的是国际性通约工具[2]。

　　文化政策概念，在1966年联合国教科文组织开始筹备1967年"摩纳哥圆桌会议"时正式形成。为摩纳哥准备的文件以及"圆桌会议"本身，为理解文化政策是什么与干什么提供了基础：文化政策的挑战何在，基于何种理论根据揭示这些挑战，以及文化政策意欲实现的广泛目标。

　　尽管通过定义文化政策来开始他们的工作，但"摩纳哥圆桌会议"的参与者们全体一致地婉拒为文化下定义。代之而为的则是，他们聚焦于对"文化需求"的观念进行精细阐述[3]。虽然这一观念也未获得具体说明，但是从《世界人权宣言》表述的原则中提取而成，而且似乎已然被理解，意即需求在

---

[1] Silva, Gabriela Toledo, *UNESCO and the Coining of Cultural Policy*, Paper presented at the 10th International Conference in Interpretive Policy Analysis, 2015.

[2] Singh J.P., *United Nations Educational, Scientific and Cultural Organization (UNESCO) : Creating Norms for a Complex World*, London: Routledge, 2015.

[3] Silva, Gabriela Toledo, *UNESCO and the Coining of Cultural Policy*, Paper presented at the 10th International Conference in Interpretive Policy Analysis, 2015.

于"所有个体都存有文化生活权利并且在其中积极分享"[1]。这种旨在"文化民主化"的需求,乃是"摩纳哥圆桌会议"的标准:

> 文化民主化一定不存在水准降低的隐患,它不再是从"特权阶级文化"生发而来。大众不再对文化感到陌生,所有人都能够共享文化。男人与女人平等享有文化,无论他们有何种社会背景或者经济条件,都在共享中充分发展他们的人格,充分参与文化活动,并符合他们的趣味与需求。在诸多案例中,较大的人口片区还没有条件做到这一点,原因归结为时间或者资源不足,抑或由于他们还没有达到一定的教育水平。促使人们积极参与文化活动,并不意味着邀请他们到达现场,充当文化事件的消极旁观者,而是不断地通过文化活动增进他们的交往,而且致力于激活他们的创造实力……此外,工业化发达国家的文明,强有力地装备大众媒介,具有令人惊叹的渗透力量,往往使得发展中国家的民族文化充满窒息感,以致歪曲或者误解这些国家的民族文化价值。[2]

"摩纳哥圆桌会议"工作中的重要内容就是发起序列性的国家文化政策纲要的撰写。这些纲要,建立起了最基本的文化政策准则。对正在制定文化政策的国家来说,各国提供的文化政策纲要具有比较性价值。1967年"摩纳哥圆桌会议"进行筹备过程中,联合国教科文组织的专家们为了描述文化政策场域,同时也为了形成这些国家的纲要,设计出了最初的模板。这些模板规避对文化进行定义,代之而为的则是对序列性"文化行动通道"进行义项编序:学校艺术教育、非专业艺术训练、图书、电视、广播、电影、剧院、节庆、文化中心、图书馆、博物馆、画廊、广场、历史遗迹。与教育部商讨的,在于何种机构能通过何种渠道协调艺术教育与非专业艺术训练得以进行;而

---

[1] UNESCO, *Cultural Policy: A Preliminary Study*, Paris: UNESCO, 1969.

[2] UNESCO, *Cultural Policy: A Preliminary Study*, Paris: UNESCO, 1969.

要与信息部商讨的,则是电视和广播;与商业部门商讨的,则是图书出版和电影;余下的,就留给标准的文化部,包括剧院、节庆、文化中心、图书馆、博物馆、画廊、广场、历史遗迹。这样一个文化机构所制作的某些初始文本,设想为给这些分散的项目绘制地图,并由此建构国内的、跨国以及在地的文化机构网络。为了启动对文化领域进行评估和测值,文化机构也就需要开发统计模型。"摩纳哥圆桌会议"的介绍材料,强调这些运作性和行政性的政策,而驱动特有的文化政策的基本原则和动机,则被认为具有国家特别意义,并将在每一个国家的纲要中得到反映。

按照这个文本框架,参会者被要求制作国家文化政策的纲要。美国第一个呈送其报告。既然一方面表明了参会者如何使该文本框架让国家文化政策概念化,另一方面又表明了如何使美国文化政策的基本原则更加清晰,那么我们引用较长段落就是值得的:

> 美国没有官方文化设置……这仅仅是影响一种联邦政府形式的事实陈述……国家层面的政府是严格受限的政府,受限于每一个州对特定权力同意授予。由于"国父"认为该项权力并不适合委托给"议会"或者"总统",所以文化发展责任还不是一种授准的权力形式。
>
> 那么,行动少由此也就成为一种文化政策……由于拒绝中央政府有权制定政策,各州以及那些私营部门被迫寻求适合其目标的概念,从而形成了多元化文化道路。文化政策多样性是美国拟置的尺度之一。
>
> 在联邦政府层面,还有一项艺术计划。一个叫作"国家艺术与人文基金"的机构,通过授予和研究来执行这一计划。这一机构何以与没有行动的文化政策能够兼容?首先,创设国家基金时,立法限制联邦政府对任何个体或者组织在执行任何具体项目过程中实施干预……其次,支配性法律部分是,涉及艺术组织的任何具体项目,

联邦政府分摊不能超过总支出的50%……

无论如何,影响文化生长的问题的总体性国家观点极其重要,不能仅仅只是将其作为艺术家的金库。州政府、地方权力机构或者私营企业,并不拥有足够有利条件来审视国家文化需求。很多情况下,司法限制和禁止这些部门开展也许他们视作较大需求的行动……

在基本法中,议会将文化理解为地方、私企和个体首创精神的特有权利,联邦政府的角色功能在于帮助和鼓励。更值得注意的是,国家基金建立后的三年中,这一角色功能被修正成了工作伙伴。当地方公共资源和私人资源提供了大部分资助和行政服务之际,提供领导和指南的联邦政府基金创设就常常会是如此。

这是文化政策吗?是的……有些人会认为,更精细的政策会有更好的结果,减少时间浪费、金钱浪费、能量浪费……无论如何,同意那些困惑并减慢进步速度,经常是自由争论的代价……较之进步速度,美国人更在意自由而多样选择的操练。①

就在撰写这一纲要的时候,美国政府的文化角色功能戏剧性地拓展,既包括形式,也包括规模。这份文本也就着力坚持认为,在美国,政府对文化采取的是"非官方设置",而且在这一领域,权力受到严格限制。那种观念是一个印记,基本留存于所有的美国文化政策。文本将"国家艺术基金"作为联邦政府核心文化机构提出来,似乎设定艺术乃是立项的文化表现,是文化政策必须聚焦之所在。"摩纳哥圆桌会议"参与者包括罗格·L.斯蒂芬斯,他曾经运作过肯尼迪中心,作为约翰逊总统的艺术特别助理,引导"艺术与人文资助"通过议会的开创性立法,而且在1965—1969年曾经担任"国家艺术资助基金"的主席。此外,该文本提及其他相关的联邦政府机构,按提及顺序包括:"史密森学会"、"国家画廊"、"国务院"(通过其国际文化交换计

---

① Mark, Charles C., *A Study of Cultural Policy in the United States*, Paris: UNESCO, 1969.

划)、"教育部"(在那个时代，它监管"博物馆"和"图书馆")、"国家人文资助基金"、"国家公园"、"历史保护委员会"。新成立的"公共广播公司"也被提及，但仅包括传播。关于"联邦通讯委员会"，称其"不大可能所有的电视和广播始终都处在机构的控制之下"[1]。文本也讨论了版权保护的重要性以及纳税扣除作为支持文化的机制。

时至今日，许多继续发展和传播文化政策准则的当下性工作，都是由跨国组织"欧洲理事会"(COE)来进行的。欧洲理事会是一个跨国同盟，成立于1949年，目的在于从政治上整合欧洲。它有47个成员国，总部位于法国斯特拉斯堡。该领事会的当前责任是保护民主、人权以及法律秩序，声称这些都是欧洲的基本价值。它的《欧洲文化条约》签约于1954年，使文化具有欧洲整合的中心地位，并承诺：发扬欧洲人民彼此之间的理解以及他们文化多样性的平等评价，捍卫欧洲文化，在尊重相同基本价值基础上促进民族文化成果成为欧洲的共同文化遗产，并且在条约框架内鼓励参与语言研究、历史研究以及政党文明化研究。

欧洲理事会未能通过可以约束其成员的法律。与联合国教科文组织一样，它也是拟设和促进准则，在这一案例中，就是欧洲准则。

作为一个功能运转的欧洲政策智库，特别是欧洲文化政策[2]，欧洲理事会发起"欧洲文化政策纲要"，由此为描述国家文化政策提供共享模板，编集文化统计数据，追踪文化政策趋势与挑战。通过文化政策纲要的定期出版，同时也通过各国文化政策的专家评议以及其他比较性项目[3]，欧洲理事会已在它的工作中为文化政策制定标准化的定义，并且为文化政策推进这些标准。欧

---

[1] Mark, Charles C., *A Study of Cultural Policy in the United States*, Paris: UNESCO, 1969.
[2] Sassatelli, Monica, *Becoming Europeans: Cultural Identity and Cultural Policies*, Hampshire, UK: Palgrave Macmillan, 2009.
[3] Bennett, Tony, "Putting Policy into Cultural Studies", in Lawrence Grossberg, Cary Nelson, and Paul Treichler (eds.), *Cultural Studies*, London: Routledge, 1992. Differing Diversities, *Transversal Study on the Theme of Cultural Policy and Cultural Diversity*, Strasbourg, France: The Council of Europe, 2001.

洲理事会自20世纪80年代中期以来一直进行的这一工作，是自20世纪70年代联合国的努力以来，在创建和共享国际文化政策准则中，具有最具可持续性努力的代表意义[①]。联合国教科文组织也使用这一纲要，将其比较分析建立在国家政策的评议上，而且也建立在欧洲理事会文化政策专家的重审和更新其文化政策进程的基础上[②]。无论如何，欧洲理事会为描述文化政策及文化政策优选方案的模板与概念化努力，因"国际艺术协会与文化机构联盟"（建在澳大利亚悉尼，该组织如今成了国家文化政策全球集合的机构）而得以扩展。

二、挑战

政策在应对问题及其外部挑战的同时，也会助力自身的能力建构。联合国教科文组织的"摩纳哥圆桌会议"材料对积极性挑战进行论证，迫使文化政策作为一个全新政策场域得以发展。那些对文化所面对问题的早期解读已被排序，现在也可持续地留存下来，一直影响着文化政策。基于不同国家与历史时期，其强调的重点会有所变化。

"摩纳哥圆桌会议"材料显示文化正遭遇威胁。早期的文化被丢弃或者濒于灭绝，需要识别、认知、保护和留存。许多联合国教科文组织的早期工作，是负责处置第二次世界大战期间劫来的战利品和所发生的文化毁灭事件。对重塑德国的希特勒计划而言，文化是极为重要的。这一政策的意识形态根基就在于，种族是与文化关联一体的。为了清洗和支配欧洲，纳粹计划包括盗取艺术杰作，聚集或者毁灭遗产，在柏林和巴黎超常实现国际文化中心，以

---

① Schuster, J.Mark, "Making Compromises to Make Comparisons in Cross-National Arts Policy Research", *Journal of Cultural Economics*, 1987, 11 (2), pp.1-36. *Informing Cultural Policy: TheResearch and Information Infrastructure*, New Brunswick, NJ: Rutgers Center for Urban Policy Research, 2002.

② Gordon, Christopher, and Simon Mundy (eds.), *European Perspective on Cultural Policy*, Paris: UNESCO, 2001.

及创建新的文化形态与文化体制，呈现和传播德国文化。识别和保护遗产国家合约，乃是由联合国采取的第一次行动。到20世纪60年代末，尽管它的源头发生位移，但这种威胁感依然存在。冷战期间，文化是重要的战场。西方，特别是美国，强调苏联的文化压迫并且贯穿整个东方政治集团，于是发动全球战役，凸显美国乃至西方表达自由的重要性。开始于1966年的中国"文化大革命"，也是同时期冷战工作的对象。文化政策型制化就发生在这一时期，文化政治整体而言介入国际关系与紧张局势。与此同时，先是广播然后是电视，在整个20世纪60年代，观念和价值传播的影响变得越来越明显。被认为是青春期表现和拜物主义表现的美国文化，其大众媒介被认为是一种对世界范围的文化危险，既使西方文化堕落，也压垮发展中世界的传统文化。通过新技术传播的大众文化，被认为会产生一致性，由此会威胁文化多样性。

  文化也被认为发展不充分，因其还是未被开发或者未被利用的资源，所以也就是创新与增长的潜在源泉，但没有投入。联合国教科文组织文件持续传递一个信息，后战争经济与技术发展，并没有密切关注文化发展水平。在美国，这种见解尤显突出。即使那些领导人，包括肯尼迪总统与他的亲密助手，也认为20世纪50年代巨大的经济增长并不与重大的文化成就相匹配。美国在太空竞赛中的失利，不仅仅是科学，还贯穿于所有付出努力的领域。评论家们认为，繁荣使提高休闲水准以及必须予以引导的随意开销能力有了可能。剩余时间和金钱，必须用来追求有价值的事务或者为达到目的提供新的机会，但都被挥霍掉了。更糟糕的是，这些剩余也许会导致腐败，让消费主义和大众文化压倒良好的趣味与价值。经济学家约翰·肯尼斯·加尔布雷斯在他1958年出版的畅销书《富裕社会》中，突出著名的迭代概念并描述道：

> 有这样一个家庭，驾着淡紫色和淡红色、有空调而且强大制动的汽车出门旅游，所穿过的城市路面凹凸不平，稀疏枯残的建筑令人惊骇，广告牌和电线理应绵长的电线杆，已然倒伏在地上。他们

穿越乡村，那里已经被租用，到处都被望不到边的商业艺术淹没。（近来广告宣传的商品，在我们的价值体系中拥有绝对的优先性。此种看待乡村的审美关注，由此使乡村走向衰落，而在这样的事态里，我们始终如一）他们野炊时，就在污染过的河边，从便携式冰箱中取出精细的袋装食品，然后就在公园里度过长夜，而这显然既威胁公共卫生，也威胁道德。恰恰就在空气睡袋中昏昏睡去之前，当然是尼龙帐篷底下，而且在腐败垃圾的臭气之中，他们也许茫然地反省到他们祷告的严重不均等。说到底，这就是美国精神吗？[1]

加尔布雷斯认为，富裕社会必须投入公共产品，否则就会被剩余腐化。文化被提出来恰恰就是这样一种公共品，一种在战后经济增长与技术进化语境下，诉求不断投入和积极发展的对象。新的文化经济研究，有助于带来这一观点的聚焦，为此类公共投入提供了清晰的目标。普林斯顿大学经济学家威廉·鲍曼和威廉·鲍文在1966年对表演艺术经济学富有创新意义的研究，即《表演艺术：经济学悖论》，尤其具有广泛影响。按照鲍曼和鲍文的观点，非营利表演艺术机构承受着结构性而且递增性的"成本病"，而这个问题本身，在于能够为联邦政府创设艺术资助体制做出正确性辩护。对文化单位经济学分析的全新理解，以及对公共投入潜在影响的评估，有助于美国文化政策建构切实可行。

最后，文化被认为在国家之间和社会内部分配不公。文化的实效性以及评价文化的资源匮乏。充分发展作为文化创意参与者的能力，以及利用文化来充分实现人类个体的潜能的能力，也很有限。贫困、孤独和缺乏教育，阻碍了充分的文化参与，也产生了这些不公平。财富应该被分享，应该给所有的人带来更多的文化机会。除此之外，为了使所有人易于得到文化机会，文化政策将要求国际范围而且精细谋划的民主化。后战争时期很多国家获得了财富，这种财富增长也日益凸显出不公平。此类观念在那个时代特别强烈。

---

[1] Galbraith, John Kenneth, *The Affluent Society*, New York: Houghton Miffin, 1998 [1958].

其实在全球切分为东方和西方冷战竞争的语境下，非洲、拉丁美洲和亚洲国家不断地加入联合国会使其获得国际舞台上新的重要地位。发达世界和发展中世界所建立起来的资源与基础设施差异，不仅受到关注，而且遭遇强大的分歧：这种不平等在全球范围怎样被提出？在文化领域实现更加公平，就要求所有发展中国家与贫穷社区繁荣发展学校、图书馆、博物馆、文化中心和公共传播。这或许可以为全球大众媒介扩张提供一份必不可少的清单。大众媒介渗透到那些内容被传播的国家，而内容并不在当地生产，被广告宣传的产品也都不是在地产品，但实用且负担得起。文化政策会有助于建构民族文化基本架构，以抵消那些影响。

从20世纪60年代那些开始创设文化政策并使之概念化的人们的观点来看，文化受到了全球经济、政治和技术进步的威胁。这一事态对文化政策提出了诉求。重要的是要认识清楚，文化受到威胁、缺乏投入以及分配不公等诸如此类的现象，与人类学或社会学概念之间关系并不十分密切，后者将文化定义为富有意义的系统或者一系列理解力与行为的范本。人们并不缺乏按那种方式定义的文化，那种方式的文化对人类生活而言乃是固有的。对"摩纳哥圆桌会议"的参加者而言，这一困难相当明白。他们精雕细刻地为文化定义努力工作，以期能够有效地成为文化政策的基础，然而他们的工作性定义留下的是矛盾，但对文化的共享性解释，也就是已然认识到无处不在的文化，却依然把握不住。政策诉求挑战。已然见到巨大文化变化的这个时代，也许将文化变化作为早期文化政策真实对象更加合适。尽管如此，20世纪60年代对基础而广泛文化变化语境所做出的这些反应，建立起今日的基本范式，且不断地建构着文化政策。

三、原理

然而为什么要介入文化呢？在这些早期文化政策文本中，圆桌会议参加者不断强调的方面，在于文化本质上是而且始终应该作为这样一个场域存在，那就是个体表达与社区利益自由独立于政府的介入。文化的激活目标,应该是没有政府介入的繁荣兴旺。当然,某些涉及文化与自由的这类语言,明显是社群主义影响下文化情境的产物。例如,由法国呈交的国家文化政策纲要,就提出了这方面的悖论:

> 对文化的这种规划延伸似乎是悖论性的,甚至令人忧虑,原因在于自由与多元主义国家里,存在言论、宗教、哲学和意识形态的表达自由,一切都处于多样性之中……在其文化规划延伸中,政府一刻也不能漠视的事实在于,对法兰西精神而言,文化活动按其本性归属于个人自由的领域……法国文化规划绝不意味着,政府试图将其自身特有的文化观念强加给法兰西人民,或者决定社会的集合价值。尽管在非极权主义国家,文化能被看作促进个体对他所处环境的质疑,但永远也不可预期,权利存在本身对质疑命令答案,甚或规定其术语。[1]

尽管如此,按照给定的这些基本态度,政府依然有创设文化政策的意愿,其必须这么做,以便进一步获得文化的某些公共利益。什么是文化公共利益?文化有助于公共利益,为产生或者改变政策提供了关键理由,所以也就是政策发展的必要部分。文本还在于,在这样的讨论中,公共利益的理解是从文化政策的视点出发的,也就是说,对于文化的其他定义,或者面对文化的文本的其他解读,抑或与文化相关的公共利益的其他理解而言,当文化政策已然出现、将要出现且非它不可,那么还是存在内在固有的价值或信念于文化政策发展之中,或者对文化政策发展具有基础支撑作用。"摩纳哥圆桌会议"文件提供了这些理念的要点,它们在接下来的数十年里获得了进一步详尽阐述与基本论证。

---

[1] French Ministry of Culture, *Some Aspects of French Cultural Policy*, Paris: UNESCO, 1970.

（一）基本价值

在接受文化对公共利益起贡献作用的努力中，文化被理解为具有确定的基本价值。这些基本价值反映了文化对促进人类生活的不同贡献。与其他方式的人类活动不同，文化的最大贡献就是这些基本价值。从文化政策的观点来看，这些基本价值是文化最为重要之所在。基本价值代表了基本的文化公共利益，也就为拥有文化政策提供了基本理由。进一步而言，基本价值使得文化的保护与发展从根本上值得努力，而且是必须具有的观念。

1. 快乐

文化被确证为快乐的基本源头，而快乐则被理解为人的基本需求。艺术、故事、歌唱、仪式、表演以及游戏，所有这一切都会引发快乐情绪。在早期的文化政策依据中，快乐维系公共利益主要是从否定方面展开讨论的：人们渴求，如果不能积极地发展"较好的"文化快乐，代之而来的，就将是被大众媒介的衍生快乐所诱惑乃至腐化，或者更糟糕，诱惑和腐化他们的是酗酒、毒品以及荒淫无度。一般而言，这些"较好的"快乐总是与审美联系在一起的。政府必须介入，以便确保文化机会具有多样性而且是广泛有效的。这种需求凸显出来，在西方是因为日益增长的由战后财富所提供的闲暇时间，进而因为预期技术发展改变了工作和日常生活，所以闲暇时间在未来还将不断增加。

文化内在地与快乐联系在一起这种观念，在 A. 马斯洛的著作中一直被深刻地揭示，特别是 1954 年出版的《动机与人格》，提出了一种人的需求层级理论。在层级的顶端，置放着人的自我实现需求。艺术恰好嵌位于自我实现：

> 即便所有其他的需求获得满足，我们仍然可以经常（如果不是一直）预期到，新的不满足和不安分会很快发生，除非特定个体正在干他个人所愿意干的。一个音乐家必须从事音乐，一个美术家必须画画，一个诗人必须写作，最终才能让自己平静下来。一个人所

能做的，他必须做。他必须真实地对待自己的内心。①

马斯洛认为，自我实现，人类心理健康的某种理想状态，因所谓"非动机性的"活动而成为可能：

> 那些个体私密性经验，如敬畏体验、兴奋体验、惊奇体验以及羡慕体验，就其作为审美方式而言，都会以它们的方式击打生命体，亦如音乐般漫溢。末端体验终究是人的体验，音乐不是为乐器谱写的，而且也不会改变外部世界状况。如果限定得当，所有这些对闲暇而言也都真实存在。②

在食物充足和安全的富裕社会里，文化能够使人们面对他们"较高的"需求，建立归属感和自尊感，以及使他们能够自我实现。

建立在这些观念之上，心理学家米哈里·契克森米哈赖发明了他著名的"心流"概念："整体感受"③，发生在"当所有的自觉意识内容彼此之间协和之际，以及使个体自身明确的目标处于协和之际。这些主体性状态，我们称为快乐、幸福、满足、喜欢"④。契克森米哈赖对画家进行研究的工作开始于20世纪60年代中期，关注艺术家的工作，关键要素是他后来所说的"乐观体验"。这种经验没有设定目标，相反，它们是内在价值之所在：

> 我所研究的艺术家，没日没夜地每天工作，投入极大的专注力于绘画或者雕刻。毫无疑问，他们非常喜欢他们的工作，将其视为

---

① Maslow, Abraham H., *Motivation and Personality*, New York: Harper Brothers, 1954.
② National Commission on the Humanities, *Report of the Commission on the Humanities*, New York: The American Council of Learned Societies, 1964.
③ Csikszentmihalyi, Mihaly, *Beyond Boredom and Anxiety*, San Francisco: Jossey-Bass, 1975.
④ Csikszentmihalyi, Mihaly, and Isabella S.Csikszentmihalyi, *Optimal Experience: Psychological Studies of Flow in Consciousness*, Cambridge: Cambridge University Press, 1988.

这个世界上最重要的事情。同样很典型的是，一旦作品完成，也就是艺术家耗费如此多的时间和努力结束绘画之后，会丢失所有的兴趣。艺术家只要在画布前工作，就会完全沉浸于绘画。绘画充塞着他的大脑，一天24小时。但是，只要画作结束、颜料变干，通常艺术家就会把画布堆放到工作室的墙角，靠着墙，迅速忘记它。①

契克森米哈赖认为"心流活动"让我们全神贯注于一个封闭的刺激场域，所以就有极大的内在纯净，仪式具有逻辑连贯性和目的性……它从非定形的、混乱的以至令人沮丧的日常生活常态环境中，凸显出它的整体性。由于它确信自身的秩序而且是如此地令人愉快，无论何时人们都将试图去重复它。这种重现"心流"经验的癖好，乃是新兴的自身目的论。②

"心流"几乎总是从艺术中寻找案例来获得证明，而且老套地与各种文化活动联系在一起，诸如游戏、发明、创意活动、卓越的实践以及仪式。由此进一步，契克森米哈赖直接将快乐与文化发展相联系：

> 那些最令人愉快的活动和体验，将有极大的机会被回忆，极有机会建立文化记忆库……"心流"是人的发展的一种感受，只在值得无限期保存和传播的行为类型中有所体现。③

2. 身份

无论个体还是群体，文化首先都被作为身份形态来加以考虑。博厄斯主义文化人类学家露丝·本尼迪克特和玛格丽特·米德，在第二次世界大战期

---

① Csikszentmihalyi, Mihaly, and Isabella S.Csikszentmihalyi, *Optimal Experience: Psychological Studies of Flow in Consciousness*, Cambridge: Cambridge University Press, 1988.

② Csikszentmihalyi, Mihaly, and Isabella S.Csikszentmihalyi, *Optimal Experience: Psychological Studies of Flow in Consciousness*, Cambridge: Cambridge University Press, 1988.

③ Csikszentmihalyi, Mihaly, and Isabella S.Csikszentmihalyi, *Optimal Experience: Psychological Studies of Flow in Consciousness*, Cambridge: Cambridge University Press, 1988.

间及其以后的作品，基本上反映出当时人们是怎样理解文化的。本尼迪克特有巨大影响力的著作，对文化进行刻画，仿佛它们具有或者就是品格：从极为广泛的人的可能性而言，个体文化着重特殊的性格品质——克制、放纵的爱、羞耻心。在《文化类型》（1934）和《菊与刀》（1946）中，本尼迪克特认为，这些文化特质凸显和构设由一种文化孕育的个体价值与行为特征。她认为，个体行为必须放到广泛的文化类型中去加以理解。1948年，刚好在她去世之前，本尼迪克特利用在联合国教科文组织工作的机会，把这些观念与实践联系到一起，或许这有助于建立在能够很好接受文化差异基础之上的进一步国际化理解与合作。不断增强的全球联系与全球交往，会呈现新的机会去比较文化，去认识那些产生文化差异的基本文化原则。这些比较非常重要，不仅为了理解其他的文化，而且为了理解何以产生某种文化的自身独特性。

塑造身份要求此类比较：什么是别人喜欢的？我们是如何相似？我们是如何不同？其他的谁像我或者我们？文化被提出来本质性地构设这类比较。文化提供的形象与表征，意味着相似性与差异性。文化聚焦于价值，由此形成某些相似性事物与差异性事物，而认为其他的都无关紧要。按照这一方式，文化帮助人们寻找社会感，建立与特定社区的关联感。联合国教科文组织《文化宣言》的序言清晰地陈述了这种观念的含义：文化权利包括每个人所能有的可能性，以及获得发展其人格的手段，无论通过其他人的价值创造成果来实现，还是其他适宜的参与方式，都应如此，且不论在其属地还是世界其他地方。①

与此同时，文化因家庭、性别、阶级的不同，并不被理解为必不可少的，它被看作允许人们以某种自由度选择这些归属。人们通过文化校准他们自身的形象，并在与别人的关联中产生身份感。文化身份被认为是内在的和型制化的，但某种意义上也是可塑的、能够改变的。有活力的文化富有弹性，充分考虑挑战性与多样性，而且因挑战性和多样性而欣欣向荣，每一个个体的文化身份都在为文化多样性做出贡献。自由的潜能以及寻求身份的出场，以

---

① UNESCO, *Cultural Rights as Human Rights*, Paris: UNESCO, 1970.

特定的可能性为基础,那就是文化能够帮助一个人识别他自己的观点,寻求对替换观点的宽容,甚至相拥不同观点的多样性。哲学家马萨·诺斯鲍姆讨论过历史、文学和艺术对建立她所提出的"叙事想象力"的重要性:

> 思考其理应如此的能力,就如一个人站在别处反观自身,或者是自身就是一个历史的悟性读者,由此理解他自身的情绪和愿景,乃至他因此而能具有的全部诉求。[1]

她认为,通过人性,我们也许能看清差异之所在,并希望走向理解。健康而强有力的身份对自我价值感和尊严感具有基本意义。在发展中国家,文化被看作重要的维度以帮助建构这些能力:

> 对那些最近才从殖民统治下赢得独立的国家而言,这种独立并非仅仅意味着自我选择的政治权利。它也涉及新的尊严感,新的从过去传给下一代的观念诉求,骄傲于殖民统治之前及期间完善起来的艺术形式,或者从城市化和工业化进程中保护新的本土文化,以及决定重建传统文化,因为最近几个世纪,这些文化如此受到轻视。[2]

在此,文化被强有力地与传统和过去联系在一起。所提出的文化身份以一种保护过去的方式出现。似乎表面看来文化的真实形态弱化了,而且受到了大众文化威胁。文化不得不处理"我们怎样常常是"以及我们将怎样面对经济变化与技术变化。所有这一切,某些时候被作为文化呈现出来,而在另外一些时候则被认为是西方固有的。日益增长的全球化,尤其是媒介与社会

---

[1] Hughes, Phillip S., *Study of the Relationship of the Smithsonian Institution to Congress*, Washington, D.C.: Smithsonian Institution Board of Regents, 1977.

[2] UNESCO, *Cultural Rights as Human Rights*, Paris: UNESCO, 1970.

媒介的全球化，在同一时期凸显了文化多样性，以致多样性扰乱了文化与身份之间的连接。在某种程度上，文化显示出与在地和传统的分离，而更多、更广泛地去为身份塑形，由此超越古老的文化边界。改变性别与身份，就是一个极好的例证。杂交的移民和难民身份，情形也是如此。把文化当作工具箱或保留节目来看待，且恰好在机会召唤的时候，似乎更吻合于当今的移动全球语境。无论如何，将文化看作与在地和传统密切联系的古老文化定义，或者将身份看作利用文化进行塑形的古老文化定义，存在于文化政策进程的中心位置。

3. 渴求

文化价值的这一方面，也许在人类学家阿尔让·阿帕杜莱关于文化与贫困的著作中，得到了最好阐述。在此，他延展了经济学家阿马蒂亚·森的"才能"观念或者"能干"观念[1]。阿帕杜莱小心翼翼地对聚焦过去的文化观念与定位未来的文化观念进行区分。文化形成渴求，提供愿望的框架结构以及引领选择与行动的文化目标：

> 渴求形成较为广泛的道德观念与形而上学观念，源于更高的文化准则……对美好生活的渴求，对健康与幸福的渴求，存在于所有的社会之中。而且佛教徒的美好生活图景较之伊斯兰教徒的，存在较大的差异……在所有例证中，对美好生活的渴求都是某种观念体系的构成部分……而置于在地观念与信仰的更大地图中的是：生存与死亡，在世拥有的本质，物质财富超越社会关系的意义，对社会而言社会表演的相关幻觉，和平或者战争的价值。[2]

---

[1] Sen, "Amartya: Equality of What?", in *Tanner Lectures on Human Values*, Vol.1, Cambridge: Cambridge University Press, 1979, pp.197–220.

[2] Appadurai, Arjun, "The Capacity to Aspire: Culture and the Terms of Recognition", in V. Rao and M.Walton (eds.), *Culture and Public Action*, Palo Alto: Stanford University Press, 2004.

文化也影响到导致这些价值进展的能力,阿帕杜莱将其命名为"渴求的能力"。渴求的能力取决于寻求"发声"以及使空间成使发声能够扩散和被倾听的地方。"发声"概念由政治经济学家阿尔伯特·赫希曼提出:"无论发生什么变化,尽一切努力争取而非逃避,尤其不要出现不愉快事态"[1],"渴求"会诉诸"争论能力、竞争能力、探究能力以及核心参与能力"[2]。"摩纳哥圆桌会议"很快认识到文化政策事关"发声"建构,人类学家耶胡迪·科恩认为:

> 对千百万人而言,生活的必要手段是基本问题。如何使其群体代表倾听?这不是他们是否喜欢精英生活方式的问题,而是怎样使精英们倾听他们的问题,是怎样才能获得精英们对他们的关注,甚或意识到他们存在的问题。[3]

对赫希曼而言,发声不仅使讨论、呼吁以及抗议成为必需,而更具基本功能意义的是,寻求发声乃是参与的一种形式,是人们感到需要、追求改变的体现。就发声涉及平台诉求这方面来说,发声对边缘化的人们及其群体尤其重要。

要倡导发声,就要求理解行为的文化型制准则与文化追求模式,包括共享的观念、影像、表演风格和叙事。阿帕杜莱将甘地作为例证:

> 甘地的生活,他的斋戒、他的禁欲、他的身体隔离的列车包厢、他的苦行僧风格、他的非暴力隐性印度教的作用,还有他的和平抗争方式,所有这一切都取得了巨大的成功,原因在于它们驱动了在

---

[1] UNESCO, *Cultural Rights as Human Rights*, Paris: UNESCO, 1970.
[2] Appadurai, Arjun, "The Capacity to Aspire: Culture and the Terms of Recognition", in V.Rao and M.Walton (eds.), *Culture and Public Action*, Palo Alto: Stanford University Press, 2004.
[3] UNESCO, *CulturalRights as Human Rights*, Paris: UNESCO, 1970.

地的文化底蕴与原初形态。[1]

伴随这些文化风格的能力乃是一种权利形式。个体以及群体通过创造有分量的故事、影像和表演来开始改变这些解读、追求，乃至提出他们的需求与愿望，以至合法性的准则、价值和信念。在故事、影像和表演的形式中，研究文化、比较文化以及批判性评估文化的能力得以建构，由此增加卓越程度与发声能力，这也是布尔迪厄"文化资本"概念的一个部分。文化能力能够帮助穷人以及被剥夺权利的人们，去理解和展示他们自己的准则、价值和信念，以及他们究竟与那些强势者有怎样的不同。尽管如此，发声也需要考虑合法性。发声的强有力表达，不仅在于相似的时候，而且在于有创意的时候，还在于他们运用这些著名的比喻使某些东西焕然一新的时候[2]。

（二）衍生价值

文化还具有衍生价值。文化虽然对建构这些衍生价值做出贡献，但这些衍生价值也是人类活动的其他场域创造和发展出来的。文化虽然没有呈现特殊的诉求以提高衍生价值，但能对它们具有实质性的影响。这些价值也许因其他人类活动而能够发展得更好，甚至超越文化。尽管如此，认清文化对衍生价值的作用范围，仍然很重要。

1. 幸福

文化被看作过得好的生活的一个部分。或许我们想象，人可以没有文化而苟且地活着，但这样的生活，似乎只是几分凄然的单调偷生。既然如此，文化就是生活质量的基础。幸福感是主观性的：人们拥有幸福，仅仅当人们相信他们的生活正处在好的状态的时候，而无视这样的生活是否拥有快乐、

---

[1] Appadurai, Arjun, "The Capacity to Aspire: Culture and the Terms of Recognition", in V.Rao and M.Walton (eds.), *Culture and Public Action*, Palo Alto: Stanford University Press, 2004.

[2] Herzfeld, Michael, *Anthropology: Theoretical Practice in Culture and Society*, London: Wiley-Blackwell, 2001.

物质满足、意义感，或者其他对幸福而言作为本质分类的客观性特征。[1] 文化成为主体性幸福感的核心或者重要的部分，并非必然如此的事实。无论如何，因为一方面作为内在价值的源头，另一方面作为充裕的符号，文化都很重要，所以它能够为幸福带来特有的贡献。

2. 健康

文化被认为有助于肉体的与精神的健康。一切健康有益，都受可治愈的和可食饱的传统所影响，而且能通过积极和参与性的闲暇嗜好而得以促进。艺术治疗利用运动、表现、倾听以及视觉刺激，作为临床结果的目标。文化信念、文化价值及文化实践会影响药物效果。艺术治疗提供者必须关心文化语境，在这样的语境中，病人和关怀将被送达，而这样的关心，能够驱动扎根于文化传统令人称道的途径。文化也能间接地有助于健康护理，为艺术治疗提供者、病人和家庭提供分心、娱乐、希望以及维系关系的方法，这对需要长期护理的老年人和病人而言尤其重要。

3. 教育

按照定义，既然文化由学习行为形成，那么它就与教育密不可分。教育机构对于年轻人的社会训练乃是非常重要的公共空间，而且是文化差异特别大的空间。往更窄里说，与正儿八经的文学作品、艺术作品和音乐作品密切接触，以及精通其历史的教育，乃是在教育机构内通过培训得以积累的。一些人认为，文学与艺术的学习，通过它们特有想象作用与创意作用，会给学习和人的发展提供特殊的益处。想象和创意，被认为能培育同情心、批判性思维、解决问题的能力和信心。一些人认为学校应包含的，不仅仅是关于艺术的教育，而更在于通过艺术性的训练，给学生发展他们自己的想象能力与创造能力带来更多机会。

4. 社交

文化也被认为有助于激活社会互动，不仅作为共同参与的庆典、表演和

---

[1] Diener, Edward, "Assessing Well-Being: The Collected Works of Ed Diener", *Social Indicators Research Series*, Vol.39, The Netherlands: Springer, 2009.

仪式的形式很重要,而且作为日常生活形式更重要。政治学家罗伯特·普特南的著名观点就是认为,诸如保龄球联盟和妇女俱乐部这样的社会组织,在美国的公共生活中充满勃勃生机,因为它们增强了社会信任。文化为社会组织活动带来巨大的动力。社交建构开放、诚实、合作、宽容以及尊重的环境,会提高公民参与度。社交也使"社会资本"建构有了可能,对普特南而言,它包括"彼此之间的互惠感、集合行动悖论的解决以及社会身份的拓宽"[1]。普特南将艺术和文化视为独特的价值,这种价值成为给社会分化架起桥梁的社会资本类型。

5. 民主

哲学家约翰·杜威极为清晰地阐述了文化对民主的价值。对于民主,他写道:

> 作为与其他生活方式相比较的方式,乃是唯一的生存方式,且完全确信存在于作为目标与作为途径的过程中,亦如它能够抽象出为进一步经验导向提供唯一可靠权威的科学,亦如释放出情绪、需求和愿望,以便创造过去不存在的事物。[2]

在杜威的名著《艺术即经验》(1934)中,杜威认为,艺术使经验能够敞开,具有经验过程中吸引的能力,以及带来分辨经验的技巧。这些能力对民主而言至关重要。对杜威来说,民主的品格富有弹性,容易犯错,是实验性的而且是想象性的。在此,我们再一次思考,何以杜威把民主社会的教育放到如此重要的位置?倘若没有创造性想象与知识,个体就会缺乏处置新的环境的资源。最终,这种类型的创造力涉及一系列美德:鼓励实验,根据经验

---

[1] Putnam, Robert, "Bowling Alone: America's Declining Social Capital", *Journal of Democracy*, Vol.6, No.1, 1995, pp.65-76.

[2] Dewey, John, *Art as Experience*, New York: Milton, Balch and Company, 1934. *Creative Democracy - The Task Before Us*, in Joanna Boyd, John Dewey, The Later Works, 1925-1953, Vol.14, 1939-1941, Carbondale, IL: Southern Illinois University Press, 1988.

改变意见。它也要求对某人的同胞给予一种真诚的尊重。尊重和坦诚,不仅仅在于公开表示,而更在于某人实践中的具体实证。这些实践,不会产生于没有对习惯、技能以及诉求创造性行为的气质的精心激活。"创造力"既非限制于特殊场合的某种东西,亦非受限于具体的审美领域。它能够,而且理应是,在人的一切经验中以及我们的一切日常实践中获得证明。[1]

在所有文化价值所在的例证中,都在某种程度上将文化价值与创造力联系到一起,这种理解深深地植根于杜威的观念中。这是"基本价值"的真实所在,就其本质而言,根据杜威对它所作的理论概括,包括经验过程等三个方面。

6. 繁荣

文化形成一个异质性的经济部门,而且对经济行为做出重要贡献。在世界范围内,文化经济能够形成 22500 亿美元以及 2950 万就业人口的规模。[2] 在美国,文化经济大约代表了经济总量的 5%,经营着全球贸易的重大盈余。[3] 2013 年,美国有 47 万人从事艺术和文化工作,政府是最大的雇主,提供了 11 万个艺术和文化工作岗位。[4] 近年来,城市中的文化经济增长变得特别重要,文化在那里已然具有城市再造、经济发展和旅游业发展的基础性地位。在经济影响发展评估,以及利用经济影响研究寻求公共支持方面,艺术

---

[1] Bernstein, Richard, "Creative Democracy – The Task Still Before Us", *American Journal of Theology and Philosophy*, Vol.21, No.3, 2000, pp. 215–228.

[2] Lhermitte, Marc, Bruno Perrin, and Solenne Blanc (eds.), *Creative Times: The First Global Map of Cultural and Creative Industries*, London: Ernst Young for the International Confederation of Authors and Composers Societies, 2015.

[3] National Endowment for the Arts, *The National Endowment for the Arts, 1965–1985: A Brief Chronology of Federal Involvement in the Arts*, Washington, D.C.: National Endowment for the Arts, 1985. The U. S. Arts and Cultural Production Satellite Account, 1998–2013: Arts Data Pro le #9, Washington, D.C.: National Endowment for the Arts, 2016.

[4] National Endowment for the Arts, *The National Endowment for the Arts*, 1965–1985: *A Brief Chronology of Federal Involvement in the Arts*, Washington, D.C.: National Endowment for the Arts, 1985. The U. S. Arts and Cultural Production Satellite Account, 1998–2013: Arts Data Pro le #3, Washington, D.C.: National Endowment for the Arts, 2016.

倡导者已经处在前摄位置。

四、目标

在评估挑战所提出公共利益的过程中，政策制定者将通过协同的行动来建立其将面对的最终目标。换句话说，他们建立政策目标。当"摩纳哥圆桌会议"提出之际，文化政策目标使文化民主化，在这一语境中，每一个人都能有他们所选择的参与文化活动（现在，通常语义陈述为"进入"）。一旦有更多的文化参与，文化的基本价值与衍生价值预期将会增长。我们将期待更多的时间在"完全值得的"快乐中度过，在更强的身份感和社会感中度过，在更大的多元性与更强的发声中度过，在更加广泛的吸引中度过，也就是贡献于所有的文化衍生价值。更进一步，我们将预期这些基本价值和衍生价值，在所有的社会公众中间更加公平地予以分配。

如同其所宣布的，这一目标促进选择：聚焦于建构更多的参与，而非更多的文化或者不同的文化，抑或更好的文化（尽管其结果也许是，建构更多的参与将要求更多的文化或者不同的文化，抑或更好的文化）。换句话说，在早期的义项编序中，参与乃是文化政策的对象。在法国为"摩纳哥圆桌会议"所准备的文化政策纲要里，这一选择的某些后果很快就变得清晰。在艺术领域，法国建议从资助向"文化促进"的关注位移："通过减少经济的和心理的障碍，使得艺术作品的交流与传播达到最大可能性数量，因为这些障碍所保持的特定社会阶级，妨碍了艺术共享。"[①] 为了清除这些障碍，法国文化政策将有目的地聚焦于扩大文化教育，将在巴黎以外的地区发展文化基础设施。另外，法国将致力于将文化规划为俨然它就是"鲜活的日常"，而且文化受更广泛语境的影响，其中包括工作与闲暇时间之间、与媒介之间、与建筑之间的均衡，以及与城市或小镇优美环境之间、与风景之间的协调。

文化民主化被工业化国家所接受并且优化，或者时刻想到的"第一世

---

① UNESCO, *Cultural Rights as Human Rights*, Paris: UNESCO, 1970.

界"，它假定一个国家已经致力于培育文化。另一方面，在发展中世界，建设安全的文化管理工作会有优先性。1970 年，联合国教科文组织通过了第一份国际条约，反对市场出卖抢劫和走私的文化品，即《关于禁止和防止非法进出口文化财产和非法转让其所有权的方法的公约》。这一协定建立的原则是：文物和工艺品乃是它们来源地单一民族国家的文化财产，而且那些政府能够而且应该负责文化财产的照料与管理。协定强制要求发展中国家承诺作为文化资源的责任管理者开展工作，特别是那些被认为是人类遗产一部分的文物，它们对整个人类都有价值。

　　起初，这些目标作为连续的或者渐进的目标被接受：如果这些国家开始这样做，那么它们会被期待首先给予承诺，并且建设它们的管理工作制度，然后增进它们的文化发展，再然后促进民主化。这些与挑战精确匹配的目标首先被注解：文化遭遇威胁——它将利用良好的管理工作给予保护；文化发展不充分——它将会充分发展；文化分配不公平——它将被民主化。当代文化政策与这些早期构想相匹配，作为基本目标来对待。"管理工作"要确保的是，文化要保存而且保护；"发展"要确保的是，文化要增长而且创新；"评估"要确保的是，文化必须普遍有效。无论如何，这些目标不再被视为连续性的，取而代之，它们构成一个动态的而且彼此关联的系统。在这个系统中，指向一个目标的行动被理解为影响其他目标。

　　一项文化旅游计划中，历史遗址会带来很多的机会，但也许会削弱文化资源的管理工作；一项爵士乐计划，聚焦于非营利平台通过演出提供机会，也许会影响商业爵士俱乐部的发展。每一项目标都必须与其他目标一起加以通盘谋划，以便在它们之间保持平衡。实现这些彼此关联目标的有效平衡，是文化行政管理的任务。

公共文化政策研究的知识脉络[*]

在某种意义上来说,我所关注的"文化政策"较之这个词在艺术管理专业的语域里的指涉要更加宽泛广义一些。"文化"和"政策"这两个词,并非预期的那样分别局限于艺术领域和公共管理领域使用,虽然他们也包括这些领域的含义。"文化"通常所关注的,一般在于两个基本领域:第一,艺术和高的学养;第二,生活方式。第二种关联领域作为人类学的传统研究对象,已经趋于愈来愈包括和转换至第一关联领域,因此使得我们可以更加民主性地思考和讨论文化。然而,文化这一概念扩张,尽管也有其积极特征,但并不是完全令人满意,因为太过扩张某些特定分析目的与实施目标。就字面意义而言,文化人类学的文化概念包含了一切,且正因如此遮蔽了文化规律与并非首先在于意义和内涵之间的重要而有效的巨大区别。例如,经济学的分配就是文化:它们是人类的建构成果,而且其形态和运行方式会随着历史和地理的变化而变化。然而,它们主要不在于意义的生产与流通。经济学的分配基本上是关于财富的生产与流通,但这并不是说这些分配方式完全不带有意义。

雷蒙·威廉斯试图用"作为文化概念的意识到的能指系统"来攻克这个

---

[*] 本文所译部分节选自贾斯汀·刘易斯与托比·米勒合编的《批判的文化政策研究》一书,原作者为吉米·麦克古根,题目为译者所加。该文属于理论知识谱系范畴,之所以译为中文,是因为该文对我们深化该知识域的基础研究会有所裨益,尽管从知识参考角度而言,我们对作者的某些说法并不完全认同。它山之石,可以攻玉。在中国特色社会主义条件下,无论是现代公共文化服务体系构造,还是公共文化政策研究中国知识方案的形成,这样的知识参照都非常有必要。[英]吉米·麦克古根,英国拉夫堡大学社会科学部教授。

关于范围和界定的双重问题。[①] 从这个角度来看,"文化"特别与实践和制度相关联,它产生意义、惯例和制度,其中通常是符号沟通,就定义而言,这是其主要目的,甚至它自身就是最终目的,就像去电影院看一部故事片。拍电影和看电影是社会经济活动,但是,无论如何,这些活动作为商品的生产与消费活动,较之特定生活内容如饮食,或者通常较之自身目的更具工具功能属性的内容如交通体系,都极大的区别开来。食品和交通系统都具有意义,但与电影不同的是,这不是它们的主要存在理由。当然,人们总是可以想起一些例外情况,譬如,坐过山车前吃下一个汉堡,这可能不是理性的,但实际上是文化行为。

因为文化的内涵很难界定,所以难以在某个精确的定义中为其定位,或明确地给定清晰的模式。因此暗示着如此脆弱和不确定性的但可以有意识调节的"能指意义体系"作为一种"意识到的能指系统",非常态的文化政策观念,意味着某种极为脆弱且极难确定的东西,因而它能被有意识地给予制度设计是存在疑问的。问题还关系到"政策"和"政策监管"之间的词源学上的相关性。"文化政策"已经拥有了根深蒂固的"文化监管"的意义,对待文化,就好像是对待一个危险的违法者或是一个迷路的孩子。

一、文化的政策监管

16世纪,古法语单词"police"进入英语用法,用来泛指政府治理并最终成为政策。1732年,乔纳森·斯威夫特指出:"没有什么比法国人在各大城市提到'police'更值得被称道的了,因为这个词在当时意味着政府监管。"(牛津英语词典)18世纪末,这个词逐步引申为现代的而且更狭义的含义——"一个城镇的管理是由两个警员负责"(1795年,Aitkin,牛津英语词典)。按照亚当·斯密1776年的论文"粮食警察"的说法,以及1792年所倡导的,"一个好的粮食警察……也就是一个警察理应做的,就是通过为农民确保较高的价格,从

[①] Williams R., *Culture*, London: Fontana, 1981, p. 207.

而鼓励其耕种，以保障人们同时足以逃离饥荒"(《牛津英语词典》)，或许杨格也认为有可能如此。1813 年，简·奥斯汀在写给她的妹妹卡姗妲的信中，提到她读到的一篇文章里所写的"大英帝国的武装警察及其制度"，在一定程度上，这就模糊了一般意义的政府的行政治理与特定意义的警察强制职责之间的现代差异。然而 1830 年，威灵顿勋爵祝贺罗伯特·皮尔成功创建伦敦大都市警察制度，至此，专业化术语"police"才得以在英语中出现。

正当英国人从"police"这个词语中衍生创造出"policy"时，法国人自己也开始用"politique"这个词来指涉政治和政策("politik"这个词在德国也作类似意思使用)。巧合的是，在法国，阳性形态的"le politique"关联着制度化政治，而阴性的"la poli-tique"则关联政治科学和政策科学。重要的是，后来法语中以"政策监管"替代政策，回到了古希腊词根"polis"，即城邦之意。本文所呈现出的政策观点，在于强调作为竞争领域中政策与政治之间的关系，其语域对立，远超越于将其限制在更加技术性的意义上，也就是超越于尽管极小可能非政治化，但在技术上将政策监管作为政策内涵的做法。文化政策虽然提出了规则和管控的问题，但其意义决不仅限于实际运行中表层呈现的去政治化的那一套，即仅仅是政府官员的行政与强制。

尽管这是由复杂的移民历史造就的种族多样性所导致的，但其焦点主要还是集中在两个关键问题上：艺术的公共补贴与高校人文课程。麻烦始于一位名为安德烈斯·塞拉诺的艺术家的摄影艺术作品《尿中的基督》。这幅摄影作品展现的是一个廉价的塑料材质的基督受难像浸泡在盛满艺术家自己尿液的罐子里。1989 年 5 月，共和党参议员阿方斯·阿马托，戏剧性地在美国参议院撕毁了那张引起众怒的作品的复制品并洒落一地。而艺术家塞拉诺在温斯顿塞勒姆南部接受了由"东方当代艺术中心"颁发的 15000 美金作为奖金。奖金最初来自美国艺术基金会，一个相当于英国艺术委员会的美国机构，这个机构起初是民主党执政期间于 20 世纪 60 年代建立起来的。尽管美国艺术基金会并没有直接奖励塞拉诺这种隐晦地将耶稣像置于商业文化中亵渎的行为，但是阿马托从特定关系入手给予了极其保守的干预，在他的眼中，这种亵渎神明的肮脏行为和公共资金赞助艺术之间有关联。

紧随这一事件的是新闻媒体开始争相报道并公开争论：公共基金是否应该资助艺术？同年7月，北卡罗来纳州的共和党参议员杰西·赫尔姆斯提出一项修正案，提议投票表决美国艺术基金会的经费使用渠道。

依本法，基金会不能授权拨款用于推广、传播，或生产制造：

（1）淫秽或低俗作品或艺术表现形式，包括但不限于描绘性虐待、同性恋、剥削压榨儿童或者性行为的个人表达；

（2）诋毁宗教信仰支持者的圣物或者践踏无宗教信仰者的作品或艺术表现形式；

（3）基于种族、宗教、性别、残疾、年龄或国籍来诋毁、贬低或侮辱个人、群体或者特定层级公民的作品或艺术表现形式。

作了很多次修改之后，法案最终于1989年10月生效。对民粹主义者来说，要完全判断清楚何种特定的作品类型能被视为艺术也是很困难的。他们的依据极大程度上依从"纳税金额"这一项争议中的关键意识形态性数据。指责审查之际，赫尔姆斯及其盟友们否定通过讨论作品的指责，由此，他们想要取消公共资助，这些作品应承受市场力量的检验。正如赫尔姆斯自己所说："那些致力于泄愤和攻击的艺术家们，仍然能够一如既往，但得他们自己支付费用。"[1] 为什么承受巨大压力的美国纳税人，理应被期待从法定保障和诉求中，对这些"美国梦"的敌人提供庇护？但是，为了再次把大家拉回理智的争论，罗伯特·休斯指出："美国纳税人每年贡献0.68美元支持艺术，而德国人和法国人分别是27美元和32美元。"[2] 实际上，美国对艺术的公共资助，仅仅作为抛砖引玉的种子，发挥其吸引私人和企业赞助音乐会、画廊和剧院的功能。美国艺术基金会的年度预算，总是大大低于英国艺术委员会，自20

---

[1] Bolton R.(ed.), *Culture Wars-Documents from the Recent Contro-versies in the Arts*, New York: New Press, 1992, p.101.

[2] Hughes R., *Culture of Complaint – The Fraying of America*, New York: Oxford University Press, 1993, p.200.

世纪 40 年代以来，英国艺术委员会的年度预算已覆盖了美国规模五分之一的人口，尽管在美国更多属于地方性支出。

在精细的叙事策略中，专制主义常常让自由主义者难以招架，并且常常使其在过程中因过于滞缓而来不及有效回应。政治伦理反应通常以社会自明性的部分作为防势，通过这样的方式，他们唯一现实的回应策略就是尝试减少强烈反对的整体力量。万斯补充性地确证出关于反对美国艺术基金会的伦理反应动机存在两个幻觉性的可以比较的方面：作为合法创新自由生活的高雅文化进行攻击，其次则在于主张，其所提出的实际政策并不构成审查，其中包括狡猾地设计出专制审查与否定公共资助之间的差异性①。通过市场意识形态，这种差异性得以从专制主义与自由主义的联合中应运而生。

尽管实际上非常认真严肃，但在这场辩论中仍蕴含大量的幽默，而且均出自右派人士。这可能被美国字符协会诙谐地定义为"多元文化主义"的"正确"和"政治正确"的"不正确"：

"多元文化主义"是指广泛的、多元化的社会运动，通过"差异性"的点赞，支持更宽泛、更多元、更包容、更实际的美国精神，并且用《纽约社会研究评论》与"发展委员会"的话来说，叫"自主意识的人"。事实上，"多元文化主义"包含了几乎所有已知的观点，无论讽刺与否，也包括"政治正确"。不幸的是，由于保守派批评家们频繁强征该词并强势企图泯灭多元文化，因此所谓的"政治正确"也已经不再是真正的"政治正确"……

"政治正确"是指文化方面的感受。"政治正确"这一术语被白人权力精英强征使用，并沦为攻击多元文化主义的工具，就已经不再是"政治正确"的了。②

然而，一些重要的东西，毫无疑问在双方的争执中都发生了琐细化现象，

---

① Vance C., "The War on Culture", Bolton R.(ed.), *Culture Wars – Documents from the Recent Controversies in the Arts*, New York: New Press, 1992, p.109.

② Beard H. and Cerf C., *The Official Politically Correct Dictionary and Handbook*, London: Grafton Books, 1992, pp.40, 87.

支持右派的爱德华·赛德①的观察是正确的。既然问题出现在更加广泛的公众讨论范围，与其说是大量由文化左派所直接导致的，不如说是"一种新的保守教条主义主张'政治正确性'作为其对立面"的后果。当然，需要明白的是，毕竟无风不起浪。严肃的福音派激进主义在许多校园确实是显而易见的。然而比这更深意义的是，一种整体上转换和取代政治的倾向，代之以另外的学术形态和文化形态。这样一种现象，也许是美国反对力量相对无力的征兆，即不能表征他们的决策干预进入权利结构之中。杰拉尔德·格拉夫②提到，在北美的大学里，"文化研究"是将文化政治化的工具，并且在智力对抗的理论化中发挥了很大作用。"文化研究"已成为"左派研究"的委婉说法，而且也已经毫无疑问地被边缘化了。在对于美国"文化战争"讽刺却又中肯的评论中，休斯也敏锐地观察到了政治位移现象："在大学里，重要的是政治文化，而不是财富的分布和实际的社会领域事件，比如贫困、吸毒和犯罪率的提升。"③

二、正在发挥有效功能

文化研究，在诸多问题上，无论敌对方面还是同情性的质疑方面，都容易受到攻击。从本文所讨论的虽同情但仍以政策为导向的观点来看，最严重的缺陷就是文化研究的政治主张和其实际效果之间的巨大分歧。学院派的文化评论与更大的权力世界之间的联系，也就是所谓的政治的"现实世界"之间的关系，稍微有些模糊不清。然而，具有讽刺意味的是，来自外界对文化研究的攻击本身，也仅仅夸大了政治重要性。

文化研究能够变得比过去更加实际有用的愿望，显然已经驱动了澳大利

---

① Said E., *Culture and Imperialism*, London: Chatto & Windus, 1993, p.389.
② Graff G., *Beyond the Culture Wars – How Teaching the Conflicts Can Revitalize American Education*, London and New York: Norton, 1992.
③ Hughes R., *Culture of Complaint – The Fraying of America*, New York: Oxford University Press, 1993, p.76.

亚的文化政策研究的发展，尤其体现在由托尼·班尼特担任中心主任的澳洲布里斯班的"文化媒体政策研究中心"的研究成果上。事实上，澳大利亚在文化研究和政策导向的理论化研究的关系上有许多不同的立场。虽然偶尔为了短期目标而选择左派或右派的立场站队，但是在更广泛的政治问题上不会一直坚定某一方立场。班尼特的"极右"立场，来自对新葛兰西文化研究的政治观点，同时受到法国历史学家米歇尔·福柯的后期论述形态的作品的影响。他的主要观点是对福柯"治理性"概念的一种延伸。

在这个治理性限定的具体化中，有诸多福柯的重要思想：一套经过论证形成的管理操作程序的运作，权力和知识繁复的复杂叠合作用，以及总是至少隐含着对现代历史进程进行评论的"理性"与怀疑主义。这类主题思想对于文化研究如何构造自己的历史的影响，是尤为明显的。这种影响，尤其在伊恩·亨特文化批判主义"谱系学"，以及英语作为课程主体的学科建制方面所著的《文化与政府》[1]一书中表现得极为明显。按修正主义者的说法，亨特的主要对手是雷蒙·威廉斯。威廉斯一直在追溯"文化和社会"[2]的传统，从而导致激化了自己的唯物主义与理想主义者马修·阿诺德的"生活批判"之间的辩论。亨特认为，由威廉斯文化唯物主义提出的批判人类学概念下的文化，实际上忽略了文化教育的历史特性。对他来说，现代英国的学校教育实践活动，是由诸如凯·沙特沃兹这样的政府公务人员引入，以便能够实施"一种由道德监管技术所构成的政府治理教学法"[3]，而不是为了传播19世纪文学中的人类重要理想。实际上，生活批判的文化概念永远处在小众的教育价值目标，采用另一个既是福柯又是尼采哲学的主要观点来解释，那就是在培

---

[1] Hunter I., *Culture and Government – The Emergence of Literary Education*, London: Macmillan, 1988a.

[2] Williams R., *Culture and Society, 1780–1950*, London: Chat-to &Windus, 1958.

[3] Hunter I., *Culture and Government – The Emergence of Literary Education*, London: Macmillan, 1988a, p.21.

养一个道德自我①。这个道德自我拥有感知和自觉意识的智慧，无论好坏都与大多数人没有半点关系。因此，对于亨特或类似这样一群右派福柯主义者们来说，文化唯物主义者和新葛兰西们所理解和提出的"文化斗争"从根本上来说是考虑不周或是错位的，因为它未能掌握特定用法和话语对象，无论它是否被应用于分类和监管"人群"或培养"自我关怀"。

托尼·本纳特②在政府纲领性声明中提到，把政策放在文化研究中，并强调文化研究中当务之急就是文化与权力的问题。但是，这个当务之急赋予了文化研究很重要的现实责任，却没有给予相应的配套支持。第一，首要责任就是要给"文化"这个词下一个定义，意为作为"政府监管的某个领域"，"政府"不仅仅是狭义的管理国家的意思，实际上更是具有包容性意义，包括所有的权力和知识的关系以及社会管理机制等。第二，不同的文化领域需要被认可，且它们的管理机制也应该被研究。我们举一个最直接的例子，这就包含对如何把新闻与画作的管理分开处理，它们都有各自调节和规范的规则，但并不完全相同。第三，如果那些成天研究文化政策的分析家们是认真的，那么总有一些与每个文化领域相关的具体的政治形式是必须被理解的。比如沿用此前已经用过的相同的案例来说，文化研究是需要有一定的关于新闻如何被管理、政府涉密的合法化以及新闻工作的自由度等方面的知识储备。而在艺术品领域，基金主体的角色，公立或私立的画廊，学术品位与学术标准等，都会是特别切题的相关研究客体。第四，研究工作需要与文化治理组织开展真诚的对话。如果在这些组织中文化政策研究工作呈现出的总是一副势不两立的态度，那么对话也就无法开展。

但是，托尼·本纳特并没有讨论如何在文化政策研究领域里，使"有用的"知识和"关键的"知识之间达成一种平衡。显而易见，为了官方使用而

---

① Foucault M., *The History of Sexuality, Volume Two – The Use of Pleasure*, London: Penguin, 1987. Foucault M., *The History of Sexuality, Volume Three – The Care of the Self*, London: Penguin, 1988.

② Bennett T., "Putting Policy into Cultural Studies", Grossberg L, Nelson C, and Treichler P (eds.), *Cultural Studies*, London and New York: Routledge, 1992a.

经费支持所形成的知识，几乎不会质疑当事机构的目标和目的。在这样的条件下，对一个政策导向的研究项目而言，评述一个文化研究的坚守关键目标以及描画"无利益性的"文化研究责任感则变得十分困难。据本纳特所说，无论如何，通常情况下的文化研究项目都不会在十分适宜的条件下开展政策游戏，不是因为批判的独立性问题，而恰恰是新葛兰西理论中的，曾经本纳特自己一度也支持和拥护的"文化"与"霸权"所带来的薄弱实践性。

要理解到底什么最为关键，那么很显然，还是需要按照计划一步一步理解清楚托尼·本纳特所阐述的关于文化研究的那些抱怨之辞。文化研究的政治和批判性实践，非常重视针对目标的文本分析，用本纳特的话来说，就是"调节人际关系"[1]。这些文本，主要取自大众流行文化，并从新视角阅读中，努力去揭示文本内涵搭建过程，进行阅读主体定位以及这些定位是如何接受、商谈以及受到抵触的。这样的实践活动按照常理是比较关注性别、性、种族以及身份等问题，思考性地运用这些内容去研究书写文本、视觉文本、听觉文本和视听文本，以及在这些研究中通过产生批判性读者与消费者的隐在目的，警惕支配性语域和颠覆性语域的运作。特别是在新葛兰西主义者无比乐观的调式转化里，文化研究的愿望就是去培育栽培反对派知识分子，去和主流权力关系进行对抗：那些以某种方式有组织地去引发激进群体的读者们。在本纳特的观点里，这样的文化政治所带来的麻烦，就是多多少少会特别关注它的指涉过程，以及一定层面对文本意义的反抗。据本纳特说，因为这个原因，文化研究"依赖于批评"，从而"未能对不同文化领域的制度设计给予制度环境的足够关注"[2]。

本纳特引用福柯对早期"监管"这个词的现代意义的运用，以及该词在法国理论家们用于深入详细阐释文化与治理这一对称概念时，所赋予"监管"

---

[1] Bennett T., "Putting Policy into Cultural Studies", Grossberg L, Nelson C, and Treichler P (eds.), *Cultural Studies*, London and New York: Routledge, 1992a, p.24.

[2] Bennett T., "Putting Policy into Cultural Studies", Grossberg L, Nelson C, and Treichler P (eds.), *Cultural Studies*, London and New York: Routledge, 1992a, p.25.

一词在"微权力"概念中的作用。"监管"这个词曾经比现在有更宽广的参照意义，它的含义远远超越简单的法律机构的任命，粗略而言，应该在一般意义上指涉治理规则。福柯主义者运用"监管"的扩张性，获得了语义学意义上的授权，而且也与福柯对惯常的权利零和概念的拒绝相连接。权利零和概念将权利限定在固定的定量，这一定量产生的中心点针对所从事的抗争。就像支配理论，限制于如上所述，社会控制垂直维度，最终由政府所引导，同时受抵抗于来自底层的大众力量。福柯的权利概念[①]在社会场域的大众中，传播范围与拓值界限都更大，因此，并不局限于有限的数量，其权利分享常常包含在政治争议中，是否根据支配理论或者其他理论所构想。这种福柯式的政治观念，超越了它的官方形态，并已证明对文化研究特别具有吸引力，因为它允许权利构想得如其所产生的。而且，不仅诉求于底层的、自下而上的权利，由此赋予"授权"的无所不在的概念以理论张力，而且授权话题被女权主义者从社区政策到管理培养给予口语使用状态的谈论。相关性的"末梢权利"观念认为，权利感围绕着身体政治的静脉和动脉，永无止境地流淌着，在无数细微处并且通过具体的社区财富，对社会和文化关系进行体制监管。为了恰如其分地转达福柯式权利概念的差异性，有必要长篇幅地引用其定义，也就是福柯在《性史》第一卷中自己所给定的解释：

> 权利首先是多重的力量关系，存在于它们运作的领域并构成自己的组织，权利是通过持续不断的斗争和较量而转化、增强或颠倒的过程；权利是这些力量关系相互之间的依靠，它们结成一个体系，或者正相反，分裂和矛盾使它们彼此孤立；最后，权利如同它们据以实施的策略，它的一般构思或在组织机构上的具体化体现在国家机器之中、体现在法律条文的制定和各种社会领导权中。权利可能存在的条件，或者更确切地说着眼点，都不应从一个中心点的原始存在中去寻找，不应从产生次要派生力量关系的独特极权唯一来源中去寻找；

[①] Gordon C., "Michel Foucault-Power", *Knowledge*, Brighton: Harvester, 1980.

它是力量关系运动着的实体,由于这些力量关系的不平衡性,不断地造成权利的不同状态,而后者总是局部的、不稳定的。①

另一个相关的典型福柯论者的观点就是"文化科技"概念,这也是一个比通常常识性使用中更宽关联领域的概念,更进一步,可以一般地表述为交流的计算机硬件、信息程序化或者特殊的传播系统。它可能被用来指代制度化和组织化结构的"机器",制度化和组织化进程的"机器",并由此产生特殊的知识配置与权力配置。在"把政策落实到文化研究中来"过程中,本纳特所举的关于文化科技的例子主要就是公共博物馆,一台使艺术和历史能够被社会所认知的机器。公共博物馆以代表现代文明进程的机构出现,成了一种覆盖大众并使其素养通过展品呈现而走向文化提升的工具,而且为社会导向的规范做出贡献。

本纳特引用了贝尔托·布莱希特关于"真理"的座右铭:说什么都是无用的,除非那个人能够有所作为。正如布莱希特和福柯都有自己的理由,本纳特关于真相的概念也是异常的务实。实际上,"真理"看起来仿佛是社会代理人参与具体制度实践中的作为,比如博物馆馆长乐于相信用福柯主义的语调来说,就是终归只有"真理政权"。这样一个关于真理的重要逻辑是,一条相关且潜在的有效知识,也有可能是不真实的,为了实用的目的,当它刚好被那些拥有话语权的代理人投入使用,代之而为的,就是相信它。本纳特并没有解释这种过度务实的概念真理,何以能够与一个批判性概念保持一致。批判的真理概念,并不依赖于为了表明合法性而愿意接受在场的权力代理人。政治接受度是依据情况而定的,因此,变化的环境乃是真理知识的质疑性标准。伽利略的悖论指出政治方面令人讨厌的真理,而这也让布莱希特感兴趣,以至看重知识的模糊关系,也就是按照精神的和世俗权利的当下政治去理解这种关系。

---

① Foucault M., *The History of Sexuality, Volume One–An Introduction*, London: Penguin, 1981, pp.92-93.

在本纳特看来，文化评论可以继续，但是他坚称"所有研究工作都会间接地受到政策议题和政策边际的影响"[1]。如果仅仅只读出了他最终认为文化分析不可避免具有政治性这个观点，那是误谈。本纳特对于他工具主义事项地对文化政策研究领域进行监管的观点，相当清晰而且非常明确。"文化研究也许会正视它在培训文化专业人才这件事当中的角色：那就是，知识型劳动者作为服务于转变意识的工具，较之依靠技术调节工具对其治理部署进行文化功能改善而言，其所表达的文化评论的责任太少。"[2]

三、保持批判性

右派福柯主义的学者们希望放弃自由批判主义，转而将文化研究作为一个整体走向治理有效性，一种无论如何都不大可能的结果，直接引入一个非常熟悉的界面，那就是文化研究变成了行政研究。严格地说，这样的研究是趋向于政策制定的先在议程，以及政策执行机构的先在事项。保罗·拉扎斯菲尔德[3]和特奥多·阿多诺[4]在他们一开始就有的区分中，就将"行政性的"研究同它的对立方式进行比较，也就是与"批判性的"研究相比较。这种类型的研究不仅会进入没有捐助人的狭窄通道，而且还承担政治边缘化的风险。想要在评论和实际政策研究的鸿沟之间架起一座桥梁，并非如此虚幻，亦如它想象自身一样……杰·布鲁姆[5]曾经假定一种沟通研究的形式，将批判的公正与行政的有效性结合起来，并将其戏称为"改良主义"。本纳特的意图可能很熟悉，但人们不能肯定此前并不存在规范化的原则，更不存在"右"倾福

---

[1] Bennett T., "Useful Culture", *Cultural Studies*, 6.3, 1992b, p.395.
[2] Bennett T., "Useful Culture", *Cultural Studies*, 6.3, 1992b, p.406.
[3] Lazarsfeld P., "Administrative and Critical Communications Research", *Studies in Philosophy and Social Science*, 9, 1941.
[4] Adorno T., "A Social Critique of Radio Music", *Kenyon Review*, 7, 1945.
[5] Blumler J., "Purposes of Mass Communication Research–A Transatlantic Perspective", *Journalism Quarterly*, Summer, 1978.

柯主义者文化政策研究框架变得很清晰的行政有效性。

斯图亚特·坎宁安的"中立主义者"立场具有比较优势，这种优势在于，非常明确而且精准地自我定位于"现实世界"的意识形态与政治语境之中，也就是澳大利亚的社会民主政治语境。[①]从20世纪80年代到20世纪90年代末，澳大利亚都由工党执政，当此之时，"新右翼"正忙于在英国和美国拆除改良性的社会文化政策。在现代自由和民主的条件下，政府干预文化领域的极端观念，在西欧的民族国家与社会民主历史地联系到一起，同时也是英国在"二战"后的一种独具特色的政治安排。公共艺术补贴的增长和热衷于维持公共服务的传播原则，实际上是福利国家文化福利部分的充分体现。

本纳特赞同坎宁安在文化研究"诉诸隐喻"中呼唤一种转变："文化政策导向研究应该转变其'诉诸隐喻'的方式，一方面不再搞对抗、对立主义以及反商业主义，另一方面也要呼唤大众主义，通过这样的研究方式位移，走向权利享有、权利公正、权利授予，以及行使对文化领导权进行评价权利的机会憧憬。"[②]为表达对坎宁安这段话的支持和赞成，本纳特进而选择连续攻击威廉斯对"文化与社会"传统看法的误解，而并非公然表明自己支持坎宁安的社会民主主义政治文化政策。[③]坎宁安可能正在直接与本纳特的立场对话，当他说道："唯一缺的，是公民的社会民主主义观点和将其激活的必要训练之间的联系……将陈旧的革命修辞通过新的诉诸公民权利隐喻来予以置换，在社会民主主义的政治术语中，承担文化研究走向改革者策略的责任，由此就

---

① Cunningham S., "(1993 [1991]) Cultural Studies from the View-point of Cultural Studies from the Viewpoint of Cultural Policy", Turner G., *Nation, Culture, Text-Australian Cutural and Media Studies*, London and New York: Routledge. Originally published in *Meanjin* 50. 2／3, 1991. Reprinted in Gray A. and McGuigan J.(eds.), *(1997, 2nd. edn.)Studying Culture*, London: Arnold.

② Cunningham S., "(1993 [1991]) Cultural Studies from the View-point of Cultural Studies from the Viewpoint of Cultural Policy", Turner G., *Nation, Culture, Text-Australian Cutural and Media Studies*, London and New York: Routledge, pp.137-138. Originally published in *Meanjin* 50. 2／3, 1991. Reprinted in Gray A. and McGuigan J.(eds.), *(1997, 2nd. edn.)Studying Culture*, London: Arnold.

③ Bennett T., "Useful Culture", *Cultural Studies*, 6.3, 1992b, p.396.

能使文化研究与投身政策的源泉结合到一起。"[1]

坎宁安表示，他所说的社会民主主义事态和"二战"后其全盛时期完全不是一回事。另外也必须承认，国家政策越来越受到经济和文化全球化的影响。许多老派的社会民主党人，会反感他在关于确保澳大利亚人广告内容中大量"无价值话语"的评述。实际上，坎宁安拒绝将文化政策问题与传播政策相剥离，他特别强调，就政策定位的文化研究而言，电视具有核心地位。

对一种传播与文化批判社会理论而言，由德国社会哲学家尤尔根·哈贝马斯所概念化并给予极为著名分析的"公共领域"以及理性批判辩论的运作，一直是该领域的焦点问题。无论人们是否同意托尼·本纳特型制的福柯主义文化政策研究框架，根据现代民主原则，关于文化与政府关系的形成，所存在的不得不说的远多于被说的。还有许多可以说的。按照辩证法的精神，接下来我将在本文的其余部分，对哈贝马斯框架下的各元素条件与具体已列出的福柯观点进行对比。事实上，在对文化政策的研究中，我可以在适当的地方自由地使用福柯和哈贝马斯的观点，去阐释特定文化政策问题。

哈贝马斯作品的基本主题通常是关注我们在公共领域中的意义，尤其是如何沟通彼此之间的差异，并最终求同存异以达成共识。[2] 这个核心观点在哈贝马斯两本著作中有充分体现，分别是：1962年出版的德文版《公共领域的结构转型》（1989年出版英文版）和1981年出版的德文版《交往行为理论》（1984年和1987年分别出版英文版）。最初哈贝马斯主要是对18世纪晚期19世纪早期随着资产阶级的崛起而出现的自由民主的对话做出阐释，包括这样的自由民主对话是如何因为现代商业媒体的扩张和他所说的"社会福利国家"的出现，从而沦为操纵传播的手段的。在20世纪70年代，哈贝马斯语言学转向之后，他的晚期作品向一个抽象的程序严谨的语言行为模式发展，且越来越远离他的第一本专业著作所代表的传播与文化的基础理论。然而，尽管

---

[1] Holub R., *Jurgen Habermas–Critic in the Public Sphere*, London and New York: Routledge, 1991, p.134.

[2] Holub R., *Jurgen Habermas–Critic in the Public Sphere*, London and New York: Routledge, 1991.

他对自己各种理论进行了各种各样的修正，哈贝马斯的早期和后期作品仍然具有明确的连续性。

公共对话存在的目的可能被认为具有两大主要文化功能。首先，它本就是在社会中通过语言、知识、信念等进行社会循环的文化本身。在自由民主主义里，公共对话的参与，无论话语内容真诚与否，有意识与否，它都是公民权利。这是与当前辩论有着紧密联系的公共对话的第二大功能。原则上来说，作为公民，我们有权公开讨论文化和社会。这样的权利为那些专家们举办文化批判活动提供了基本原理和依据。从广义上来说，泰瑞·伊格尔顿力求通过讨论文学批评与文学理论而得以复活，尤其是重新拥有失去其更大社会政治评论责任的重要内容，哪怕它们在学院派看来似乎最为激进。[1]

在英国，对"公共领域"一词的使用，紧扣关于公共服务扩张的学术争论。尼古拉斯·加汉[2]将该词用在自己关于公共服务扩张的坚守之中，既不是不加辨别地就认同公共服务扩张学的实际历史，亦非仅仅维护BBC作为一个令人敬重的机构。他认为，在交往过程中存在的公共产品利益，如果没有重要的制度，在传播理论看来，没有一个站在公益事业监管评估中，扩张的民主功能就会在实践中受到限制，也许会流失。正如理查德·柯林斯评论的，这样做似乎将公共领域与政府公共部门画上了等号，没有给市场作为一种对文化的刺激要素和扩张的提供者预留空间。[3]但事实上并非如此，这既不是加汉所持有的实际立场，也不是约翰·基恩所持有的实际立场，他们在这些问题上想法更具相似性。他们的想法，更多地在于内在固有问题的评论，也就是一种绝对由市场驱动的媒介体系。如果没有预设的公共责任和公共制约，

---

[1] Eagleton T., *The Function of Criticism–From the Spectator to Post-Structuralism*, London and New York: Verso, 1984.

[2] Garnham N., "Public Service Vesus the Market", *Screen*, 24. 1, 1983. Garnham N., *Capitalism and Communication–Global Culture and the Economics of Information*, London, Newbury Park and New Delhi: Sage, 1990.

[3] Collins R., "Public Service Versus the Market Ten Years On–Reflections on Critical Theory and the Debate on Broadcasting in the UK", *Screen*, 34. 3, 1993.

没有某些努力去促进对傲慢政府和无约束市场力量的置换,对民主讨论和文化体验的预期就会减少,实际上就会处于危险之中。雷蒙·威廉斯①很早以前提出过一个类似的理论,巧合的是,同年尤尔根·哈贝马斯发表了德文原版的《公共领域的结构转型》。此类观点如同他们所做的,吸收了政治思想的自由民主原则,同样也吸收了社会主义政治思想。这一争论线索假定,民主自由和权利的自由原则,至少残存性地具有影响力,而且开放性地面对进一步发展和激进化。无论如何,在现代晚期条件下,这一假定在于,早期现代的政治民主原则留下了批评话题,而且不断地与它们刚开始很便利的自由经济产生矛盾。在20世纪的最后几十年里,其原则受到威胁,直至它们的合法性被遮掩得黯然失色。在公共交往和文化中,自由民主思想历史体现的最好研究,乃是哈贝马斯的《公共领域的结构转型》。哈贝马斯②清晰地论证了在18和19世纪,先进的欧洲单一民族国家如英国、法国、德国所出现的公众辩论的新形式,尤其是在早期商业革命之后的英国工业革命时期,而后又接着法国大革命,这些革命清晰地表达了现代自由政治的理想与平等主义休戚相关。古希腊城邦雅典也曾出现过公民民主对话和他们表达想法的场所,就是著名的雅典集会所。那时还没有资产阶级公共领域虚伪的普世主义。古希腊的最大差别在于男人是可以在城市广场发表见解来践行公民权利的,而妇女或奴隶是不被允许参与的。比较而言,资产阶级公共领域在理论上所假定的是无限平等。两百年前在英国、法国、德国等国家就被提出对于公共领域的正式请求和声明,但不是出于真正的公共文化与政治功能的需求,而是为了保持哲学一致性。只有严格属于资本家群体的财产拥有者,才有资格涉足公共领域。但是无论什么情况下,家长制社会里女性都是被排除在外的,且只能被限制在哈贝马斯所界定的家庭和家族的"私密领域"内。这和公共领域有着整体联系,基于"私密领域"属于家庭内部机制,属于不可侵犯的个人领域。

---

① Williams R., *Communications*, London: Penguin, 1962.
② Habermas J., *The Structural Transformation of the Public Sphere-An Inquiry into a Category of Bourgeois Society*, (1991, Cambridge: Polity Press) , 1989 [1962].

这就使得家庭以外的政治世界里，只有资产阶级"绅士们"具有了合法性，且为他们在商业贸易之中追求"私人领域"的经济利益提供了存在理由。因此，资本主义公共领域的核心，其社会矛盾存在于一般意义上平等公民权利主张与基于阶级、性别以及种族等非差别性财富排它之间。虽然哈贝马斯常常因为他过于理想化资本主义的公共领域而遭受批判，但他始终强调社会矛盾性及其过度粉饰。他所做的比较分析，既存在于他的早期作品，也存在于他的晚期作品，充满了一种真诚的民主公共领域的理想。在这一领域，将不会允许诸如此类的排斥存在。

后工业社会及其丹麦文化政策趋势[*]

在提出制定后工业社会文化政策种种模型并试图明确研究中的某些要求之前,我将尝试着对西欧工业化社会中文化发展的一些特有趋势给予描述。其主要案例采自丹麦,但除了细节异质之外,所描述的趋势与问题,乃是西方大多数高度工业化社会的共性。

基于某些原因,评估文化问题的当前状况变得越来越重要。首先,社会的碎片化(fragmentation)与文化的差异化(cultural differentiation)进程,已经成为西方社会的一种征兆。其次,很大一部分人被排除在生产领域之外,而且类似情况显然正在不断地持续下去,三分之二的富裕人口支配着剩下的三分之一国民。从文化的角度而言,这或许有等级社会再生的危险。最后,文化事务中越来越频繁的国际合作,常常会对区域文化和本土文化带来破坏性后果。

那么,西欧工业化社会文化发展趋势,对制定国家文化政策抑或国际文化合作政策,会带来哪些挑战呢?

一、文化分化

在社会学中,分化(differentiation)的历史源远流长,尤其与社会变迁

---

[*] 本文所译部分选自 J. 朗哥斯特德所编的《对策》(*Strategies*)一书,原作者为彼得·杜兰。该书于 1990 年由丹麦的奥胡斯大学出版社出版。承蒙作者应允,译者将其摘译至中国语境,或许对促进中国文化治理体系与治理能力现代化具有某种知识参照意义。[丹]彼得·杜兰,丹麦哥本哈根大学研究院工作者,曾任职于欧洲议会。

理论有关。分化意味着社会不同部分的碎片化与专业化。这既可能与劳动场所有关，因其内闭与工业生产过程常有的统合性、分工专业性与劳动单调性，也可能与家庭教育有关，其生育、经济赡养与教育任务逐渐被其他机构所取代，或许还可能与休闲时间有关，休闲时间量与文化分化的关系更加明显。

过去，许多社会学家通过对家庭结构变迁与经济变化之间的关系进行考察，对发生在19世纪的工业化进行分析。而在此后对于家庭的研究当中，"二战"以来第二次工业革命对于家庭模式的影响，逐渐成为被关注的对象。例如哈瑞特·霍尔顿，就着重论证了现代家庭究竟如何变得更加个体化以及受到解体的威胁。

最近以来，针对日常生活的研究，产生了许多有关后工业社会中社会和文化碎片化过程的知识命题。

年青的一代，也经历了此前就业已存在的社会碎片化过程。正是这些年轻人，滋生出分离于官方的亚文化，以此来保护自身不受后工业社会碎片化的影响。

显然，文化分化具有潜在的文化解放意义，但如果社会不能从文化视角出发对这一基本发展趋势有清醒的认识，它也有可能导致某种新形式的压迫感，且如果类似情况朝更糟的方向发展，后现代社会也许会最终陷入失范（anomy）状态。

二、潜在陷阱

一些经济学家和社会学家——包括从"经合组织"（OECD）到财政部的成员们——近来都指出，在牵涉其余的社会构成部分时，劳动市场的运作方式必须变化，不然工业化社会就会陷入结构性陷阱（structural trap）当中，这将使降低失业率变得更加困难。无论经济发展状况如何令人满意，这一说法，甚至对斯堪的纳维亚诸国这样形态完善的国家来说，同样适应。

结构性陷阱（structural entrapment），是所谓"2+1"社会形态的另一个名称。也就是说，在目前的状况下，工业化福利国家中约 1/3 的人口没有稳定就业，它们所依靠的是最低生活保证金、解雇补偿金或者救济金，甚至干脆被社会所遗弃。在后工业社会中，一个突出的潮流就是，多数传统工作领域将被新技术所替代，与之相伴随的，就是人们被遗弃的潮流得不到遏制。在美国的金属产业中，技术改造后，工业机器人与普通工人的比例高达 5∶1。所谓 1/3 的人并非随机选定，它们作为一个群体，受制于一些共同的要素：未受到良好教育的，年轻的没有工作经验的，或者反过来则是年老的精疲力竭者。长期以来，人们期待的是，一旦市场情况好转，这 1/3 既脆弱又受到社会挤压的群体，最终会返回社会的怀抱。今天，许多社会科学家、联邦议员以及政客们都逐渐认识到，即使经济增势迅猛，这最后 1/3 的群体仍有被遗弃的危险——表明这一立场的一份声明于 1990 年 2 月 16 日发表于丹麦公共联盟（Danish Trades Union Congress）的执委会会议上。这就是结构性陷阱。经由被称为"正式资格证书"而获得认证的受教育程度，似乎从根本上决定了哪些人会陷入结构性陷阱之中。

一个关于"2+1"社会模型的残酷现实是，如果你拥有相当高的文化程度，现今的资本主义系统就能够保障你的就业（也会伴有间歇性的失业）。但如果你接受教育的水平较低，无论私人雇主还是公共雇主，都无法确保你的就业——卡尔·马克思曾残忍而又诚实地指出一个事实，那就是现代科技及其国际竞争，会从劳动力中榨干利润。

而且，人们也会被迫意识到这样一个无情的事实，除了商业和生产的人工调节作用并且不断变化的商业政策、经济平衡以及被不断创造出来的新工作之外，要使一大批受社会排挤的人群进入社会利益核心圈内，几乎是不可能的。除非我们在文化领域所付出的巨大努力足以填补这一缺失。

"2+1"社会、"1+1"社会抑或"1+2"社会，这一趋势在当下生产领域中无论最终会走向何方，就社会而言，它不仅会导致大批群体被排斥在社会之外这一不可接受的结果，而且从文化权利分化这一角度来说，就会有较大规模遭遇社会挤压者，永远也不会有获取国家资助的充分信心，或者失去对国家所资助工作（state-subsidized jobs）的希望，当然也就不会信心满满地在当今科技条件及科学全球化背景下理所当然地融入新的社会境遇之中。

作为剩余人群的末端部分，他们的最大危险，在于深陷自卑情绪、滥用毒品乃至自甘堕落于永久性的屈从地位。他们把希望放在瑞典人所谓的"社会保障工作"（social-care job），或者干脆沉溺于娱乐至死，不愿承担人和社会责任，对所在社会的物质生产与文化生产不发生任何正能量影响，唯其"自娱自乐"（play in the sandbox）。从文化分析的角度而言，这将导致社会的文化等级化，而从民主价值角度而言，这种社会的结构本身，决定了文化主体性只能属于极有限的一部分人。

美国社会学家丹尼尔·贝尔曾经描述过这种现象。这种现象既与后工业社会中社会群体相对关系的变化有关——其中新兴的技术管理人员逐渐占据主导地位，同时也与后工业社会中相互矛盾的文化利益有关。根据贝尔的分析，在寻求娱乐化的后现代文化当中，这种令人愉悦的"自娱自乐"行为，将导致许多人无法在社会发展中发挥其应有的作用。因此，严格地来说，人们需要有一种更加理性、宽广和全面的审视视角。

在一种享乐主义文化中，不仅仅是排除在外的群体，就连富裕人群中的大多数，也无法对社会发展产生积极影响。如果贝尔的理论被证明是正确的，那么未来社会就将产生文化民主，但这种民主与政治民主、经济民主或者技术民主无关。从这一意义维度而言，文化民主并非真正的民主，因为真正的民主需要与经济的、技术的和政治的民主相结合。

除此之外，令人警醒的是，我们也应注意到一种封闭的文化回路现象（closed cultural circuits）。例如，正像社会科学家所指出的那样，企业出于管理目的而对社会与文化的关系毫无兴趣，对经济、政治和文化发展显得漠不关心。

前工业社会以及工业社会的历史都已表明，文化分化必然涉及社会分化，而且在文化主导权当中，对生产的控制仍然是支配和控制社会的关键。

除非我们格外努力地提供正规的资格培训并且培养人们的自信心和文化

素养，否则尽管我们拥有多种多样的经济手段、完善的教育或者对社会福利进行改革，后工业社会仍然具有走向文化分化的危险。这不仅会导致大量人口遭社会抛弃，而且会产生亚文化或者文化等级制。这就是后现代社会的文化陷阱（cultural trap）。

三、一致性还是多样性

早在1950年，英国社会学家T.H.马歇尔就分析了从几百年前自由主义和平等主义观念取得突破以来民主的发展情况。在分析中，他区分了三种权利：公民权利、政治权利和社会权利。根据马歇尔的分析，18世纪以公民权利的发展为特征，使得一国公民在法律面前人人平等。在19世纪紧随而来的是政治权利——如投票选举或被选举进入议会的权利——的逐渐发展。到了19世纪后期，政治权利仅限于资产阶级的公民，他们从未想过要将这些权利延伸至妇女、儿童或者无产阶级身上。

在西欧，未获得正式的和有代表资格的政治权利而进行的斗争已接近尾声。现在，问题集中地体现为，如何使代议制系统民主化并且分散权利，尤其是要把政治民主引入经济民主中来。但在东欧，争取议会民主的奋斗才刚刚起步。

根据马歇尔的说法，社会权利的种种成就构成了20世纪的一大特色。诸如享有住房、穿衣和健康的权利，享有最低生活保障的权利，享有社会福利的权利，享有养老保险的权利，享有失业补助和救济的权利等，都包括在其中。这些权利的获得，无不经过了一番斗争。最初，富有的群体仅仅处于害怕革命的考量才将这些社会权利进行扩展，如19世纪80年代，俾斯麦为了清除社会党的威胁而进行了立法。直到20世纪三四十年代，社会权利才被人们认为不带有意识形态的色彩。

对一民主国家而言，人口中存在的文化障碍具有潜在的危险性。在19世纪初，法国和英国都不是一个文化上统一的国家，而德国和意大利直到后来才成为政治统一体。诸如丹麦等较小的欧洲国家，自然相对较轻松地经历了这一过程。

然而，无论是欧洲的大国还是小国，为了保持国家的统一，它们都需要一种文化的一致性，或是一种文化的主导权。

在欧洲，文化异质性的形成是人们有意为之的。一方面，是通过对某些地区和省份（例如爱尔兰、威尔士、布列塔尼和普罗旺斯）少数民族文化多少有些残忍的镇压而达成；另一方面，通过教育系统和行政手段的方式，将统治阶级的文化标准强加给普通人。

从地区（地缘政治）和社会的角度而言，最近两个世纪是以人们构建文化统一性为特征的。因此许多事情似乎表明，21世纪会以争取文化权利为焦点，它将导致社会走向另一个反面，即为文化民主而斗争。

四、新的需求

反对文化一致性的趋势，在丹麦和欧洲其他国家都可以见到，这种趋势，通常以发展地域文化和抵抗主流文化的方式出现。

就社会结构本身所产生的压力而言，这种趋势在劳工运动里也能观察得到，人们开始将文化纲领放到行动纲领当中。这些行动纲领既涉及现代管理中的必要部分——新的企业文化，也涉及资产阶级有关文化统一的观念，而这一观念自"二战"起便主导了官方的文化政策。

西欧和东欧爆炸性的事态表明，在未来的几十年内，文化问题将越来越对政治发展产生决定性的影响。

发生在苏联内部的事态是基于文化原因，也即地区和民族原因。从更大范围说，发生在波罗的海诸国、阿塞拜疆和亚美尼亚等东南国家以及乌克兰、波兰和中欧的地区冲突，都是由地区文化认同问题所激起的。

除了对民主制度的政治诉求之外，文化归属问题毫无疑问将在中东欧的未来发挥主导作用。同样的趋势，很有可能在西欧也愈演愈烈。比起东欧，西欧的现代社会分化问题更值得人们关注。

未来几十年欧洲的发展,将以地方与区域文化分化,抵抗强加的统一性文化为其特征,甚至也将有可能是一场抵抗运动,且这场运动将越来越由文化所主导,以此来对抗被人们所共同经历的、由国际资本施加的压迫。

许多事情表明,正是由于这些由文化主导的抵抗运动,为防范市场经济全球化所带来的社会分裂,所带来的对弱势群体的排斥以及所带来的文化分化问题提供了一个良好契机。

对地方政府、民族国家和国际间的文化政策制定者来说,要创设一种能够承受地区和社会结构所导致的抵抗运动的应急体制,无疑是一项极大的挑战。而做到这一点十分必要,因为就当前的情况而言,很容易就能发展出一种针对更广泛的文化一致性的思潮,情形仿佛我们在欧共体(EEC)中所经历的一样,而不是发展成为一种文化民主制——一项 21 世纪欧洲非常振奋人心的实验。

但是产生文化民主制的先决条件是,地方、国家和国际机构要从不同的视角看待它们在后现代社会中的未来角色。它们应该祈愿建立起合适的机制,而非施加控制。

五、挑战

对于那些有幸能够在"2+1"社会形态中占据优势地位的人来说,社会分裂能够给他们带来一种人们所共有的集体感,而被排挤在外的三分之一者以及国际合作中日趋集中地两极分化特点(尤其是在欧共体内),却在新世纪提出了后工业社会以来更加严峻的文化问题。

我们如何才能防止科技进步所带来的一种基于文化差异的新阶级壁垒?如何才能阻止社会分裂和失范的趋势?

以真正的文化民主为目的,而在欧洲范围内实行政治与经济联合,这是否可能?要回答这些问题需要大量的研究和讨论。以目前的进展速度而言,人们还难以决定未来的方向。

尽管充满了不确定性，但仍有许多事情表明，我们的现代社会需要付出巨大的努力，用以巩固文化群体的力量，用以加强地方政府、民族国家和国际层面的文化民主制，用以着手大规模地完善和推进教育。

如果做不到这一切，后现代福利社会，就会有维持对部分人进行挤压现象的风险，而这正是目前国内和国际社会都不同程度地存在着的体制弊端。

今天，若是一方面想象着真正的文化民主的发展，而另一方面却不从文化角度考量国际合作问题，那显然不可能，这一点，我曾在我的著作《欧共体的内部市场》（*Det Indre Marked OG Kutturen*）中有过分析。

六、讨论议题

综上所述，我将通过列举议题的方式，总结我在以上所提到的各种发展趋势。这些议题，都应当成为商讨文化政策时的政策议程，并且适用于今后面对后工业社会中的种种挑战。

文化政策作为部分向整体的功能嵌位。在一个经济增长无法解决所有主要问题的社会中，人们应当高度重视文化政策这一特定领域。就政治角度而言，我们在总体上思考新的方针。传统政治意识形态与当下现实境况脱轨且常常产生反作用。例如在有线通讯领域，授予私人特许权导致了垄断的形成。广告宣传以及自由媒体企业的筹资，往往与道德观点或伦理规范相冲突，中央集权的组织形式虽然受到公会成员的支持，但却在涉及经济问题时纠缠不清，所有这些，都会导致文化领域知识状况、情感表达和想象力的限制。一些国营机构和行政系统，往往有高度集中的官僚制度，从而对紧张的人际关系造成令人窒息的影响。从非教条的观点来看，现代社会中的政治分歧，也还没有在更大程度上与政治对抗的传统方式相抵触，它们也还没有显示出新的存在方式，或新的反对形式，这似乎不无奇怪之处。中央集权的计划经济，未必能导致人类在文化方面有更加自由的空间，就像自由社会经济并不必然产生思想自由。

1. 文化政策

（1）文化民主化：必须为艺术提供更好的生产和传播条件，而且重点强调能够将艺术活动与日常文化活动结合起来，予以拨款资助。

（2）文化民主制：支持文化民主至关重要，目前状况下，这将会使文化资助的收益最大化。

（3）文化资助：要对与文化工作相关的工作和其他日常文化活动给予资助。总的来说，文化政策的支持重点应该是与我们的工作、生活和日常文化息息相关的文化活动或休闲活动。应该制定有关录影器材和相关产品征税的立法。这些收益，在更大程度上应作为地方文化和社区活动的专用款项。

2. 家庭政策

应当以缩短所有人的工作时间为目标。

3. 社会政策

应当与当地社区活动相适应，这将有助于打破产生人际孤独的机制。

4. 劳动市场政策

必须致力于改善工作条件，缩短劳动时间，并努力使人人都能享有工作的权利。

5. 科技政策

应当替代大多数没有报酬的工作。应当立法保障所有雇员享有受培训的权利，或者向他们提供另一份与科技创新发展相关的新工作。传媒技术应当促进双向交流并且允许社会成员自行组建通讯网络。

6. 住房政策

应当保证每一个住宅区具有将不同年龄、不同文化和不同职业的人群融合到一起的功能。

7. 经济政策

最终必须保证所有公民在决定经济资源如何在物质和文化生产部门进行配置时有发言权。

8. 国内政策

应当鼓励地方团体进行政治协商。政策制定的过程应当分散到地方并且应当建立机制，以保证政治协商是基于日常经验而展开的。

9. 媒体政策

应当保障所有公民都能对社会的通讯渠道具有某些影响力。

10. 研究政策

作为一项整体性目标，必须要研究经济、社会和文化结构之间的关系。对于人文学科和社会科学的研究应该着眼于：

（1）阐明日常层次的生活与文化机构（地方抑或中央）活动之间的关系以及文化政策影响这一关系的能力。

（2）分析并描述经济、社会和文化生产方面的预期发展状况，评估这些变化对文化政策目标和文化资源利用可能产生的影响。

（3）改善对这些领域的评估方法，例如通过对欧洲各国进行比较研究。

（4）研究国际文化产业的内容和形式是如何落地到文化产业领域的。

（5）通过绘制动态变化的图表，来研究大众传媒（电视、录影带、电影、广播）对以下方面的影响：其一，对培育儿童的影响；其二，对消费模式和产品市场的影响；其三，作为一种对违背满足的需求的补偿；其四，对休闲时间、精神活动和家庭生活的影响。

11. 教育政策

必须致力于对所有人进行教育，不分年龄和职业。凡被减少的工作时间，必须由教育机会来补充，尤其是在人文学科和社会科学领域所有合格的教育课程，都应包括那些能够将其研究对象视为社会不可或缺的一部分的学科。在目前状况下，教育政策应重视在学校和社会机构中，为成人教育而开展媒体研究，以此种方式增强人们对媒体的批判意识。

（1）文化统计资料。

（2）统计资料是对与文化民主化息息相关的多组数据进行分析而得出的。这些统计资料必须进行汇编，以建立起简单明了而又有意义的分类，从而可以提供有关不同艺术形式（电影、音乐、文学、绘画和雕塑艺术、录音和录像）的生产、分配和消费的信息，包括从国际视角观察文化收支平衡的信息。

（3）文化统计资料必须进行定期汇编，从而为人们提供在文化民主活动中的定性与定量数据。

（4）应收集那些阐明甲与乙之间关系意义的文化统计资料。

日本文化政策和项目的背景 *

在今天的日本，人们普遍认为一些重要的新变化正在我们的社会中发生。无论这些变化是什么，它们都集中在文化领域，而非经济或技术方面。事实上，新的渴望和追求正在日本国民的心中产生。当你在日本各地旅行时，不难在城市或者乡村中发现各种新颖的策划方案，这些方案都试图给人们的文化生活增添新鲜元素，例如建设新的文化中心、创建戏剧团体、组织艺术节、复兴宗教祭典（matsuri）以及恢复传统舞蹈和音乐等。

20世纪50—70年代，日本的经济持续快速增长使得其的生活水平显著提升，但同时也催生出一个错综复杂的社会，这个社会在经济结构方面的特征表现为以大规模生产和消费为基础。因此，标准化和个人特征的消失成为了社会的主要趋势。许多地区的城镇化和工业发展虽然如火如荼地展开，却也导致了那些基于地方独特性而产生的社会纽带行将就木，宝贵的传统和文化财富也消失殆尽。社会和商业组织变得臃肿不堪，并且在管理控制之下越

---

* 本文所译部分选自乔伊斯·佐曼斯、埃切·科雷茵加特纳主编的论文集《比较文化政策：美国与日本研究》，1999年由阿尔塔米拉出版社出版，原作者为渡边。该书所收文章多为联合国教科文组织命题作文，基本上属于官方研究文本，所以出版社未作版权声明及其他诉求。本文作者姓名之所以按英译而未按国籍日译，主要考虑本人长期为联合国教科文组织工作，同时本文亦是应该组织之邀而作。作者通过流畅的英文、简约的笔法，以及条理清晰的篇章结构安排，对日本文化政策的宏观框架进行了较为全面的介绍，同时对某些匹配性的政策项目工具亦给予了相应说明。阅读本文，对我们系统而完整地了解日本文化政策现状及与美国现行文化政策的运作方式进行比较，有比较明显的知识参照意义。由于摘译自英语写作文本，故一概从其语用惯例。[日]渡边，就职于联合国教科文组织。

来越不近人情，甚至政府部门也强调保护商家而忽视消费者。这样一来，日本就变成了一家"公司"，其存在的实质（raison d'être）就是获取商业利益。

这样的情况直到20世纪70年代末才有所改变，而这一改变要归结于两个因素，即休闲时间的增加和教育水平的提高。人们对于生活品质和文化品位的兴趣随之开始增长。随着人口不断地老龄化，如何让老年人追求有意义的生活就成为一个重要的社会问题。70年代初期的石油危机开启了一段稳定增长的新时期，也使人们有机会反思恶劣的社会条件。在大众社会中，人道关怀和精神满足曾被人们抛弃，而现在人们开始寻找恢复之道。

日本总理府（the Prime Minister's Office）一年一度的有关国民生活方式的民意调查显示，从20世纪70年代初开始，那些将物质富裕作为生活第一要务的日本人也开始寻求精神和个人的满足感。（有关社会意识的公众意见调查，1972—1993）今天，虽然仍有不到1/3的受访者认为物质满足很重要，但2/3的人则表示精神的满足感更为重要，而这一数字仍在不断增加。这项民意调查还显示，自1983年以来，人们日常生活的重心不再倾向于诸如住房、食品和耐用消费品这些物质方面的追求，而是更侧重于娱乐休闲活动。这一观念上的变化表现为人们日益关注文化方面的诉求，这一诉求已累积多年，并且使许多人宣称当下是日本的"文化时代"（age of culture）。由于科技大大缩短了日本人的工作时间，甚至比美国的平均工作时间还要短，因此预计这一趋势还会持续下去。

作为对这些变化的回应，人们更加珍惜文化的独特性和多元性，寻找坚持主见和实现自我的机会，而这些机会只能由文化来提供。在1993年3月的一份民意调查中，超过74%的受访者对参加文化活动或欣赏艺术作品表示有兴趣，22%的受访者表示兴趣不大，只有2%的人表示自己对此毫无兴趣。（有关文化趋势的调查，1993）

一、文化政策的范畴

(一)宪法权利

日本宪法第 25 条规定,全体国民都享有健康和文化的最低限度的生活权利。因此,促进全国的文化生活并且保障人民的文化权利是日本政府的义务。

(二)政府角色和文化政策的导向

1. 作为文化活动焦点的个人

根据日本政府负责文化事务的文化厅(the Agency for Cultural Affairs, Bunkacho)所制定的政策文件所述,文化是"点金石,历史上的人类都有享受文化、参与创作和肯定人性的要求;文化是人类最基础、最根本的欲求"。人们从没有像今天这样努力充实和点缀他们的文化生活。人们对文化的兴趣越来越浓厚,也促使整个文化领域日益活跃。这份文件还称:"文化活动是自发、自主的活动,人们借助这些活动而变得更富有创意。"每个人根据自身情况独立选择是否接受文化活动的成果。个人应该能够并愿意接触文化活动(包括艺术创作)(文化厅,1988:17—18)。但是,这一"个人途径"在最近的政策中似乎有所变化,近来的政策更加强调创建一个"新的文化国家"(艺术计划 21)。

2. 文化厅的授权范围

由文化厅所管理的文化政策的范围,是由《有关成立文部省的法律条文》(Law Concerning the Establishment of the Ministry of Education, Culture and Science)所规定的。属于文化厅法律责任范围内"文化"包括了"所有与艺术和娱乐相关的活动,由《文化财保护法》(The Preservation of Cultural Properties Law)所规定的文化遗产,出版物、著作权和其他权利以及与促进人民文化生活相关的活动"。该法律还规定文化厅有"促进和普及这些文化,保护和利用文化遗产,管理全国宗教事务"的职责。换而言之,文化厅的授权范围超越了艺术和审美活动的领域，囊括了文化的各个方面，与人们生活质量和生活方式的改善息息相关。

虽然严格地说来，娱乐活动属于文化厅的责任范围内，但实际上文化厅对其几乎没有任何支持。人们认为非营利性的艺术活动才是艺术创作的起点，它需要外界的支持；而娱乐活动则可以利用非营利性艺术的成果来创作更加大众化的作品。因此，人们认为娱乐活动足以在经济上自我维持下去，无需太多支持。

3. 文化厅的政策导向

文化厅的作用是"促进和发展人们自发、自愿的活动，通过补贴和资助个人和私人组织的活动，培养一个人人都能从中获得文化享受的环境，以此促进文化的全面发展"（文部省，1993：4）。

在这份文件中，以下 11 点被列为文化厅文化政策的目标：

（1）强化文化发展政策

① 对政策导向和政策措施进行阐释。

② 加强政策的规划和研究。

③ 在国家和地方层面同时发展行政机构。

（2）增加文化财政预算，完善税收优惠政策

① 进一步提高国家和地方政府的文化财政预算。

② 深化私营部门（包括企业）对于文化重要性的理解，引入额外的税收优惠政策，以此鼓励更多的艺术资助。

（3）资助创作活动

① 继续对艺术组织的创作活动进行公共资助。

② 对艺术家和艺术管理人才的培养给予奖学金支持。

③ 完成现代表演艺术国立剧场（Second National Theater for Modern Performing Arts）的建设，完善国立艺术博物馆（National Museum of the Arts）。

（4）推动地方层面的艺术与文化发展

① 鼓励地方政府将文化作为地方发展的核心。

②帮助建立更多具有专门性质的文化设施，而非通用的文化中心；加强文化设施的运行管理和活动安排。

③支持战略性文化城市的发展，将其作为地方文化发展的重心。

④通过组织巡回演出、巡回展览以及举办"国民文化祭"（National Cultural Festivals）的方式，确保地方层面也能接触到艺术。

（5）促进日常生活中的文化

①改善人们的生活方式（包括节庆活动、日常生活用品、食物等）。

②通过发展人力资源和组织，促使生活方式改善。

（6）完善全国语言政策

（7）加强著作权保护

（8）完善宗教事务的管理

（9）保护和利用文化遗产

（10）发展文化的信息基础设施

（11）加强国际文化交流和合作

①通过将日本的艺术作品引介到国外，并且促进日本国内艺术家的创作活动国际化，鼓励具有国际视角的艺术活动。

②利用新国立剧场增加国外艺术家的演出场次，并且吸引更多的国外艺术家。

③促进文化遗产保护方面的国际合作。

在1996财政年度预算案中，文化厅将这些政策进行了重新整合，将它们分为以下六类（括号内的数字是预算金额，单位为10亿日元）：

（1）促进创作活动（3.3）

（2）通过文化促进区域发展（0.8）

（3）保护和利用文化遗产，鼓励文化遗产保护方面的国际交流与合作（25.2）

（4）为文化发展事业培养必要的人才（1.2）

（5）加强国际文化交流和合作（0.7）

（6）为文化普及发展基础设施（15.1）

此外，文化厅也努力尝试引入新政策，以便将文化的经济范畴也考量在内。在文化厅名为《日本的文化政策：现实状况与未来问题》（*Cultural Policy in Japan: Current Situation and Future Issues*，1992）的有关文化政策报告中，有一章是关于"文化与经济"的，该报告称：随着软件和服务产业在日本经济中变得举足轻重，人们对发展有品位的、独特的、具有高附加值产品的呼声越来越高，这些产品能够满足消费者越来越多样化的口味和挑剔的眼光。人们希望具有高度情感性和创造性的商品能够显示出文化品位。艺术是创造力的源泉，与科学一样，它对于工业技术的发展也是必不可少的。从这个意义上来说，文化将在经济发展中扮演比以往更加重要的角色，文化与经济的关系也将进入一个新的阶段。（文化厅，1992：46）

文化厅还在进一步思考如何将文化的经济范畴体现在其政策和项目之中，而与此同时，通商产业省（the Ministry of International Trade and Industry, MITI）则已经开始主张经济中文化因素的重要性。以发展"情感敏锐的、高度时尚的工业"为口号，通商产业省呼吁各个产业在经济发展中更好地运用艺术情感和日本文化传统。（通商产业省，1997）

4. 文化政策发展咨询委员会（the Advisory Committee for the Promotion of Cultural Policy）的建议

经过将近9年的审议，文化政策发展咨询委员会，一个文化委员会（the Commissioner of Culture）的顾问团体发布了一份名为《面向21世纪的文化政策》（*Cultural Policy Toward the 21st Century*，1995）的报告。这份报告对上述的政策导向表示赞成，并且建议出台具体措施来完成这些目标。他们还特别强调要发展地方文化和国际合作。

5. 有关促进音乐文化的法律的颁布

1994年10月，日本国会一致通过了《有关促进音乐文化的法律》（*Law Concerning the Promotion of Music Culture*）。该法律第一章声明："音乐文化有助于人们形成愉快而丰富的生活环境，也有助于国际间的相互理解和文化交流。"该法律宣布其目的是"促进日本音乐文化的发展。通过确立基本政策（例如建立有助于发展音乐教育的外部环境，以使这种音乐教育成为终生学习的一部分），为世界文化的进步和国际和平的稳定做出贡献"。该法律还规定国家和地方政府应"系统地发展多种多样的环境条件，以与人民群众自发的音乐活动相适宜，并且允许人们根据自身特点在任何情况、任何场合学习音乐"。国家有责任对地方政府和私人组织给予建议和支持，但把执行实际计划的责任交给了后两者。法律还鼓励地方政府"适当关注日本的传统音乐和地方特有的音乐文化，并促进这一方面的音乐教育事业"。

在政府财政资助方面，该法律既未涉及，也没有做出任何规定，因此其范围和影响有限。但是，由于该法律首次提出促进音乐发展是一项公共责任，因而受到了所有相关人士的欢迎。

6. 新的政策导向："艺术计划 21"（Arts Plan 21）

在 1996 财政年度预算案中，文化厅宣布了一项名为"艺术计划 21"的新政策，旨在创造"一个面向 21 世纪的新的文化国度"（文化厅，1996c）。这项计划将文化作为最重要的国家政策之一，并且极力呼吁通过投资优先发展文化基础设施。为了把这个方针编入预算内，文化厅于 1997 年获得了 38 亿日元的拨款，并且在 1998 年又获得了 43 亿日元拨款，与前一财政年度相比增长了 12.3%。（渡边，1998c：10）

（三）县级和市级政府的文化政策

在变动不居中的文化界，最富有活力的要属地方政府所扮演的积极角色了。因为地方政府对其选民的需求最为熟悉，人们认为它最适合为公众的文化需求服务。此外，为了制定与国家文化政策（对发展创作活动和基础设施的支持）相对应的区域文化政策，地方政府在推广以城市为重心的"高雅文化"之外，也正努力通过培养传统和民间文化（例如民间舞蹈、音乐、手工艺和节日）来复兴当地特有的文化。

地方政府的另一个值得注意的作用是通过文化进行社区建设。在"本地社区时代"的口号之下，地方政府实施了众多计划，这些计划不仅针对区域经济的发展，也针对文化的推广。这些计划也与社区建设协同发挥作用。诸如节日等文化活动的复兴成为了城镇建设的支柱。

当今人们普遍认为，要确保地方生活更加有意义，并且处理由大众工业社会和城市化所产生的异化和疏离感，最有效的方式便是改善地方文化氛围和加强文化认同。因此，一些县政府宣布"通过文化进行地方发展"（Bunka Rikken），而如横滨等地的市政府则采取了"行政文化化"的方式，使得文化发展成了所有行政措施的终极目标。同样，许多地方行政长官受到了文化厅的鼓励，试图通过促进文化活动和利用当地文化遗产的方式，来加强城镇规划的力度，使社区更加紧密地结合起来。

（四）私营部门的政策

纵观日本历史，艺术与文化几乎都是私人性质的活动（宫廷艺术是少数的例外之一）。因此，平民和私人组织自然就在日本文化发展中发挥着重要作用。近年来，在全国范围内活跃的私人文化组织数目正在稳步上升。截至1997年，像这样具有法人地位的组织共有451个，它们通过策划、运行和提供资金的手段在艺术或文化活动领域中扮演着重要角色。（文化厅，1997b：59）这些组织中包括了一些全国性的服务组织，比如日本艺能表演家团体协议会（Geidankyo），以及艺术团体，如管弦乐团、歌剧团和戏剧团。

公司也加强了它们与艺术文化之间的联系。许多大公司都设立部门来处理文化事务和制定文化策略，这也部分反映了它们的销售和生产计划。虽然对于促进销售和广告宣传来说，它们的首要目标是营利，但越来越多的迹象显示，公司正在意识到艺术和文化的重要性。此外，良好的企业责任意识也在加强。这一新的意识促使更多公司向艺术和文化事业慷慨解囊。这种慷慨不仅以捐款的方式体现，也以各种服务和实物捐助的形式体现，并且这些行为不带有任何附加条件，公司本身也不会立即从中受益。

全国性的商业协会和组织也在文化政策中发挥着重要作用。例如，在1991

年，经济团体联合会（the Federation of Economic Organizations，Keidanren）建议其成员公司将它们净收入的 1% 捐献给慈善事业。关西企业家协会（the Kansai Association of Corporate Executives）发布了一份文件，建议公司在提升全国文化标准方面扮演更加积极的角色（关西企业家协会，1990）。同样，日本经济同友会（the Japan Association of Corporate Executives，Keizai Doyukai）、日本商会（the Japan Chamber of Commerce）、青年商会（the Youth Chamber of Commerce）以及它们的地方分支机构也常常鼓励它们的成员支持艺术事业。

二、文化政策的演变/发展史

（一）"二战"之前

19世纪晚期，日本政府制定了第一个系统性的文化政策，称之为"西化政策"（Westernization Policy，Oka Seisaku）。这项政策一方面有助于日本的现代化，另一方面也将日本人民联合了起来，日本在从前长期被封建藩国（Han）所分割，所以并没有形成确切的国家概念。西方的艺术形式和生活方式被大量引入，并被强加于日本人头上，而作为中心的东京建立了自身的文化霸权地位，受西方影响的文化则在此向日本全国传播。虽然这一过程使得日本能够适应技术的传入，并且快速接受了市场经济，但也导致了社会纽带被削弱，这一纽带原本是基于传统社会的文化认同和独特性而形成的。后来，这一西化政策稍有修改，但其残迹仍能在公立学校的艺术教育中看到，那里只教授西方音乐和美术。相似地，在107个音乐院系中（68个在四年制大学，39个在两年制专科学校），只有1个（在东京艺术大学）教授日本音乐。（文部省，1996）在民族主义军事政权（"二战"前和战中时期）的文化政策中，为了与战争保持一致，文化受到了管控，这几乎阻滞了所有创作活动。

（二）1945 年以后

当今的日本政府受到宪法的约束，需确保全体国民都享有健康和文化的最低限度的生活权利。但受到先前不幸经历的影响，在战争刚刚结束的几年里，政府的文化政策都极度谨慎。人们认为政府的作用仅限于为公民所发起的活动提供支持。政府极力避免对创作活动的内容进行干涉，也不鼓励使用"文化政策"这样的字眼，以免暗示自身对艺术进行公开干涉。政府有关文化的政策通常都是间接性的，例如通过颁发奖励、组织国民艺术祭和延长著作权保护期等活动来实施。虽然国家对于艺术事业的财政资助自 1963 年起便已存在，但仍然微不足道，财政资助的范围仅限于帮助"经济困难的组织"走出困境。（文化厅，1977：27）

近年来，这一谨慎姿态大为改观，其中一部分原因是私营部门和地方政府对艺术事业的资助增加。直到 20 世纪 80 年代初期，日本文化政策的基本理念与法国的相似。中央政府承担着发展文化的主要职责，尽管部分项目和款项由地方政府专门提供，但基于"政府基本没有效率，而商业和私人组织应当承担更多社会职责"这样的理念前提之下，"小"政府的观念近年来深入民心。在 80 年代早期，中央政府的文化预算遭到削减，而地方政府的文化预算则大大增加，来自商业方面的捐款也成倍增长。资助的多元化，以及由此产生的中央政府影响力的减弱，大大减轻了人们的恐惧，而以前人们认为政府当局对创作活动进行直接干预会损害创作自由。

休闲时间的不断增长和对美好生活质量的愈加向往，导致了公众对文化产生了浓厚兴趣，而这也是公共文化政策能够得以实行的另一个原因。今天，日本民众更加重视生活中的独特性和多元性，并且寻求自我发展和完善的机会。因此，人们逐渐认可了在公共和私人领域构建条理清晰的文化政策的必要性，以便使文化成为日本人生活中不可或缺的一部分。今天，人们普遍认为日本必须拥有一项长远计划，这项计划应能反映出社会的欲求和实现这些目标的手段。对这些需求进行深入思考后，政府文件首次使用了"文化政策"一词，这份文件出现在文化厅为 1990 年 2 月东京国际文化政策会议（Tokyo International Conference on Cultural Policy）所制订的报告当中。（文化厅，1990）从此，政策阐述的措辞每年都在变化。1990 年，文化厅创立了文化政策发展咨询委员会，这个咨询委员会由艺术家以及商业界、传媒业和学术圈的领军人物组成，此外还成立了文化政策处（Cultural Policy Office）来协助该委员会。此后，委员会又形成了四个次一级的委员会，各自研究以下四个文化领域当中的提案：艺术创造力、地方文化、日常生活中的文化和国际交流。1993 年，文部省在一份有关教育和文化的官方白皮书中首次正式使用了"文化政策"一词。（文部省，1993）

三、公共决策制定的结构

（一）公共部门

1. 日本国会

作为最高立法机构，日本国会在文化政策方面发挥着举足轻重的作用。如前所述，国会于 1994 年颁布了有关促进音乐文化的法律条款，以鼓励音乐的发展。1998 年，国会又出台了新的制度，通过减税等手段承认了非营利性组织的某种公共地位，以此推动这些机构的活动，并且鼓励公众对它们慷慨解囊。

2. 文化厅

1968 年，文化厅作为文部省的一个外局而成立。文化厅由文化厅长官（the Commissioner for Cultural Affairs）领导，而后者则受文部省的直接监督，文化厅的组织结构见图 1。

文化厅监管全国性的文化机构，包括艺术博物馆、文化遗产研究机构、国立语言研究所（the National Language Institute）和日本艺术院（the Japan Art Academy）。此外，日本艺术文化振兴会在文化厅的支持下于 1990 年成立，它承担着两座国家剧院和日本艺术基金（the Japan Arts Fund）的管理职责。文化厅设有四个永久性的咨询审议会：全国语言政策审议会（the Council for National Language Policy）、著作权审议会（the Copyright Council）、宗教法人审议会（the Council on Religious Judicial Persons）和文化遗产保护审议会（the Council for the Protection of Cultural Properties）。这四个委员会在各自领域内向文部省提出建议。此外，文化政策发展咨询委员会于1990年成立，这是一个由艺术家和商业界、传媒业和学术圈领袖组成的特别委员会，它就文化政策方面的问题向文化厅提出建议。

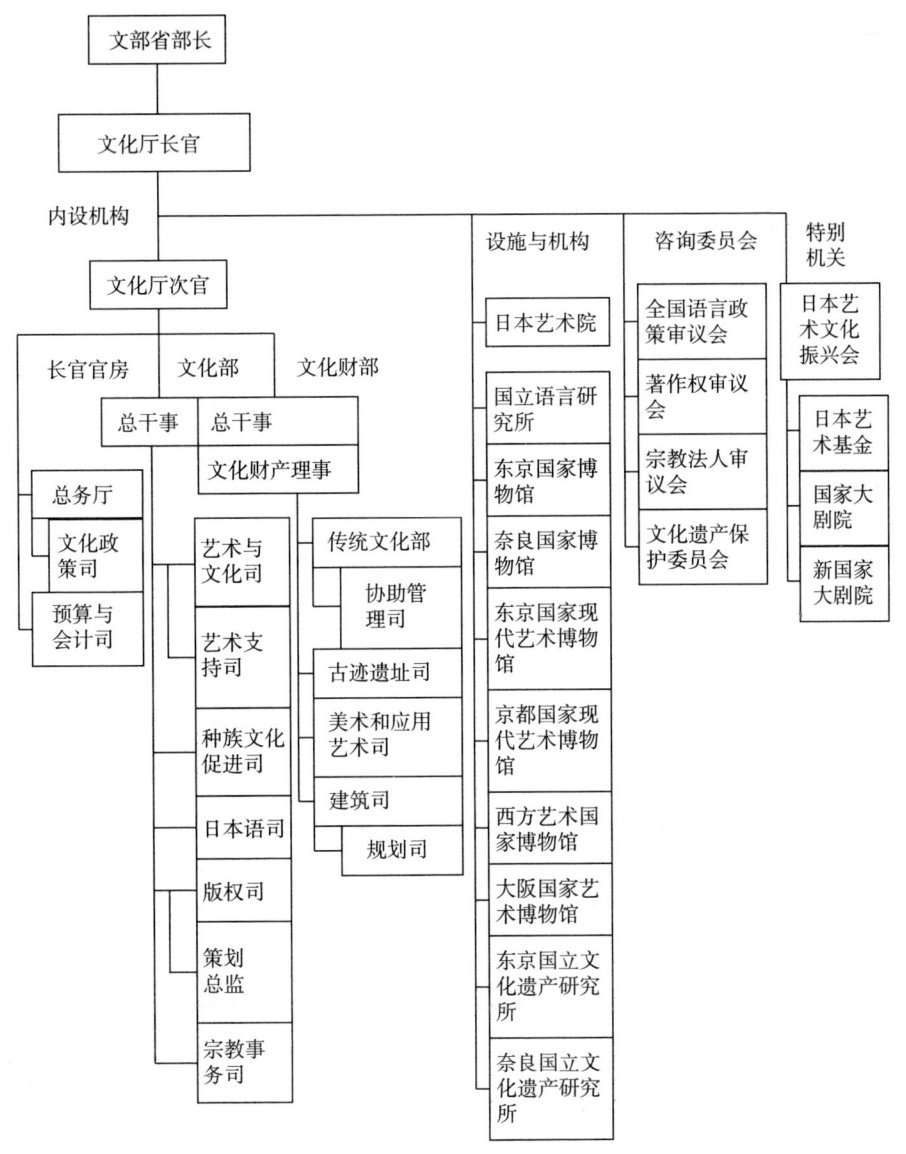

图1　日本文化厅组织架构（1994），当前官员数量是1993年的数据

文化和艺术组织通过定期举办的咨询会，例如由艺术家协会（the Artists Conference，Geijutsuka Kaigi）所组织的咨询会，对文化厅的政策带来了极大影响。这些人也是其他咨询委员会和顾问组的核心成员，这些咨询委员会和顾问组决定了各类奖金和补助的去向，确定由文化厅所组织的全国巡演和展览，以及决定将日本文化基金的补助金颁给何人。

3. 其他部门和机构

文化厅是制定全国文化政策的主要部门，而中央政府的文化项目都分散在众多的部门和机构当中，这些项目由不同的部长和国会委员监督。更重要的是，这些项目由不同的大藏省（the Ministry of Finance）预算员进行估算，并且还能够反映出下属文化机构的不同利益与功能划分。例如，艺术教育属于初等中等教育局（the Elementary and Secondary Education Bureau）的管理，同时也在文部省的高等教育局（the Higher Education Bureau）的职责范围内。文部省的生涯学习政策局（Lifelong Learning Bureau）则拥有众多的文化项目，这些文化项目都旨在加强终身学习，例如维护历史和考古博物馆的运行，开展针对年轻人和妇女的文化课程，以及资助社区中心。[《有关文部省组织结构的法令》(*Ordinance Concerning the Structure of Ministry of Education, Science and Culture*)，第7—2条)]

此外，日本外务省（the Ministry of Foreign Affairs）及其下属的日本国际交流基金会（the Japan Foundation）承担着许多国际文化交流项目，以此作为其外交政策的一部分。[《有关成立外务省的法律条文》(*Law Concerning the Establishment of the Ministry of Foreign Affairs*)，第4—41条] 通商产业省负责文化产业的发展，它拥有众多的文化项目，其中包括鼓励传统手工艺的发展和推广电影产业这样多样化的活动。[《有关通商产业省组织结构的法令》(*Ordinance Concerning the Structure of Ministry of International Trade and Industries*)，第56—2条] 自治和内务省（the Ministry of Autonomy and the Interior）则通过分配地方税收和批准发行地方债券的方式，来帮助县级和市级政府建设如剧院和文化中心等文化设施。[《有关成立自治和内务省的法律条文》(*Law Concerning the Establishment of the Ministry of Autonomy and Interior* ），第 5 条] 此外，劳动省（the Ministry of Labor）也为年轻的上班族建造文化设施（文化厅数据和统计资料，1996：560）。虽然至今仍然没有机制能够协调这些部门的项目，也从未有人就此做出系统性的努力，更没有一份官方目录能够把这些项目囊括其中，但 1997 年，文化厅和建设省（the Ministry of Construction）设立了一个联合委员会，就城镇规划及其文化方面的相关内容进行意见交换。

4. 县级和地方政府

由于地方民众越来越繁多且多元化的文化需求，近年来县级和市级政府的文化管理范围迅速扩张，以便在促进文化活动方面承担更大的责任，这些文化活动包括了保护文化遗产、发展区域文化和地方传统。当文化厅于 1968 年成立时，只有 7 个县级政府拥有负责艺术和文化事务的部门。相比之下，今天所有 47 个县级政府都有专门负责管理文化事务的单位甚至部门。（文化厅，1996d：1—2）直到最近，文化事务都是由教育委员会中管理社会公共教育的官员负责。许多县级和市级政府意识到，文化发展是地区发展不可或缺的一部分，故政府在县厅和市长办公室下设了许多部门，这样一来文化政策就能够准确地反映主要官员的观点。今天，日本几乎所有的市级政府都有文化办公室。此外还有 57 个县级和 86 个市级艺术基金。（文化厅，1996a）

（二）私营部门

近年来，私人文化组织通过策划、运行和提供资金的手段在艺术或文化活动领域中扮演着越来越重要的角色。451 个具有法人地位的非政府团体所组织的这些活动是全国性的。（文化厅，1997b：59）此外，人们对艺术和文化日渐高涨的兴趣也驱使许多日本企业重视文化与经济的关系。这也使得公司持续不断地增加对艺术的赞助，也促成了公司在其结构内设立文化部门。许多大公司都设有名为"文化总监"的行政岗位，并且将"文化战略"作为企业整体策略的一部分。值得一提的是，这些私人公司中的文化项目中包含了：设立艺术和文化的基金和基金会；筹措针对文化项目和组织的捐款；聘请艺术家和艺术团体拍摄广告以促进销售；建立博物馆、剧场和音乐厅以供文化活动使用；为雇员、顾客和公众组织诸如音乐会和展览等文化活动。

根据 1995 年由企业家公益协议会（the Association of Corporate Support for the Arts）发起的一份调查，在受访的 404 家企业中，65.6% 的企业曾参与过某种艺术赞助（1995：28）。如果我们把这些企业所举办的与文化相关的活动也包括在内，那么可以说私人公司在日本艺术和文化的发展中起着至关重要的作用。企业艺术赞助的责任虽然由相关单位来承担，但通常情况下，企业的负责人喜欢独自做出决定。

基金会对于促进日本文化和艺术的作用不容小觑。1989 年，19 个主要的文化艺术基金会在文化厅的支持下成立了艺术基金委员会（the Council of the Arts Foundations），其宗旨是相互协调统筹并交换信息。1994 年，其成员数已经达到 23 个，每年的总预算高达 1.13 亿日元。（文化厅，1996b：127）企业家公益协议会（the Association for Corporate Support of the Arts，Kigyo Mecenat Kyogikai）成立于 1990 年，主要用于传播信息。它举行了一系列宣传活动，包括设立日本慈善奖（the Japan Mecenat Award），以表彰那些在艺术赞助方面最为突出的企业。

类似于日本经济团体联合会和日本商会这样的商业协会也通过委托研究和公开推荐的方式在这一领域做出了贡献。

（三）公共／私人联合组织

公共和私人部门之间的联合日渐紧密，这一点显示在 1990 年日本艺术基金的成立上，政府向该基金投入了 500 亿日元，而私人部门则投入了 100 亿日元。（文化厅，1996a：18）这项基金后来每年有约 30 亿日元用于鼓励创新活动，包括了地方性的项目和业余爱好者的活动。该基金在竞争的基础上对外界提供资金，它负担某些项目的部分费用，而这些项目由那些受私人或地方赞助的文化艺术机构和独立艺术家所负责。

许多地方政府也成立了公益法人组织，其目标是努力在文化发展当中引导私营部门。私营部门的参与者（包括商业代表）通过参与各种政策制定委员会和理事会，对公共政策的形成产生影响。

（四）保护

在日本，文化遗产保护管理机构的历史要追溯到1871年的《文物保护法》(The Decree for the Protection of Antiquities)。在1897年的《古代神社和佛寺保护法》(Law for the Protection of Old Shrines and Temples)、1929年的《国宝保护法》(National Treasures Preservation Law)和1933年的《重点艺术品保护法》(Law Concerning the Preservation of Important Objects of Art)中也制定了相关的法律条文。现行的《文化财产保护法》(Law for the Protection of Cultural Properties)成文于1950年。根据该法，文化遗产被分为以下五类：

（1）有形文化遗产，例如建筑、美术作品和实用艺术作品。

（2）无形文化遗产，如戏剧表演、音乐和手工技艺等。

（3）民间文化遗产，例如服饰、工具、家具、烹饪、节日和重大活动。

（4）遗址，例如历史古迹、风景胜地和自然纪念物（如珍稀动植物和矿物）。

（5）历史建筑群，如城镇、村庄等。

在国家鉴定某物为文化遗产之前，地方政府有义务对其文化遗产的资格进行基础性评估。地方政府也可以在国家鉴定某物为文化遗产之前先行将其认定为市级或县级文化遗产，并且在安全保管、修复和公共展出方面为文化遗产的拥有者提供服务。

在被国家所认定的文化遗产中，那些具有特殊历史和艺术价值的项目将会被指定为重点有形文化遗产。（文化厅，1992：56）这其中特殊的物件，例如国宝、被认定的历史古迹和自然纪念物将被给予特殊地位。

国家对具有特殊地位的文化遗产的选择和认定基于文化遗产保护审议会的建议。一旦被认定，文化遗产将受到在更改、修复和出口方面的某些限制。作为补偿，政府将帮助修复这些文化遗产，并且防止它们受到火灾、盗窃等其他灾害的破坏。至于无形文化遗产，政府将帮助培养继承人，给予每人每年 200 万日元的补助，并且编纂记录它们的技艺和成就。在被认定的无形文化遗产当中，那些被认为具有特殊重大意义的项目将被称为"重点无形文化遗产和个人"（important intangible cultural properties and individuals）。因其艺术品或手工艺品中高超的技艺而闻名的团体或组织将被授予"重要无形文化遗产持有者"（holders of important intangible cultural properties）的称号，而个人持有者则被称为"人间国宝"（living national treasures，Ningen Kokoho）。（文部省，1993：102—153）

（五）保护与创作

回归旧传统成为近年来日本的一个显著趋势。

人们为了理解和欣赏文化遗产而做了许多有意识的努力。在日本人所创立的传统艺术中，有一些获得复兴，例如书法、和歌（waka）与俳句（haiku poetry）、能乐（noh）、邦乐（hogaku，传统日本音乐）、日本古典舞蹈、民间舞蹈、民间音乐、茶道及插花。西洋音乐由于引进较晚，因此在日本人眼中是新的艺术形式。但即便是西方音乐也呈现出回归传统的趋势，这一点可以由过去的重要作品（诸如歌剧和管弦乐）逐渐受到大众欢迎这一现象上得到证明。

大约 3/4 的文化厅预算使用在了文化遗产保护方面，包括无形的传统形式（如表演艺术、手工艺和节日），只有 1/4 投入到艺术和文化发展方面。（图 2）资源方面的倾斜表明了对保护传统文化的重视，而保护传统文化被认为是未来文化发展的基础。（文化厅，1996a：18）在县级和市级政府那里，文化方面的支出结构颠倒了过来。例如 1992 年，地方政府在文化方面的支出是 6970 亿日元，而只有 1000 亿日元被用于文化保护。（文化厅，1996a：25）在许多地区，人们更加强调促进文化的发展，而不是将新产业引入该地，或者是制订发展计划。为了给当地人一幅更加"面向未来的景象"，许多地方政府更愿意推动新的艺术创作活动，或是推广来自西方的艺术，而不愿意保护传

促进艺术与文化的发展
¥189.36亿
（25.2%）

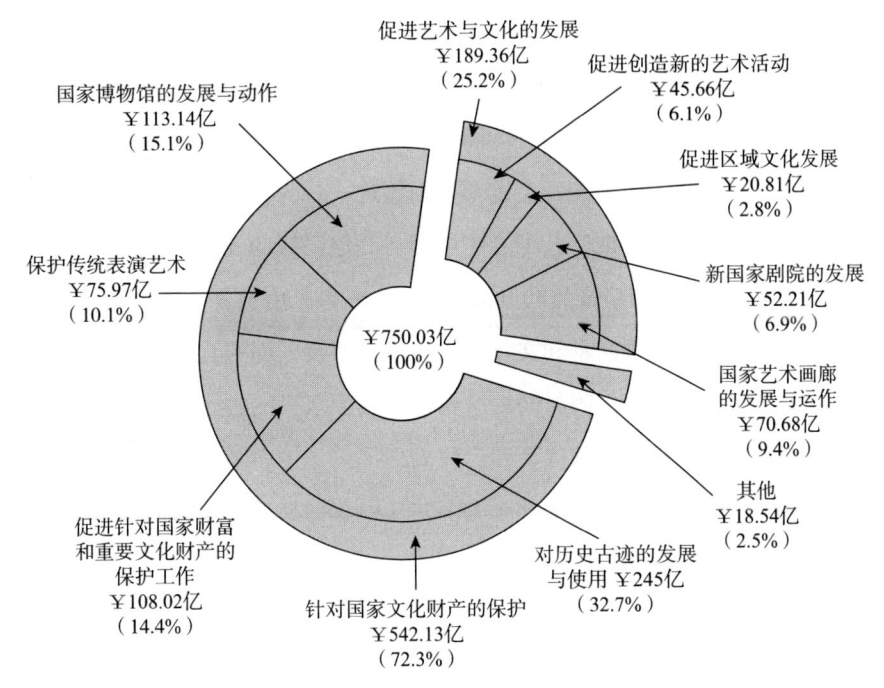

促进创造新的艺术活动
¥45.66亿
（6.1%）

国家博物馆的发展与动作
¥113.14亿
（15.1%）

促进区域文化发展
¥20.81亿
（2.8%）

保护传统表演艺术
¥75.97亿
（10.1%）

新国家剧院的发展
¥52.21亿
（6.9%）

¥750.03亿
（100%）

国家艺术画廊
的发展与运作
¥70.68亿
（9.4%）

其他
¥18.54亿
（2.5%）

促进针对国家财富
和重要文化财产的
保护工作
¥108.02亿
（14.4%）

对历史古迹的发展
与使用 ¥245亿
（32.7%）

针对国家文化财产的保护
¥542.13亿
（72.3%）

图2 1996年度文化厅预算分解图

统文化。另外，日本艺术基金常常将超过 90% 的补助颁发给创作活动。因此总的来说，日本的文化政策对于保护与创作所给予的支持是差不多的。而绝大多数的私人赞助都给予了创作活动。

四、作品与公众的创作参与

（一）创作——创作什么以及为何创作

就本质而言，创作活动是自发而独立的活动。通过创作活动，人们能够运用并升华他们创作冲动，提升自我意识，在文化和历史上留下他们自身存在过的印记，并且使自我获得成长。开明的赞助人曾经是艺术创作的唯一动力，但这样的日子已经一去不复返了。今天，促进艺术创作已经成为现代国家的职能之一。

有三个因素促使政府对创作进行公开介入。

第一，人们认为作品反映了一个国家成就的大小。在日本，人们基本同意以下的说法：艺术可以发展到何种程度，以及艺术品能在多大程度上被公众所欣赏和支持，可以反映出一个国家国民精神和生活的深度和广度。推广艺术被认为是国民生活中的一个重要方面，这一行为可以使人获得满足，也是对人类文明的贡献；推广艺术能够培养与其他民族的友谊和信任，并且可使自身以国际社会的合格成员的身份参与到世界事务中去。

第二，日本民众对艺术和文化的兴趣日益增长，而这在很大程度上要归功于生活水准的提高、休闲时间的增长以及教育水平的进步。人们在要求物质富裕的同时也开始对精神生活和自我实现提出了更多要求。因此，越来越多的人要求参与到大量创作活动中去，并从中获得享受。作为回应，政府也努力满足公民的需求和渴望。

第三个是经济因素。我们正在目睹一场明显的转变，这场转变更加倾向于信息和服务产业。制造业部门必须制造出能够将精致的艺术感和精密的技术结合起来的产品。如此，经济成为文化进步的重要受益者，经济增长由于文化的发展而得到了提速。

（二）创作资助项目

创作活动或许是个人的事，但为了使艺术得到持久的发展和进步，有一些条件是必不可少的。这其中有：是否能够获得公共和私人的援助，是否有机会和场所展示创作成果，能否获得认可，有没有场所可以训练和支持艺术家进行创作。为了确保能够实现这些条件，文化厅通过多种方式对创作活动进行资助（文化厅，1996a：13）：

1. 对艺术进行资助

（1）为艺术创作注入活力

① 为主要的艺术组织提供财政资助。

② 促进国际交流。

③ 为全国艺术服务组织提供资助。

（2）为日本艺术基金提供资金

2. 培养艺术家

（1）为艺术家提供出国机会

（2）邀请国外艺术家

（3）为艺术家提供实习机会

3. 节日

4. 通过颁发奖金、奖状和奖章的方式表彰艺术家

5. 推动电影艺术和绘画艺术的发展

（1）购买艺术作品

（2）对独立制片人的作品展映提供财政支持

（3）奖励故事片、纪录片和动画片

（4）管理国立电影中心（National Film Center）

（三）公众的创新性参与

专业艺术家在文化发展中的地位极其重要，因为他们代表了一个社会最高的艺术创造力。但是，专业艺术家并不垄断所有的艺术创作活动。没有公众欣赏的艺术无法存活下去。近年来，很多人参与到艺术欣赏活动中。过去的十年里，造访美术馆的人数增长了3倍，从1982年的1900万日元增加到1992年的5600万日元。（文化厅，1996a：37）1993年，由文化厅发起的一项民意测验显示，69.4%的受访者曾经去参观过美术馆，50.2%的人参加过由专业人士表演的音乐会和戏剧演出，12.6%的人观看过舞蹈表演，还有43.9%的人表示看过电影。（文化厅，1995a：53）

在日本，更多的人不仅欣赏艺术活动，更亲身参与其中。文化厅1993年的民意测验显示，73%的受访者表示自己曾亲自参与过某种艺术创作活动，年轻的受访者表现出了更高的参与兴趣，他们也更多地参与到艺术创作活动中。可以毫不过分地说，在日本，艺术创作活动是人们日常生活中固有的一部分。人们不断成立新的艺术创作小组和项目，而多种多样的业余爱好者小

组也在全国范围内涌现。

在这些来源于市民的项目当中，一些由业余爱好者自编自演的、品质颇佳的节目常在市政中心及其他一些设施中定期上演。有时，业余爱好者的作品还能与专业艺术家的相媲美。艺术品和手工艺品展常常会展示非专业艺术家们的作品，时常能够吸引大量的观众，一些人还撰写短诗，如和歌、俳句和柳川（senryu），并经常向杂志和报纸投稿。

（四）作品

最近几年，各个领域中专业艺术家的数目正在稳步增长，如图3所示。音乐家和设计师的增长特别明显。女性在艺术领域中也非常活跃，她们约占音乐家人数的四分之三，还有约40%的设计师、演员、舞蹈家和其他表演艺术家也都是女性。表演艺术活动多数发生在例如管弦乐团和剧院团等组织当中。此外，很多学校教授传统的日式表演艺术，还有许多美术机构为艺术活动、培训和表演提供主要场所。

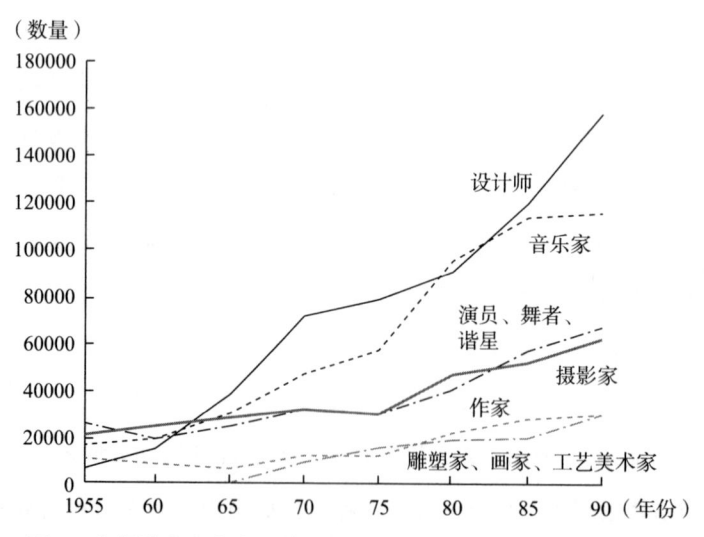

图3　各领域艺术家生涯的趋势（来源：《日本国家调查报告》）

1996年，一项由文化厅发起的调查显示，半数以上的日本艺术家每年有超过200天从事艺术创作活动。只有29%的艺术家仅仅依靠艺术创作的收入生活。超过半数的艺术家每年收入少于400万日元，而日本人年均收入为570万日元。这其中，一半的人收入少于100万日元，22%的人收入在100万—200万日元，还有28%收入在200万—400万日元，这些数据显示出了艺术家的经济收入有多么捉襟见肘。（文化厅，1995a：13）

非专业的艺术家和业余爱好者也在日本的艺术创作当中扮演重要角色，众多艺术小组也活跃于全国范围内。至少有400家业余管弦乐团和舞蹈团以及约80家剧团定期进行演出，有时他们还与专业团体进行竞争。（文化厅，1995a：53）

通过表演、展览、出版物或唱片的形式，艺术成果得以向公众推广。艺术欣赏和批评为今后的长远发展打下了基石。在1975—1992年的《日本音乐年鉴》《舞蹈年鉴》和《戏剧表演年鉴》中，有一份有关表演艺术（音乐、戏剧和舞蹈）专业人员作品的调研报告。这份报告显示虽然舞蹈演出的数量没有太大变化，但音乐和戏剧表演的数量呈逐年持续增加的趋势。（文化厅，1992：3）美术展览也有所增加，这在很大程度上是因为美术馆的建设和扩张，其数量翻了一倍，达到440座之多。（文部省，1995）一份针对作品艺术类型的分析报告将会大有裨益。

1. 音乐

自"二战"结束起，日本就一直有一种创造新音乐形式的活跃趋势。这种被称为"日本现代音乐"的艺术形式，试图超越日本和西方音乐的界限。与此同时，近年来日本人不断增强的文化意识也为传统日本音乐注入了新的生机。传统音乐作品或是由传统学校或是由业余爱好者向公众表演。不过，现在专门表演此类音乐的仅有少数几个小型的专业演出团体，不论它们从事的是器乐表演还是声乐表演，也不管它们表演的是古典作品还是民间作品。

2. 管弦乐团

管弦乐表演占了音乐活动总数的28%。歌剧表演是西方舞台艺术中演出规模最大的，故而需要庞大的资金支持。但在歌剧爱好者和观众的努力下，戏剧表演的数量也超过了音乐活动总数的 5%，并且人们对于它的热情还在上升。虽然有时很难在日本的专业团体和业余团体之间做出区分，但《日本音乐年鉴》显示，1992 年有 27 个管弦乐团、35 个舞蹈团、17 个歌剧团和 9 个合唱团，它们都可以被归为专业或半专业的组织。还有 8 个歌剧团，它们隶属于日本歌剧团委员会，是一个专业歌剧团的联合会。

3. 舞蹈

除歌舞伎（kabuki）以外，日本传统舞蹈的训练分散在许多小型学校中。数以千计的舞蹈演员在此训练，并由这些学校颁发证书。这些学校则给予学生指导，并举办舞蹈表演会。截至 1992 年，5164 位独立舞蹈演员与日本舞蹈协会有密切交往。在今天的日本，西方古典芭蕾已经根深蒂固，并且广受尊敬。截至 1992 年，有 2326 位舞蹈演员从属于两家全国性的芭蕾舞蹈家协会，16 家芭蕾舞团从属于日本芭蕾舞协会，还有 4 家芭蕾舞团则与东京芭蕾舞协会联系紧密。

此外，还有许多源自美国的现代舞团。直到 1995 年，日本共有 6 个大型的舞蹈团体，还有 20 个小型舞团。还有许多精通民族传统舞蹈（如西班牙弗拉门戈舞和印度舞）的日本舞蹈家。另外，一些具有实验性质的舞蹈形式，例如起源于 20 世纪 60 年代的舞踏（butoh），也因其独特的舞蹈编排而广受关注。直到 1992 年，日本现代舞协会名下共有 2362 名舞蹈演员。（文化厅，1996a：110—112）

4. 戏剧艺术

日本的戏剧艺术有两大主流。其一是受到西方戏剧传统强烈影响的现代戏剧，其二是由歌舞伎和能乐所代表的日本传统戏剧。

1992 年，有 61 个戏剧团体归属于日本戏剧协会，还有 80 个剧团与日本青少年戏剧团协会有联系。在主流的大型剧团之外，小型实验剧团也在年轻观众群中方兴未艾。由当红演员和艺人领衔主演的商业性戏剧也将众多观众吸引到大型会堂中。"美式"音乐剧也受到人们的追捧。

歌舞伎是一种由戏剧和舞蹈为主、辅之以旁白和音乐的日式歌剧，它在传统戏剧界中所占的份额比以往要多。歌舞伎受到文化厅的额外援助，并且由松竹株式会社（Shochiku Film and Entertainment Company）供养。歌舞伎几乎每天都在日本某处上演。而能乐也是非常活跃的剧种之一。此外，用木偶进行表演的文乐（bunraku），讲述幽默逸事的落语（rakugo），以记叙手段讲故事的讲谈（kodan），以及其他众多的传统戏剧形式也十分活跃。

5. 美术

传统的美术形式，例如绘画、版画、雕刻、手工艺、书法、设计、摄影和建筑正在茁壮成长。诸如激光和计算机等新技术也产生了许多新的艺术领域。这些高科技成果每年都在迅速增长。1995年的人口普查显示，日本共有38100位视觉艺术家，152700位设计师，以及63400位摄影师。（总理府，1996）

6. 电影

只有电影的制作陷入了衰退。由于受到电视的冲击，日本拍摄的影片数量从1960年的570部下降到了1996年的278部。观影人数也从1977年的1.65亿人次下降到了1996年的不足1.19亿人次。约一半的观众观看的是外国电影。70%的日本电影是供成年观众观看的成人电影。在278部电影中，有59部产自大型电影公司，其余219部由独立电影公司拍摄。1996年，共有262部日本电影和193部外国电影（主要是美国）在电视上播出。[《日本时事通信社》（*Jijitsushinsha*），1997：35—39]

7. 出版物

出版物数量在1982—1991年这十年里持续增长。[全国出版商协会（National Publisher's Association），1995]

（五）分布

1993年，为艺术表演而设计的音乐厅和剧场数量增加到了2578座，在15年内增长了将近3倍。人们在全国各地的公共文化礼堂或中心都能发现这些设施。[《当前机构的案例研究》(*Case Study on the Presenting Organizations*), 1994:5]

在1987—1997年这段时间内，博物馆数量增长了60%。截至1993年，共有7座国家级博物馆以及423座县、市级博物馆，还有410座由文部省官方认可的私人博物馆。此外还有2802座准博物馆。博物馆的参观人数稳步上升，从1986年的2.1亿人次上升到1989年的2.82亿人次。（文部省，1995：176）

根据1945年颁布的博物馆法，博物馆只有在拥有至少一名在大学中经过专业训练的负责人的情况下才能被官方认可。但在演艺场馆则没有类似的规定。大多数这些机构都由市级政府拥有和运行，且常由地方政府的行政人员进行管理。这些行政人员通常没有演出行业的从业经验，他们只在这个职位上停留短暂的时间，之后就调动到其他行政岗位上去了，这是他们人事轮换的一部分。由于他们不了解如何策划演出活动，也没有能力组织演出活动，他们便宁愿把这一任务交给外来的团队，而非事事亲力亲为。当他们确实有节目需要上演时，他们常常聘请商业主办人来组织演出，或是把任务转包给这些组织者。在日本，在非营利性艺术活动领域有经验的组织者几乎不存在。由于商业组织者更关心门票的销售情况而非作品本身的艺术性，因此他们更喜欢邀请来自城市的知名艺人团体，而非不太为人所知的地方艺术家。实验性的艺术尝试和本土的艺术形式也因此而蒙受损失。

视觉艺术作品的展出范围十分广泛。由报社、百货公司、公共或私人的博物馆所组织的展览遍地可寻。艺术机构、地方政府和私人企业都对展览进行赞助，并定期颁发视觉艺术方面的奖项。

五、艺术资助

（一）公共资助

近期，由文化厅发起的一项调查显示，日本53%的艺术机构收入超过1

亿日元；11%的机构收入在3亿—10亿日元之间。只有13%的机构的门票和其余收入足以支付它们在创作活动方面的费用；其他机构都需要额外的资金以弥补差额。这些资金包括赞助和补助金、电视电影等方面的演出费用、企业捐助以及对每个成员收取的直接费用。（文化厅，1995a：13；见图4）

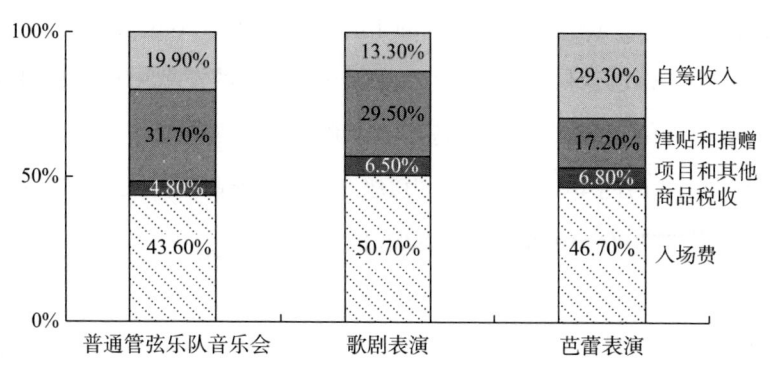

收入类型	普通管弦乐队音乐会	歌剧表演	芭蕾表演
自筹收入	19.90%	13.30%	29.30%
津贴和捐赠	31.70%	29.50%	17.20%
项目和其他商品税收	4.80%	6.50%	6.80%
入场费	43.60%	50.70%	46.70%

图4 对管弦音乐、歌剧和芭蕾的资金支持（注意："津贴和捐赠"包括由政府资源和私人基金提供的资源；大部分"自筹收入"是借款；大概2/3的津贴和捐赠来自公共服务）
（来源：文化厅，《日本文化政策：现状以及未来的问题》，1992）

直到20世纪80年代末期，文化政策仍然集中在发展机构和设施、收集和传播信息、鼓励艺术家和文化专职人员发展专业技能。这些政策很少对艺术创作活动本身提供经济或者思想上的支持。一种普遍的理论认为，艺术和文化事务应当交给艺术家和受众自行处理。人们对"二战"前和战争中政府压制艺术创作的场面还记忆犹新。特别是一些戏剧组织拒斥任何形式的政府赞助，以防给政府干涉提供机会。这样一来，政府给予艺术活动的赞助就很少了——近来最多的赞助额是1982年的不到12.5亿日元。（文化厅，1996a：6）

直到最近人们才认识到，若要在艺术上获得更高的成就水平，若想鼓励人们做出开拓性的巨大创举，政府的直接资助是必不可少的。由于一些表演艺术天生不具有商业性质而无法自给自足，因此这些表演艺术尤其需要经济方面的援助。再者，由于私营企业和地方政府的逐渐介入，艺术赞助的来源变得更加丰富，这也大大减轻了艺术家们的心理负担，而此前他们认为政府当局对创作活动进行直接干预会妨害艺术家的言论自由。

公众在艺术创作活动中的广泛参与以及艺术和文化的民主化加深了公众的介入程度，而在过去，艺术与文化乃是精英阶层的生活方式。对艺术的公共资助以前或许会被视为是补贴富人阶层的行为，但现在人们认为这样做对全体民众都有好处。这一变化反映到人们的态度上，就表现为文化厅和地方政府的文化预算急剧增加。文化厅的年度预算从 1985 年的 363 亿日元增加到了 1998 年的 830 亿日元。（图 5）在这 830 亿日元的拨款中，43 亿日元（或者说预算总额的 5.2%）用以支持艺术家和艺术机构的创作活动。在 1985—1994 年这十年时间里，包括县级和市级在内的地方政府的文化预算大约增长了 2 倍，从 2730 亿日元增加到了 8780 亿日元。

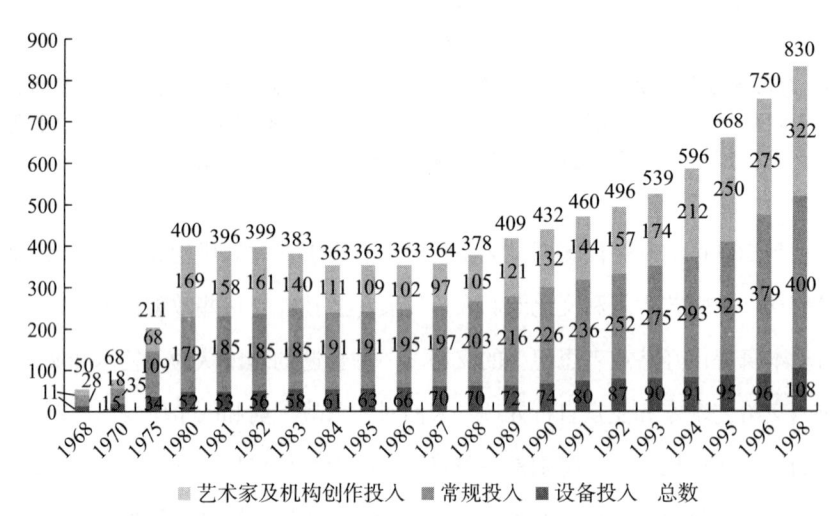

图 5 文化厅预算（来源：文化厅，《日本文化事务局》，1996）

1990 年日本艺术基金成立，这象征着政府政策方面的变化。为了加强文化管理方面的财政基础，日本政府在 1989 年的追加预算中拨款 500 亿日元，成立了日本艺术基金。作为对文化所发出的号召的响应，企业也捐助了 100 亿日元。该基金每年的收入总额大约是 30 亿日元，这些收入被用以实施表 1 中所提到的计划项目。县级和市级政府也成立了类似的基金，从地方层面上对艺术创作活动予以支持。在某些案例中，私营企业为基金捐助了超过一半的资金。截至 1992 年，由县级政府和特定的城市所成立的基金有 57 个，还有 86 个由市级政府建立。他们的基金总数达到了 1170 亿日元（当时合 11 亿美元）。（文部省，1993：30）

表 1　日本艺术基金：拨款的分配　　　　（单位：亿日元）

	应用	选定的项目	拨款
艺术创造与扩散	736	466	2404
现代表演艺术			
音乐	201	129	867
戏剧	157	109	499
舞蹈	53	40	144
日本经典艺术	57	37	145
国际交流与合作	29	19	151
美术	31	20	42
先锋与实验艺术	147	97	202
电影制作	61	21	354
区域文化推广	250	174	500
区域文化建设	188	134	325
历史街区使用	19	25	136
民间文化组织	43	25	39
文化组织的活动	270	159	298
业余文化组织	242	150	218
手艺与文化财产	28	9	70
文化保护技术	0	0	0
合计	2512	1614	6394

（来源：日本艺术理事会，《关于日本艺术基金概述》，1992 年 2 月）

（二）私人赞助

长期以来，企业和个人都是日本艺术的赞助者。"二战"之后，对艺术的私人赞助有所衰退，人们认为发展艺术应当是政府的职责。与此同时，战后引入的渐进式税收制度削减了私人财富,也随之减少了艺术的赞助者。这里有两个例外,即百货商场和报社,它们运营着剧场,并且组织艺术展览。人们普遍认为它们的活动是商业性的,因为它们常常收取大量管理费,但即便如此,它们也对艺术创作做出了贡献。近年来,"小政府"理念的传播重新唤起了个人对艺术赞助的积极性。此外,有关"良好的企业责任意识"的价值观——文化能够为社会做出商业贡献——受到人们的认可,并广为流传。

这些年来,企业对文化的赞助正在稳步增加;企业在艺术和文化方面的支出并不仅仅局限于捐款这一形式,还包括了推广、销售和广告的方式。企业活动的范围极广,要对私人基金的具体资金数进行估计十分困难,但1987年的一份调查显示,私人企业在艺术方面的支出总额达到了790亿日元。(文化厅,1992:35)另一份由电通人类研究所(Dentsu Institute for Human Studies)主持的研究显示,私人对于艺术的赞助达到了约6000亿日元,这意味着在赞助艺术创作活动方面,私人赞助的贡献超过了国家。(电通研究所,1992)一份由企业家公益协议会所发起的新近调查显示,在受访的403家公司当中,65.7%曾在1995年进行过艺术赞助,相比之下,1991年的调查中这一比例只有42.7%,1992年的调查中则只有56.3%。(企业家公益协议会,1997)多数从未进行过艺术赞助活动的公司表示,它们未来正准备引入赞助机制。这样一来,尽管近年来经济衰退严重,但企业的艺术赞助仍然持续增长。虽然各个企业赞助的动机不一,但它们提出的主要理由都是公民义务、形象改善和企业文化的发展。

企业对艺术的支持主要以直接的资金援助方式进行,但也可能包括提供劳动力、允许使用场馆设施以及实物援助。有些公司建设并运营剧场和音乐厅,或是赞助艺术博物馆;它们还组织艺术展览,并且这些展览时常在公司没有享受政府税收优惠的情况下举行。211家公司(即70%的受访者)在艺术资助方面投入了超过290亿日元(当时合2.9亿美元),平均每个公司超过1.38亿日元,比1991年增加了8.7%。虽然无法对实物资助和人力服务进行衡量,但根据企业家公益协议会1995年的调研,企业方面的赞助似乎在增加。与前一年相比，有 74% 的受访公司在艺术赞助方面保持了相同的水平，有的甚至比前一年还要高。在 1994—1995 年间，这些公司对艺术项目的资助和在艺术方面的开销或是维持不变，或是有所增加。与此同时，艺术赞助的申请数急剧增长了 40.8%。受访者还表示，越来越多的雇员投身于公司对艺术的支持事业当中（11.6%），还有 46% 的公司表示员工对于艺术的兴趣与日俱增。

鉴于文化在经济中的重要作用，这样的趋势还将继续发展下去。随着软件和服务产业在日本经济中变得举足轻重，人们对发展有品位的、独特的、具有高附加值产品的呼声越来越高，这些产品能够满足消费者越来越多样化的口味和挑剔的眼光。人们希望，具有高度情感性和创造性的商品能够显示出高雅的文化品位。大多数人都认同艺术是创造力的源泉，与科学一样，它对于工业技术的发展也是必不可少的。

文化厅针对企业和个人引入了多种税收激励政策以加速私人赞助的发展。措施包括免缴所得税、公司税、营业税和财产税。除此以外，文化厅还帮助企业成立艺术基金会，以此来支持文化和艺术活动。

但是，还存在着三个阻止私人艺术赞助发展的障碍。

第一个障碍是，无论是赞助的接受方还是给予方，它们都缺乏受过训练的艺术管理人才。从赞助者的角度来说，它们的工作人员缺乏对于艺术界的经验和了解，这通常导致它们严重依赖于商业组织者和广告公司，并据此决定艺术资助的去向。这样一来，资金通常都流向了大城市中活跃的大型活动，而非更需要资助却默默无闻的小型机构那里去，后者可以更有效地运用多余的资金。此外，聘请大型中介也会削减艺术家最终获得的赞助资金。从赞助接受者的角度来说，管理者不善于筹集资金，而且时常不能顺利地为赞助者提供证明文件和财务记录，常常导致获取必要资金的机会被白白浪费。

第二个障碍是，日本的私人捐款与美国相比要少很多，且常常投向教育和福利事业，很少给予文艺方面。

第三个障碍来源于日本相对完善的税收激励系统。例如，给非营利组织的捐款可以获得一定比例的减税。如果一个非营利组织获得了特别公益财团法人地位，这一减税额度上限将会自动提高一倍。但在实际操作中，几乎没有组织能够享受由特别公益财团法人地位带来的优势，因为大藏省对税收激励政策的解释和应用非常严苛。1997年，虽然451个艺术和文化组织被授予了享受一定税收优惠的公益财团法人地位，但其中只有36个被授予了特别公益法人地位，这与美国1913年税收法案中规定的非营利组织有相似之处。（文化厅，1997b：59）这一状况使许多赞助艺术的企业感到不满。1995年企业家公益协议会发起的一项调查显示，76.2%的受访者希望政府立刻对税收条款进行修改，同时提高艺术赞助的免税额度上限，或者增加特别公益财团的数目。（企业家公益协议会，1995：54）显然，未来若要企业对艺术进行更多赞助，对税收系统进行修改是必不可少的。

六、艺术和文化产业

由于日本艺术和文化产业的资料和数据极少，因此无法提供有关产业规模大小的数据。这一部分是因为经济学家和政策制定者没能及时意识到艺术和文化产业的经济规模有多大，另一方面也是因为艺术家坚持认为他们的行为目的与经济活动有所不同。

事实上，艺术界拥有493000位专业艺术家、超过2500座剧场和640座博物馆，是一个巨大的就业市场，同时艺术和文化产业也对经济做出了显著贡献。（文化厅，1997b：176）文化厅著作权科1992年的一项非正式研究显示，那些生产具有著作权产品（如图书出版、音频录制、广播和电视台播送、电影电视作品制作、录像带和其他设备制造）的产业，其1991年的销售额高达142000亿日元。此外，电通人类研究所1992年的研究报告估计，视觉艺术和表演艺术行业（包括营利和非营利部门）的年收入在2.8亿—4亿日元。这份研究还显示，除去门票收入，国家和地方政府每年提供了1260亿日元的公共艺术资助；私营企业的赞助在400亿—600亿日元；基金会和个人则捐献了15亿—20亿日元。艺术组织的非门票收入总计高达1700亿—1900亿日元；视觉艺术和表演艺术的活动收入达到了4500亿—5900亿日元。（电通研究所，1992）我们可以估算出，1993年艺术和文化产业合计贡献了超过145亿日元——约占国民生产总值的3%。

未来，由于新媒体的发展，艺术和文化产业的产出值还会继续增加。预计到2015年，通商产业省的多媒体产业将会产生553000亿日元的收入，其中的62%将会包括软件销售、电影、艺术图像和声音、电子游戏以及广播电视节目。（通商产业省，1993：210）根据这些估算，通商产业省的"多媒体白皮书"预测文化产业将会成为日本经济最主要的部分。

七、教育与艺术

（一）艺术家的培养

在日本，普通学校和大学在培养艺术人才中扮演着中心角色。从四年制普通大学和两年制艺术类大学（音乐、设计、美术和建筑等）中毕业的大学生从1960年到1991年增长了5倍。（文化厅，1992：21）

有许多不同种类的教育机构，如被称为"塾"（juku）的特殊培养学校、终身学习中心和私立教育机构，在培养艺术家方面做出了突出贡献。大多数专业音乐家在普通学校中接受训练，而几乎所有的演员和舞蹈家都在非正式教育机构中接受训练和督导。从事传统表演艺术——如歌舞伎、能乐和邦乐[（日本音乐，例如十三弦古筝（koto）、长呗（nagauta）和尺八（shakuhachi）]——的艺术家通常都在确立已久的大师系统下接受训练。在此系统下，家元（iemoto，即学校的掌门人）对其门徒进行训练，这些门徒常常是他们的家庭成员。

文化厅还对专门针对年轻艺术家的专业训练项目进行赞助，包括出国培训项目（将年轻有为的艺术家、技师和艺术管理者送出国三年，以完成他们的培训）和艺术实习项目。日本国立剧场还培养年轻的歌舞伎表演者、朗诵者和三味线（shamisen）演奏者及其他演员。

（二）艺术行政人员的培养

随着文化活动数量的增长和范围的扩大，文化项目和组织的行政管理变得越来越困难。艺术的行政管理需要对社会有深刻的认识，并且了解经济趋势。艺术管理者还需要有很强的获取资金的能力，并且能合理管理这些有限的资金。此外还需要对不断发展的科技有深入的理解，并且认识到科技在艺术、娱乐、著作权和公共政策方面的影响，这一能力对于一个处于当代环境下的艺术行政人员来说是十分重要的。

直到最近，博物馆的馆长还是唯一一类其资格由法律规定的艺术管理者，也是唯一在高等教育机构中拥有训练课程的一类艺术管理人员。自1995年起，所有的博物馆都被要求在编人员中至少拥有一名合格的博物馆馆长，而他们须在任意高等教育机构中完成学业课程。不幸的是，大学里的课程都过于抽象，这些课程将重点放在艺术史和美学上，只教授很少有关管理和策展的技能。这样一来，许多馆长在受雇于博物馆后也不得不受制于后者。

另一方面，针对经理人、主持人和行政管理者的艺术管理培训则被高等教育机构彻底忽视了，这一情形一直持续到现在。近年来，文化厅、一些地方政府和艺术机构不定期地组织开展短期的艺术管理培训项目。一些大学，尤其是庆应义塾大学（Keio University），开设了不授予学位的艺术管理教育项目。为了补救现状，文化政策发展咨询委员会建议加强艺术管理的教育。根据这一建议，文化厅在白皮书中将培养艺术管理人员列为其政策目标之一。（文部省，1993：4）位于厚木市的昭和音乐大学（Showa University of Music）是首先响应这一建议的高等教育机构之一，这所大学于1994年4月建立了日本第一个艺术管理本科课程，同时还开设了研究生课程。1998年，国立山梨大学（Yamanashi National University）设立了艺术管理系，在不久的将来还会开设其他课程。

（三）针对公众的教育与艺术

1. 学校教育

文部省 1990 年所发布的修订后的课程研究报告显示，日本的学校教育有四大目标：第一，发展年轻人健全的心灵和身体；第二，强调每个公民所需的基本和必要的知识、技能；第三，培养儿童积极应对社会变化的能力；第四，培养儿童尊重日本文化和传统，增进他们对其他国家文化和历史的了解。艺术教育对于实现这些目标非常重要。

文部省为幼儿园到高中的各个年级制定国家课程标准。根据规定，1—6 年级的音乐、绘画和手工课属于义务教育课程，每门课每年分配 70 小时。初中阶段的音乐和美术是必修课，7—8 年级每门课需分配 70 小时，而 9 年级为 35 小时。毫无疑问，这些课程能够帮助学生们认识并欣赏生活中的美。但是这样做也有缺陷，例如所教授的价值判断都是固定不变的，仅仅是老师观点的重复罢了，有时候学生们仅仅将艺术作为一种需要学习的课堂知识，而不把艺术当作审美或创作的对象。此外，由于绝大多数老师受到的都是西式的音乐或美术教育，因此他们在教学时容易对日本传统的美学表现方式怀有偏见。

2. 其他学习活动

人们对艺术和文化的兴趣与日俱增，这反映在"塾"、专门学校（senmon-gakko）、文化中心，以及其他教授各种业余爱好和技能（例如插花、缝纫、编织、陶艺、绘画、音乐和舞蹈）的私人机构的激增上。大多数学员都是女性，但许多儿童和老年人也会参加这一类的私人课程。文部省 1985 年的一份调查指出，24% 的小学生和初中生练习过书法，18% 弹奏过钢琴。而总理府 1987 年的一项针对全体国民的抽样研究显示，25% 的受访者称他们可以演奏一种乐器，而就 15—19 岁的女性而言，63% 的人表示她们会演奏乐器。相似地，众多教授传统日本文化（例如茶道、舞蹈、插花、诗朗诵、日式古筝和能乐）的学校都积极地向公众传授这些传统技艺。这些在推动日本的文化活动方面起到了重要作用，也鼓励了文化在日常生活中的进一步发展。

八、媒体与艺术

（一）媒体政策

在处理有关媒体的问题时，我们遇到了一个内在的障碍。媒体与权力——无论是政治权力还是社会权力——一直紧密相连。今天，控制媒体的能力被视为是掌握权力的关键因素，甚至是基本因素。因此，所有有关媒体的讨论在本质上都是政治性的，讨论常常聚焦于谁控制着媒体的巨大权力这个问题，而这种权力对社会的政治和文化结构有决定性的影响。

传媒领域内跨国企业的壮大和技术的急剧革新带来了全球竞争，这使政府发展新的系统性的通信政策成了当务之急。1994年，内阁成立了"促进先进信息通信协会总部"（Headquarters to Promote an Advanced Information Communication Society），制定了《促进先进信息通信的基本方针》（*The Basic Directives Toward the Promotion of an Advanced Information and Communication Society*），这些方针包括了发展政府信息系统、加强信息网络基础设施建设和更新系统。依据这些方针，邮政省（the Ministry of Postal Service and Telecommunications）下属的电气通信审议会（the Advisory Committee on Electro-Communication, Denkitsushin Shingikai）出台了《有关先进信息通信的目标和措施，朝向建立发达信息通信社会的方向发展：直至2000年的发展信息通信的中期计划》。这项计划包括发展各种电脑应用程序、加强信息网络基础设施、研发信息通信技术、推广新兴信息通信行业和建立全球信息通信社会。（邮政省，1997a）虽然大多数新的通信政策主要关涉信息通信的技术和商业方面，但将来公共政策对于内容和编排方面的介入似乎也是不可避免的，而这目前对于政府当局来说还不成问题。鉴于政府对该领域公开介入越来越多，国家是否并且如何保护言论自由和通信自由还有待考察。

（二）媒体的情况

在日本，几乎家家户户都有一台或多台彩色电视，83%的家庭还拥有盒带式录像机（VCR），还有13%的家庭拥有个人电脑。截至1997年，虽然93%的家庭有卫星电视，但只有27.6%连接了公用天线电视（CA TV），29.6%连接了广播卫星电视（BS TV），还有1.6%使用通信卫星电视（CS TV）。（邮政省，1996：65—68）根据邮政省的预计，到2010年，60%的日本家庭将会接入有线电视，80%将会接入广播卫星电视和通信卫星电视。（邮政省，1997a：247）在电视节目的编排方面，电视台把约20%的播出时间用于新闻报道，29%的时间用于播放戏剧和电影节目，21%的时间播放体育节目，14%的时间播放音乐节目，还有7%播放教育节目。（邮政省，1997a：285）日本放送协会（NHK）是日本唯一一个拥有两个普通频道（一个播放综合电视节目，另一个播放教育类节目）和两个广播卫星电视频道的电视台。大量的播出时间用于播放戏剧、电影和音乐，这清楚地表明艺术将会在未来媒体发展的道路上扮演中心角色。

（三）媒体与艺术

科学和技术的进步带来了多样且复杂的传播媒体，也使更多人能够享受艺术和文化带来的快乐。从这个意义上讲，科学技术的发展对于文艺的推进和民主化过程至关重要。类似地，计算机、激光和其他高科技设备在艺术领域的应用也激发了新型的艺术创作活动。

录音、复制和传播技术的发展对表演艺术、美术和电影制作产生了深远影响，使得更多的人能够接触到这些艺术形式。有人认为媒体（尤其是电视）的壮大，是日本电影产业衰退的原因；然而时至今日，还未有确凿的报告显示媒体对现场表演艺术有负面影响。但是，卡拉OK取代了流动乐队形式的艺人（Nagashi），也有人提出电子媒体与现场演出正在争夺同样的观众人群，且竞争日趋激烈。另一方面，电影、唱片、电视和录影的发展也使得相当多的观众能够接触到这些艺术，也为原创和创作活动提供了极其广阔的空间。

这样一来，媒体极大地提高了表演艺术的受欢迎程度，也使艺术家和艺术团体通过领取报酬和版税而获得了新的收入来源。

（四）推广媒体艺术的措施

除了赞助和培养艺术家，文化厅还每年给杰出的电视广播节目颁奖，并组织日本媒体艺术祭（National Media Arts Festival）。文化厅还负责维持着一个附属于东京国立近代美术馆（Tokyo National Museum of Modern Art）的国家电影中心的运行，这个中心承担着举办研讨会并保存日本和外国影片的任务。文化厅还与地方文化机构进行合作，一同运行一个放映优秀影片的全国性网络，这些影片都来自电影中心的藏品。日本艺术基金为电影摄制者提供资金，以此维持电影制作的高水准。1991年，拨给电影制作方面的总补助金达到了3.54亿日元；但是由于利率保持低位，1994年的总补助金下降到了2.3亿日元。（文化厅，1997b：378）

九、著作权政策

（一）著作权：范畴和目的

著作权是由法律授予那些创作了文学、科学、艺术和音乐作品的个人的专有权。向公众传播这些作品的表演者、制片人和广播机构也被授予了所谓的邻接权（neighboring rights）。著作权制度的作用是保护作者的个人和经济利益，确保人们能够全面地、公平合理地享受人类文化活动的成果。这是文化发展得以实现的基础。

（二）著作权政策的结构

在日本，作为文化政策的一部分，文化厅被授予管理和保护著作权的职责。著作权和邻接权提供了法律保障，由于这一保障的有效性取决于个人对于法律的了解和遵守程度，因此文化厅开展了多个项目，例如公开演讲和出版图书，来教育公众和传播知识。在日本，人们已经深刻认识到著作权的重要性。

著作权大体上由著作权管理团体进行管理，文化厅则根据要求提供指导和监督，以确保著作权被正确地管理。为了反映著作权所有人和公众在著作权政策方面的主张和想法，著作权审议会（the Copyright Council）——文化厅的永久顾问团——于1945年成立。这个理事会定期召开研讨会，研究并讨论有关著作权制度的正确实行和更新修正的议题。

（三）修正著作权政策

现行的著作权法是对1899年旧著作权法的全面修改，它于1970年通过并于1971年实施。此后，复制技术、信息处理和电子通信领域发生了划时代的重大变化，而这些变化也给著作权带来了新的问题。复印机的广泛使用、未经许可的非法复制品的四处散播、受版权保护作品的盗版猖獗以及新兴类型作品（如计算机程序、数据库和多媒体的产生）的出现，都迫使人们修改著作权政策和法律以保护著作权所有者。近些年来，对著作权法（the Copyright Law）的修正包括了将出租权授予唱片的外国表演者和制作人，确认计算机程序、数据库和其他新媒体产品为著作权法的保护对象，以及将邻接权的保护期从30年延长到50年。这一修正还首次包括了对盗版采取严厉措施。著作权理事会现在正在审议以下问题：对计算机制图、机器翻译和其他使用计算机创作的作品的著作权保护；对计算机程序的著作权保护；与多媒体相关的政策；当电影和其他作品在电视和其他媒体上被二次利用时，如何保护表演者和电影导演的著作权。

（四）著作权的经济影响

法律对著作权和邻接权提供了有效保护，各领域的艺术和文化活动也正蓬勃发展，这点反映在著作权和邻接权的报酬方面，体现为由版权结算组织（Copyright Clearance Organizations）和其他机构所收取的著作权和邻接权报酬迅速增长。1993年，这一数字达到了880亿日元。比上一年增加了17%。根据著作权科（the Copyright Division）1994年的一项非正式研究，1991年受著作权保护的产业（如电影、音像软件、广播电视、唱片、图书、报纸和数据库）的销售额超过了150亿日元，占国民生产总值的3.3%。

从经济的角度来看，另一个重大进步是1992年引入的一项新的制度，该制度对空白电子录像设备和材料征收版税。根据这项制度，由于个人会利用空白电子录像设备和材料对作品进行盗版录像或复制，这会导致著作权所有者的利益损失，故而版税将在著作权的所有者中进行分配。重要的是，其中一部分收益将会作为公用，主要用来提高公众对于著作权重要性的认识，也借此促进艺术创作活动。（文化厅，1997a：27）

（五）国际著作权保护

在当代社会中，知识产权在全球领域进行交换。而若要在这样一个当代社会中发挥作用，对于著作权和邻接权的保护就必须借助国际各国的通力合作。目前，日本参与的公约有：《保护文学和艺术作品伯尔尼公约》《保护录音制品制作者禁止未经许可复制其录音制品公约》《保护表演者、音像制品制作者和广播组织罗马公约》。日本著作权法中的保护措施与这些公约相一致，有时甚至比公约中要求的还要严格。（文部省，1993：93—94）

十、社区发展与文化

（一）文化对地方发展的影响

随着发达工业社会和加速城市化的出现，经济和科技的发展对日本人的情绪健康产生了负面影响。越来越多的人开始寻求更具有人道关怀和精神满足的生活，这可以在某种程度上视为人们为了摆脱经济和科技发展所带来的负面影响而做的努力，或是试图克服既有问题的尝试。这一趋势的一个表现就是人们对艺术和文化的兴趣日益高涨。

人们对文化重拾兴趣，这一现象在地方和区域层面上尤为明显。地方社会纽带的重建被视为确保有意义的生活的关键性策略。这使人们愈发感受到地方和区域文化的重要性。

在"地方社会时代"（Chihoono Jidai）的口号下，人们开展了众多项目以响应地方上的需求，这些需求不仅指向经济发展，也指向文化发展。居住在地方上的人们渐渐意识到，本土文化的推广以及有形或无形传统的复兴对于使他们的社区摆脱默默无闻的状态至关重要。在全国各地，这些努力代表了城镇建设和社区发展运动的核心。的确，在许多地区，人们更加强调乡村文化的推广，而非将产业引入这些地区。

（二）地方政府的政策

县级和市级政府都设法满足地方公民的需求。

它们还希望能把年轻人留在区域内，这些年轻人容易受到城市生活的吸引，他们也更喜爱城市所拥有的更多享受文化成果的机会。很多情况下，政府在县知事和市长的直接监督下加强它们的文化政策结构和项目管理，以使地方区域内的文化和艺术活动充满生机。它们努力执行措施，让地方艺术的传播重整旗鼓，也使创作活动重焕生机，以此作为地方发展的重要方面。1996年，这些预算总计达到了约8780亿日元。（文化厅，1997a：9）每个地方政府所采取的实际措施不尽相同，但总体而言都属于以下几类：实施艺术／文化计划（音乐会、艺术祭和美术展）；对艺术／文化组织的经济资助和其他援助；培训并激励文化活动的领导者；建立和管理文化／艺术设施；提供艺术方面的信息；文化遗产保护。这些文化活动通过丰富的社区文化生活使公民获得一种荣誉感和对社区的归属感，借此来支持社区的发展，有时还能通过吸引游客来发展经济。

许多地方政府文化项目的实施都与区域整体发展计划有着紧密的联系，很多情况下还在发展地方环境方面发挥着轴心作用。一些市政府宣布采取"行政文化化"的方式，将所有的政策和项目与文化发展的终极目标挂钩。在这一政策之下，类似于将公共设施建设费用的 1% 拨给艺术，或是鼓励将发展文化设施作为城镇规划的一部分，这样的措施正在被引入。

培训专业行政管理人员和规划师需要更多的精力，而这些人反过来将会更好、更有效地为公民服务。这些专业人士还能够将文化项目和整体发展规划之间更紧密地联系起来。目前，将近 85% 的文化发展预算花费在了设施的建设和维护方面，而只有 15% 拨给了艺术／文化项目，这一差距主要是由于管理人员缺乏规划和执行的能力。（文化厅，1997a：9）

为了鼓励和支持激发地方文化的活力，文化厅建立了地方文化促进科（Local Cultural Promotion Division），该部门在文化发展方面提出建议并协助地方政府。文化厅还实施了诸如"通过文化建设城镇"（town building by culture）的项目来发展独具特色的地方文化，也给当地居民带来了更多欣赏艺术的机会；"艺术信息广场"（Arts Information Plaza）则为地方文化机构提供有关艺术家和艺术组织的信息，并且帮助这些地方文化机构组织项目；还有"国民文化祭"让业余爱好者与当地艺术家齐聚一堂，一同展示作品并同台竞技。（文化厅，1996a：20）1994 年，文化厅废除了文化普及科（Culture Dissemination Division）和艺术科（Arts Division），以艺术文化科（Arts and Culture Division）和地方文化促进科（Regional Culture Promotion Division）取而代之。这反映出文化厅政策上的变化，即从宣扬来自城市的文化变为促进本土地方的文化。日本艺术基金也资助地方项目的发展，它将 1/6 的基金拨给了由地方政府支持的项目。

（三）改善地方生活质量

即使是今天，艺术和文化活动也往往集中在大城市，尤其是表演艺术。艺术家更愿意居住在大城市，他们在这里更容易获得对他们活动的支持和欣赏他们作品的观众。他们不愿意搬到偏远地区的另一个原因是观众稀少，票房无法得到保证。为了拓宽艺术和创作活动的范围，文化厅通过流动性的艺术祭（traveling arts festival）等措施将一流的表演者带到地方社区中，试着将源自城市的或是西方的艺术形式传播到地方社区。但由于缺乏地方艺术家的参与，巡回演出并没有对本土的创作运动做出十分显著的贡献。今天，巡回演出或是作为由市政府组织的艺术祭的一部分而举行，或是作为少年儿童欣赏艺术的契机而举行。随着越来越多的人意识到发展地方文化的重要性，一些成功的知名艺术家将他们的专营权交给了地方社区。例如，国际知名的舞台导演铃木忠志（Tadashi Suzuki）将铃木利贺剧团（SCOT Group）的总部设在石川县的利贺村（Toga Village in Ishikawa Prefecture），这是一个仅仅拥有一千多人的偏远小社区。铃木忠志的国际戏剧研究中心（International Drama Research Center）每年都在该社区举办国际戏剧节，利贺村如今每年吸引远超当地人口数量的游客前来参加这一盛会。

但是，公民和非专业人士才是推动区域艺术和文化发展的关键人物，无论是在表演艺术、视觉艺术或是手工艺领域。他们的大多数项目都是可供当地市民共享的活动，其宗旨是发展社区。在这些由市民组织的项目中，有在市政中心或其他机构中举办的高质量业余演出，包括歌剧表演、管弦乐表演、合唱、戏剧、舞蹈以及民间歌曲和舞蹈。

为了响应这些变化中的需求，文化厅改变了旧政策，引入了鼓励区域和本土创作活动的新政策。1986年，文化厅发起了每年一次的国民文化祭，将各个领域的地方创意团体汇聚起来，并提供与其他团体会面、竞争、展示技艺和建立联系的机会。国民文化祭每年在不同的县举办，由文化厅、主办县政府和市政府联合赞助，如今它吸引了超过100万参与者。全国高校文化祭每年由一个县举办，通过促进竞争和参与，它也对地方青年文化的发展做出了贡献。此外，文化厅设立了艺术文化科和地方文化促进科，这一举动也反映出文化厅政策上的变化，即从宣扬来自城市的文化变为促进本土地方的文化。

对文化遗产的保护和利用也在社区发展中扮演了重要角色。文化厅最近的政策使公众更容易接触到文化遗产，这是为了将文化带回民众的生活环境中，使文化遗产变为地方社区中为人所熟悉的方面。为了提高社区对其特殊的地方文化的了解和关注，这一政策计划丰富地方的文化环境。新政策使公众更容易接触到文化遗产，允许文化遗产被用于教育和其他用途，例如旅游业，而这些已经成为许多社区发展项目不可分割的一部分。"通过文化建设城镇"项目强调了在城镇规划中运用文化遗产的重要性。

从前，区域发展项目和文化遗产保护之间的利益冲突产生过许多问题。但一种消除两者分歧并保持两者均衡的措施正被逐渐建立起来。例如，如今的私人开发企业在开展工程以前经常就开发区内文化遗迹和遗址的保护问题向地方政府官员进行咨询。至于覆盖了大片土地的历史古迹或风景胜地，则体现在人们所建立的详细规划上，这些规划通过强制实行土地使用限制以对发展的需要和保护的需求进行协调。（文部省，1993: 145—147）文化保护如今被认为是发展的一个方面，它是土地开发不可或缺的一部分，而非阻碍因素。

十一、文化认同和"全球在地化"

（一）国际主义

当代日本社会是多种文化的混合：一方面是古老的本土传统，这一传统经过多个世纪的滋养，并且受到亚洲大陆文明的影响；另一方面是西方文化，这种文化作为使日本社会现代化的一种途径而被引入并被迅速接受。这些文化思潮相互塑形并改变着对方，如今它们相互并存着，并经历着一场永无止境的融合和交流过程。今天，它们构成了现代日本文化多层次的、复杂的结构。

日本的经验表明，全球文化和跨国价值观能够与本土文化和其特殊的价值观共存。两者通过相互竞争和启发加速了创新的发展。实际上，日本文化独特性的一部分来源于它吸收和消化外来文化影响的方式。

近年来，日本的文化政策制定者小心翼翼地在引进国际文化价值与保护国内和地方价值观之间保持着平衡。19世纪中期，日本曾长期保持闭关状态，直到日本向世界贸易敞开国门时，西方文化以迅雷不及掩耳之势涌入了国门，而这也破坏了许多或许是人类瑰宝的日本传统。当军方在日本掌权时，相反的思潮随着"二战"而出现。以民族主义为名，军方试图完全消除外来文化的影响。因此，许多西方艺术形式受到了阻碍，一些受西方影响的艺术家甚至遭到了囚禁。所产生的结果并未复兴传统的日本文化，而是彻底打断了创作活动，这标志着现代日本史上一段不幸的黑暗时代。

由于这个原因，文化厅在鼓励传统地方文化复兴的同时，也对艺术家的国际流动保持开放政策。虽然经常对日本艺术家造成困扰——尤其是表演艺术家和音乐家，他们受到来自国外艺术家的竞争，后者据说占据了日本将近一半的票房收入，但是这种开放性始终保持着。文化厅还实行增强国际文化交流的措施，为机构参加国际节日和比赛提供财政支持，提供与国外艺术家合作的机会，为国外来的年轻艺术家提供奖学金项目（即日美表演艺术交换项目），还邀请国外艺术团体参加全国艺术节（National Arts Festival）和国民文化祭。日本艺术基金在挑选资助项目时也优先考虑与国外艺术家的联合项目。

（二）文化多元主义

直至1868年日本向世界贸易敞开国门时，全国被分为约300个封建邦国，每一个都在其封建主的统治下享有相当大的自治权。每个封建邦国中产生了独特而又特殊的艺术和文化，它们通过相互竞争和启发一同组成了世界闻名的江户文化。

1868年明治维新之后，情况发生了急剧变化，新政府为了建设一个统一的现代国家而开始实行"西化政策"，借此努力使日本现代化，同时也将其人民统一在同一个政府和同一种文化之下。地方传统文化受到了阻碍，而欧洲文化和风格在学校教育中以"文明开化"（Bummei Kaika）的名义被积极地引入和模仿。如此便发展出了一种从西方国家到日本大城市的单向文化流动，这种文化流动同时还作为西方影响力向地方传播的中介。通过这一过程，一个统一的日本文化的虚构"神话"便被创造了出来。

直到20世纪七八十年代，人们才开始渐渐意识到必须开发传统文化的价值和多样性，尤其是对本土地方文化，它是日本丰富的文化遗产的核心。这种意识之所以产生，部分原因是人们开始寻找更具有人性化、更能振奋精神的生活方式。全球各地的社会都对日本历史和传统文化表达出强烈的兴趣，这一现象也有助于日本人认识到他们自身文化传统的价值。地方自治的呼声日渐高涨，这也使人们重新肯定并复兴那些有形的和无形的、传统的和源于地方的文化形式。作为回应，地方政府开始将大量财政资助投入文化项目中，以此复兴并巩固文化活动。人们对历史传统的兴趣也有所增加。许多地方艺术家基于当代经验，开始探索他们当地的遗产和视角。少数民族的文化，例如阿伊努文化和冲绳文化，也引起了公众的更多关注和尊重。《阿伊努文化振兴及阿伊努传统等相关知识的普及与开发的法律》(*The Law to Promote the Ainu Culture and Disseminate Ainu Culture and Traditions*)于1997年5月由日本国会颁布。

近来旅日外国人不断涌入，非法移民劳工也在急剧上升，这些现象所产生的文化冲击还有待评估，但我们的历史经验表明，他们所造成的影响应当会有助于日本的文化。文化厅对于文化多元主义的发展趋势做了深入思考，并将复兴地方特色文化作为它未来任务之一：

> 近年来，地方上经常举行大范围的文化活动，但人们已经注意到，地方社区的发展依赖于对民间和其他传统表演艺术及手工艺的培养，以及对只有在特定地方才有的艺术和工艺的保护。应向发展地方文化的组织提供资助，这些组织对在当地市民中深入开展文化活动起到了核心作用。（文化厅，1992：31）

（三）"全球在地化"

当代日本文化的独特趋势是返回本源，这反映在人们向多年流传下来的传统回归，并且自身意识到要努力理解、欣赏和复兴这些传统。而且，由于日本文化传统是基于多种多样的地方文化而形成的，每种地方文化又坚持自身的特殊性，因此这一趋势也朝着地方主义的方向发展。与此同时，西方欧洲文化和更晚的美国文化也继续加速传入日本。

文化厅的政策加强了这两股趋势。政策通过对特定地方才有的民间和其他传统表演艺术及手工艺的培养，鼓励地方文化认同的复兴。政策同时还把对有形或无形的文化遗产的保护作为文化政策的核心，将3/4的预算拨给了相关计划。与此同时，政策还力求实现普遍的文化价值观，而非只适用于某个文化环境内的特定价值观。1992年的政策文件是这样陈述的：

> 在一个全球众多国家都对日本历史文化显示出极大兴趣的时代，将传统文化和当代艺术创作活动（包括表演艺术和美术）介绍到国外的任务迫在眉睫。这些做法不仅使日本艺术通过与其他文化的交流而鼓励了自身进一步发展，也有助于日本为全世界文化做出贡献……人们使艺术创作活动具有国际视角，同时在日本和其他国家的艺术家之间举行能够促进相互启发的交流活动，并将两者结合起来。借助这种方法，日本艺术已经在多个领域得到完善。人们希望借鉴了日本文化传统的现代艺术活动能够为世界文化的发展做出贡献。（文化厅，1992：72）

由文部省制定的1993年教育文化白皮书也强调了这一政策导向，称：

> 通过相互交流向外界传播一种特殊的、个性丰富的文化，或换句话来说，建立一个文化传播型社会，这是日本走向21世纪时所应

当选择的道路。

文化政策中的这一国际策略在文化政策发展咨询委员会一份名为《面向21世纪》的报告中受到了肯定。报告中，委员会确认了三种类型的国际合作方式：通过接受外来文化而对自身文化的被动加强，能够促进相互理解和尊重的交流活动，强调联合行动的合作方式，以此作为一种为世界文化做出贡献的方式。委员会总结道：日本应当协助与国外艺术家的联合创作，并且更经常地组织国际艺术活动，通过这些方式向第三种国际合作的方式改变。（文化厅，1995a）

这样一来，日本文化政策的指导性原则就是进一步发展那些深深根植于我们的传统当中艺术创作活动。与此同时，将人类共同遗产的成果引入日本国内，并且以一种世界通行的高标准对其进行培养。这种"全球在地化"——全球和地方利益的混合——旨在生产优秀的作品，它们不仅来源于日本的民族精神，也秉持着能被世界认同的普遍价值观。如此，这一双重政策——为的是建立认同，并且追求普遍的多元文化价值观——体现了日本的主导政策。

十二、结语

就过去艺术家们的总体努力而言，公众以及公共和私营部门的管理者已经成功地增强了艺术文化的生产和传播能力，也提高了人们参与创作过程的机会。但是，仍有许多问题亟须思考。

（一）确保财政基础

日本如今面对的一个紧迫的问题是，如何在财政方面拓展艺术和文化活动。为了使创作活动与人们日益高涨的需求保持一致，也为了鼓励更多原创的、开拓性的和富有雄心的作品，外界资助的增加是必不可少的。虽然极少数艺术资助由于日本艺术基金的成立和地方政府不断增加的捐款而得到了确保，但还远远不足以维持理想水平下的创作活动。此外，艺术和文化若要成长并对社会经济的发展做出重要贡献，就需要大量的长期投资。有两条可选的道路。其一，使公众理解艺术和文化对日本经济直接或间接的作用，使人们意识到艺术和文化对于日本经济的重要性。对私人资助的动员至今仍然微不足道，但这点也至关重要。其二，培养行政管理人员和经理，他们能够将创作活动作为一项重要产业进行管理，与此同时也能保护艺术活动内在的道德和美术价值观。

（二）提高创作水平

在现代，日本在吸收了西方艺术的同时也保护并发展了它自身的传统艺术。许多杰出艺术家所达到的成就高度能够比肩世界任何国家的艺术家。但是，我们还需要进一步努力创造出能够反映日本特色的、且能够显示出广大观众兴趣所在的新的艺术形式，同时还要通过与亚洲和其他世界上曾经被忽视的文化增加交流，以拓宽我们的文化基础。地方社会、少数民族和旅日外国人的文化财产也应得到发展和利用。

（三）应对多媒体环境

科技的发展将会为创作活动提供新的机遇，尤其是以多媒体和其他新技术为形式的、基于计算机的通信系统代表了新的领域。这些发展彻底重塑了科技在艺术文化创作和消费方面的应用方式。如今，多媒体技术使得居民在家里可以收到500个电视频道，也使得观众与表演者之间、观众与观众之间的互动成为现实。多媒体将如何以不同的方式应用于文化和教育的议题也必须在公共和私人领域展开辩论。如此一来，我们就需要思考多媒体环境可能带来的真正危险——无法使用媒体的特殊人类文化遗产，有可能会被控制着媒体的文化所驱除。近年来，我们目睹了由极少数且数量仍在缩小的传媒业集团所带来媒体控制力的增强。对我们所有人而言，强迫接受统一的品位、风格和内容令人无法容忍。我们必须想方设法避免这种状况的出现，以维护人类文化的多元性。

（四）未来的问题

在未来，文化政策的研究对于国内和国际政治策略的制定至关重要。有鉴于此，我指出了一系列关键问题，这些问题源自这份文化政策对比研究，我认为这份研究值得深入思考。正如我在《针对美日文化政策对比计划的研究结果的一些评论和建议》(1996)、《寻找令人信服的文化政策》(1996) 和《为文化活动调动资源》(1998) 这三篇文章中所述，我认为未来的文化政策应当注重以下关键问题：

1. 艺术和文化中的含糊问题

文化政策仍然缺乏有关文化和艺术的一般理论，这些理论可以用于政策目的。通过在国际范围内检视和比较概念的有效性，我们能够制定更加令人信服的政策，以鼓励人们支持文化发展。

2. 无法使创作活动民主化

文化政策在许多司法领域内都专注于所谓的高雅文化和专业艺术家的作品。从政策的角度而言，很少有人关注商业部门在创作方面的贡献。然而，高雅艺术并没有涵盖人类所有的创作成果，也并不是被专业艺术家所垄断的。恰恰相反，艺术作品应当能为所有人共同享用，归所有人共同拥有，由所有人共同创造。

3. 艺术的重新统一

我们必须抛弃在高雅艺术和其他艺术形式之间所做的老式区分法，并在这一框架内复兴娱乐、手工艺、社区艺术、少数民族艺术以及所有领域中的高质量作品。各类作品的重新统一，使我们可以鼓励大多数人向一个真正的创意社会迈进。

4. 艺术的政策与艺术家的政策

必须在以下两种政策之间建立平衡：一是有关直接改善艺术家经济和社会地位的政策，二是有关完善文化基础设施及全民参与艺术创作的政策。

5. 文化多元性与新文化的创造

文化多元主义应当被视为未来政策发展的核心。它对于保证团体或者个人的文化权利至关重要。多元主义不能仅局限于在一个文化多元的人口中不同文化的共存，还必须包括一种创造更新、更丰富的文化的意愿，这种文化能够加强多元传统。

6. 新媒体的希望

艺术和文化领域具有重要地位，它们给500家电视台的多媒体产品制作提供了内容。反过来，对于内容的需求也为各种艺术表现形式提供了新的机遇，也在创作者和媒体产业之间建立了共生关系。

7. 资金来源的多样化

一些国家的政府能够稳定地给艺术家和艺术机构提供资助，但即使是在这些国家中，资金来源也在变得多样化。我们必须实施策略来鼓励引入更多的个人资金，以补充日渐减少的公共投资。这种混合体制既给创作者提供了选择，也为创作自由提供了最好的保障。

8. 扩大艺术领域的投资

我们若是要实现真正的文化民主，就需要商业资金的投入，这样才有资本经营艺术文化活动。对于一个以知识为基础的社会而言，对艺术在经济方面的重要性的认可一定会促进这一领域的更多投资。

9. 艺术教育

艺术教育不能被视为是为专业艺术家专门开设的，而必须将受教育的机会提供给更多人，在各个层面上为每一个对创作活动感兴趣的人提供机会。

10. 文化的政治维度

鉴于人们对文化民主的日益关注，未来的政治冲突或许会围绕着文化问题展开，即将世界分为以下几类：实施策略以真正实现文化民主的国家与没有实现文化民主的国家，支持民众进行创造性发展的国家与政策因循守旧的国家，坚持文化自由和开放流动的国家与对文化进行限制的国家。

艺术的税收政策与私人捐助[*]

本文所议基于这样一种设定，艺术在其所有范围内建构其公共"利益"，而且不能在同样的范围内获得来自市场空间的完全支撑，联邦政府应该提供某些补充性支持形态。由此其所处置的问题便不是"是否"，而是"怎样"。尽管文章也触及针对艺术的直接联邦资金专项，但更主要的是就其所保持的核心焦点提供更好的观察视角——利用联邦税收法规激励私人捐助。

20世纪80年代之初，还有许多人主张，如果就其根本而言这种支持不得不提供，那么政府艺术支持就应该建立起整体性通道，通过某些专项资金决策的集中化的行政部门，使决策在充分的公众关注中得以形成。具体而言，菲尔德、奥哈尔以及舒斯特追问道："为什么对艺术的帮助，要受庇护于与食品分类项目或者国防所要遵从的相同立法复审？"依此见解，那时而且现在仍然沿用的税收激励制度，其目的在于削减，无数纳税人累积而且分散的决策，最终决定了如此一笔数量可观的被放弃的纳税金（税收结余从慈善扣减中提取），究竟应该怎样分配至对艺术的支持之中。

恰如其后篇幅将要讨论的，在美国，艺术基金被动应对一系列流行观点的打击。如果艺术在其所有延展界面都在这个国家受到激励，并获得有利条

---

[*] 本书原作者为斯蒂芬·E. 威尔。原作者对引用原文均未注明更详尽的版本与页码，故译者只能从之，有更详细阅读意愿者，请阅 Stephen Benedict, *Public Money & The Muse: Essays on Government Funding for the Arts*, The Amerian Assembly 1991, pp.153–167。[美]斯蒂芬·E. 威尔，美国史密森学会管理工作者。

件——不仅仅只有优美的艺术和高雅的艺术，也包括那些甚至是狂热的艺术与粗俗的艺术——那么不断受到鼓励的私人捐助就会显得他们的支持极为重要。为了提供这样的鼓励，一种税收激励制度就在第一次世界大战期间首先被引入《国内税收法》（*The Internal Revenue Code*）。对艺术而言不幸的是，过去 12 年中形成的对这一法规的变异，如今似乎正侵蚀着那些激励，而且进一步的变异也会很快出现。就艺术共同体而言，事态变得严重且情势危急的是，要意识到危急之所在。自身正处于抵抗也许可以避免事态出现的位置，而且在可能的程度上，应该采取主动去收复所能重建之所在。

本文前面四个部分一般性地讨论艺术，并对直接政府专项资金的当前困境与预期进行处置。第五部分简要思考在较大的非营利性部门中，文化机构税收调节作用的定位。通篇所表达的观点都是作者的观点，不代表任何作者所在或者所依附的机构的意见。

一、两种艺术

我们很大程度上在讨论公共专项资金之际，倾向于将艺术理解为一个独立领域，而且理所当然地切分为一系列门类（诗歌、舞蹈、绘画、雕塑、音乐、戏剧等），但总体上它们也有一些共性。无论如何，正是出于这样的分析目的，艺术作品也就被粗线条地划入具有两种差异性而且对立着的两大范畴，基于两种强烈冲突的比较方式且间或被理解为发挥其不同的功能：一种是作为社会凝聚与稳定的介质，另一种是作为社会破旧和立新的介质（破旧即破坏，立新即变化）。

尽管穿越了所有的门类边界，但这种切分并不在于审美意蕴。具有相同价值的艺术作品，也许在两大范畴中都可以寻找到，没有一种切分获得固定指涉。就任何已知的艺术作品而言，其范畴实现取决于一种洞察，即特定作品在具体的环境和具体的时间如何发挥其重要功能。

作为刚才的补充说明，艺术作品能够以多样化的方式实现其功能，因而任何这样的分类都必然被过分简单而且走向一定程度的武断。此外，在仅仅围绕这两种对立功能所进行的艺术作品分类中，诸多叠合性的悖论必须要加以考虑：

（1）艺术作品本身使稳定因素与变化因素联系在一起。马丁·加德纳写道："好的音乐就如同一个人的生命或者露天历史剧，是期待与不可期待回转的一种奇妙混杂。"总之，它不是这些因素的一种抑或另一种优先性，不仅不能由这种优先性来确立特定作品究竟如何在特定的时间被给予分类，而且更在于如何围绕作品的所在时代与所在社会来进行。

（2）在任何特定时代，特定艺术作品可能会同步性地于某种社会环境中显示其社会凝聚与稳定的功能，但在另一种社会环境中却显示其社会破旧与立新的功能。在某种社会背景里，帕斯捷尔纳克的《日瓦戈医生》被认为是一部浪漫小说，以及可以拍成商业电影；而在另外一种社会环境里，这部作品由于显示出对权威建构的威胁姿态而被查禁了很多年。

（3）特定艺术作品所承担的重要功能往往会变化（而且还不止一次变化），因时而变。也许在一定程度上，其首要功能会远离艺术家的初衷或者创作意图，这只要反思博马舍的《费加罗的婚礼》，及其两个多世纪以来它的改变（莫扎特给予了某些帮助）——从法国大革命叙事转变为歌剧院中极受欢迎的作品。

二、艺术是社会凝聚与稳定的介质

与语言一样，艺术是极为重要的介质之一，通过这些介质，社会能够牢固地聚集，并一代接着一代地传承其信仰与规矩。当艺术体现、强化和赞美其所在社会的价值时，当艺术同步性地与家庭说教一道巩固和示范那些规训时，或者是与正规的教育体制，以及所有五花八门不断变化的大众传媒同步进行时，艺术就承担着这样的功能。处此功能状态，艺术严肃审慎地扮演着重要角色。不仅因为它们提供了一种社会"胶水"，而且还在于它们提供了使社会能够自我确证并与其他社会相区别的手段。

对艺术在今天的作用进行解读，尤其是视觉艺术，十分重要。艺术总体上并非对过去的继续。批评家罗伯特·胡福斯认为，曾经由艺术所承担的颂赞功能，极大程度上已经被大众媒体接管，尤其是曾经御用于吹捧统治权威的官方赞助的艺术。不会再出现受某人支配性强制要求的艺术，如同拿破仑所为那样，让雅克·路易·大卫成为第一御用画家，将统治者的形象普及到法兰西的每一个角落。那些功能今天仍然都还存在，但完全被晚间新闻广播和早间报纸所替代。所以同样地，官方的总统照片代替了曾经御用装饰罗马及其继承者帝国公共建筑的半身雕像。失去了官方赞助艺术的发展渠道以后，今天仍然承担这些功能的艺术，也就是给社会以凝聚和稳定的艺术，绝大多数就是比较传统的艺术。

绝不意味着所有的传统艺术，如今所起的作用，就只是其起源时期的聚集角色功能，一些传统艺术就很具体地创造其追问或激励的内容。即便如此，就艺术作品超越时间得以保存并且叠合性地成为社会积淀遗产，其所呈现的功能取向，还在于为社会提供稳定性要素。在20世纪90年代，《浮士德》的观众（至少是歌剧）往往更多地关注作品本身的社会可信度，而不是追问是否有人应该对付魔鬼，或者根本就没人对付魔鬼。

从某种意义上说，第一种类型的艺术能够依靠市场需求来获得自身支持，但是，由于产品价格广泛发生变化，形式从一种艺术门类到另一种门类也会产生巨大变化。一本小说有一万读者准备支付19.95美金能够算得上商业成功，一部不足一万观众的百老汇音乐剧，虽然每张票能卖到50美金却仍然是一种经济失败。尽管如此，这一类型中仍有相当可观的艺术部门，按照追求利润的商业原则管理并持续性地获得成功。大部分电影、网络电视以及百老汇戏剧等，全都是这样。需要说明的是，这些艺术一定程度上是与可能被我们分类为"娱乐"的类型连接在一起的（甚或可能会叠合）。

虽然这些艺术的市场需求还不足以维持它们，但维持它们十分重要，这一点我们要考虑到，并由此确立对其提供补贴性政府支持的正当性。最早的这种支持是在第一次世界大战期间，通过税收激励制度来间接提供，本文的第六部分会予以描述。自 1965 年起，通过来自国家艺术基金（VEA）的捐助形式，这些激励就因直接资助而得到增补，而且在比较小的程度上，也包括国家人文基金（NEH）。这些资助，其意图不仅在于激励新的艺术作品创造，而且在于更好地理解和传承那些被认为是文化遗产的传统艺术作品。

三、艺术是破旧与立新的介质

在一些情况下，艺术也许会体现、强化，甚至颂扬它们的社会价值；而在另一些情况下，艺术则会成为一种工具，其价值由此而被质疑和追问。在第二种更加"浪漫"的功能里，创作主体被视为叛逆者、局外人或者"艺术教唆犯"，雇佣他或者她的艺术来进行游击战，以对抗已经建立起来的规则、权威、价值、制度以及真理。

当艺术功能呈现为社会破旧与立新的介质，艺术的作用会粗暴地冲击我们的日常鉴赏力，迫使我们思考人类生存条件的极端可能性，刺激我们超越宁静去更加深入地思考关于生存、死亡和我们自身偶在性的基本事态。正如晚间新闻广播已经替代了某些从前由艺术来完成的颂扬功能，所以反过来也许艺术——尤其是它们致力于道德伦理问题——已经替代了宗教与哲学的某些传统地位。

这一类型的艺术，运用巨大的策略变化来挑战人类活动每一领域中起决定性作用的统治文化和支配性意识形态。一些时候，它们通过较和善的诉求来完成这一使命；而在另一些时候，它们会显得有刺耳张目；甚至还有一些时候，它们会置换掉探求真理、提出问题或者对深度开掘所获假定的孜孜不倦，转而会给我们提供"乌托邦矫正法"（Utopian Correctives，该短语来自瑞士作家马丁·R. 德恩），由此我们可以将是什么与能够是什么进行比较。

进一步，一些艺术的功能会让人焦灼、使人愤世、动人激情。在面对当下公众关注的事态时，艺术就会呈现出一种政治化的姿态。在从阿里斯托芬的低级幽默一直到塞缪尔·贝克特的极简抽象艺术，它们都在召唤我们对传承立场给予叛逆和抵抗，而且像它们一样对事物采取极为自负的接受方式。此种功能形态的艺术，甚至会对艺术自身的意义与合法性提出质疑。

较之作为社会凝聚与稳定介质发挥其作用的艺术，以此种风格获得功能呈现的艺术，对于我们的社会幸福而言显得没那么重要。尽管如此，在一种艺术为我们提供稳定性的时候，另一种艺术也为我们提供发展所需的刺激性。正因如此，例如史密森学会干事罗伯特·M.亚当斯，在对待矛盾对立艺术的问题上，在1990年8月的《史密森学会》期刊上写下如下文字：

> 毫无疑问，艺术始终在——而且可能是积淀性地——延展其洞察力和感知力的边界，整个世界正在努力，为了我们的骄傲和幸福快乐，通过艺术来提供更多更好的个体自由与文化多样性社会氛围。我甚至斗胆认为，艺术和某些部分应很明确地归因于道德厌烦抑或法律不允许。由于唤起激进思想，艺术帮助我们大家去寻找一种语境，经由改变教条的多棱镜而使我们审视人类状况。[1]

比这更加简洁，但具有同样效果的，乃是罗伯特·胡福斯的另一种观察。"艺术"，他写道，"就是鼹鼠，在社会结构表层之下工作，其效果在见诸于世之后很久才显现出来……艺术为了我们而存在，而非以我们为存在。"

处在同样的思路中，当推美国剧作家特伦斯·麦克纳利的陈述语词，其在1990年7月19日的《纽约时报》的一篇文章中写道：

> 成为一名真心意义上的成年人并不容易。他们的离婚率以及酗酒和吸毒等离奇古怪的嗜好就足以证明这一点。但如果我们想要成熟起来，就需要自知我们自身的真相，以及我们赖以生存的社会的真相。聪明的人，往往会依靠艺术家来告知我们那些真相，乃至它

---

[1] [美]罗伯特·M.亚当斯：《史密森学会》1990年8月。

们的痛苦或者孤独。社会需要艺术家，即使社会还不能在所处时代认识到到底在多大程度上需要。①

社会需要艺术家，社会需要艺术。即便如此，其所需要的艺术也并不仅仅是说"yes"的艺术，它确实需要这种艺术，但同样也需要一种自由地说"no"的艺术，以此而知其所必然前往的地方究竟路有多长抑或究竟多么面目全非，以便采取其相应措施——将真相告知社会，有时则是将焦虑告知社会，即使社会发展而且变得成熟，社会也依然需要知道这一切。

这样的艺术如何支持？从某种程度而言，第二种类型的艺术也能够从市场需求中获得自我支持，尽管往往不能像那些功能定位更加积极向上的艺术，以及能够提供娱乐的艺术那样成功。无论如何，就这一类型的艺术应按哪种方式获得支持而言，并不存在完全统一的认同态度。事实上，某些评论者认为，这样一种寻求市场支持的方式，将确立此类艺术重要性的极端诚实置于困境之中，事实上会弄巧成拙。例如，耶鲁大学的保罗·丁·迪马格，就对何以至此陈述了两条理由：

第一，对于很多艺术家、策展人和评论家所赞同的由非营利性艺术机构所呈现的各种创新产品和创新展览的努力，在很多方面其商业活动的逻辑是有害的。第二，商业活动得不到扩大艺术受众社会范围政策的支持，诸如为穷人提供服务，或者致力于公共教育。②

既然在第二种类型中，市场需求并不适宜对艺术提供支持，那么便提供了联邦资助——间接通过税收激励，而近来，则通过直接补贴项目。（顺便说一下，这并不表明此类资助的探索，较之商业活动中的寻求支持的竞争性更弱。只不过竞争在于认可的不同源头——来自就间接资助的赞助人，或者来

---

① ［美］特伦斯·麦克纳利：《纽约时报》1990 年 7 月 19 日。
② 耶鲁大学的保罗·丁·迪马格。

自直接资助的同辈专家小组的那些审核人。总之，仅仅在这一点上，关于支持艺术的这一种直接补贴，被公众理解为具有"挑战性"，而支持制度也就在20世纪80年代末开始显示其限制的严峻端倪）

四、体制局限

在更具假定性界面，美国公众及其政治代表能够接受艺术自由概念，一定程度上与学术自由的传统处于平行位置，而后者则是经过长期努力而在这个国家得以建构起的高端知识制度。这一概念所隐含的是，对于艺术机构和艺术家被遴选来接受补贴并由其所生产出来的作品内容，资助部门应该保持一种中立立场。这一概念的核心清晰描述出资助与捐赠之间的差异。例如，国家艺术基金资助过的一项艺术活动，较之大学里对一次演讲的资助，就无须任何该项活动的联邦捐赠说明，而后者则需要说明同意该次演讲内容的必要性。艺术作品获得资助，应该按照其所判断出的具有其审美精妙或者审美趣味，而不是以它们功能定位于坚信抑或质疑某些现状要素作为基础。

那样一种理想假定仍然非常遥远。首先是在20世纪30年代末，当时富兰克林·D.罗斯福的"新政"，颁布了好几个新兴的艺术计划，但要么被终止，要么被掏空了实际内容；再一次则是在20世纪80年代末，那时国家艺术基金由罗伯特·麦普赛尔比和安卓·赛瑞娜而第一次遭受攻击，重要的政治家们以及公众中的一些成员，同样绕过审美价值问题（甚或程序规则）而将他们的敌意集中到艺术作品（在其风格与内容的某些组合中），这些作品被理解为颠覆性的、亵渎性的、色情的、负面的，或者与主流价值相冲突的。

亦如可以预料的，这种反应通常是由自起点就功能定位于社会破旧与立新的介质的那类艺术所引起的。无论就其外在形态还是内在主题，亦即其语言与内容，此类较之凝聚与稳定的艺术，就极其容易给人带来敌意。无论是作为吸引注意的策略，还是作为其告别已有尺度的象征，其语言（非书面的、音乐的、图像的）都会陌化而且虚幻——极限处，甚至会疯狂、唐突或者粗俗——的确让许多人反感。正因为绝大多数这类作品的内容富有刺激性，所以也就可能以一种直接威胁的姿态显示出其所质疑的那些权威。

事态至此，对这类艺术的联邦直接资助就很纠结，其所刺激出来的敌意，通常可在一对连接着的问题中寻找到意见表达：为什么纳税人一定要对多数都让人反感的这类艺术买单？为什么这个国家抑或任何国家都支持那些致力于发掘其价值的艺术？

这些问题基本上不是新问题，可以回溯至半个世纪之前甚至更加久远。尽管其问题域极其相似，但时至今日，美国的艺术共同体似乎仍处于提出一套令人信服的方案的艰难时期之中。

一种回答，当然，也许是最好的回答之一，是在一种民主政体中，公共资金最终可以用于某一纳税人或另一位纳税人会感到反感或者至少缺少兴趣的许多事情上——《星球大战》、烟草补贴、电动椅、垒球体育场等所有能想到的——如果多数人愿意如此的话。让人反感的艺术，其仅仅在吸引公众的注意力（或者至少是媒体的注意力）的令人难以置信的能力方面与其他艺术相区别。

另一种回答也许是程序。如同任何其他过程，补贴裁定过程按照公众可接受性甚或出错的自由程度，将趋于呈现一条正态曲线。正因为如此，其过程也就类似于我们的民主选举制度，偶尔会出现名副其实的越轨行为；抑或我们的军事采购体制，间或出现极其巨大的损失。所有这些，仅仅不过是体制的病态。除非而且直至一种制度出现其所认为的越轨后果到了不可容忍的程度，那么该制度都不应该轻率地被放弃或者搁置。尤其需要向公众强调的论点是，集中到处于极限值的少数例证，或者忽视按照正态曲线核心能被发现的更多的例证，则任何制度都可能显得荒谬。

一些其他回答同样不能令人信服（甚至在一定程度上，对联邦直接资助的未来会有风险），那些答案偶尔会在艺术建构中提出。其中之一，涉及所谓"凡·高之谬"（Van Gogh Fallacy），亦即艺术作品最初越被抵触，则其最终越能被接受，并深入人心。毫无疑问，许多一开始公众感到困惑或者反感的艺术作品，后来都成为世界文化遗产的珍贵部分。同样不容置疑的是，许多比这些有过之而无不及的作品,时至今日要么仍然保留其困惑抑或反感,要么被彻底遗忘。

也许与此相联系的答案还在于,对于联邦资助的艺术补贴,其接受者乃是由学科内的专家小组来遴选。既然那些专家们对候选者的倾向,较之底层公众有更加深刻的理解,那么他们的选择理应受到尊重。同样没有疑问的是,这一切也许与主题无关。权威不再拥有其所曾经承担过的分量,而绝对强烈主张艺术功能定位于社会破旧与立新介质的那些人,当公众自由越过界线使得公众成为某种程度上的叛逆者之际,就绝不会去抱怨,也绝不会在"专家的"意见面前妥协。处在同一脉络的是那种"润滑油"式回答——即使公众厌恶某些趣味,然而其因为自身的长期利益而会对其忍受。再者,这可能既是真实情况,又与主题无关。纳税人通常都是成年人,且他们不能容忍被当作儿童。这种也被他们看作傲慢的回答(而且是合法化的),无助于讨论。

最后拥有的一种回答是主张一种决定补贴资助的"比例代表制"。所以,按照这种意见去进行操作,公众就有非常广泛的选择余地。即使多数会认为某些东西令人反感,但少数人仍然有权利对其予以肯定。这一形态的主张获得了进展,例如,就泰姆·米勒来说,作为四大表演艺术家之一(其他三位分别是凯伦·芬雷、霍尔·胡佛士和约翰·弗莱克),其同行评定出的补贴资助就在1990年6月被国家艺术基金主席否决了。

在1990年7月16日的《戏剧周刊》上,米勒做出了愤怒的反应,认为他理应拥有:

> 作为同性恋者自我身份创造权利实现的艺术,实际上也是直面社会的艺术方式,他们由此对政府和所选官员进行批评。从某种意义上说,也正是为了这样的艺术,2000万女同性恋者和男同性恋者,才向税务部门支付出为数不菲的纳税现钞。①

---

① 《戏剧周刊》1990年7月16日。

尽管此类情况也许在某些时候会出现，事实上，无论好坏，我们的民主制度都不会只是按照那种方式运行。但问题是，多数享有的权利并不仅仅只是权利的多数，就在宪法限制中，多数所获得的是所有的权益。原因极其明确，那就是通过慈善减税的资助分权制，具有至关重要的维系作用。对某些所能理解的多数派压制而言（公正抑或不公正），这一体制提供了重要的抵消并由此获得均衡。

除非有对政府艺术资助与政府福利捐赠之间的差异，有更好的公共理解，否则我们就不能够确保联邦补贴审定过程不会遭受一年一度的政治性削减的威胁。考虑到21世纪艺术的特性，同时也考虑到年复一年的所支付的成千上万的这类补贴，常常有许多这样的过程会被当作靶子来使用。

就资助专项而言，以国家艺术资助会为例，削减对具有潜在争议的艺术也许就没有相关性，无论最终是否会整体性地撤销特定专门机构，无论最终是否会导致包括国家艺术资助会在内的补贴以特殊的内容限制，无论建立在国家艺术资助会补贴范围上的最低标准的承受负担，是否在其运作过程中排除对更具实验倾向的个体艺术家的较小规模艺术团体给予支持，无论此种持续性削减是否仅仅使全体雇员、同行评议专家、理事长乃至国家委员会因威吓而进入一种没完没了的惊恐状态，无论是否诱引那些自我审查状态的艺术家和艺术组织反过来为他们的作品申请补贴，都一定会被那些刺激釜底抽薪。

对这些资助专项的威胁，不仅来自那些拒斥刺激性和争议艺术的人，因为他们将其视为对现实状态的冲击，而且也来自那些实际上强烈地认为现实状况需要改变的人。而就第二类威胁而言，所涉及的争议在于，是否"品质"和"审美杰出性"以艺术的可识别特质存在着，抑或所有这些都会成为揭示布热恩苏所描述的"艺术与文化压制"的托词。除非"品质"或者"杰出性"，抑或比较性的近似概念，被作为一种恰配的判断准则来加以理解，否则对国家艺术资助会或者州议会评审专家小组能够评审的其他领域而言，就无法确定哪些艺术补贴可以被授予？更进一步，除非艺术作品隐含一种可识别的审美维度，否则即使符合"审美趣味"，也依然不能作为一种合适的标准并以此作为裁决的基础。可以肯定，补贴评审专家小组一般不会根据内容来授予补贴。无论联邦补贴计划还是州补贴计划，极有可能提出大量诸如此类的第一修正案问题，以至完全消除这些计划。

这场适度保存联邦直接支持项目以及面向一切艺术种类开放的战斗——既包括被肯定的艺术亦包括被质疑的艺术——必须通过艺术共同体能够提供的所有活力来进行。与此同时，必须认识到这场战斗也许不会胜利或者不会完全取得胜利——至少此前曾经完全迷失，而且要认识到，必须维护和强化其他的重要工具，通过这些工具，联邦政府能提供或者刺激对艺术的支持。最终其所给我们带来的，就是大多数艺术机构的非营利纳税地位以及运用税收政策来激励私人捐助。

五、非营利单位

在美国，尽管部分艺术活动（也许将其分类为"娱乐"）能够通过市场需求来予以支持，但这类活动的压倒性优势，是由成千上万的个体自身私人性地来主导、来支撑，总体上与非营利机构无关，只是一部分慈善基金由此得以形成，且绝大多数都是不以营利为目的的企业。美国超过一半的博物馆都是这类机构，而且包括所有交响乐团、舞蹈团、实验剧院、室内乐协会、歌剧队和文学期刊。这类活动的体量巨大，这可以从20世纪80年代中期的统计中见出，这类机构年度运行支出经费是10亿美金，而且从那以后这一数字无疑已经增长。

总而言之，即便文化机构如此繁星云集，也依然只是庞大的非营利部门的一个部分，作为所谓减税机构的一种分类，其所包含的是这个国家高等教育和健康保护的主要部分，当然也包含娱乐和人文的服务机构，以及所有种类的宗教信义。非营利部门十分巨大，而且遍布各地各行业，以精确的谱系完形定位努力仍然处在初级阶段。据1990年1月9日出版的《慈善年鉴》的一份"统计图表"所显示，截至1989年底，实际活动的非营利机构大约为907000

个,年均运行经费支出超过 325 亿美元,而且为 700 多万就业者支付薪酬。

就整个非营利领域而言,文化机构所占的比重相对较小。无论就实体数量,还是年均支出,抑或就业者的薪酬等进行测算,它们所形成的体量都不足整个部门的 5%。而就它们所接受的私人捐赠而言,其比重也仅仅有 6%—7%。正因为如此,所以尽管在诸如国家艺术资助会那样的联邦直接帮助项目中,这些文化机构起着重要的作用,但就一般性地涉及慈善捐赠的《国内税法》(*Internal Revenue Code*)的征税条目来说,其影响相对而言是比较小的。历史地看,这些机构的命运时起时落,而且伴随着更大的慈善共同体的那些部门飘摇不定。

文化机构是否或者在什么范围内能够获得分税待遇,取决于在其分类中自身议题的特殊性,而且其需求绝不具有必然性。例如,对过去的 24 年而言,美术馆针对撤销《1969 税改法案》一项条款的斗争就非常失败,该条款剥夺了艺术家按完全公正的市场价捐赠其艺术作品来给予慈善扣税的权利。而回首过去,在撤销 1986 年关于纳税待遇的更改中(接下来的部分会讨论到),它们同样没有取得成功,因为这一更改与其说是按照艺术家的艺术作品捐赠,还不如说是按照捐赠人的艺术作品捐赠。

六、理论上的慈善扣税

名实不符的是,对一家非营利机构而言,联邦税收扣除的基本获益并非来自联邦纳税的减免,那些大多不过是附加收益。一般而言,这些机构的运行结果并不在于,一旦它们不被扣除,就会提取尽可能多的规模收益去交税。事实上,免税的真实内涵在于向免税机构进行捐助的捐赠人,在计算其执行联邦所得税的收益量时,获得可将其捐赠的价值予以扣除的权利。

多元动机、多种体验与文化参与多样性 *

20世纪60年代以后,文化政策制定者、资助者以及研究者给予多样性越来越多的关注。① 贯穿这一时段,其对多样性的理解已经发生了转变和延伸。本文讨论的是进一步的拓展时需要的动机的多样性以及与文化参与有关的体验。这样一种拓展特别重要和及时,因为使得那些文化政策制定者和资助者——他们过去通常聚焦于文化生产者——渐渐转向对文化需求的关注。②

---

* 本文选自贝蒂博士主编的《吸引人的艺术》,是艺术进社区并承担社区文化治理工具功能的实证性研究成果,原作者为弗兰西·奥斯特维尔。虽取样分析自美国现场,但对我们中国事态的学理解困同样具有意义。正是从这一价值维度出发,立足于中国问题背景及其文化治理体系与治理能力现代化的命题立场,我们将这一研究成果进行技术知识层面的中国转换,并对他们同意我们给予移译深表感谢,并相信这样的知识合作,具有多方共赢的场域建构意义。[美]弗兰西·奥斯特维尔,得克萨斯大学公共事务学院和艺术学院教授,主要从事艺术文化参与、非营利政府和慈善领域研究。

① Arthurs A., "Making Change: Museums and Public Life", *The Politics of Culture*, 2000, pp.208-217. Bradford, Gary and Wallach (eds.), *The Politics of Culture: Policy Perspectives for Individuals, Institutions and Communities*, New York: New Press, 2000, pp.208-217.Campbell M.S., "A New Mission for the NEA", *TDR/The Drama Review*, Vol. 42, No. 4, 1998, pp.5-9. //Bradford, Gary, and Wallach, 2000, pp.141-146. Kreidler J., "Leverage Lost: Evolution in the Nonprofit Arts Ecosystem", *The Politics of Culture: Policy Perspectives for Individuals, Institutions and Communities*, 2000, pp.147-168. Rosenstein C., *Diversity and Participation in the Arts: Insights from the Bay Area*, 2005.

② McCarthy K.F., Jinnett K.J., *A New Framework for Building Participation in the Arts*, Santa Monica, C.A.: Rand, 2001. Wyszomirski M.J., "Philanthropy and Culture: Patterns, Context and Change", *Philanthropy and the Nonprofit Sector in a Changing America*, 1998, pp.461-480.

恰如本文呈现的研究结果所显示，人们参与不同类型的文化活动是出于各种不同的原因，更进一步，差异性群体，呈现出他们参与理由的动态变化。对文化介入的总体把握，由此而可能被误解。拓展多样性概念以涵盖动机与体验，将强化我们对人们文化参与的特征的把握与解读，并帮助管理者和政策制定者，精心从事更有效的创新并使其拓展。

一、多样性与文化参与的理解位移

在整个20世纪60年代，私人资助者与公共资助者，做出了巨大的努力，更广泛地接近那些被他们认为服务缺失群体中的艺术家。最初的注意力集中在扩大地理学上的接近。私营部门中，福特基金会做出的重大创新，就是在全美建立和发展非营利艺术机构。而在公共部门，国家艺术基金会（NEA）于1965年设立，其核心授权在于地域平等。[1]20世纪70年代期间，随着越来越多的艺术机构出现，地理的差异已经不再是关注的焦点。政府和支持艺术的大型基金会出现，激发了对少数人参与的更多关注。[2]然而，获得支持的艺术类型通常是非常有限的，受到支持的艺术类型都是呈现欧美高端文化的非营利机构[3]，随后得到的结果就是受到精英主义的掌控。例如有一位批评家指出："把大众的喜好转换为歌剧和芭蕾的愿望……能像慈善施舍一样被动。"[4]

最近，政策制定者、资助者和研究人员开始着手处理多样性，并已再次获得进展，现在包括文化本身更具包容性的定义，承认广泛的艺术形式和传

---

[1] Kammen M., "Culture and the State in America", *The Journal of American History*, Vol. 83, No. 3, 1996, pp.791–814.// Bradford, Gary and Wallech, 2000, pp.114–140.

[2] DiMaggio P., Ostrower F. Race, *Ethnieity and Participation in the Arts: Patterns of Participation by Hispanics, Whites and African–Americans in Selected Activities from the 1982 and 1985 Surveys of Public Participation in the Arts*, Seven Locks, 1992.

[3] DiMaggio P., *Support for the Arts from Independent Foundations*, NewYork: Oxford, 1986, pp.113–139.

[4] Lewis J., "Designing a Cultural Poficy", *The Journal of Arts Management, Law, and Society*, Vol. 24, No.1, 1994, pp.41–56.//Bradford, Gary and Wallach, 2000, pp.79–93.

统的价值。因此,"在艺术政策圈子里有一种习惯说法,那就是文化多元化(或文化多样性),通常指的是从事各种文化传统工作的艺术家要有价值担当,而且,暗示着的意思,对其给予资助,尤其是亚洲裔、非洲裔和拉丁美洲裔美国人的后代"[1]。许多国家艺术机构响应平民主义者的批评,介绍针对农村和少数民族社区的民间艺术并扩大艺术赠款项目。[2] 到了20世纪80年代,福特基金会艺术基金会的一个主要举措,是提出非洲裔美国人和拉丁美洲艺术博物馆计划,旨在鼓励少数族裔艺术机构的成长。

政策文献中的文化定义反映了这一转变。例如,当定义艺术时,美国议会(2000)提出"反对按照传统的二分法将艺术区分,即将艺术分为高端与低端、精美与粗俗、专业与业余",代之以"坚持基于一种完整的概念范围"。与此相一致,美国总统的艺术与人文委员会(2000)强调:"美国文化既包括普韦布洛舞者,也包括纽约市芭蕾舞蹈家。"艺术和文化的定义,已逐渐发展为包括非正式以及非合作机构所从事的活动。[3]

本文认为,需要再次扩大对多样性的讨论,这个时代,涵括与艺术参与密切联系在一起的动机多样性与体验多样性。在进行文化讨论时,这是整个讨论的最重要的所在,那就是日渐包括广泛而多样的一系列形态和一系列活动。经常遇到的是,"我们往往会谈到,俨然'艺术'是单一问题",并假设不同类型的文化参与具有相似的效果。[4] 来自城市研究所对1231名美国成年

---

[1] DiMaggio P., "Social Structure, Institutions and Cultural Goods: The Case of the United States", *Social Theory for A Changing Society*, 1991, pp.133–155.//Bradford, Gary and Watlach, 2000, pp.38–62. Brustein R., "Coercive Philanthropy", *The Politics of Culture*, 2000, pp.218–224.//Bradford, Gary and Wallach, 2000, pp.218–225.

[2] Lowell J.F., *State Arts Agencies 1965–2003: Whose Interests to Serve?*, Rand, 2004.

[3] Wali A., Severson R., Longoni M., "Informal Arts: Finding Cohesion, Capacity and Other Cultural Benefit in Unexpected Places", *Chicago: The Center for Arts Policy at Columbia College*, 2002. Walker C., Scott-Melnyk S, "Reggae to Raehmaninoff: How and Why People Participate in Arts and Culture", *Building Arts Participation, New Findings from the Field*, 2002.

[4] DiMaggio P., *Taking the Measure of Vulture*, 2002. http://www.princeton.edu/—artspol/moc_prospectus.html. McCarthy K.F., Ondaaqe E.H., Zakaras L., *Gifis of the Muse: Reframing the Debate about the Benefits of the Arts*, Santa Monica, C.A.: Band, 2004.

人的调查结果发现，显示这不是事实，对此，本文现在也倾向这样认为。

二、对文化参与及其动机的调查

本文立足于对文化参与的文化调查，由城市研究所以及华莱士基金会的授权委托[①]，2004年6月至7月期间，通过电话调查形式，对18岁以上的美国人随机抽样地进行调查。1231人对于这一调查的回应率是45%。1998年由华莱士基金会委托，由城市研究所在五个地方社区所进行了有关艺术参与的扩展和早期调查。这项调查——"从瑞格舞到拉赫玛尼诺夫舞"，采取广泛和包容性的文化观点，突出了人们参加文化活动的各种场所，并展示了文化和公民参与之间的联系。

"从瑞格舞到拉赫玛尼诺夫舞调查"的重大贡献，就是对人们文化参与的动机进行询问。关于参与的研究文献很少涉及这个主题，而是更多地侧重于"谁参与艺术，参与什么以及怎样参与"[②]。

首先是在美国人中间进行调查，也就是国家艺术基金的艺术公共参与调查，严谨而且数据来源丰富，但没有考虑到动机。"瑞格舞"研究，揭示了参与的各种原因，涉及审美、公民和社会。

虽然这项较早的城市研究所调查，就动机及其广泛的文化参与范围进行了追问，但它类似于艺术公共参与调查（SPPA）和其他参与调查，其中也就人们此前一年的参与情况进行了询问。一旦开始审视参与理由，"从瑞格舞和拉赫玛尼诺夫舞调查"，同样将过去一年作为一个整体，追问人们的文化参与并对其给予类型化理由的把握。因此，数据不允许通过跨形式来比较它们的动机重要性。例如，在这项调查中响应者的参与理由主要是与朋友和家人聚

[①] Ostrower F., "Motivations Matter, Findings and Practical Implications of a National Survey of Cultural Participation", *Building Arts Participation*, Washington: The Urban Institute, 2005.

[②] McCarthy K.F., Jinnett K.J., *A New Framework for Building Participation in the Arts*, Santa Monica, C.A.: Rand, 2001, p.4.

会。那么这次所进行的调查就不能表明,愿意与朋友和家人聚在一起,是所有参与调查者共同的理由,或者对那些参与特定类型艺术活动的人们有更大抑或更小的重要性。

所设计的这项新的调查恰恰就调查这些问题,以及着意收集的数据,已经与当前的美国国内调查不相适应。[1] 与其他调查一样,人们被问及此前12个月中他们的参与情况,而现行调查的重要创新之处,在于包括受访者最近参与的文化活动。这一信息,为具体动机类型、具体体验和具体活动地点的联系提供了一种方式,从而比较他们的共性和差异。事实上,在那些参与不同艺术形式的人中,多样化动机与流行性体验大量出现。此外,通过对活动体验的询问,以及将其与动机信息的比较,就有可能确定人们是否正在从其参与中获得他们所祈求的。在或多或少的参与者中,变化同时也在发生,体现在动机和经验中,在某些情况下,不同民族人群中的动机和经验也发生变化。

这项调查表明重要而且首要的一步在于,对分类把握文化参与动机与情境多样性进行分析。该项调查,并不试图对多样性的性质和程度,综合性地给予文献记载。本文仅考察现场参与,不包括其他参与方式,如生产,通过媒体参与或阅读。此外,音乐提供了初步的证据,表明在不同类型的参与中,动机和经验有很大的差异,但一旦在更大的取样中进行更多的调查,将会在其他类型中为更多的精细分析留有余地。最后,必须切记,人们不仅可以有不同的理由和经验参加艺术活动,也可能会用不同的方式来谈论他们对各种文化参与的动机和经验。因此,有必要对调查进行设计,从而能够将开放式定性工作与广泛的调查结果协调一致,更好地理解和解释人们的差异性动机报告。

---

[1] Ostrower F., "Motivations Matter, Findings and Practical Implications of a National Survey of Cultural Participation", *Building Arts Participation*, Washington: The Urban Institute, 2005.

三、参与动机中的变异形态

人们因为不同的原因参与各种不同种类的文化活动。例如，去参观博物馆的人（65%），说他们被获取知识或认识某些新事物的愿望所驱动。对于参与音乐表演（29%）或戏剧演出（36%）的人来说，主要动机是与朋友和家人进行社交：60%的人参与音乐表演，68%的人参与戏剧演出。同样，参观艺术博物馆或画廊（56%）和观看戏剧者（47%），较之参加音乐表演（37%）、制作艺术或手工艺品，或者参与艺术节日（26%）的人们，更加希望体验高品质艺术，他们的愿望也更为普遍。支持社区组织或活动的愿望，从博览会和节庆活动的高达37%，降到了博物馆与舞蹈表演的仅为26%。只有26%参加过聚会的人，有超过40%参加过其他活动的人，认为社区支持并非影响他们自身决定的要素。

即使处于观众分享的文化形态之中，动机也发生了变化。例如，在过去12个月，去过艺术博物馆的受访者，更有可能参与戏剧，反之亦然。然而，受访者对参与这些活动的理由，存在着显著的差异。这个结果所强调的一点在于，同样的人可能会因为不同的原因，前往参与各种各样的文化活动，并表明对多种体验的愿望，驱使这些人参与各种形式的文化活动。

对受访者最近参与活动的理由，与过去12个月来他们所有参与理由进行比较，强化了这样一种观点，那就是人们出于不同的理由而参与不同的文化活动。过去一年当中参与活动的主要动机，往往对参与者最近的参与活动来说并不重要。例如，很多人（38%）表示，过去一年参与活动的一个重要原因，是支持社区机构，同时据报告，这一点并未影响他们此前的活动。由此说明，想要支持社区机构是一个因素，但这只是他们参与的部分理由。

参与相同文化形式的次级类型的动机也可能不同。一般来说，参加特定次级项目的人数太少，以至于难以进行延伸分析，但就最常见的音乐形式而言，其调查结果却可以阐释这样一种见解。因此，体验高品质艺术的愿望是参与古典音乐（61%）和爵士乐（47%），而不是摇滚乐、流行音乐和乡村音乐（分别为35%和24%）。虽然学习新事物的意愿通常不是参与音乐演出的主要动机，但是那些参与宗教音乐演出者（45%）所认为更重要的原因。某种文化遗产的仪庆意愿，是参与宗教音乐演出远胜于其他音乐形式的证据。这澄清了以前的调查结果，表明宗教音乐参与者想获得关于其文化遗产的知识，音乐只是其中的一部分。

不同族群的成员之间，以及参与活动多寡的人群中间，特定动机也会发生变化。非洲裔美国人和西班牙裔被调查的受访者，往往远比白人受访者更多地表达其了解或庆祝他们的文化遗产作为主要动机的意愿：50%的非洲裔美国人和43%的西班牙裔给出回应，但只有15%的白人给了这个回应。非洲裔美国人和西班牙裔受访者，往往更有可能引用来作为支持社区机构的愿望，总之其缝隙更小。

频繁的艺术参与者经常更加强烈地表示，他们的主要动机包括：体验高素质的艺术，支持社区机构，获取知识，了解其文化遗产，以及获得情感上的回报。有超过59%的频繁参与者（过去12个月内参加了11次或更多活动），声称对高质量艺术的渴望是主要动机，而中等程度参与者为34%（4—7次活动），而偶然参与者占到21%（1—3次）。同样地，把学习新知识当作参与的主要动机的人，在经常性参与的群体中占比高达64%，而在不经常参与者中仅仅占到34%。

这些调查结果的一个明确信息在于，激励在促进参与活动中是基本策略，即使在控制参与率的标准人口学预测因素（例如，教育水平和儿童社会化）之后，体验高质量艺术的愿望，仍然是更频繁参与的重要预测因素。对参与文化活动而言，具有强烈动机的频繁参与者，也具有更大的数目。特别应该注意到，频繁参与者不仅会参与更多的文化活动，而且会参与大量其他方面的活动。总而言之，调查结果表明，频繁参与者的积极参与度，是由多种多样的积极体验驱动的。

四、作为文化活动的体验

在其最近参与的活动中，人们压倒性地陈述了他们的积极的体验。这个判断来自阅读受访者一系列关于他们最近活动的六方面陈述，如"艺术品质很高"，并询问他们是否强烈同意、同意、不同意或强烈不同意。超过93%的人，同意或强烈同意其中四项陈述。在另外两个案例中，大多数人也反应积极，尽管有占比更大的人不同意。但是，鉴于很少有负面体验，本文重点关注积极体验的强度。

虽然参与者通常会报告积极的体验，而且，不同类型的文化活动所获得的体验也不尽相同。例如，参与博物馆的人（51%）比参与集会或参与音乐表演的人（分别为23%与28%），更有可能强烈同意从中可以获得知识或学到新的东西。参与戏剧的人（67%），最有可能强烈同意他们拥有一个愉快的社交场合，而参与艺术与手工艺博览会或节庆活动的人（45%），往往最少。同样，绝大多数参与音乐表演、戏剧和艺术博物馆的人（每项活动约55%），比那些参与舞蹈表演和博览会的人（分别为44%和34%），更加强烈地喜欢这个平台。

频繁参与艺术活动的参加者，通常会更多地陈述他们强烈而且积极的体验，而且也往往更强烈地认为，艺术质量高，就会更受社会的钟爱，所学到的新东西就多，其平台就更受欢迎，活动更会得到情绪反馈，因而他们也就愿意再去。例如，59%的最频繁的参与者，强烈认同艺术活动品质高吸引他们参与其中。在最不频繁的参与者中，这一数据下降到了36%。同样地，69%的经常性的艺术参与者，和45%不常参与活动的人比较而言，他们更强烈地认为，拥有一个愉快的社交场合更重要。总而言之，关于经常性参与艺术活动者的调查结果表明，他们是具有广泛兴趣的个体，并且有能力从文化和其他方面的一系列活动中获得满足（既有文化活动亦有其他活动）。频繁的参与者，不仅参与更多的艺术活动以及更加形式多样的艺术活动，而且也往往是更具倾向参与其他公民活动、社会活动以及宗教活动的人。

五、基于动机与体验的比较：艺术参与者诉求获得什么

大多数人都希望在最近参与的活动中获得他们想要的体验。例如，大多数人因为想要体验高品质的艺术，而积极地参与了一项活动，并强烈地认为这一活动的艺术品质很高。然而，文化活动形式的重大变化，使得相当多的人表示未能满足他们的期待。

例如，59%的展会和节日参与者认为，他们去参与的一个重要原因就是社交，但只有45%的人强烈认为这是一个愉快的社交场合。当然，在参与戏剧活动的人中，57%的人表示，他们是把这项活动当作一个在情感上有回报的活动才去参与的，但只有43%的人强烈同意这一点。同样，65%的博物馆参与者说，他们参与的一个重要原因是，获得知识或学习新的东西；然而，只有52%的人强烈同意这一点。

要了解人们是否从特定的艺术形式中获得体验，艺术机构必须考虑与动机相关的体验，否则容易错误地将参与性建构努力放在与提高体验性不太相关的方面。例如，只有34%的人去参与聚会，强烈地认为艺术品质比任何其他领域高。但只有26%的参与展会的人表示，他们去参与聚会，并非高品质艺术的意愿。从增加参与的角度来看，更为相关的是，对于许多与会者来说，聚会在满足他们社会乐趣的基本动机过程中似乎并不尽如人意。

六、启示

这些调查结果对于研究或希望扩大文化参与的人有重大影响。最根本的意义是，艺术研究者、政策制定者和管理者应该重新定位，以更多地关注与文化参与有关的动机和体验的多样性。对于研究人员来说，这意味着更深入地探索动机和体验，探索其中的变化以及不同学科之间的差异，并将这些结果纳入关于参与的理论阐释。有必要更多地了解文化活动参与水平，而且更加细致地与更多类型进行比较，诸如音乐或舞蹈。例如，本文关于音乐的调

查结果表明，更大范围的总体性统计数据，能使此类文化活动参与中的深层差异变得模糊不清。对统计考虑的音乐参与者来说乃是一个相对无关紧要的理由——但对宗教音乐参与者而言，则证明这是一种非常的动机。

增加的复杂性在于，关于艺术活动参与的动机与体验，往往更取决于更广泛的语境，而非孤立的艺术活动或艺术生产。宗教音乐参与者寻求知识，但他们所寻求的知识是他们的文化遗产，他们通过音乐参与来认知和参与仪庆。理解文化形式与更广泛的社会文化环境之间的联系，由此成为理解文化活动参与混存性的重要组成部分。

对那些扩大参与的诉求者而言，这一研究性的调查结果，强调了确立何种他们所意欲吸引人们的文化类型之所在的重要意义，以及按照他们获得靶向效应的努力的重要意义。扩大文化活动参与的努力，并非建立在人们何以参与文化活动的基础之上，即仅从表层角度来予以感受。而应立足于人们何以参与特定类型文化活动的信息，在哪里活动，与谁一起活动，以及他们所期待拥有的体验。假如致力于参与性建构的努力没有建立在特定文化形式及其受众的清晰把握之上，那么他们冒险试图以不能理解他们想要达成的方式去吸引人们将会失败。在这一框架内，调查结果还表明，寻求扩大参与可采取其他实际步骤。

致力于吸引更多的参与者的机构，应该审视参与者所拥有的体验，涉及其基本动机的体验，并与之相一致地调整他们的建构性参与努力。举办机构——进行支持的赞助方——在举办具体的活动时，所瞄准的在于吸引对特定动机感兴趣的人们，不能指望在对确保人们返回活动的整体范围与动机深度缺乏精准分析的状态下，按照这样的策略在定期的项目实施中建构可持续的参与。实际上，具体活动通常会产生失望结果的事实，在于使人们成为定期规划进程的回头客，是与对调查结果的研究相一致的，因为从那些使其引入定期项目的回头客来看，往往是由于极具差异的理由使他们来参与特定活动。

涉及仪庆遗产重要性的氏族差异与种族差异调查结果，表明谈到非洲裔和西班牙裔美国人遗产的合作项目进程，也许是吸引这些社区的重要方式（例如通过新的项目策划或者对既存项目规划的新的呈现）。与此同时，那些机构并不能期待，仅仅通过呈现对待文化遗产的孤立的活动，就必然会让非洲裔或西班牙裔美国人更多地参与其他活动。恰恰相反，那些机构需要采取多方面的途径，立足于对受众意欲达到的愿望的理解，以及如同其他群体一样，对非洲裔美国人参与文化活动多元理由的理解。

简而言之，当对文化活动参与进行解读抑或增加之际，一种尺度不能满足所有事态的需要。与其将策略过度地建立在宽泛和一般的文化概念之上，还不如多考虑将会产生妨碍的动机多样性与体验多样性，进而去努力理解并促进文化活动参与。政策讨论中对多样性的关注，已经从地域多样性，向种族多样性与氏族多样性转移和扩张，向文化所构成的多样性转移和扩张。扩大这些关注，以及与文化变化形态中的参与联系在一起的动机多样性与体验多样性，现在正当其时。

文化研究及其文献跨国合作[*]

对于公共文化政策信息基础框架而言，研究与文献的跨国联系与协作，乃是另一种重要组成部分。通过信息分享，共同推进其研究准则和一套完整的方法，获取规模效率，呈现出令人艳羡的协作水准。通常，这类协作会为那些真实的比较研究项目（跨国性的）充分展开，提供聚集地点，而且各国为其自身目的，开始转向彼此更加频繁地寻求符合其自身目标的政策模式和规划模式。这样的协作在文化政策分析中扮演着一种批评性角色，而且正在生长发育中。

在此，将仔细审视六种这样的协作。前三种与欧洲议会的文化工作联系在一起：一是"欧洲文化信息与研究联络中心"（CIRCLE），作为发挥其代理人作用的文化政策监督与研究的群体，该中心从欧洲议会得到了非常多的支持；二是"比较文化政策与艺术欧洲研究协会"（ERICARTS），它在很大程度上基于CIRCLE的网络系统，但同时也基于其自身追求目标而创立的独立欧洲文化研究机构；三是"欧洲文化信息与研究联络中心"，欧洲议会自身针对各国国内文化政策进行评估的计划，很大程度通过"欧洲文化信息与研究联络中心"的帮助而加以实施。随后讨论到的两种，是与联合国教科文组织（UNESCO）的文化工作有联系的自助协作——"文化链接"和"文化发展研究与合作网"，它们由联合国教科文组织资助创建。最后，我所考虑的是一种

---

[*] 本文原作者为J.马克·舒斯特。[美] J.马克·舒斯特，麻省理工学院教授，《文化经济》杂志编辑，《国际文化政策》杂志编辑委员会委员，主要从事文化政策研究。

由学者和政府研究人员由于一系列共同文化政策兴趣而群体性创立的协作典范——"加拿大文化研究网"（the Canadian Cultural Research Network）。

这些协作尽管有其优势，但仍然会屈服于大量的批评。该领域许多研究人员所担心的是，由迅速拓值的协作数量所承担的活动，正在其本来的工作中吸纳能量和注意力——也就是为文化领域提供研究信息服务——走向名目繁多的非生产性行政与网络维护任务。除了一些较有影响异议之外，提供真实可信的比较研究的承诺，仍然在很大程度上只是努力目标而非现实结果。部分原因在于，由于不同国家文化概念的非确定性（及非限制性），以及由此带来的文化政策结构与文化支撑制度的可变性，设计并且执行谋划良好的比较研究项目相当困难。虽然较之逐国或者逐个案例地进行比较研究更加有趣，但这种混杂性也会明显地使研究更加困难。①

尽管它们并未覆盖本书，但专业杂志仍然应被理解为研究信息跨国协作的一种形式，它们在不同国家的潜在聚集中带来了高质量的研究。当下这样的杂志包括：《文化经济学》(The Journal of Cultural Economics)、《国际文化政策》(The International Journal of Cultural Policy)、《艺术管理、法律与社会》(The Journal of Arts Management, Law and Society)、《澳大利亚媒介国际》(Media International Australia，其中包括文化政策)、《北欧文化政策》(Nordisk Kulturpolitisk Tidskrift)、《意大利文化经济学学会会刊》(The Journal of the Italian Association for Cultural Economics)②……然而，此处留下的问题也很多，在研究领域和实践领域之间，这类杂志中没有一种在缝隙搭桥上尽到了可以称道的职责，其所留下的挑战，将使被研究对象及其信息基本框架在意义和有效方式中遭遇。

---

① 这一议题的更加充分的讨论，涉及比较文化政策研究，参见 J. 马克·舒斯特的《艺术与比较文化研究实践的思考》一文，见 Ineke van Hamersveld, Niki van der Wielen, On the European Culture, Amsterdam, The Netherland: Boekmanstichting, 1996。
② 《诗学》也做出了一致性的努力以反映与政策相关的研究，但在这一向度其所获得的进展并不像其他刊物那样大。

一、欧洲文化信息与研究联络中心（荷兰阿姆斯特丹）

（一）意义

"欧洲文化信息与研究联络中心"乃是在文化政策研究信息和文献方面从事工作的机构和个人的最老的网络系统。在它所创立的时代，其领域还很小，而且可以想象的是，将欧洲一年数次围绕着目录开展工作的关键人物全部聚集，该中心不得不面临着该领域中的一系列变化。这一协作较好地缓和释放了存在于研究人员、文献专家和政府官员之间的紧张，亦如存在于研究基础框架的非营利方面与在孕育成长的利益谋取方面的紧张。刚开始时，建立一个网络系统有赖于那些个体志愿者的努力，这些人除了他们的通常工作职责之外，还承担着欧洲文化信息与研究联络中心的职责（特别需要雇佣他们的机构的支持），网络系统也就不得不持续应对随之而来的那种从业方式的熄灭和枯竭。

（二）背景

尽管某些人会将欧洲文化信息与研究联络中心的起源，非常久远地回溯至20世纪70年代早期的跨欧洲会议，但第一次正式出现于1980年的向欧洲议会请示的一项建议中，安德瑞斯·威珊德（Andreas Wiesand）提出创建"文化研究与文献学会"[1]。直到1985年，该组织才正式成立，选择首选字母缩略语"CIRCLE"，现在已经拥有10个不同国家的机构（尽管只包括1980年最早参与的1/3）[2]。

奥古斯汀·吉拉尔德（Augustin Girard）在一篇高度个性化的关于CIRCLE

---

[1] 反过来，这一建议出现在威珊德的文本，即"建议创立为文化文献研究及其发展的中心网络系统"，DECS/DC（80）19。

[2] 20世纪80年代末，主要的欧洲团体，EUROCIRCON——欧洲文化影响研究跨国协作组织，基于在评价新欧洲文化维度的影响方面的相同兴趣，在布达佩斯成立。如同CIRCLE，它由会员机构组成。尽管对CIRCLE带来了某些竞争，但随着东欧政府的垮台，这一创立最早的协作便已消失（现在布达佩斯仍有文化气象站）。

的历史叙事中，描述了其最早的起源：

> 那么谁是欧洲文化信息与研究联络中心的创造者？他们既非位高权重的公务员或声誉显赫的学者，亦非从事学术的研究人员抑或有经验的文献专家。总之，他们是"激进分子"，就文化教育、和平教育乃至一切教育而言给人以激进者之感。换句话说，他们是"崇信者"而非"明白人"，这些人突然发现了一种能给予其生活带来意义的职业，而他们好像几乎没有选择。那么这些发现者崇信什么呢？何为其共同所为？
>
> （a）他们单纯却又倔强地相信，在所有研究类型和行为系统中，文献信息都具有至关重要的作用。
>
> （b）尽管他们自身并非科学家，但他们深知科学性何在，并且崇信那些文献事实应其超意识形态的优先性。他们认为社会科学发现作用很大（在制定政策中），原因在于社会科学商议性中的经验途径。
>
> （c）这些人既有期待文化政策现代化和理性化的草根愿望，同时就仿效而言他们有非常低微的身份。
>
> （d）其在文化合作中的冲动爱好，在于他们承担着巨大的行政与财力风险，而且将其压力置于他们的雇主所给予合适的时间与物质支持条件中。①

解读这些内容的一个方面，是说欧洲文化信息与研究联络中心的兴趣其实在于一种建议形式，显然，威珊德所揭示的关于该组织的建议原则，最终变成了现实的 CIRCLE，在那些所读懂的研究、文献和合作目标中，人们也可以发现："对作家、艺术家和其他文化工作者改善工作条件和增强表达自由的

---

① 奥古斯汀·吉拉尔德：《三十年》，载传阅件《文化政策研究文献》1999年7月第10期，第3页。

支持，将会促进其创作内容的有效利用，从而促进社会的整体发展，以及世界范围内的文化多样性保护。"[1]

作为一种文化领域所发生事态的折射，这些语词可以说是昨日叙事，或者说20年前的辞令。而作为一种文化政策研究领域所发生事态的折射，这样的叙事辞令也许更加时过境迁。

欧洲文化信息与研究联络中心创立之际，在文化领域还是极罕见的网络系统之一（如今已经很多）。对那些涉身者而言，它的存在可能是使其围坐在桌前彼此分享国家层面文化研究中所发生事态（以及未发生事态）的第一次组织化相遇。欧洲议会支持欧洲文化信息与研究联络中心的创立，认为它作为一个合作研究团体，将发挥欧洲议会观察文化政策演进趋势的眼睛和耳朵的功能，是一种早期预警系统，其功能很大程度上类似于近来一些国家和地区所预期的文化气象站。

因其所处地位，早期的欧洲文化信息与研究联络中心成员，都能对所在国家的形势给予理智的综合概述。一些人代表了文化部或艺术委员会的研究部门，另一些人则代表所在国家最早的文化政策文献与信息中心，还有一些则代表该国从事文化政策的主要研究机构。期间，不同层面会员资格的指涉得以形成，被其国内专家认定为"正式会员"。

欧洲文化信息与研究联络中心的主要工作方式，集中体现为它的圆桌会议。（表2）核心理念是选择一个主题，然后要求其会员准备一套完整的材料，总结该主题在其所在国家的呈现状况，接着将这些国内报告作为背景材料提供给圆桌会议，很多演讲者被邀请莅会陈述报告，有代表性的圆桌会议通过对会议纪要的综述出版书籍。[2]

---

[1] 德国波恩文化研究中心：《文化研究与文献协会原则的建议》，1980年。
[2] 欧洲文化信息与研究联络中心主要出版物的清单，可见 http://www.Bookman.nl/circle/pub-archhtm。

表2 欧洲文化信息与研究联络中心圆桌会议、专题会议及年会

年份	题目	会议地点
1987	为艺术与文化提供资金的新举措	仅仅民意调查，没有会议
1988	政府、市场与文化	布达佩斯
1989	艺术与地区发展中的就业	都柏林
1991	文化生活中的参与：当前趋势与未来策略	莫斯科
1993	单一市场与《马斯特里赫特条约》关于欧共体与非欧共体国家的艺术（CIRCLE开创性的）	威尼斯
1993	变革欧洲人权与文化政策：文化生活中的参与权	赫尔辛基
1994	政府与艺术委员会、艺术机构和艺术基金会之间关系的职责分工与变革实质	布达佩斯
1995	文化与发展的欧洲准备报告	巴塞罗那
1996	欧洲就业新领域：作为观念实验场的遗产、艺术与传播	Spolete
1997	私有化与文化	阿姆斯特丹
1999	超越文化外交——全球文化合作政策：究竟是谁的议程？	克拉科夫
2000	实现链接：新千年的文化与社会内聚力	埃德蒙顿
2000	新联盟：公民社会、社会内聚力与文化	维也纳
2001	应用文化研究方法论专题研讨会	莫斯科
2001	必做的事情抑或一种灵感——教育中的艺术与文化：政策与欧洲实践	鹿特丹
2001	文化、公民社会与志愿主义	纽卡斯尔

没有物质支持，却要通力合作做出可观数量信息，这些圆桌会议的困难，在于承受这样一个事实，那就是：每个人都志愿奉献他们的努力，在其他职责之外完成欧洲文化信息与研究联络中心的工作，因而也就面临欧洲文化信息与研究联络中心令人吃惊地对跨国档案的比较性有所疏离，由此导致其结果的混杂。很显然，一旦欧洲文化信息与研究联络中心坚持比较性，如同《欧洲文化事务手册》(*Handbook of Cultural Affairs in Europe*) 好几种版本的案例那样，这些项目的预期成就会更大。

关于"欧洲议会的国家文化政策评估程序"（下面会讨论到），欧洲文化

信息与研究联络中心也做出了重要贡献。

类似欧洲文化信息与研究联络中心这样的网络系统,极大程度上依赖于那些跟进合作者以及给他们以驱动力量。在其开始的几年里,罗德·费舍尔（Rod Fisher）,英国议会艺术委员会的全球事务主管,较为理想地胜任秘书长职务,他的官方工作就是监测、维护和激励国际合作（欧洲合作）。随后,他在法国"预期研究部"（DEP）担任秘书长,带来了组织事务管理的更核心化的面貌,而且将相当多的法国内容注入该组织的专题会议之中。（DEP保留着欧洲文化信息与研究联络中心简报的出版物,传阅档案则是更有使用价值的该领域出版物之一,尽管现在其内容更多的是关于DEP工作的报告。当前发行量大约为每年三期,每期3000册,内容用英文和法文出版,而重要文章则会用第三种语言）

爱德华·迪尔加多（Edward Delgado）,从欧洲议会返回巴塞罗那,创办如今很著名的"欧洲国际艺术基金"——文化研究与国际文化合作的欧洲平台,并出任秘书长。这一阶段标志着一种普遍的认识,那就是某些欧洲文化信息与研究联络中心的成员正开始赞成其他的东西,对一个网络而言通常的问题在于,依赖一个成员担任其秘书长,此种形势是利益冲突的成果。（这一问题的逻辑解决的注解——就欧洲议会所配置的某位终身秘书长而言——从来就不是针对欧洲文化信息与研究联络中心的运作模式）。由于"博克曼基金会"（Bockmanstichting）的作用,"国际艺术"从此成功地成为欧洲文化信息与研究联络中心秘书长的发源地,而"博克曼基金会"则因其图书文献中心和交换意见场所的角色功能,将它自己的标识置于欧洲文化信息与研究联络中心,并通过RECAP和CRIE项目,使其更加转向于激活文献活力的方式。[1]

最近,皮特·茵凯（Peter Inkei）,中东欧文化财政支出地区观测站的主管,成了秘书长,尽管大多数行政事务仍然交由位于阿姆斯特丹的"博克曼基金

---

[1] 恰如本书所开展的研究,博克曼基金会的CRIE项目,逐渐被欧洲文化信息与研究联络中心新的议程所代替:"文化政策研究在线"（CPRO）,目的在于发展一种正在进行的文化政策研究项目的真实国际在线基础数据。

会"来处理。

20世纪90年代，诸多压力和变化影响了欧洲文化信息与研究联络中心的职责所在和功能发挥。

（1）许多坚定分子的成员已经发现在欧洲文化信息与研究联络中心中保持高水平介入非常困难，尤其因为他们的就业环境已经发生变化，这种变化给予罗德·费舍尔以极大的打击，他在英国艺术委员会中的功能被私有化，承包给了由他创立的一家新的公司，即"国家艺术分公司"，也就是现在的"文化国际情报机构"（International Intelligence on Culture）。

（2）欧洲文化信息与研究联络中心始终密切受制于欧洲议会的国家文化政策评估议程，提供很多审查专家合作。随着接受评估国家的增加，将审查合作开放至欧洲文化信息与研究联络中心核心骨干队伍以外就十分必要。

（3）随着一系列气象站、研究中心和信息中心的成长，不断放弃"一个国家一个代表"政策的诉求，并且热衷于与机构成员和个体会员有更广泛的联系。

（4）欧洲议会的保障性资助戏剧性地下降，财政需求使得这种趋势进一步加速。

（5）欧盟的诞生及其对文化资助项目的短暂尝试，尤其是经过非文化议程，导致一种顾问和研究人员小圈子的景观应运而生，这些人与布鲁塞尔密切联系而非斯特拉斯堡，而且这些人倡导参与其中。

（6）最后，研究人员、文献工作者与行政官员之间的差异，从欧洲文化信息与研究联络中心创立之初就已经清晰，其差异性由于"比较文化政策与艺术欧洲研究协会"的创立而更加突出，后者一开始只被看作欧洲文化信息与研究联络中心的副产品，但如今却发挥其极为独立的功能作用（参见下面的讨论）。

凯斯·史密斯杰森（Cas Smithuijsen）对他最近的观点非常乐观："'欧洲文化信息与研究联络中心'，通常只是研究人员的俱乐部。到最后，这个研究者俱乐部将会被'比较文化政策与艺术欧洲研究协会'所承袭，而'欧洲文化信息与研究联络中心'所留下来的将不过是一个交往俱乐部……暂时情况下，'欧洲文化信息与研究联络中心'仍然是交往的一种重要途径。"毫不奇怪，安德瑞斯·威珊德的看法有别于此。他预见到，在研究者与信息和文献职业者之间，存在着不可避免的分裂，同时他愿意看到彼此之间两种功能的合作，亦如一旦所产生的研究能够得到加强，他就准备对其进行分离。[1]

"欧洲文化信息与研究联络中心"的准则近来会被修改以接纳个体会员——一些人预见到，数年后该组织将会成为由会员掌控的组织，就像"文化经济学国际协会"或者"加拿大文化研究网"——同时还使其更容易得到欧盟的支持。（准则被修改的另一个原因是，会员费能够增加收益）会员资格正在开放，更多地来自不同层级的公务员成为新会员，还包括同样具有国际文化政策兴趣的其他人，但该组织也就不再由国际机构所控制。到目前为止，个人会员费仍然没有呈现出其所预期的资金支持水平。

"欧洲文化信息与研究联络中心"已经延伸至包括来自中欧和东欧的代表，但是在欢迎那些其信息、数据收集和研究体制仍然处于发展初期的会员们的过程中，必须关注集体从事的工作类型的变化以及工作量的减少。事实已经证明，按照荷兰法律对"欧洲文化信息与研究联络中心"进行重组改造，对法国 DEP 而言是一个累赘，并不得不从"欧洲文化信息与研究联络中心"暂时撤离，因为法国法律阻碍法国政府代理机构，隶属于按照其他国家法律组织起来的机构。预算采取的步骤，就是第二次改组"欧洲文化信息与研究联络中心"，这一次所依照的是法国法律，这也许将促使秘书处永久性迁往巴黎。

就在其主要拥护者认为一个确定地点仍有必要的同时，也就是认为由此可以进行信息聚焦与评估，而且年会与圆桌会议依然有效，竞争正在不断增

---

[1] 就从文献视点重述 CIRCLE 的历史而言，参见凯斯·史密斯杰森《文化政策资源欧洲联络的需要》，见博克曼基金会 RECAP《欧洲文化政策资源》，荷兰阿姆斯特丹：博克曼基金会，1999。而对于更加聚焦于研究方面的重述而言，则参见奥古斯汀·吉拉尔德《三十年》，载传阅件《文化政策研究文献》1999 年 7 月第 10 期，第 3 页。

长，其中至少有来自欧洲议会所创立的新的网络，如"文化网络系统欧洲论坛"（the Forum of European Cultural Networks）[①]，该论坛有可能被"欧洲文化信息与研究联络中心"认为在很大程度上承担了文化政策监测的角色功能。

凯瑟琳·梅尔克莉（Kathrin Merkle），欧洲议会文化政策研究与发展局的负责人，于1998年将"欧洲文化信息与研究联络中心"说成是"作为欧洲议会的一个合作伙伴……我认为'欧洲文化信息与研究联络中心'仅仅是由欧洲议会支持的诸多网络系统之一，而且它是文化政策研究方面有其特定优先性的合作伙伴，因为许多年来它刺激而且陪伴着文化行动与政策部门的工作，且在未来仍有希望从事这些内容"。但另外一些人怀疑欧洲议会如今是否将"欧洲文化信息与研究联络中心"在更大程度上视为一种威胁而非合作伙伴，并预测到时欧洲议会会中断对"欧洲文化信息与研究联络中心"的资助。荷兰教育科技文化部给"博克曼基金会"以巨大投入，用来雇佣"欧洲文化信息与研究联络中心"的合作者。作为一名在巴塞罗那附近工作的独立顾问，丁尼·都得（Diane Dodd）目前在她的基地掌控着"欧洲文化信息与研究联络中心"的活动。由此，荷兰目前较之欧洲议会支付着该中心更多的持续运行经费。

卡尔拉·波多（Carla Bodo），意大利文化部表演艺术观测站的正式研究主管，认为"欧洲文化信息与研究联络中心"的主要力量，就其能力而言已经停留在关于文化政策讨论的"删除边缘"，在重要议题进展的探测以及通过圆桌会议将其采纳方面，情势亦然。她相信，就监测这些议题得以探讨之后的变化而言，该组织的成功之处已经很少。

（三）评价

显然，无论发生了什么，"欧洲文化信息与研究联络中心"已不能通过获取其成员的义务劳动来继续发挥其功能，来自理事会的几位捐助成员近期已经退休，而欧洲议会对"欧洲文化信息与研究联络中心"的支持正在减少。与此同时，研究信息中心迅速实现其生态学扩张，该中心不再是为数不多的

[①] http://www.interartsnet/web—forum/01/01htm.

组织中的第一个。实际上，它可能已发现在如此众多的组织之中，保持其卓越性已经很困难。

一些人会提出诸如是否不再需要"欧洲文化信息与研究联络中心"这样的问题。人们聚集到一起，虽然开展工作，但并未拥有其所理应具有的政治结合，而且也许缺乏存在理由。影响地位和资金来源逐渐离开欧洲议会而向欧盟转移，无疑会影响"欧洲文化信息与研究联络中心"所能扮演的角色。但仍然还不明朗的是，欧盟是否将会在文化领域永久性地成为主要资助者，而且按照某些会员国所希望的方式，尤其是那些持续面对保存和维护其文化遗产巨额支出的国家（欧洲长期存在的文化自主问题之一）。

"欧洲文化信息与研究联络中心"在文化政策研究领域和在该领域中的信息国际交换过程中，拥有巨大的影响力。至于是否仍然持续成为一个做出贡献的唯一工具，抑或在逐步形成的体制混合中被吞咽，仍然有待观察。其贡献值得庆贺，而且其进化能够被管控。

二、比较文化政策与艺术欧洲研究协会（德国波恩）

（一）意义

"比较文化政策与艺术欧洲研究协会"（ERIC Arts）开始时作为一种途径，聚焦"欧洲文化信息与研究联络中心"网络，以更有效地产生高质量比较研究成果，最终的目标在于创立一个可持续的研究协会或者研究中心，并拥有自身研究人员实体，以使这些研究人员由此而能够专心致志于研究。"比较文化政策与艺术欧洲研究协会"的故事，充满困难与传奇，保持着两种不同的情怀，一种倾向于信息与文献，另一种则倾向于研究，它们共存于同一组织之中。其创立之时，正值资助现实与研究设计彼此进入冲突之际。

（二）背景

"比较文化政策与艺术欧洲研究协会"的最早概念，孕育于1991年的一次汽车旅行，当时正值欧洲议会对奥地利的国家文化政策进行评估之际。感觉是"欧洲文化信息与研究联络中心"的同一伙人从事该项程序性工作，但这些个体并非必然是从事比较研究的最好个体，因为他们并没有作为社会科学工作者进行训练。那么，为什么不可以通过创立一个聚焦于研究的综合体，以使其利用一批受到训练的研究人员作为备用人才而致"恰当的"方式呢？

最初的设想是在"欧洲文化信息与研究联络中心"内"长出三只手"——文献、统计和研究，而第三只手就不得不予以充实，因为那个时候的"欧洲文化信息与研究联络中心"研究人员匮乏。但是这种观念一直遭到否决。到了1993年12月，创立"比较文化政策与艺术欧洲协会"的决策得以确立，且作为一个分离的独立整体而非"欧洲文化信息与研究联络中心"的分支。即便如此，那个时代大约90%的"欧洲文化信息与研究联络中心"的成员，实际上都介入了最初的创建过程。直到现在，一些该组织的成员依然对"比较文化政策与艺术欧洲研究协会"的成立相当反对，无论在其内部抑或外部。对这些人来说，没有政府的影响，或者失去欧洲议会的支持，独立而且成功地开展他们认为如此重要的研究工作，简直不可思议。

为了不让行政官员和文献专业工作者加入新的组织，一套会员标准得以建立。例如，一个会员必须拥有五年的比较研究经验。再如，确立了联系人员与实际会员之间的差别。会员名录被放在极为重要的位置，因为就这一名录而言，关乎"比较文化政策与艺术欧洲协会"的优先考虑，是否任何项目都可以从会员中选择对象给予配备。在某些案例中，资助政策有必要调整，使其他组织介入"比较文化政策与艺术欧洲协会"的项目。

为了使自身区别于"欧洲文化信息与研究联络中心"以及许多其他在最近10—15年突然涌现的跨国组织，"比较文化政策与艺术欧洲研究协会"强调，这个组织不是一个网络，就其法定地位而言，它是一个协会，其成员由正在从事研究的研究工作者组成。尽管与"欧洲文化信息与研究联络中心"

的关联史悬而未决，但"比较文化政策与艺术欧洲研究协会"的拥戴者们，坚持着与前者的关系重建的热情，而且也许会将"欧洲文化信息与研究联络中心"拟置为"比较文化政策与艺术欧洲研究协会"的所谓"友好"组织，抑或要创建一个名副其实的欧洲文化研究工作者的专业化协会。

"比较文化政策与艺术欧洲研究协会"的主导性概念，往往在于创建一个拥有其自身场所，以及6—7个研究人员的秘书处的独立立场研究机构。该秘书处将申请资助、开发项目并且引导研究。该机构拥有设备精良的文献中心，可以充分利用高级终端技术，聚焦应用研究，而且其覆盖面涉及与欧盟和欧洲议会相关联的欧洲开发内容。

自1993年以来，这一理念的奠基者们就为确保原创模式的资助而努力工作，但一直未获成功，但他们相信，很多次他们离成功已经很接近，尤其是提出的某项建议，事涉德国政府从波恩搬迁至柏林。他们也曾尝试过获取欧洲产业发展资金，以使"比较文化政策与艺术欧洲研究协会"建设成为一个区域发展对策部门的独立事业机构，专门从事科学研究。关于最终作为机构成型的问题，于2002年初仍被一再提及。（参见下文）

1996年，"比较文化政策与艺术欧洲研究协会"的会员在都灵聚会。在此次会议上，他们决定，将不得不启动项目并且期待体制性资助（一般性的运行支持）。这一理念简化而言就是：先干出点名堂来，然后其他的东西也许会随后就到。

由此开始，"比较文化政策与艺术欧洲研究协会"就与文化研究中心建立起密切联系，那是安德瑞斯·威珊德的私人企业。就在他继续通过文化研究中心在国内进行工作的同时，也努力从事"比较文化政策与艺术欧洲研究协会"的工作。1997年，丹妮勒·克莱切（Danielle Cliche）被雇佣为独立承包人并成为项目顾问，是"比较文化政策与艺术欧洲研究协会"的唯一受雇者。她的职位，获得原来文化研究中心项目之外的额外津贴，其工作就是使项目概念化，寻求项目资助，寻找完成这些项目所必需的专家，最终全心全意地执着于一种欧洲后果的辨别力。

"比较文化政策与艺术欧洲研究协会"在其自身权利内所从事的研究项目之一，是"艺术与媒介职业中的女性：欧洲比较"。1997年，就这一主题举行过一次会议，其后该组织就这一主题向欧洲委员会申请了一项历时两年半的项目，此项目涉及整个欧洲的15个合作伙伴。

以"比较文化政策与艺术欧洲研究协会"为代表的这类合作，从某种意义而言，乃是被欧洲资助的现实性所驱动。欧盟将只能给一个项目提供部分资金，在每一个个案中，必须有国内合作伙伴给予该项目以合作资金支持（在本项目中，乃是德国妇女事务部）。除了国内合作伙伴之外，还必须有其他会员国家的国内研究伙伴参与，某些欧盟计划详细规定极少数量的国家介入。

"比较文化政策与艺术欧洲研究协会"不仅会乐于以国内方式开展工作（每一个国家依靠自己的研究人员并形成本国报告），而且在当下，欧盟资助或多或少地强化着这样的工作。该组织也愿意发展跨学科的研究者团队，这些研究人员接受过比较研究工作的训练。就女性研究项目来说，"比较文化政策与艺术欧洲研究协会"总计获取了八种不同的研究报告，尽管有其严格定义和严格范畴的朴素方法论。该组织对欧盟的另一种抱怨在于，一定程度上，欧盟的官僚似乎对项目的行政运作更感兴趣而非研究成果（每三个月就必须填写一份15—20页的进展报告）。

通过欧盟相对大规模的资助，最终所能证明的结果，乃是在欧洲的文化政策研究进化中明显开创出一个新的阶段。在20世纪80年代，多数这样的工作聚集于"欧洲文化信息与研究联络中心"。部分20世纪80年代的文化网络，所有的人都能自由进行（依靠其值得尊敬的雇主的庇护），而且每个人都或多或少地满足那种差异性所带来的感情。第二阶段，也就是一种"过渡式"阶段，开始于那些早期自由参与者不再能够边工作边做研究，功能被私人化了。在这种新的工作实践中，早期阶段的那种志愿主义不再具有可能性。当欧盟成为欧洲的新摇钱树，文化政策研究与信息机构不得不面对布鲁塞尔对自身进行重新定位，而且要在激烈竞争环境中运作，这种环境似乎更有利于新一代创造利益的顾问们开展工作。其结果导致一系列敌意,那些曾经很友好而且很合作的人从此也就不再介入。

"比较文化政策与艺术欧洲研究协会"的创立者们,希望通过使人们职业化的处置方式来改变这种状况,尤其是通过研究工作的有偿方式,然而他们发现在新的欧洲现实中,训练研究工作者非常困难。当一份协议签字以后,存在着交付件和日期,而在与欧盟的协议过程中,交付件必然面临合同约定日期,否则就失去资金。对"比较文化政策与艺术欧洲研究协会"的研究人员而言,交付这样的咨文非常困难,他们的某些工作往往要一年以后才能交付,该领域中的研究工作者们,并不认为行政性细节方面有问题。

这种经验相对于比较文化政策与艺术,在过去纯粹的网络语境中,其所经历过的问题记忆就是:责任小,不需要负责。如果有某种东西可以强化这种责任观念,其目标就应该是让研究工作者在一个机构中共同从事研究工作。

"比较文化政策与艺术欧洲研究协会"近来承担的第二个项目,也证明了这种体制性紧张,内在地影响其文化政策研究。浏览来自国内文化政策评估的项目及其材料汇编的,是欧洲议会文化政策与行动部门的新主管,决定着什么样的材料收集具有更大的综合性。其想法在于,编辑一本文化政策手册,而且这一手册能根据进展中的原则很容易给予更新。最初的想法只是让"欧洲文化信息与研究联络中心"完成该手册,在受资助的同时也密切联系欧洲议会工作的成果。"欧洲文化信息与研究联络中心"提出一项建议,就是集中提供信息而不加以分析,建议遭到了否决。欧洲议会于是转向"比较文化政策与艺术欧洲研究协会",该组织的建议是公共框架内的集中化方法,也就是采取活页装订的方式,以及一个带有综述和新信息的网址。[①] 被遴选从事该项工作之后,"比较文化政策与艺术欧洲研究协会"很快就认识到,其结果是过多的统计,于是转过身来又改变方法,聚焦于过去五年来的政策议题与趋势。于是框架性机构得以发展,"比较文化政策与艺术欧洲研究协会"由此与一系列从事国内研究的合作伙伴,合作开展项目研究工作,这些合作伙伴有政府

---

① http://www.culturalpoliciesnet.

官员、研究工作者、"欧洲文化信息与研究联络中心"的成员以及"比较文化政策与艺术欧洲研究协会"的会员。从某种意义上说，随着"比较文化政策与艺术欧洲研究协会"成为某种被抛弃者①，它所选择的跨越"欧洲文化信息与研究联络中心"的结果，也许就是终止它们之间的关系。

其他的项目也被证明存在问题。按照威珊德的话说，"比较文化政策与艺术欧洲研究协会"自己发现："那些并不理解他们想要干什么和怎样干的资助者开展项目，以及那些未在文化单位工作的资助者从事这些研究，致力于欧洲课题研究几乎是不可能的。"

但是，确有几个项目使得"比较文化政策与艺术欧洲研究协会"接近于其所乐于进行的项目。其中之一是一次会议，题为"巴尔干地区文化生产力重建"，以及与此相关的许多活动。该项目致力于关注巴尔干地区艺术与文化关系的新生，同时也在面对局外议论者猛烈攻击过程中关注跨国合作，为了协助非政府组织"蓝龙"的迪米垂亚·乌亚丁诺维奇（Dimitrije Vujadinovic）走进"比较文化政策与艺术欧洲研究协会"。该协会最初努力获得欧盟分派其1%的《稳定条约》预算，以用来重建巴尔干地区的艺术生活，但却失败了，所以它就组织该次会议，从芬兰、德国和奥地利政府得到财政支持。从某种意义上说，这种模式始终就是"比较文化政策与艺术欧洲研究协会"所希望的。一个成员有了一个想法，将其提交给协会的中央办公室，然后他们一起工作并使之成为现实。一系列衍生性项目从这些原始创意中得以实施，但请注意，所有这些都还实际上只是文化项目，而非研究项目。

对"比较文化政策与艺术欧洲研究协会"来说，另一个重要原创则是承担欧洲食品工程中的某些项目，该项工程将农业政策与文化遗产关切联系到一起。刚开始，协会以面包项目介入这一工程，紧接着则是橄榄油项目，而

---

① 该手册时隔不久就被另一个项目所取代，那就是《欧洲文化事务手册》。这是一本不同欧洲国家事涉文化政策关键人物和地址的名录。最早由安德瑞斯·威珊德与欧洲议会所开发，成为"欧洲文化信息与研究联络中心"的一个项目，若干年后，在更大程度上成为一项"比较文化政策与艺术欧洲研究协会"项目。

且希望继续实施一项鱼肉贸易项目。审视橄榄油项目，其所提交给欧洲委员会的一项建议，是通过该委员会的"拉斐尔计划"（聚焦文化遗产），获得一个关于橄榄油的生产与消费的工程，该建议包括从农业生产的文化维度到政府的政策直至产业的所有内容。会议在克里特岛召开，由当地的生产商和政治人物主持，同时还有研究人员和政策制定者参加。这一项目，包括芬兰是橄榄油主导性出口国的事实（对俄罗斯）并未显示出令人感兴趣的效果，而且遗憾的是，意大利没有出席此次会议，尽管事实上它是最大的橄榄油市场。总体而言，研讨会和一般性会议进行得较为顺利，尽管这一项目的本质不过在于追求更广泛合作伙伴的合作必要性。

至此，"比较文化政策与艺术欧洲研究协会"瞄准要探索一条中间道路，其意愿在于走向研究行为，并且其理事会极其愿意协会与艺术家们回到直接互动，通过主要支持者们自身提炼经验和资料来开展工作，而不是从事第二手资料研究。据此，则"比较文化政策与艺术欧洲研究协会"乐于开发关于艺术家权利的项目，与艺术家而非律师共事，而且进行社会采集。

这一途径的结果，使"比较文化政策与艺术欧洲研究协会"并不侧重于吸引一流的研究人员，其关注点则是应用研究。

（三）评价

拥有自己的设施，同时拥有贯穿整个欧洲自身的运作资源这样一个独立机构的梦想，依然极其鲜活。就"比较文化政策与艺术欧洲研究协会"而言，其理事会不停地寻找"赞助者"，以完全支付体制运行成本，但事实证明非常困难。从某种意义上说，该协会乃是"格蒂式保守体制"，所做的是锦上添花的事情（而且不需要首先关注设施或者资金支持）。到最后，这样的梦想甚至会延伸至区域办公室寻找自己的项目，并以此作为资金来源，但要精确地幻想出这种事态怎样发生，导致本书其他地方描述过的各种尝试出现当下增值，无疑是困难的。

至于"比较文化政策与艺术欧洲研究协会"与"欧洲文化信息与研究联

络中心"之间的关系，最终将会怎样发展，仍然有待观察。两个组织正在开始分离，瑞特瓦·迈特切尔（Ritva Mitchell）直到最近仍然是这个组织的主席，但已经辞掉了"欧洲文化信息与研究联络中心"主席的职务。不管究竟发生了什么其他事情，有一种可能性是，该中心的文献和信息功能，将会从"比较文化政策与艺术欧洲研究协会"的研究功能中高度分离。也许两群人都将不愿意完全离开，一些个体将会继续作为两种尝试的部分发挥功能。

目前，"比较文化政策与艺术欧洲研究协会"从不断地做项目中求得生存，而且发现经常不得不离开研究领域，因为在研究领域中，更会集中维持足够的现金流转。即使在其被忽略，没有与文化研究中心联系时，以项目立足的形势仍然不可能长久。文化研究中心为"比较文化政策与艺术欧洲研究协会"提供大部分日常经费开支（尽管最近以来"比较文化政策与艺术欧洲研究协会"能够给予回报，帮助文化研究中心度过其自身的短暂资金困难时期）。但是，不得不决定是否走向下一步，完成"比较文化政策与艺术欧洲研究协会"一直想要实现的那种体制，而非作为一个项目接着一个项目的联合经营体来继续运作，其时即将来临。在走向终结的过程中，2002年1月，"比较文化政策与艺术欧洲研究协会"的最高理事会，依据德国法律投票表决将其解散，以便筹备作为代替体制实体的基础框架，最终则是为了一个实体机构的创建。

三、欧洲议会、文化政策及其实施部门、国内文化政策评估计划（法国斯特拉斯堡）

（一）意义

多年以来，"欧洲议会"进行了一系列关于文化政策的欧洲项目。既努力建构动态演进中的研究功能和信息功能，更倾向于围绕主题开展工作，也为跨国调查挑选突然涌现的议题与趋势。该部门将关注点集中在国内文化政策评估计划上，其意义所在，乃是意识到对研究的责任担当，并非一定要通过具有自我支撑能力研究机构的建构来实现，也可以围绕合作研究计划来完成建设任务（或者合作项目）。追溯其影响是一件有趣的事情，这样一项计划，能够为建立更加内容丰富、更加紧随变化的文化政策研究中心做出努力，同时也能够对文化政策研究和信息基础框架建设做出贡献。

（二）欧洲议会

"欧洲议会"的工作，可以通过一系列方法来予以描述。在文化与文化遗产的前任主管雷蒙德·韦伯（Raymond Weber）看来，"欧洲议会"有4个主要的活动领域：

（1）充当一个正式的观察站或者监测中心，关注多个政策领域。在这一角色里，它对特殊领域中的欧洲状况给予观察，并对其予以分析和评价。这项工作经常通过创设公共论坛而得以进行。在当下，文化单位中有两个议题特别有趣：政府从文化单位中退出，以及文化多样性。

（2）充当"价值库"，加强对人权、民主以及法律规范的重视，关注合作伦理。

（3）服务于棘手的领域，由此新的观念能够充分呈现。在文化领域中，当前所关注的是文化与社会联系，以及文化与公民社会的联系。

（4）充当合作中介，尤其涉及对东南欧国家的帮助。

"欧洲议会"提供的观点，有点疏离于国内政策和国内政治的日常工作，其看法具有更大的比较性，就算是更具客观性的观点，也会受到疏离的影响。

（三）国内文化政策评估计划[①]

第一项评估国内文化政策的计划，是对瑞典文化教育部呈交给欧洲议会的议案进行讨论，审视经济合作与发展组织（OECD）的国内教育政策并评估是否适当，执行情况如何，以及在文化领域中的状态。1985年在瑞典的一次

---

① 在其历史的某些阶段，这项计划的名称似乎发生过变化，从"国内文化政策评估计划"改为"国内文化政策评论的欧洲计划"，人们会怀疑单词"评估"是否有误。

研讨会上，该项计划的基本范围得以确定。①

一个国家正式提出进入该计划的请求并被接受以后，就会有4个步骤紧随其后（最近又有第5项附加）：

（1）由其政策处于评估中的国家指定的团队，准备国内报告，该报告会就涉及艺术与文化政策的国内权威性，提出"官方的"看法，而负责文化事务的部门或政府办公室必须赞同这种看法。

（2）任命"审查者"或者"专家"跨国团队，这些人被任命依靠的是他们的个人能力，而不是作为任何组织或机构的代表。他们会参观特定国家，从事调研，并且依照附加文献的收集进行国内报告的补充。

（3）通过进一步的评价与追问，准备审查者报告。该项报告会汇集审查者评估的结论，而价值评估形成于对国内报告的反应和对话。

（4）在位于斯特拉斯堡的文化委员会之前，对所提交的两份报告进行审议（评论会议），其中包括被评议的该国文化部部长，涉身该国国内文化政策的其他雇员，以及审查者们。

（5）本国主办的国内研讨会，会伴随着用英文和法文出版两份报告，而且常常会用参评国地方语言将其出版。（最后的这一步骤，几年前才开始，发生在关于斯洛文尼亚的报告完成时）

有一点提醒特别重要，那就是这种类型的计划，其受益惠及欧洲议会制度内的所有参与者。对那些政策被评估的国家而言，该项计划会提供机会，使得其政策会在外部重视和反应中获益，而且也会对提出文献机构评级以及开发此前所无法获得的文化指标提供动力。就会员国家作为一个群体而言，计划会导致对文化政策目标的信息收集，实现每一个国家的政策评估，获取从前仅仅基于趣闻的有效信息。它会凸显那些也许能被转移的创新，会分析被执行的方式的成功与失败，未必主要作为特定国家成功（或者失败）的一种全面评估而是承诺实践的一种指导，而且会提供一种机制，由此而使信息

---

① 1985年4月16日至18日，在瑞典斯德哥尔摩召开的一次研讨会的报告《国内文化政策评估方法》（瑞典教育与文化事务部，1986年）中记录了这次会议的讨论情况。

收集和文化政策评估方法逐步得以提高。它允许"欧洲议会"向其成员提供服务，同时也收集重要的研究信息，发展观察工具和导向有助于文化政策的跨国比较。它通过建立一种原则而建构未来的文化合作。

就在险些沉溺于坚持评估的公共模板之际①，欧洲议会确定了6个更宽泛的政策主题，期待在审议过程中会在国内报告与审查者报告两方面给予解读：

（1）分权；

（2）支持独创性；

（3）文化身份与文化多样性；

（4）接近与参与；

（5）文化少数民族与基本权利；

（6）创意产业。

这些领域反映了"欧洲议会"的传统关注，已成为该议会对过程给予其版本说明的一种方式。这些评估，丝毫没有隐瞒各成员国文化投入以扩大公共资源的努力。其关注点在于稳定地保持效率及其政策产出的有效性——关乎"钱的价值"（欧洲文化政策当下流行使用的一个短语）。

法国和瑞典，两个这一计划的最大推动者，也是第一批对其文化政策进行评估的两个国家。法国最近在咨询是否可以获得第二次评估的机会，以关注在所介入的 15 年中，其所发生的文化政策大范围变化是否可信。

每一项国内评估项目的支出费用，都由"欧洲议会"与所审议国家分摊。一般来说，所审议国家有责任编撰和委托进行附加摘要的国内报告，将国内报告译为法文或英文，而将审查者的报告译成国内语言（而且很可能这两份报告都会出版）。要支付那些审查者在访问该国期间的日常生活费用、交通旅行费用以及翻译费用，同时还要对该国代表团在文化委员会之前的听证环节所需的差旅与日常支出负责（所有附加性翻译花销皆由该次会议承担）。"欧

---

① 第一批少数几个国家的评估完成之后，制定了一套公共准则用于未来评估。罗伯特·旺吉尔梅：《国内文化政策评估：用于国内报告的准则》，*DECS-Cult*，（93）3，法国斯特拉斯堡文化合作委员会，1992 年 8 月 4 日。

洲议会"设定的责任有：第一次访问所审议国家审查者工作团队进行两次调研的差旅与每日津贴，记录员费用，以及文化委员会听证中涉及专家参与的开销。随着"欧洲议会"预算变得更紧，支出细目也变得更加混杂，使得审查者与所审议国家间的关系日益复杂化。

在一系列案例中，评估导致了极为具体的后果。一些国家选择了国内立法，由此改变了文化政策的轮廓。围绕两份报告的裁判，也出现了许多有益的争论：在奥地利和葡萄牙，文化研究中心作为研究与写作国内报告的过程部分的承担者应运而生，这些中心作为那个过程的遗产而得以保存。在荷兰的案例中，萨杜尔·亚当斯（Theodoor Adams），葡萄牙教育文化科技部文化政策指导中心的干事长，对于他的国家参与国内政策评估十分高兴，而且对他自己作为一名审查人员参与其他的国内评估心情亦然，以至于在第一份报告出版以后，他就开始进行第二份国内报告的准备，并用大量材料忠实记录葡萄牙文化政策的变化。（尽管如此，第二份国内报告仅仅向公共舆论开放而非审查者工作团队）

这一计划的比较目的是向某些争论开放。最初的文件清晰地表明，该计划的策划者希望它会为可比性资料收集提供方法论进化的机会。至此，一个国家意识到正准备与其他国家进行比较的程度，一定会影响其参与决策。对一个国家参与该计划并提供一次服务，存在着压力，所以雷蒙德·韦伯直截了当地陈述为，这一项目的目的从来就不是比较性的。

但雷蒙德·韦伯的言辞往往是那些策划该项目的某些核心人物的希望，因为在该项目的支持下，一套完整的公共方法与公共标准会得到发展。可参见奥古斯汀·吉拉尔德（Augustin Girard）1992年撰写的关于文化指标的报告[①]，或者瑞特瓦·迈特切尔（Ritva Mitchell）1996年所发表的关于从事比较

[①] 奥古斯汀·吉拉尔德：《文化指标》，临时性文件，*DECS-Cult*，（92）6，斯特拉斯堡欧洲议会文化合作委员会，1992。

性评估的作用的文章[①]。17 份业已完成的国内文化政策评估报告,以及从评估过程中提炼出来的数不尽的其他文本,组成了一个关于文化政策的丰富信息数据库,"欧洲议会"正在开始做这项工作。一些出版社率先开道,尽管他们非常清晰地意识到,完全的可比性的梦想并未实现,而且他们较之对"政策"进行比较而言更加热衷于比较"研究":

(1)约翰·迈耶尔斯卡夫(John Myerscough)所著的《比较研究》[与克里斯托夫·高登(Christopher Gordon)及威廉·达夫顿(William Dufton)合作],对整个评估计划给予文献确证并给予评论。

(2)在欧洲议会的文化管理者系列培训手册中,有两本书出版。其一是《欧洲文化政策:一种比较途径》,多维度地对第一批八份国内评估的成果给予精细的比较;其二是《欧洲文化政策:评估的方法与实践》,将国内评估报告作为文化政策进一步评估的精选课程方式。

近来,欧洲议会设立了文化政策研究与发展部门,其工作是从事研究以及在比较政策的感兴趣的议题中进行项目立项,出版多种多样的出版物以揭示比较内蕴并探究作品正文。在欧洲议会构建文化政策信息与文献中心,该部门并非作为内部研究部门而建立,而是作为一种服务能动性以应对日益增加的信息诉求,这些信息来自理事会中新的获准成员国,需要处理、审核和跟进,需要较好地传达文化委员会的工作和项目,而且需要将有效性引入信息和文献的进程之中。

随着"国内文化政策评估计划"的进化,尤其是随着中欧和东欧新的民主涌现("欧洲议会"的新成员),欧洲发生了改变。这项计划,最初作为现存的、或多或少的稳定政策方案的评估,转而发现其自身被称为执行"政策治疗",而且最终走向谋划新的文化政策。审查者们越来越相信,他们正在审

---

① 瑞特瓦·迈特切尔:《国内文化政策评价,一项欧洲议会计划——跨国比较的困境》(第一部分),载传阅件《关于文化政策的研究文献》,欧洲文化信息与研究联络中心简报 1996 年第 3 期。又见瑞特瓦·迈特切尔《国内文化政策评价,一项欧洲议会计划——结果的可比性:几个基本问题》(第二部分),载传阅件《关于文化政策的研究文献》,欧洲文化信息与研究联络中心简报 1996 年第 4、5 期。

查的国家会获得帮助，而不仅仅被评价。

另一个因素是来自中欧和东欧的国家要求拥有参与评估项目的机会，他们的着重点倾向于针对文化遗产和文化基础设施（都市场所）。这一着重点所折射的事实在于，在这些国家里，政府指导最近才在很大程度上缓解了财政负担，并通过索罗斯基金会（Soros Foundation）的巨大资金输入来支持当代艺术。无论如何，索罗斯基金会现在已经开始离开文化界面，而这些国家发现自己正在与更大的政策困境进行搏斗。

这些变化，使欧洲议会文化政策计划的重组与重新设计非常必要。"国内文化政策评估计划"被分解为三个互相联系的计划。第一，"国内文化政策评估"，是现存计划的继续。第二，"横向文化政策评论"，引入一种主题性计划途径[①]，这种评论成为跨越单一主题的导向并提供给国家集团，使其表达关注兴趣并对他们国内文化政策的这一方面给予评估。这些项目仍然基于跨文化同行评论、国内报告、场地参观、国家信息关注、最终报告以及可能的跟进活动。为了履约，有两个项目已经启动：转型中的国内文化机构，放宽国家控制（desetatisation）、私有化[②]、文化政策及其文化多样性[③]。第三，"行业文化政策评估"，亦是提供给国家集团，而且考虑的是跨国特定文化领域中的政策，第一个行业文化政策评论项目发生在图书出版与市场营销[④]。无论横向评论项目设计还是特定领域评论项目设计，都允许各个国家按照他们所感兴趣的范围加入评论中去。

1998 年，欧洲议会启动了另外一个项目，特别强调在东南欧国家中进行文化交流与文化合作。被称作"MOSAIC"（Managing on Open and Strategic Approach in Culture）计划，通过资助极为广泛的争论、研讨会、专题报告会、

---

① 获取这一计划更加详细的描述，参见 http://www.coo.int/T/E/Cultural-Co-operation/Culture/Cultural-policies/Comparative-re-views/。
② 进行这项研究的有塞浦路斯、芬兰、撒克逊（德国）、匈牙利、荷兰以及波兰。
③ 进行这项研究的有奥地利、加拿大、比利时（法语社）、保加利亚、卢森堡、瑞士以及英国。
④ 进行这项研究的有保加利亚、罗马尼亚、阿尔巴尼亚共和国、爱沙尼亚、立陶宛、摩尔多瓦、拉脱维亚以及斯洛伐克共和国。

培训计划、教育支撑以及出版等，贯穿着如上所描述过的每一项文化政策评估计划。当时，这些活动依靠其他会员国义务捐献来获得财政保障。其项目延伸，则是欧洲议会与专家们的接近，而这种密切关系，欧盟到目前为止尚未充分实现。

"国内文化政策评估项目"的建立，导致一系列其他出版物开始从研究与出版部门涌现：

（1）西蒙·芒地（Simon Mundy），以英国的艺术管理顾问和艺术编辑的身份，被授权就出现在国内评估中的那些观点和评书意见，撰写"个人分析"，并出版《文化政策：简短的指导原则》（*Cultural Policy: A Short Guide*）。

（2）欧洲文化政策基本事实与趋势的《概要》（*A Compendium*），立足于国内评估，但也包括那些尚未通过评估程序的其他国家，获得了比较文化政策与艺术欧洲研究协会的授权（由许多当地的合作伙伴提供最新资料）。20个国家的摘要采用活页笔记本的形式，所提供的对其他国家的文化政策描述，亦如插页般变得更加方便。这些政策摘要也方便在线查看，网站的在线更新也变得方便起来①。文集的编辑者强调其意图在于使该项目"坦然于避免做出任意性判断或者在各自的国内文化政策间进行比较研究，但在当前所处的阶段，更要提供基本信息工具，从而允许任何人按照自己的斟酌进行进一步的分析性工作——当然，要与附加资料或者最初的原始资料联系在一起"（《欧洲文化政策：基本事实与趋势概要》）。即使伴随着比较不是目的的考验，但比较还是一再获得促进。重要的是，网站的建立对比较有促进作用，使用者现在能够使用各种不同的菜单选择权以制作定制的桌面，从而为一批详细阐述国家的精选文化政策的内容给予直接比较。

（3）最后，从评估自身前进一步，研究与发展部门开始出版系列的关于文化政策特别议题的小册子《政策解读》。

文化政策信息与发展部门的文献中心，慢慢开始建立在文化资料基础上，在欧洲议会教育与文化司里，这种文化资料工作从前是作为中心工作来进行

---

① http://www.culteralpolicies.net.

的。文献中心被要求给欧洲议会全体雇员、文化委员会以及对外研究机构分送信息。不幸的是，没有购买书籍的预算，财政资源从其他预算科目中挪借。为了收集期刊，文献中心提议交换欧洲议会文件，而且通过与相应的合作伙伴网络签订分享信息的合同，使得这种机制得以定型。其中一部分是旧的采集政策的遗产，也就是仅仅收集那些欧洲议会雇员不想要但愿意捐献的资料。文献中心也打算建立一个专家数据库，可以就变化中的议题给予咨询。该中心还提供两份期刊出版：提供各种期刊内容摘要的《通用目录》和提供增加图书馆新资料摘要的《新收获》。

（四）评价

"国内文化政策评估计划"在一国接着一国的成功（以及失败），已经有相当多的书[1]，大多数此类讨论，聚焦于极为复杂评价过程的方法。该项计划的政治性在于吸引关注，尤其是使得计划转向来自中欧和东欧的国家，在这些国家，文化政策仍然高度依赖于政治推动。由于文化委员会已经更大程度上依靠私人艺术顾问公司，较少程度地依靠早期那些"欧洲文化信息与研究联络中心"的积极分子，所以有些人就认为，审查者们的工作其公正性正在下降，有些人也对评估过程结束后文化委员会内部所进行的讨论质量提出批评，认为整个事态极容易成为政治考量的俘虏，以至外在于依靠考量的文化政策现实。

对这一计划的批评，也常常表达为对"欧洲议会"工作的更普遍的批评语境之中。莎拉·萨乌德（Sara Selwood）建立在她的《政策解读》之上的评

---

[1] 约翰·迈耶尔斯卡夫：《比较研究：国家文化政策评价欧洲计划》，法国斯特拉斯堡：文化委员会，欧洲议会，1997年；克里斯托夫·高登：《文化政策评价：关于欧洲议会在成员国中的评价项目的某些普遍性与方法论的反射（1985—1999）》，由联合国教科文组织书面授权，发表于《文化链接30》2000年4月第11卷，第173—201页，重印于克里斯托夫·高登与西蒙·芒地：《文化政策欧洲观点》，联合国教科文组织2001年版；瑞特瓦·迈特切尔：《国内文化政策评估：一项欧洲议会计划——跨国比较的困境》（第一部分），载传阅件《关于文化政策的研究文摘》，欧洲文化信息与研究联络中心简报1996年第3期。

价与批评，就得出如下结论：

> 考虑到欧洲议会文化委员会并无直接与之有关——实际上，与其所努力影响的大多数文化政策制定者、赞助人或者律师之间保持着一定的距离——那么在什么领域才能不断与他们建立联系呢？在何种程度上，能让文化合作委员会……其自身行为吻合于他们内心存在的纠结并保持平衡：其真相在于，在强调公共价值意义的同时，他们同步性地想要提高对文化多样性的认识，而且，他们努力扩大地缘性文化环境的广泛影响，并基于一个看似公正的只雇用工会会员的商店。[1]

即便如此，还存在着的共识是，该计划具有反映参与国文化政策的资料汇集成功。在准备国内报告的过程中，审查者由于要准备其报告而成为现场访问者，于是就会举行评议会和研讨会，这些会议提供了国内文化政策评价的机会，大约有 17 个国家已经完成。某些较少利用这一机会的国家较之其他国家，对计划本身更少承担职责。当下的研究充满乐趣，无论如何，它是合作研究的一种模式，在研究与信息基础框架的发展中扮演着重要的角色。"国内文化政策评估计划"的经验表明，它不仅可能是值得参考的项目模式，而且是值得参考的制度模式，尤其在打算改变文化政策研究领域现状之际。这一模式已经持续了大约 15 年，虽然其方式处在不断的演化中，而且联合国教科文组织已经考虑采用这种模式对非欧洲议会国家进行评估[2]，就其价值而言两者都是确证。

---

[1] 莎拉·萨乌德：《图书评论：政策解读 1—5》（斯特拉斯堡欧洲议会文化政策研究与发展部门出版），载《文化政策国际期刊》2000 年第 2 辑第 6 卷。

[2] 恰如本文所写到的，这种创意已经潜在地出现。

（五）其他欧洲议会计划

前一部分对国内文化政策评估计划的关注，并不意味着轻视欧洲议会的其他文化计划。

该文化委员会已经逐步形成一种围绕时间限制设立项目的工作方式，打算将其从三年延长至五年。通过不同的计划，委员会会着眼探索性的热点领域，并最终衍生出长时期内处置一套完整相关议题的可持续性制度。在这一思路中，委员会认为自己从事的是探索性工作并影响政策。典型的欧洲议会项目，将会在持续五年之后结束，并最终会有出版成果，有一套完整的评价机制，以及一种"公共准则"，适用于一切值得考量的政策领域。

当下的图书计划，就是严格按照这种方式发挥其功能，其要点在于促进四个标准：

（1）强化版权；

（2）对电子出版降低附加税（value added tax）税率（一旦图书到了互联网上，它就成了一种服务而非一件产品，如此征税就处在高税率水平，显然就使得优惠税率不复存在）；

（3）诉求电子出版的法定保证金；

（4）修订该领域的所有立法，以帮助出版人朝着更加宽松，同时也按照按需出版原则的方向迈进。

尽管已经不再处于对外部机构提供重要而直接运行支持的位置，但委员会在某些案例中仍然创建田野项目，它会随着"分析"其成果，将信息传达给会员国。换句话说，它发展经验或者模式，然后将核心观念传达到特定领域（尽管有些人质疑该委员会在传播方面的有效性）。"文化与邻里项目"以及"文化与区域项目"，两者都按这种方式运作。关于这些由委员会开发的项目，其全体雇员都显得十分坚定："我们并不评估这些项目，我们是对它们进行研究。我们并不资助研究人员，我们所资助的是研究行为。"较为独特地，一个"反应小组"得以成立，以检测和反映每一项这类课题正在发生的事情。

"遗产计划"也有说服力，它在其中联合使用这种运作模式。其两个重要方面是：第一，发展原则标准、建议以及关于设计遗产政策和策略的咨询机构；第二，通过网络系统开展项目、技术支持以及多边合作——"欧洲遗产技术基金"，以及新的"欧洲遗产网络项目"，还有"遗产发现网"等。按照其主管们所言："为了横向工作与交叉工作，我们创立了网络系统。"

委员会还建立起"文化网络论坛"（Forum des Reseaux Cultures Europeans），依照定期原则每一次在斯特拉斯堡围绕一个特定的主题召开会议（例如，文化与东南欧的冲突预防、文化政策中的伦理等）。这种论坛发挥其机器般的功能，将其会员国家文化政策与文化实践的趋势、方向等介绍给欧洲议会。从这一方面来看，这样的论坛或许已经改变欧洲议会最早支持"欧洲文化信息与研究联络中心"的某些价值所在。

四、联合国教科文组织、文化政策发展局、文化政策观察站国际网（法国巴黎）

（一）意义

通过其文化政策发展局，联合国教科文组织正在采取暂时性措施，回到一个在20世纪70年代和80年代相当活跃的领域，尤其是出版系列图书，即《文化政策研究文献》。该套丛书主要为小册子出版物，这些小册子用文献证据说明大约60个会员国家中现存的文化政策。这样的收集大约持续了15年，尽管缺乏从文献到文献的可比性（即从国家到国家），但在比较文化政策方面提供了可方便使用的信息。尤其值得关注的是，文化政策发展局承担着强化一系列建议的责任，以出版《世界委员会关于文化与发展的报告》。在其他项目中，近来被积极考虑的是角色变化，即在文化政策研究和信息基础框架中所能扮演的角色。

（二）描述

创立文化政策发展局的目的是支持"文化与发展世界委员会"的工作。项目观念现在已得到发展，旨在重建它的文化政策主张并确保其制度继续得以生存。如同此处所书写的，涌现出三个项目：

（1）创立文化政策观察站国际网；

（2）采用欧洲议会的"国内文化政策评估计划"而且将其应用到联合国教科文组织的会员国；

（3）开发文化政策国际概要。（通过"文化链接"，下面给予进一步讨论）

该局也在探索某种可能性，那就是重新恢复联合国教科文组织发展跨国文化统计的早期尝试。

文化政策发展局声称它正开展三个方面的系统活动：

（1）研究与分析，包括建立文化指标；

（2）信息交流中心及其知识建构工作以实行知识共享；

（3）能力建设以致力于使知识适应当地需求及其环境。

在这种主动性的工具意义里，其重要性在于文化被作为横向创意而非行业创意来加以讨论，它反映出一种趋势，那就是将文化理解为一系列其他社会经济领域的手段。（这种理解也部分折射出文化单位的一些帝国主义意愿，即坚持其扩张性重要地位）

1998 年在斯德哥尔摩，"文化政策发展多边政府会议"采取了一项"行动计划"，包括举荐联合国教科文组织干事长的"鼓励建立文化政策发展研究与信息系统，内含文化政策观察站的机构研究"。关键在于，文化政策会实现与发展政策的整合，而且在可持续发展中意义重大。在某种意义上说它代表了对传统研究机构的根性回归，即"法国文化与传播部预期研究司"，其工作在早年间就是从事推动文化发展的活动，但其中心在于文化多元主义与公民文化权利。

现在，"联合国教科文组织文化政策发展局"已经放弃了设立唯一全面覆盖的观测站的想法，部分原因在于，由于认识到一系列思路变化的观察站已经存在，所以也就有一种强烈的意向，别使这些涌现出来的中介机构的能量枯竭。代之而起的，是联合国教科文组织的观念，转向了设立一种"文化政策观察站国际网络"①。

第一次会议于 2000 年 9 月 19 日至 20 日在德国汉诺威举行，该次会议聚集了来自许多现存观测站的代表，以探讨什么类型的网络才是必需的、可期的和可行的。

联合国教科文组织所意欲筹谋的，极为宽泛（至于全球）。需要有分享工作，以便发展工具和指标。用于分析和监测的，不仅在于复杂文化过程的演进，而且在于设计为对关联性的文化政策进行处置。对社会经济和技术活动范围这一当下全球化进程语境中的变化，需要给予比较数据采集和比较分析。所分享的经验，也将能够有助于在较少优先性的地区和国家，促进监测站以及相似工具的创立与加强。

要想在这类机构内部以及彼此之间的信息合作与交换，建立遍及全球的"文化信息基础框架"具有必然性。（重点在开始阶段）② 可以相信，联合国教科文组织似乎认识到了这种组织网络系统的某些陷阱，于是，专门用来进行信息分享的机构也就不得不建立，由此配置其自身"知识资本"——其自身特色，但这些观测站正运行于"知识服务的商业活动"，它不仅要求雇主予以佣金化运转，而且日渐基于竞争，尤其使精于获利的企业出现并走向混杂。正如所报道的，联合国教科文组织的一项非洲文化政策观测站的计划已开始进行③，但网络系统的实施却因可行性和必要性的进一步研究而被延滞。

就这样的网络创意而言，将没有必要对文化政策执行局进行限制。其所正在讨论的，不过是选择欧洲议会的国内文化政策评估模式，以对联合国教科文组织的成员国提供类似的服务，但却在欧洲议会的体制外进行。到目前

---

① 这种创意发展至创立一个网站的想法：http://www.unesco.org/culture/development/observatories/index.shtml。

② 《走向智力与文化政策的国际观测站网络，以及类似机构：国际研讨会描述》，联合国教科文组织文化政策发展局，2000 年 7 月 7 日。

③ http://www.unesco.org/culture/development/observatories/html-eng/news2.shtml。

为止在这方面尚未开展任何行动。

联合国教科文组织正在反复考虑着手文化统计问题。20世纪80年代，在这种思路下的一项联合国教科文组织的重要创意构想失败了，其原因在于国内定义和行政结构的非确定性，很难提供联合国教科文组织认为必需的信息深度与信息细节。

最后，人们必须注意到，跨国组织正在采取措施，促使研究与信息应用于国内需求和国内实际情况。与此同时，随着文化部和艺术委员会对其决策进行分析，即便不是整体性的文化政策移交，但文化决策也已走向地方层面和区域层面。由此，也就存在矛盾的研究能力诉求：一方面，能力建设诉求于地方层面（实际上，这是一种推动，由此而使许多现存的文化观测站得以创立）；另一方面，能力建设立足于跨国层面（欧洲议会、欧盟、联合国教科文组织），这些跨国机构的功能极容易沦为修辞学意义上的"监测"活动或者关于这些活动的"报告"，然而该领域所存在的现实威胁，也是不可忽视的地方，却是监测可能会成为一种形式上的控制或者其他被推荐的模式外表，甚至会作为被批准的政策予以颁布。

文化政策发展局极为正确地认识到的一点是，该领域的关键问题在于"就多数国家而言，缺乏研究人员与政策制定者之间的联系，这种缺乏是何以政策制定的知识基础如此不相适应的重要原因之一"。

五、文化链接、文化发展研究合作网络的网络（克罗地亚萨格勒布）

（一）意义

"文化链接"代表着一种趋势，那就是创建网络中的网络，努力将某种理性带到该领域中。其重要功能在于促进其会员网络之间的交流，并促得这些网络中的作品在更广泛的研究者共同体及实际工作中引起关注。

（二）描述

"文化链接"由联合国教科文组织与欧洲议会联合建立，其目的在于促进文化发展与国际合作，其官方名称是"致力于文化发展研究与合作的网络中的网络"（the Network of Networks for Research and Cooperation in Cultural Development）。"文化链接"视其任务为三个方面：通过其杂志《文化链接》进行信息交换；数据库的建立与发展；文化发展与合作领域中的跨国研究。

尽管"文化链接"已经组织过一些会议，而且开始了某些文献工作，但其最重要的信息输出还是杂志。这本杂志基本上是一本对该领域组织运作描述的手册，同时也宣传各种出版物、研讨班和学术会议。就其大部分而言，呈送给杂志的资料仅仅只是被再打包和再派送。杂志或许能给中欧和东欧提供某些有价值的服务，因为它所收集和传播的信息，中东欧没有其他更容易获取的途径。在有限的范围内，它还能为那些难以接近其他专业发表阵地的研究人员，提供一条写作的出路。偶尔，该杂志发表那些在研讨班或者该领域学术会议上提交的论文。

"文化链接"也受到联合国教科文组织的资助以编辑《文化政策国际综述》，这对其网站来说很方便。[1] 这一综述，较之"比较文化政策与艺术欧洲研究协会"为欧洲议会所准备的综述，其所包含的国家更多，同时在某种程度上较"比较文化政策与艺术欧洲研究协会"为欧洲议会所采集的数据库信息更有效。这一例证说明了尝试的复制，并伴之该领域中非协调性组织增生。

---

[1] http://mirror-us.unesco.org/culturelink/culpol/index.html.

六、加拿大文化研究网络（加拿大安大略省滑铁卢大学）

（一）意义

"加拿大文化研究网络"（the Canadian Cultural Research Network，简称CCRN），是一个独立研究工作者绑缚于一个网络的实例，该组织希望在加拿大集合性地激励日益增长的文化政策研究。这一观念，有其传统之根，那就是学术化的社会科学社会（"学习型社会"）。在这一意义上，它更加近似于加拿大国内协会的衍生物，例如衍生自"文化经济学国际竞赛者协会"。

（二）背景

20世纪90年代中期，那些来自学术共同体、私营部门和联邦政府中对促进文化研究有浓厚兴趣的个体，组成了一个操舵性的委员会，并提出发展"加拿大文化研究网络"的建议。1996年春，该委员会从事的一项文化研究民意调查贯穿全国，以决定这样一个网络的兴趣所在并确证其具体需求。民意调查揭示了对该网络的重大兴趣以及致力于网络建构的广泛意愿。

在"加拿大文化研究网络"看来：加拿大的文化单位正面临着运行环境的根本性变化。政府资助减少，人口经济学数据变化，新媒体与信息技术部门带来重大挑战。由于较少的资源，政府正在寻求新的角色以及新的合作对策。面对这些部门，其应对挑战的应用研究与学术知识的需求，无论是短期还是长期，从来没有如此之大。大体而言之，加拿大内信息与研究的共享，以及国内文化研究共同体发展与政策发展之间强有力的链接已经至关重要。国内联网工作体系的建立，也将有助于加拿大与其他国家或地区网络的合作。[①]

追溯起来，网络的聚焦处在于信息共享。"加拿大文化研究网"钟情于鼓励研究，但没有自身的预算。它往往依靠其成员来开展研究，似乎更加关注为文化政策研究者提供机会，以促使其工作获得现有研究计划的支持。例如，

---

① http://www.arts.uwaterloo.ca/ccm/ccrn/ccrn-IAI-3.html.

"加拿大文化研究网"号召其成员，关注由"社会科学与人文研究委员会"发布的研究课题，并认为该委员会也许有兴趣使其建议适用于对策研究课题：

（1）基于知识经济的挑战与机遇；

（2）探索全球化时代的社会凝聚力；

（3）社会文化以及加拿大人的健康。

作为 1999 年 1 月在多伦多召开的"加拿大文化研究网"理事会第一次会议的组成部分，一整天的高峰论坛，即"文化政策与文化实践：探索文化与社会变化之间的联系"，确立了四个主题，并认为这些主题与"社会科学与人文研究委员会"的对策主题相联系，且具有文化研究议题的优先性，这些议题在"加拿大文化研究网"创立对话机制时提出：

（1）重新限定多元主义社会中文化的公共利益；

（2）文化主权与全球化；

（3）社会文化以及互动的经济影响；

（4）学术与遗产对健康社会的贡献。

一个开发文化政策同类词语汇编的项目显然已经着手进行，而且召开了两次会议，其中一次与"欧洲文化信息与研究联络中心"联合召开。

（三）评价

今天，"加拿大文化研究网络"如同文化政策研究与信息领域中运行的大多数其他网络系统一样，似乎并不具有较强的存在的理由。无论是超越于献身文化政策探讨的一般意愿，还是灵活的研究合同的具体意愿，都存在着一些对其活动的刺激。部分地，加拿大文化研究网络要对其负责任的是，文化政策研究的授权被研究者理解为最大的溢用权力。到目前为止，如同这种组织一般的网络增加究竟有多少，并不清楚，这有助于使得文化政策研究领域更有预见性，同时成为更有吸引力的地方，亦即投入其学术生涯之所在。

在某些人看来，要想吸引关键研究人员进入这一网络系统其实很困难，因为他们更加依恋他们自己的专业协会（例如文化经济学国际竞赛者协会）。

后　记

《论社区文化治理与公共政策》一书即将在文化艺术出版社出版，但由于这些文稿只能以项目成果的形式来呈现，而非此议所涉的完整逻辑展开方式，因而也就有诸多问题仍然处于学理隐存状态，这对学术研究而言，具有职责未尽或者解困未能得以尽及的嫌疑。譬如与公平性原则和满意度原则同等重要的效率化原则，就因文稿只写了一半而来不及收入现行文本。又譬如"社会合力"形成所必需的三大前置支撑条件，也就是"边际容量算法"及其衍生的"边际饱和线"与"边际需求义项权重清单"，"功能嵌位机制"及其衍生的"恰配性关系"与"能量型制供需非匹配"，"力学属性归位定准"及其衍生的"凝聚态后果"与"耗散态后果"，就都来不及付诸文字。诸如此类，都想在后记里有所交代，亦如还有些具体事项也同样应该交代清楚。但后记的篇幅极其有限，所以也就在这些遗漏之外，择要先行交代一个社区治理的未来趋势问题，而且是一个极为重要的本体性问题，那就是"居缘作为未来社区生存的内在维系"这一极具深度的本体论知识命题，而且是所议未来趋势研究的知识猜想方式演绎成果。

通常我们讨论社区文化治理，无论学理分析还是实践靶向定位，基本立足于当下在场经验，或者以某些先行社区文化治理国家的成败得失作为中国问题延伸的价值参照，由此形成分层、多维或者异类研究的知识成果。毫无疑问，所有这些成果在被证伪抑或文字游戏定位的求真状态下，对社区文化治理的理论建构与实践决策都具有不可或缺的意义和价值。但问题在于，如果我们给予更加复杂的追问，就不难发现一个极具挑战性的事实，那就是，此前有直接经验或者间接经验的社区，在可预见或不可预见的未来，还会以现存方式确立其存在形态、功能指向与栖居方式吗？或者换句话说，除了线上虚拟社区作为随机生存共同体的实存形式，几乎所有方面对我们来说都是未知，即使线下实在社区作为暂且具有一定程度超稳性的邻里关系日常生活共同体，在未来社会转型而且尤其是个体生存间性加速度增量的情势下，世界之为世界或者在世之能在世，于整个社会当然也于无数具体社区，就一定还处在此时的经验阈限之内吗？显然不是。随机性将成为社会存在活性，一切超稳生存状态将因这样的活性而随机有效嵌位，甚至能借助人工智能由此嵌位出生存效率几何增量的人类算法社会与人群算法社区，其直接后果不是人的失率紊乱而是秩序化自由。但这带来的新问题就是，获得随机秩序化自由并且社会和社区都呈现日常生活流动化的人们，将如何在动态与静态高度统一中寻求人性化的人世间，并且能在这样的人世间享有诸如人格尊严抑或幸福快乐的主体体验最大化与客体支撑最优化。仅就社区自身而言，我们现在的研究结论，乃是居缘文化成为社区生存内在维系的命题建构，而这一命题不仅具有本体论知识属性，而且可能是生存论界面未来解困的预期知识方案。

一

作为知识命题，居缘文化乃是未来社区生存内维系的所指要义在于，无论虚拟社区空间还是实在社区空间，由于居民身份从此再也不以社区认同作为其存身必然条件，随机进入特定社区空间的居民居住时间长短不一，因而非稳条件确立起的暂稳边际共同体中，每一个个体都想在这个共同体的自我时空嵌位过程中，尽可能珍惜和尊重其所选择的居住本身，并因这种珍惜和尊重而与其他居住者建立人性最大化的生存协同关系或者相依为命的积极互动日常氛围。居住成为社区进入者之间彼此珍重的缘分，居缘文化成为所有社区日常文化活动和日常栖居过程的内在维系，居住和居住文化体现至何种缘聚程度，则社区生存质量与社区文化能量就同步体现至何种发展程度。

如果对这一命题给予更加清晰的语义梳理，则可以义项分述为：（1）"居缘"是居民个体存身机会选择的自我肯定；（2）"居缘"是居民之间日常生活追求的彼此互约；（3）"居缘"是居民群体社区共同体命运与共的一致目标。

当职业、户籍、房契等生存要素丧失其超稳存在属性之后，个体社会生存选择的任意义项与具体选项，都无不具有个体主体性乃至主体自由性的合法化权利，而在特定时域选择何种社区作为栖身之所，当然就是诸多权项中的重要一项，且必然处在日常生存权利清单中的凸显位置。但这还不够，更为充分的表述在于，每一次选择权利实施同时也就意味着一个选择机会的把握，因为权利和机会此时对任何个体而言，其可选择性均为个体与社会互为选择的博弈后果，既非社会福利无条件恩赐，更非个体非理性随心所欲，从而也就意味着选择对个体生存而言，于边际条件下具有行为正确的决定性地位。无论达尔文基于自然适者生存的物种起源观[①]，还是斐迪南·滕尼斯基于共同体抉择意志驱动功能的社会构成论[②]；无论社会学知识域安德鲁·芬伯格讨论"可选择的现代性"时所谓"一种思考可选择现代性的模式。日本是一个好的案例，因为它把一种完全外来的文化与一种非常熟悉的技术和体制框架结合了起来"[③]，还是经济学知识域布莱恩·罗斯比讨论"经济学选择过程"时所谓"与其求助于语焉不详"的自然选择论（有意识的理性在这里被排除

---

① 恩格斯在肯定达尔文进化论的同时，也指出他与马尔萨斯主义混淆的不足，并指出这种不足在于：（1）由于过度繁殖的压力而发生的选择，在这里也许是最强者首先生存下来，但是最弱者在某些方面也能这样。（2）由于对变化了的环境有较大适应能力而发生的选择，在这里生存下来的是要能适应这些环境者。（[德]恩格斯：《自然辩证法》，载《马克思恩格斯选集》第3卷，人民出版社2012年版，第986页）

② 参见："努力追求支配着抉择意志，即使它的承担者可能已经想好了他的所有愿望和目标，并且感觉到这是通过他自由的选择而达成的。"（[德]斐迪南·滕尼斯：《共同体与社会》，张巍卓译，商务印书馆2019年版，第287页）

③ [加]安德鲁·芬伯格：《可选择的现代性》，陆俊等译，中国社会科学出版社2003年版，第263页。

了），试图对假定了超级人类理性和明显地具有上帝般无所不知的模型的使用加以证明——我们为什么不去发展一种将理智的选择（reasoned choices）纳入其中的经济演化理论呢？[①]……诸如此类，都无不是把"选择"放在杠杆性的功能位置，而这也就意味着在居民对社区的选择过程中同样存在这样的杠杆性，因为就其行为本质而言，这一过程与其他过程具有本存一致性，只不过此存方式与际遇有所区别而已。

事实上，对居住的选择从人类社会发端就已同步发生，所不同的是，越是社会生存面延展或者生存代际变化，这种选择的主体间性、社会普遍性和行为目的性就越加凸显。或者换句话说，未来对社区的选择中，不仅每一事态介入个体都具有"孟母择邻"的生存指向，而且一旦"择邻"成为事实，彼此或者群体之间都将比现在具有质性飞跃意义地尊重自身及其他者的选择，由此在社区边际内共同的"机会"会转换为"机缘"，在偶然性行为过程中寻求必然性行为结果，而这与今天基于静态邻里关系结构诉求社区身份认同或简单的日常生活互约[②]相比，显然有其本体性的价值变化。其价值变化在于，选择者并非一味追求稳定性栖居的静态和谐，而是极致化地追求随机过程中选择取向一致的人生亲证价值最大化，介入时间或长或短的涉身者高度自觉地将此在体验的人生亲证视作必须珍重的缘分，俨然佛教价值坚守的所谓"有何因缘而造此论？……令善根成熟众生，于摩诃衍法堪任不退信故"[③]，并且是超越这种生存之困无奈自救之后的生存价值自觉掌控，关键还在于这种自觉掌控真实地发生于世俗社会。于是居缘作为社区在场的世俗价值，使

---

① ［英］布莱恩·罗斯比：《经济学的选择过程》，载［瑞士］库尔特·多普菲编《演化经济学：纲领与范围》，贾根良等译，高等教育出版社2004年版，第240页。

② 例如将关注点聚焦于诸如："对社会增量选择后果进行分析，借以关注到支配性的生活方式，尤其通过消费选择方式来获取此一选择与身份之间的联系，因为如何消费足以表明我们是谁抑或我们想要怎样。"[Ken Reed and Guy Cucumel, "An Analysis of Time Use to Reveal National Differences in Lifestyle Patterns", in Paul Blyton, Betsy Blunsdon, Ken Reed and Ali Dastmalchian (eds.), *Ways of Living: Work, Community and Lifestyle Choice*, New York: Palgrave Macmillan, 2010, p.17]

③ （梁）真谛译，高振农校释：《大乘起信论校释》，中华书局1992年版，第6页。

每个随机居住个体将其作为自我存身机会选择的肯定方式，甚至这种肯定会像标尺一样存在于个体与他者日常关联的自审过程之中。尽管此类乌托邦式社区生存状况较之今日"陌生化""距离感"和"活动参与危机"等尴尬局面相去甚远，却是未来社区生存格局的大概率转型事态。一旦这一转型事态于未来逐步成为现实，居民个体与社区的选择关系及其价值生成，将成为存身义项个体自我评价乃至心理慰藉的核心所在。

传统的超稳邻里关系及其日常诉求诸如"近邻熟知"与"守望相助"，以及此类诉求在"现代生活节奏"，抑或"解构性后现代冷漠"强烈冲击下所出现的衰微，也就是社区文化治理专家们极为担忧的所谓"导致邻里关系递减弱化的十个方面假设"[①]，至此都可以在对随机选择的居缘价值托重中止衰而且创建新的活力模式。其肯定判断的依据在于，当随机选择成为个体机会从而具有生存维系价值之际，社区内任意拼组的邻里关系乃至关系间性的日常事态，由此就会以渐变状态实现"固化互限"向"活化互约"的在场结构与行为取向生存论转换。"固化互限"中，虽然彼此都在对方的长期他者性作用下不断强化其良性自律以维护关系稳定性，但一方面会因时间绵延压力带来难以承受的厌倦乃至畏惧，另一方面会因空间窄滞压力带来难以预期的逆反甚至逃避，而由此导致的合力后果，则要么是不带贬义地善意监视居住，要么是不可苛责地从一开始就放弃这样的居住关系在场生成。从某种意义上说，当下社区居民之间那些相见如同陌路的楼道邻里，极大程度上就是这两大原因的直接尴尬后果。就现有条件而言，规避或弱化这样的尴尬，对社区文化治理专家或者现场运作者而言，通常的价值主张与实证作业，基本上聚焦于扩大社区公共文化活动机会平台，以尽可能提高居民"参与率"，从而能在紧密邻里和松散邻里之间逐步建立互信并且互动的稳定关系或者可持续日常生活场域。所以，就有"预案处置"的所谓"获取完整规划的核心功能框架，使其充满想象力、

---

① Merle Zwiers, Gideon Bolt, Maarten van Ham and Ronald van Kempen, "The Global Financial Crisis and Neighborhood Decline", in Ronald van Kempen, Gideon Bolt and Maarten van Ham (eds.), *Neighborhood Decline*, London: Routledge, 2018, p.14.

预期后果、测值和目标，以随后将这样的框架呈现为富有活力的各种活动，从而让所在社区追随响应"[1]，抑或"现场处置"的诸如"他们极为广泛活动的具体目的，通常为了集中致力于观众扩容，瞄准具体的人群，如青年人，以及社区邻里的其他居民"[2]，尽管涉事各方均做出了种种力所能及的努力，但实际效果对"努力者"或"被努力者"而言较大程度上都是事与愿违。

从 21 世纪初"网络社区"现实地虚拟生成以来，人们逐渐窥视到某些去陌生化之后生存主体缝合间性的生存依偎端倪，而且在"建构性后现代"对"解构性后现代"从当下延伸至未来的替代预期中，这种端倪越来越具有放大、凸显和深化的存在趋势。按照这一演化逻辑，甚至在可预见的未来，无论实体社区、虚拟社区，还是线上线下虚实融存社区，居民之间都会因此形成生存依偎的强烈互约动机，而且这种动机是在较少外在干预下的内驱动力行为意向。正因为如此，诉求生存依偎的此在心理动力，除了可以从向量心理学意义上描述"生活空间内'可能'事件"[3]之外，还可以从身体社会学角度通过诸如"眼神的仪式化"[4]来获得祈求程度的测值成果。而在社区文化治理现场，无论是向量心理学涉及的"心理动力功能"，还是身体社会学涉及的"心理动力症候"，或者其他诸多未曾知识求证的关联命题与有效言说，说到底不过是居民之间具有"互约生成"的心理同构与行为一致。进一步追问则在于，竞争时代日趋激烈的外部社会环境，以其普遍的自卫性冷漠与他者化陌生，导致居民个体自我肯定其存身选择机会的同时，也不得不把这种选择能量转换为对微观社区空间及其邻里关系的日常生活虔敬托付与精神生活祈愿向往，于是互约就不断地从被动走向主动，从消极走向积极，从少数走向

---

[1] Tom Borrup, *The Creative Community Builder's Handbook*: *How to Transform Communities Using Local Asets Art and Culture*, Saint Paul: Fieldstone Alliance, 2006, p.204.

[2] David Karraker and Diane Grams, "Partnering with Parpose", in Diane Grams and Betty Farrell (eds.), *Entering Cultural Communities*: *Diversity and Change in the Nonprofit Arts*, Rutgers University Press, 2008, p.92.

[3] ［德］库尔特·勒温：《拓扑心理学原理》，竺培梁译，浙江教育出版社 1997 年版，第 203 页。

[4] ［法］大卫·勒布雷东：《日常激情》，白睿等译，上海文艺出版社 2014 年版，第 177 页。

多数，从偶然走向必然。彼此互约居缘将成为未来所有社区存在体普遍化的日常生活呈现形态。

当无数的"彼此"互约汇聚为边界内日常生活主流时，"群体"一致就成为社区生存活性与生活质量可持续支撑的杠杆要素，进而"居缘"就整体性且本体性地被抬升为具有庇护功能的社区共同体核心价值或者说根本维系。这种抬升较之当下状态的诸如"促进在地和区域发展以增加居民们的幸福，乃是社区幸福之议兴趣持续走强的原因"[①]，或者较之已然可喜成果的所谓"社会化和地方性参与的艺术家们由此成为参与率的坚定保障者，并且在为居民提供彼此学习机会的同时，也努力组织起来致力于让政府改善其政策"[②]，至少就行为属性而言，可以肯定完全不在同一评价体系。其超越性深刻地体现在，一切功能性治理方式或者操作性工具作业程序，都是以外部干预的力学向量寻求干预者的动机能够实现效果最大化，而这也就意味着任何效果都不过是"他者"性的预设，其或许能与居民自我预期相吻合，但更多情况下一定是强制性抑或附和性的一厢情愿，最终极有可能演绎为事态后果的游戏化乃至一场闹剧。但居缘无论作为社会的普在价值本体，还是作为社区现场的一种文化形态，对社区所有居民而言，无疑是强化凝聚力并助推驱动力的维系所在。其维系功能不仅可以吸纳外在良性干预能量并将其转化为社区建构力，而且能够在去干预化条件下有效生成庇护居民日常生活的文化张力。这些积极后果的动力源在于，"居缘"在经历个体"选择"的机会肯定并抵达居民彼此间的内驱"互约"之后，就在"群体"一致状态下凝结为能量漫溢不竭并且集体无意识自在自为的社区目标，兼具文化维系功能、文化导向功能和文化促发功能的本体价值实在。正是由于这一价值实在，社区文化激活的一切可能

[①] Frantisek Murgas and Michal klobucnik, "Community Well-Being or Quality of Place? A Few Notes and Their Application in Czech Republic", in Rhonda Phillips (ed.), *Community Quality-of-Life and Well-Being*, New York: Springer, 2017, p.38.

[②] Jan Cohen-Cruz, "Arts and Culture in Neighborhood Ecosystems", in Max O. Stephenson, Jr. and A. Scott Tate (eds.), *Arts and Community Change: Exploring Cultural Development Policies, Practices, and Dilemmas*, New York: Routledge, 2015, p.55.

性始终都将具有开放性。

居民个体随机进入社区，这种开放性就会在群体一致诉求而非群体认同诉求中赋予其机会，而个体选择的要点此时就在于对"赋予"的正能量回报及其对"机会"的肯定性嵌位，否则就会在准入之后不得不自行返身退出通道。居缘由此也就作为特定社会的一致价值目标，以向量驱动力和能量凝聚力，确保社区随机能动性、动态均衡性、日常凝聚性，以及参与可及性等存身要素充分匹配，并且唯有这些匹配对居缘价值的社区坚守，才使社区作为能够生存托付的边界命运共同体具有可能。无论先行社区治理国家还是后发社区治理国家，传统治理方式要么体现为空间社会功能如何优化，要么体现为属地行政资源如何配置，再要么体现为末梢服务方式如何有效，总之未能根本确立社区作为边界命运共同体的特殊地位，而且尤其未能将命运共同体的存在支撑系之于内在文化维系，因而也就遑论这种文化维系的核心价值，即居缘作为共同体成员的群体一致目标。在新型社区构成形态背景下，尤其在可预期与不可预期并存的未来社区存在模式与进入方式变量肯定大于常量的转型状态下，边界命运共同体意识不仅是居民个体选择的前置条件，而且是居民之间互约依偎的必然结果，由此才有居民群体相依为命抑或活力聚集的社区家园。虽然社区家园会有实体居住功能、虚拟居住功能或者线上线下融合居住功能存在性分异，但面对流动的人、流动的社会以及流动的日常生活方式，任何一种社区家园存在形态都能为居住选择者提供赖以存身的机会，前提是每个选择者都必须在社区家园承诺邻里关系彼此之间的居缘信念与居缘价值坚守，因为居缘此刻就是社区家园及其生机活力的灵魂，既是群体生存的灵魂也是个体安身的灵魂，否则就只有因无缘而失去居所的放逐与漂泊。

二

在如上所涉的义项分述之外，这一议题的复杂性在于，从逻辑理性和历史理性不同角度审视其存在合法性，居缘一方面只有在未来社区形态才具有支配性地位，另一方面则又与社区存在史乃至人类居住史几乎都具有源流共同的隐存关系。

就第二方面而论，斐迪南·滕尼斯关于共同体类型描述的一般性言说，同血缘共同体关联着的是人们的共同关系以及共同地参与事务，总的来说，就是对人类本质自身的拥有。同样地，地缘共同体建立在对土地和耕地的占有的基础上，精神共同体的本质则关联着神圣的场所或受到崇拜的神祇[1]，其立论动机在于揭蔽社会生存形态而非人类居住历史。但随后详加讨论的无论血缘亲属关系、地缘邻里关系还是精神友谊关系，全都在生存论叙事之中蕴含着存身居住方式，从而在整个进程的居住细节之中也就程度不同地蕴含着被动抑或主动的居缘价值意识。当恩格斯明确指出"氏族制度的前提，是一个氏族或部落的成员共同生活在纯粹由他们居住的同一地区中。这种情况早已不存在了。氏族和部落到处都杂居在一起，到处都有奴隶、被保护民和外地人在公民中间居住着。直到野蛮时代中期才达到的定居状态，由于居住受商业活动、职业变换和土地所有权转让的影响而变动不定，所以时常遭到破坏"[2]，实际上这种细节就已经被放大到命题条件的知识位置，同时也意味着地缘居住对血缘居住的权重比变化，在共同体演化进程中有其明显的标志物意义。尽管此议并未涉及滕尼斯编序方案中的精神友谊关系，或许因为生存权重在历史唯物主义视阈，其权重远未达到与前面二者相提并论的历史存在价值。

事实上，社会学或者政治学知识域中"血缘"或者"地缘"所指范围与意义定位从来就与我们此议所谓"居缘"不在同一叙议维度，至多只是在居住史或者居住方式的具议语境，三者之间才会出现不定复杂之处的并列关系、递进关系、兼容关系乃至迭代关系。问题是，一旦所议至于这样的具议语境，就可以引中出分别以血缘关系、地缘关系和居缘关系为核心纽带的三种居住

---

[1] 参见［德］斐迪南·滕尼斯《共同体与社会》，张巍卓译，商务印书馆2019年版，第87页。
[2] ［德］恩格斯：《家庭、私有制和国家的起源》，载《马克思恩格斯选集》第4卷，人民出版社2012年版，第184页。

方式，而这种引申显然就已遁逸于社会形态学说宏大叙事现场，继而也就在宏观语指遁逸中衍生出具议现场的微观语用。恰恰就在这一微观语用维度，居住方式的历史线性，不仅体现为存在的源流同步和居缘隐存的延展渐进态势，而且还将未来性地呈现为生存论意义上，以居缘关系为核心纽带的居住方式会在某个时域实现对前者的超越和替代，但这并不意味前面二者在被超越和替代之后会出现隐存消失。也就是说，此前以血缘关系为纽带的居住方式及其社会症候的诸如"几个部落各自独占一块领土而其领土互相邻接，于是它们便以同宗民族为基础"[①]，抑或以地缘关系为纽带的居住方式及其文化表征的所谓"地点、位置和方向这些元素在村居印第安人的世界观中占有极其重要的位置"[②]，总之趋重族强而居的"血缘"居住方式和以趋重地旺而居的"地缘"居住方式，至此都将在被趋重人和而居的"居缘"居住方式的超越替代进程中退隐至非支配性隐存地位。

而就第一个方面而论，作为逆向讨论的人类居住史革命性转折，实际上是此前进程既始料不及又不可抗拒的演化后果。这一后果将来无论发生在实体社区、网络社区抑或线上线下融合社区，我们都无法站在今天的位置精准预测其完整生存状态或预期可能性。因为今天的社区虽然已经不受血缘居住方式和地缘居住方式的存在性支配，但依然还只是现代城市行政治理与居住资源商业化配置的过渡性生存格局，其格局维系不过是身份、财富和权力之间的博弈产物，而且在博弈完成之后依然呈现为趋稳乃至超稳的"定居"状态，并且与传统意义上的血缘性定居或地缘性定居，不过时长之别和变动系数增大而已，当然还包括异质存在性的社区之居几乎无缘可言。正因为如此，无论先行社区治理国家还是后发社区治理国家，也不管社区形态在工业时代晚期的曾经衰落还是信息时代初期的重新崛起，到目前为止，不以为"缘"的社区治理在不同体制形态下都还停留在社会静力学观察系的治理阶段，其

---

① [美]路易斯·亨利·摩尔根：《古代社会》（上册），杨东莼等译，商务印书馆1977年版，第121页。
② [美]段义孚：《恋地情结》，志丞等译，商务印书馆2018年版，第119页。

中日渐扩容的居住变量依然纳入居住常量的功能测值框架之中，治理者对社区激活的想象力至多不过是"涂脂抹粉"的外在功能介入。寄希望于"公共空间为人民相遇和繁杂的邻里彼此认识提供机会"①，甚至寄希望于在地习俗文化支撑的"各种仪式文化活动都带来现场体验激活，而活动本身尤其具有生活通道功能"②，虽然在目前社区治理模式下，仍不失为以文化凝聚与黏合消弭边际内生存缝隙的有效途径，但我们必须清醒地看到，其功能有效性正在呈现衰减之势，且衰减的内在理由恰恰在于社区居住三种形态都在发生本体性变迁，变迁路线的价值指向清晰化地朝着居缘为纽带的居住方式。

于是我们在如上两个方面的讨论之后，有必要离开事态现态，到形而上学界面先行明了"居缘"之"缘"在此究竟是一种什么样的必然存在，而这种明了较之此前编序三个义项并给予生存论敞开是另外一回事，或者说唯有本体揭蔽才使那些生存敞开获得可以理解的原始理由。如果说佛家讲因缘不过是对先天宿命或者后天印证的超验存在关系条件性给定与非条件性转换后果的话，那么极端个案如"慧能闻说，宿业有缘，便即辞亲，往黄梅冯墓山，礼拜五祖弘忍和尚"③，也依然表现为因缘关系生成情境中个体的被动性，因而也就表现为"十二因缘"所谓"无明、行、识、名色、六入、触、受、爱、取、有、生、老死"对一切个体而言，皆不过依顺后受及不定受业，并如《俱舍论》议及"分别世间"之际偈颂的"此一业引故，如当本有形。本有谓死前，居生刹那后"④，均牵挂于可以多维但必有一维的因缘维系中由胎生而至老死，其积极意义不过在于强调因果决定论与因果关系复杂构成论。这当然是上古人类生存智慧的一种因缘观解困方案，而在时间线性轨迹上，现代因

---

① Tom Borrup, *The Creative Community Builder's Handbook*: *How to Transform Communities Using Local Assets, Art and Culture*, Saint Paul: Fieldstone Alliance, 2006, p.75.
② Roger D. Abrahams, *Everyday Life: A Poetics of Vernacular Practices*, Philadelphia: Pennsylvania Press, 2005, p.154.
③ （唐）慧能著，潘桂明译注：《坛经全译》，巴蜀书社2000年版，第142页。
④ ［印］世亲菩萨造论，（唐）圆晖法师著疏，智敏上师集注：《俱舍论颂疏集注》（上），上海古籍出版社2020年版，第347页。

缘观解困方案的典型代表则可以举证现象学的此议知识讨论,且尤其可以引述海德格尔的"结缘在存在者状态上意味着:在某种实际繁忙活动中让一个上到手头的东西像它现在所是的那个样子存在,让它因此能像那个样子存在……从存在论上加以领会的结缘就是:先行把存在者向其周围世界之内的上手状态开放。因缘的'何所因'是从结缘'何所缘'方面开放出来的"[①]。后者知识命题异质性在于,它在从此前佛教精神旨趣的神学知识域向形而上学思想追问的世俗知识域转换过程中,实现了"先在本体因果"向"此在生存因果"的所议转向,而这种转向的积极价值恰恰在于,使涉身者能从信仰的被动宿命状态获得主体解放,并且在获得解放后能够在追求自身意义建构的同时也追求世界意义的建构,从而确立日常生存界面自我之为自我以及世界之为世界,而落实到社区现场,则或许可以表述为社区日常之为社区日常,所以这种转换和递进的价值自不待言。

问题在于,即使海德格尔"此在生存因果"命题引入社区生存之议,也依然不过是与主体能动性无涉的客体生成过程抑或对象性生存真相,具身至社区日常生活现场丝毫不意味着主体能量充分释放和社区潜能有效激活,所以也就如佛学因缘持论一样,依然难以实现社区和居民在互动选择中互驱新型社区生活方式与社区动力机制的生机迸发态日常栖居格局,而这恰恰就为居缘价值命题及其所裹挟的社区生活方式由渐进出场而至支配性地位提供了必然前置条件。虽然居缘价值命题作为一种社区文化治理具体命题,其因缘诉求与一般意义上的佛家因缘观和智者因缘观并非完全异质抑或无条件排斥,但其时势之下的超越性如同对"血缘"和"地缘"两种支配性居住方式的未来指向超越,乃是人类生存时空变幻在社区生存方式演进过程中的必然产物。超越处在于,一种新的世俗生存界面文化价值导向下,居民不是听从居住的命运摆布而是自觉追求邻里间的恰配性,居缘由此成为存身者的文化向量最大诉求与文化信念的现实张力,而在这种不乏神学因缘意蕴与哲学因缘意蕴

[①] [德]马丁·海德格尔:《存在与时间》,陈嘉映等译,生活·读书·新知三联书店1987年版,第104页。

隐存其中的居缘价值状态下，其所体现的存在价值就远不止于"个体与他者或者他们的生存环境融汇相去"[①]，而更在于个体在主体性价值充分发挥与居住自由意志活力呈现中，使得社区能在变量系数持续增大及动态重组随机变化的不确定性背景建构起"持稳"而非"超稳"的文化维系命运共同体，一种个体都能"把幸福缰绳握在自己手里"而后在间性文化基础上求取居缘文化价值的缩微世界，并且覆盖着实体社区世界缩微、虚拟社区世界缩微和线上线下融合社区世界缩微。

三

在清晰理解居缘文化愈来愈成为由现在走向未来的支配性居住方式的必然趋势与可能状态之后，紧接而来的问题就是，究竟哪些社会因素变化使得这样的必然性与可能性势不可挡？就我们当前所能意识到的现实性与未来性存在史深度而言，或许以如下四个方面为最：（1）"间性文化"需要社区"凝聚"而非"集合"；（2）流动社会倒逼人际"亲近化"而非"陌生化"；（3）数据时代确保居民"随机择邻"而非"恒定相邻"；（4）智能生活敞开居缘"无限世界意蕴"而非"有限物界沉沦"。

无论生存于实体社区、网络社区抑或线上线下融合社区，甚至无论肉身人身份、赛博人身份以及混杂人身份，当他们相遇于特定社区并展开其日常存身与日常交往行为，其所呈现的边际内文化生成后果必然是间性文化日渐凸显的未来向量态势。导致这一后果的最直接原因在于，每个涉身者愈是居住自觉就愈具个体在社区情境内的主体性建构效果，因而也就愈具彼此间的间性关系，由此也就在"时效"和"场景"合力驱动下衍生愈来愈浓的"间性文化"，一种群体间个体自在自为最大化的在场分隔文化状态，而这显然与

[①] Betsy Blunsdon, Ken Reed, Paul Blyton and Ali Dastmalchian, "Social Change and Ways of Living: An Introduction", in *Ways of Living: Work, Community and Lifestyle Choice*, Hampshire: Palgrave Macmilln, 2010, p.3.

社区文化治理价值导向严重背离。这便是社区文化治理合法性的核心依据所在。如果按照传统治理思路，显然就会首选动员参与并由此产生不同热闹场面与狂欢方式的"集合"，但这种身往而集合意志未必能够形成激励机制，并不能改善和促进不同社区形态所有在场分隔的现场困境，因而也就倒逼社区文化治理者与参与者，在"凝聚"的心向往之中自恰而且互恰，最终因凝聚力量时间性文化的缝合与粘接效果而使整体性的多元文化社区，或者满足个体不同心理诉求的生机勃勃文化社区，得以边际条件地建构起在场日常生活激情抑或情境诗意栖居沉浸或体验。体现在网络社区生活空间，约翰·R.苏勒尔也将这种建构描述为"我们最初大约有40个成员组成的小社区凝聚在一起。我们使用虚拟化身愉悦表达自我，利用Palace的视觉特征组织社交活动，建造新房屋，分享我们在线和离线的生活体验，在这些过程中我们加深了对彼此的了解……这里使他们感觉像是共同开创新天地的开拓者。Palace的老用户后来把这个时期称为'过去的美好时光'"[①]。诸如此类的当下偶在体验与未来普遍体验，从生存论维度而言，意味着"间性文化"对日常社会的价值悖论，使得置身其中的人们不得不拥有茋个体主体性充分张扬的同时，解困其个体在场分隔并努力实现最大和解，否则就有可能因极端间性文化更大规模地孕育极端生存甚或极端主义者，而社会居缘文化日常生存家园或许就是各种有效解困的微观社会应力场之所在。在这里，人们因居缘价值实现而生活得心平气和，减少了暴戾乖张。

谁也不会预料到超稳结构乡土中国乃至现代化进程提速后的城市中国，甚至谁也不会预料到以"居者有其屋"作为人生梦想和社会价值理想的中国人，会在建构性后现代因户籍放开、工作变动、行走自由乃至财富产权化交易化等诸多生存杠杆支撑，成为流动社会和流动生活方式的亿万涉身者，而这一具身化进程，还在更深层次带来由生存方式变异走向社会本体转型的革命性进展。很显然，在流动社会和流动生活方式的全新背景下，个体此前所

---

① ［美］约翰·R.苏勒尔：《赛博人：数字时代我们如何思考、行动和社交》，刘淑华等译，中信出版集团2018年版，第326页。

倾力诉求并赖以维系的诸如人脉、职业伙伴、日常亲属交往、代际传递的邻里依存结构，直至基于血缘地缘等维系所自然形成的边际性文化认同背景，都有可能在流动性日益强势驱动下被迫部分消解乃至极限态特定个体遭遇的完全消失。对于那些研究"后社会史"的学者来说，现代社会所孜孜以求的诸多"认同价值指向"，已然于流动性中成为难以捕捉和把握或者持续稳定的社会静力学分析维度，而且演绎出跟进事态的诸如"认同之所以不稳定，并不只是因为社会条件本身不稳定，而是因为具体事例中使认同趋定的那些话语条件本身也是不稳定的……后社会史并不仅限于将认同历史化，也不限于否认主体的自然限定性，而是更进一步，否认其社会限定性"[1]。延展至当下中国事态现场，我们不仅要看到由现代社会认同稳定性到后现代社会这种确定性的渐进丢失，而且更要看到人类学视野"人际"关系，无论功能结构还是功能方式，亦都在渐变过程中不断衍生出非稳而且非清晰的各种"人际型制"或者"人际形态"。生存论的新鲜人际张力与存在论的新型人际维系，使得日常社会存在方式已经而且愈来愈面目全非。类似"一般世界状况"，当然会更加细微同时更加深刻地体现在不同的社区形态现场，而这种细微和深刻的社区现场体现，无论居民群体"凝聚"还是居民邻里"互约"，都集中于"陌生化"的充足条件或相反的"亲近化"条件不足。毫无疑问，对任意一个社区而言，人际"陌生化"的直接后果就是文化凝聚力弱化，介入式外在干预并不能诱引内生凝聚动力，进而能将文化凝聚弱化不利局面真正解困，更遑论由此而使流动进入社区的居民们在"亲近化"中共建其存身家园的社区文化。这意味着凝聚态社会社区文化缺席之后，社区蜕变为不过是各自寻找其旅舍的陌生行者居住空间或在线界面。没有边际交往，没有在场生机，没有日常生活氛围，更没有命运共同体的生存依偎。所有这一切，在要素能量合成至某一临界点之后，就会倒逼出强大的新型社会建构反弹力，或者新型人际建构反弹力，具体到社区人际建构就会反弹出居缘人际活性抑或动态化人际有效恰配。这种因倒逼而反弹出的人际亲近化，就能确保社会动力学视野新型

---

[1] ［西］米格尔·卡夫雷拉：《后社会史初探》，李康译，北京大学出版社2008年版，第98页。

社区存在形态以及社区日常生活方式得以生成的可持续。在这里，人们因居缘价值实现而生活得身心温暖，减少了漂泊孤独感。

那些无视历史递进加速度乃至加速度社会后果越来越具有本体颠覆性的人们，甚至那些因迭代社会生存景观而对数据时代全域而且全面算法支撑或信息驱动依旧将信将疑的逆向真实坚守者，一定会将我们对未来社区生存方式及当下社区动能形态之变视为虚张声势的夸饰之辞。他们无法相信数据时代的技术理性、技术工具性乃至技术主体性等，能够确保居民"随机择邻"。因为从传统到现代这种随机可选择性从来就不曾丝毫动摇过"恒定相邻"的邻里居住关系，当然也同样未曾危及现代社区因这种邻里关系而长期普遍诉求的社区身份认同这一边际内核心价值观。与他们的看法恰恰相反，汹涌而至并最终具有全称功能覆盖意义的数据时代或者说全面数字化时代，远不能只是工具主义地理解为"大数据技术就是数字时代的'望远镜'或者'显微镜'，使我们可以看到并计量之前我们一无所知的新事物"[①]，也不能只是价值肯定其"研究过数据在协作中的作用后，社区的边界、范围、一致性和非一致性便呼之欲出了"[②]，而是超越统计时代样本边际分析的诸如"贝叶斯推断"及其精密计算作出的"在分层模型的情况下，处于高层的单位数（如两层模型中 –2 单位的数量）总是决定是否可应用这些大样本性质的关键"[③]，并在诸如此类的超越之后全面创建复杂性适应系统并功能匹配全域可及的分类化社会计算模型，其中包括基于社会动力学靶向功能的所谓"自组织临界性与幂律"，也就是"局部作用的聚集形成定义明确的全局模式，如城市、社区以及选举街区……当 Prob [X=x] ~x^{-k} 时，一个系统服从幂律分布"[④]。毫无疑问，

---

① ［美］史蒂夫·洛尔：《大数据主义》，胡小锐等译，中信出版集团 2015 年版，第 8 页。
② ［美］克莉丝汀·L.伯格曼：《大数据、小数据、无数据：网络世界的数据学术》，孟小锋等译，机械工业出版社 2017 年版，第 29 页。
③ ［美］斯蒂芬·W.劳登布什、［美］安东尼·S.布里克：《分层线性模型：应用与数据分析方法》，郭志刚等译，社会科学文献出版社 2016 年版，第 13 页。
④ ［美］约翰·米勒、［美］斯科特·佩奇：《复杂适应系统：社会生活计算模型导论》，隆云滔译，上海人民出版社 2020 年版，第 192 页。

大数据时代居者随机选择之际,其所面对的全域信息覆盖及其这种覆盖的真实有效,足以使其"择邻"可恰配的充分依据,因为彼此选择抑或群体性参与选择,此时实际上是在信息对称社区平台上的公平博弈与公开求缘,从而都是在博弈性的求缘过程中各自选择自己的栖身之所,并且不是一次可选择而是连续可选择,涉身各方的这种选择过程一直延伸至其所认为满意时为止,同时还为这种满意的误判预留了修正错误的后续机会。所有这一切,皆因数据时代全域而且全息技术平台有效支撑而成为可能,而其居缘支撑意义则在于,"随机择邻"对"恒定相邻"社区栖居方式置换中,不仅使人的存身自主获得了前所未有的主体性张扬,而且将能极大程度地规避被动生存中相邻"陌生化""防范心理""毗居而仇"而竟难以解脱的日常之困,由此而因技术杠杆较大程度做到"我想住哪我做主"。在这里,人们因居缘价值实现而生活得其乐融融,减少了日常纷争。

我们必须看到数据时代是智能时代得以存在的基石,却并非智能时代社会本体,甚至我们必须更加深刻地意识到智能时代所带来的智能生活方式,远非我们当前所见抑或想象力所及的任何细节性便利,而是技术主体性碾压技术理性之后与人类主体性的本体价值融合、存在功能叠加以及生存方式嵌位。在从前那些关于两者之间关系的延伸性分析或者间性分析中,大概率事态评估当是非对位后果的解读无效,因为由此衍生的人类中心主义单向度叙事亢奋抑或人类危机意识逆向叙事焦虑,实际上都与智能时代作为"后人类时代"开启阶段的内在真相相去甚远。对于智能时代,无论一味乐观的"自古以来,我们一直希望自己的后代超越自己,如果'强人工智能'比我们强,我们庆贺都来不及,还焦虑什么呢"[①],还是一味悲观的"尽管被描绘成乌托邦,但智慧城市实际上代表了一种极端短视地把城市等同于技术问题的概念重构。按照这种观念重构城市生活和城市治理的基础,将会导致城市表面上很智慧,但实质上充满了不公正和不平等。智慧城市可能变为如此之地:自

---

① 翟振明:《虚拟现实+人工智能:自我与社群的重塑》,载胡泳等主编《后机器时代:生活,再定义》,中信出版集团2018年版,第209页。

动驾驶汽车在市中心横冲直撞，驱赶行人，公民参与仅限于通过应用程序请求服务，警察使用算法合理化并持续种族主义的执法行为，政府和公司监控公共空间，从而监控人们的行为"①，都还只是快速演化现象的情绪反应。其或许没有捕获到其所意欲捕获的问题，俨然停留于笛卡尔的线性逻辑而非薛定谔的弹性变化。于是一个虽露端倪但实际进程依然遥远的可预见与不可预见相叠合的未来，就彼此在基于逆向经验的各种倾向性揣测所全称覆盖，只不过全称肯定与全称否定之别而已。但这一叠合时间未来的问题要义其实应该在于，工具延伸论与工具突变论并非颠覆性社会变迁的最大向量所在，而是一当技术主体性与人类主体性本体价值叠合或存在功能叠合，人类就能从中心主义制高点的忙控之态与乏力之势中得以由超级灵长角色回归到平等生命位置，世界、社会、生存乃至自然的生灭轮转抑或千变万化，就能够在合力生成与共建共享中重新被定义、编序、创造。所以以智能时代为历史起点的后人类社会史乃至后人类生存直接经验史，不是人类的终结而是解放和新生。这意味着人类进化到后人类之后更有能力将人与对象世界的垂直支配关系转换为扁平互恰关系，亦如这一切将会首先呈现为社会界面的存在扁平化与生存互约性。从这个意义上说，我们要倾力思考并且先行谋划好，如何迎接由我们亲手创建却又倍觉始料未及的新文明形态、新社会格局乃至新生活方式。而所拟的最后一个义项，直接就因智能生活的存身先锋性，得以在后人类或者后社会史全面兴起以前，先行以大地孕育的正能量增长方式使居缘社区文化的生存敞开。支撑敞开得以实现的技术条件，诸如"人工智能"（AI）、"强人工智能"（AGI）、"大数据"（big data）、"代码"（code）、"物联网"（LOT）、"区块链"（blockchain）、"算法"（algorithm）、"数字身份"（digital identity）、"分布式对象通信"（distributed object communication）等，在更加系列化、妥靠化、全域化之后，定义以社区生活边际目标功能指向，如"沉浸""交互""识别""自组织""仿真拟像""能指随机所指""完全替代""恰配""症候精准阅

---

① ［美］本·格林：《足够智慧的城市：恰当技术与城市未来》，李丽梅译，上海交通大学出版社 2020 年版，第 4 页。

读""自调节""场域集合效应""靶向定位"等诸如此类生成原则,则智慧程度不同或者智慧方式差异化的三种社区形态,就都能够在要素互驱基础上生成智慧社区,并且可层级切分为前智慧社区、初级智慧社区、中级智慧社区和高级智慧社区,进而伴之以居民所能同步享有的智慧生活方式。当然,这必然会是漫长的演化过程,一开始表现为"有限物界沉沦"的外在便利性或器物界面人的充分自由,而这也是当前位置人们对智慧生活方式的主要诉求与最大限度地想象可及性。但随着智性向社区本体和文化界面深度介入,居缘价值诉求的社区智慧生活就成为无限拓值的场景变幻方式与意蕴绽出过程,从而个体、邻里和社群在社区作为世界的非穷尽意义化中,因智慧时代的托举而得以在智慧社区的智慧生活情境中,体验和承享"世界之为世界"的此在"诗意地栖居",极限态甚或可以看作原始状态且边际闭合的"每个人的自由发展是一切人的自由发展的条件"①。在这里,人们因居缘价值充分实现而生活得自由浪漫,减少了困压抑。

四

虽然想在后记中有所弥补的话还很多,但后记终归是后记,不可能更长篇幅地喧宾夺主。

倒是有一点必须说明,那就是书中的有关章节先行发表时,分别以第二作者的名义署了我的学生刘厦静、鞠静和张帆的名字,理由是我不会电脑,输入、相关外文资料检索和格式规范的电子文本制作都是由他们完成的,所以其署名合法性自不待疑,而此时出版文本则完全是文化艺术出版社编辑同志完成的,所以也就只署我自己的名字,其合法性亦同样无疑。正因为如此,对于几位热情帮助且参与工作的学生表示诚挚的谢意,而对丁策划和指导本书出版的王红总编,以及精心编校与倾力文本设计制作的责任编辑和其他各环节付出辛勤劳动的同志,亦衷心致以谢忱。

———————————
① 《共产党宣言》,载《马克思恩格斯选集》第1卷,人民出版社2012年版,第422页。

虽然本书的部分章节是在北京完成的，但绝大部分篇幅写就于武汉大学，而且主要是2019年的劳动成果。2019年，在珞珈山下东湖岸边那套南漂寓所中，我陪着从北京托运过去的一大堆关联书籍，由春而夏，由秋而冬，乐不思京地撰就约30万言。其间好友傅才武教授及他所领导的国家文化发展研究院众多师生才俊，给了我生活上无微不至的照顾与精神上热情温暖的关怀。寇垠、陈丹艳和我组成的美食三人组，虽最终未达成"吃遍三镇"的小目标，但"民国照""知音游"等富有活力的"接地气"活法，足以使我打了鸡血似地充满挑灯夜战的激情和精力。更有亦友亦徒的赵博雅副教授，在我生病时陪诊送药，往往一股暖流从脚底直涌头颅。之所以我在三卷本《知识谱系学》写作计划缓慢推进过程中，抽出时间写就这本习作，必得感谢如上所述的俊男才女，更必须感谢武汉大学、武汉大学人文社科院和武汉大学国家文化发展研究院所提供的优越学术条件与良好学术氛围。在接下来的日子里，除了继续推进《知识谱系学》写作外，还将尽可能抽出时间写一本《现代文化产业导论》，否则对不起那一湖湛蓝、一山嫩绿。

感谢中国艺术研究院科研处专项经费支持。

2021年3月19日
惬然落笔于珞珈山下东湖岸边南漂寓所中，时有蜉蝣在湖。

作者介绍

王列生　1958年生于安徽省宿松县，1977年考入大学，后获得学士、硕士和博士学位，成为中国第一位文艺学博士后。1980年开始发表作品，在《中国社会科学》《文学评论》《文艺研究》《清华大学学报》《南京大学学报》《探索与争鸣》《学术研究》《甘肃社会科学》等50家学术期刊，发表学术论文150多篇。独立撰写《世界文学背景下的民族文学道路》《国家公共文化体系论》《文艺人类学》《文化制度创新论稿》等专著10部。先后工作于中共中央党校、文化和旅游部、中国艺术研究院等单位，现为武汉大学国家文化发展研究院驻院研究员、博士生导师。